Handbuch der orientalischen Altertümer

Ernest Babelon

(Herausgeber: BTA Evetts)

Writat

Diese Ausgabe erschien im Jahr 2024

ISBN: 9789359945163

Herausgegeben von
Writat
E-Mail: info@writat.com

Inhalt

VORWORT. ....- 1 -

KAPITEL I. CHALDÆANISCHE KUNST. ....- 4 -

    I. ARCHITEKTUR. ....- 5 -

    II. STATUEN UND FLACHRELIEFS. ....- 19 -

    III. KLEINE BILDHAUEREI UND INDUSTRIELLE KÜNSTE. ..- 32 -

    IV. CHALDÄISCHE SIEGELGRAVUR. [27] ....- 40 -

KAPITEL II. ASSYRISCHE ARCHITEKTUR. ....- 45 -

    § I. KONSTRUKTIONSPRINZIPIEN. ....- 46 -

    § II. PALÄSTE. ....- 57 -

    § III. TEMPEL UND INSZENIERTE TÜRME. ....- 62 -

    § IV. STÄDTE UND IHRE BEFESTIGUNGEN. ......- 66 -

KAPITEL III. ASSYRISCHE SKULPTUR
UND MALEREI. ....- 73 -

    § I. STATUEN, STELEN UND OBELISKEN. ....- 73 -

    § II. FLACHRELIEFS. ....- 79 -

    § III. MALEN UND EMAILLIEREN. ....- 100 -

KAPITEL IV. INDUSTRIELLE KUNST. ....- 106 -

    § I. KERAMIK. ....- 106 -

    § II. METALLE. ....- 110 -

    § III. HOLZ UND ELFENBEIN. ....- 120 -

    § IV. LEDER UND SACHEN. ....- 124 -

    § V. ORNAMENTE UND ZYLINDRISCHE SIEGEL. ...- 127 -

KAPITEL V. *PERSISCHE KUNST.* ....- 132 -

    § I. ZIVILARCHITEKTUR. ....- 133 -

    § II. SKULPTUR. ....- 142 -

§ III. MALEN UND EMAILLIEREN . ...- 150 -

§ IV. RELIGIÖSE UND GRABDENKMÄLER. ....- 154 -

§ V. GRAVIERTE EDELSTEINE UND ORNAMENTE. ....- 160 -

KAPITEL VI. *DIE HETITER.* [65] ....- 166 -

§ I. HETHITISCHE DENKMÄLER IN SYRIEN. ....- 166 -

§ II. HETHITISCHE DENKMÄLER IN KAPPADOKIEN. ....- 171 -

§ III. HETHITISCHE DENKMÄLER IN KLEINASIEN. ....- 178 -

Kapitel VII. *JÜDISCHE KUNST.* ....- 184 -

§ I. DER TEMPEL VON JERUSALEM. ....- 184 -

§ II. DIE DEKORATION UND EINRICHTUNG DES TEMPELS. ....- 198 -

§ III. ZIVILARCHITEKTUR. ....- 204 -

§ IV. GRÄBER. ....- 206 -

KAPITEL VIII. PHOENIZISCHE UND ZYPRIOTISCHE KUNST. ....- 211 -

§ I. TEMPEL. ....- 211 -

§ II. ZIVILARCHITEKTUR. ....- 218 -

§ III. GRÄBER. ....- 223 -

§ IV. PHÖNIZISCHE SKULPTUR. ....- 234 -

§ V. ZYPRIOTISCHE SKULPTUR. ....- 241 -

§ VI. PHÖNIZISCHE UND ZYPRIOTISCHE KERAMIK. ....- 248 -

§ VII. PHÖNIZISCHES GLAS. ....- 255 -

§ VIII. BRONZEN UND ORNAMENTE. ....- 260 -

§ IX. GRAVIERTE EDELSTEINE. ....- 264 -

KAPITEL IX. ARCHÄOLOGISCHE ENTDECKUNGEN IN SUSA. ....- 269 -

§ I. M. DE MORGANS MISSION IN SUSANA . ...- 269 -

§ II. CHRONOLOGIE DER RUINEN NACH JÜNGSTEN ENTDECKUNGEN. ....- 271 -

§ III. DIE PRINZIPIEN DES BAUENS. ....- 279 -

§ IV. STEINSKULPTUR . ...- 281 -

§ V. BRONZE-METALLARBEITEN. ....- 289 -

§ VI. SCHMUCK UND INDUSTRIELLE KUNST. ....- 293 -

FUSSNOTEN: ....- 299 -

VORWORT.

Der Bereich, den wir in diesem kleinen Werk durchqueren werden, umfasst alle Zivilisationen des alten Ostens mit Ausnahme der ägyptischen. Es umfasst die Chaldäer, die Assyrer, die Perser vor Alexander, die Hethiter von Syrien, Kappadokien und Kleinasien, die Juden, die Phönizier und sogar Zypern und endet mit den Karthagern und ihren Kolonien. Ein so großes Feld, dass im monumentalen Werk von MM. G. Perrot und C. Chipiez umfasst vier Bände und kann hier nur zusammenfassend untersucht werden, und der Autor behauptet lediglich, eine bescheidene Zusammenfassung verfasst zu haben. Trotz der Vielfalt und Distanzierung der Völker, die wir gerade aufgezählt haben, darf jedoch nicht angenommen werden, dass es dem Thema an Zusammenhalt und Einheit mangelt. Wenn der Leser die Güte hat, uns bis zum Schluss zu folgen, wird er im Gegenteil von der vollkommenen Homogenität des Buches und der Verbindung aller seiner Teile beeindruckt sein. Das Bild enthält sozusagen viele Figuren, die aber alle in einer gemeinsamen Handlung übereinstimmen, und der Betrachter erfasst auf den ersten Blick die Harmonie der Komposition.

Denn in diesen alten östlichen Zivilisationen, die vor Griechenland und Rom die Welt beherrschten, lassen sich eigentlich nur zwei Strömungen künstlerischen Einflusses verfolgen – die, die in Ägypten entstehen, und die, die von Assyrien ausgeht. Oft gingen sie Seite an Seite einen parallelen Weg und teilten wie Brüder das Reich der Künste; manchmal widersetzten sie sich gegenseitig oder schlossen sich hartnäckig aus; oder sie schlossen sich zusammen, vermischten sich eng miteinander und vereinten ihre ursprünglichen Fähigkeiten in einem gemeinsamen Fonds. Aber wenn diese unterschiedlichen Bedingungen in bestimmten Ländern eine lokale und einheimische Kunst hervorgebracht haben, die weder rein ägyptischer noch rein assyrischer Natur ist, können wir immer ihre Elemente zerlegen und sozusagen eine chemische Analyse davon durchführen; und wenn wir Ägypten zurückgegeben haben, was ihm eigentlich gehörte, und Assyrien alles, was von ihm geborgt worden war, stellen wir fest, dass auf dem Boden des Schmelztiegels nichts mehr zurückbleibt. Daher kann man sagen, dass es im eigentlichen Sinne keine persische Kunst, keine hethitische Kunst, keine jüdische Kunst, keine phönizische oder karthagische Kunst gibt; Überall finden wir die Formen Ägyptens oder Assyriens gruppiert, gemischt, vielleicht verändert, in Proportionen, die je nach Zeit, Umgebung und politischen Bedingungen variieren.

Lassen wir Ägypten auf der einen Seite, so haben wir es uns zur Aufgabe gemacht, ausschließlich die asiatische oder, genauer gesagt, die chaldäo-assyrische Strömung zu studieren. Wir sehen es an seiner Quelle, fast an der Stelle des Gartens Eden, wo die Genesis und die chaldäischen Legenden die Vorfahren der Menschheit platzieren; wir folgen ihm bis nach Assyrien und beobachten seinen Fortschritt und seine Veränderungen. Es dauert nicht lange, bis es über die Grenzen des Tigris- und Euphratbeckens hinausläuft und nach allen Seiten fließt. Auf der einen Seite, in Persien, dringt es in die Paläste von Susa und Persepolis ein; Auf der anderen Seite breitet es sich unter den Hethitern, der aramäischen Bevölkerung Syriens und den Juden aus und teilt sich in viele Bäche, bis es die Grenze Ägyptens und das Herz Kleinasiens erreicht. Weit davon entfernt, sich in den Wellen des Mittelmeers zu verlieren, erreicht es alle Ufer dieses großen Sees: Zypern, Sizilien, Afrika, Spanien; sogar über die Säulen des Herkules hinaus.

Es schien uns also eine interessante Arbeit zu sein, ein Bild der chaldäo-assyrischen Kunst nicht nur in ihrem Heimatland zu zeichnen, wo sie sich ungehindert entwickelt, sondern auch in ihren vielen Verzweigungen unter den Nachbarvölkern, in denen sie entsteht Kollision mit seinem Rivalen und wird von Ausländern interpretiert, bis zu dem Tag, an dem Griechenland der schwachen Hand des Ostens die Fackel der Künste entreißt. Diese asiatische Kunst hat, wie wir sehen werden, keinen Grund, sich neben der ägyptischen Kunst zu schämen. Chaldäa besitzt ein ebenso spontanes Genie wie das Ägyptens, und das Tal des Euphrat ist nicht weniger fruchtbar als das des Nils. Die Ambitionen ihrer Architekten und Bildhauer waren ebenso hoch und edel wie die der Künstler, die am Hofe der Pharaonen blühten, und die Bühnentürme waren den Pyramiden ebenbürtig. Beide Nationen verfolgten ein Ideal, das einen Teil der Wahrheit enthält, denn indem sie ein Gebäude kolossal und durch seine Größe imposant machten, glaubten sie, höchste Größe und Vollkommenheit zu erreichen. Die Griechen verfielen aufgrund ihrer größeren Verfeinerung nicht in diese Exzesse. Aber wer wird jemals sagen können, wie sehr die kraftvolle Originalität des hellenischen Genies von den unvollkommenen Vorbildern Ägyptens und Assyriens entlehnt wurde? Wer wird jemals in der Lage sein, mit Klarheit und Präzision zu definieren, welche Art von Einfluss insbesondere die chaldäo-assyrische Kunst, die von den Schiffen Phöniziens in alle Seeländer importiert wurde, auf den Ursprung der Kunst in der jüngeren Zivilisation hatte, deren Trägerin Athen war? Center?

Die alten Völker Asiens, die in der Geschichte und Entwicklung der Künste eine kompakte Gruppe bilden, sind sich auch in der völligen Zerstörung ihrer Baudenkmäler ähnlich. Wie durch eine göttliche Züchtigung ist von den Hochebenen des Iran bis zu den Säulen des Herkules, in Susa, in Babylon, in Ninive, in Jerusalem, Tyrus, Karthago und Gades nichts von diesen Tempeln, Palästen usw. übrig geblieben Türme, die eine Herausforderung für den Himmel darstellten und deren Bau so viele Generationen von Sklaven erschöpfte. Während sich gegenüber dem

Parthenon noch immer die Pyramiden erheben und die imposanten Ruinen Ägyptens, Griechenlands und Roms noch immer in Erstaunen versetzen, ist von den großartigen Monumenten, die der Stolz der Hauptstädte Asiens waren, nichts mehr übrig. Überall müssen wir in die Eingeweide der Erde graben und die Fundamente zerfallener Mauern freilegen. Alles wird zu Staub zerfallen wie das Bild mit den tönernen Füßen, und ein Leichentuch aus Asche bedeckt jene Welt, deren materielle Kultur auf den folgenden Seiten so weit wie möglich wieder zum Leben erweckt werden soll.

In der ersten englischen Ausgabe wurde das Werk von M. Babelon etwas erweitert und gelegentlich vom Übersetzer – Mr. Babelon – überarbeitet. BTA Evetts, damals Mitarbeiter der Abteilung für ägyptische und assyrische Altertümer, British Museum. In der vorliegenden Ausgabe finden Sie ein neues Kapitel des Autors über die jüngsten Funde in Susa.

ASG

KAPITEL I.

CHALDÆANISCHE KUNST.

DIE ausgedehnte Region Westasiens, der die Griechen den Namen Mesopotamien gaben, war bereits in der Zeit, die in den Erinnerungen der Menschheit am weitesten zurückliegt, das Zentrum einer mächtigen Zivilisation, die mit der Ägyptens konkurrierte und mit dieser um den Ruhm streitete Es bildete die Wiege der Künste im alten Osten. Babylon und Ninive waren abwechselnd, je nach dem Verlauf der politischen Ereignisse, der intellektuelle Herd, an dem das kühne und originelle Genie entfacht wurde, das die künstlerischen Leistungen Chaldäas und Assyriens kennzeichnet und dessen Widerspiegelung sich in den Denkmälern Persiens widerspiegelt , Judäa, Phönizien und Karthago, die Insel Zypern und die hethitischen Völker. Doch weder in der Hauptstadt von Chaldäa noch in der von Assyrien wurden bisher die ältesten Spuren dieser großen Zivilisation gefunden, die nun seit vierundzwanzig Jahrhunderten ausgestorben ist; In den Ruinen dieser berühmten Städte können wir nicht sozusagen ein Echo der ersten Wehklagen des Genies der bildenden Kunst hören, seine tastenden Bemühungen beobachten und mit unserem Finger seine gröbsten Versuche berühren. In das früher so fruchtbare Land namens Unter-Chaldäa, wo nach der von Berosus bewahrten Volksüberlieferung der Fischgott Oannes den Menschen am Anfang „alles lehrte, was dazu dient, das Leben zu mildern", kommt der Reisende fast auf Schritt und Tritt , auf künstlichen Hügeln, bekannt als *Tells* , die unter einem Staubschleier die Überreste von Städten verbergen, die in ihrer Antike weder Babylon noch Ninive nachstehen; und dort hatten moderne Archäologen das Glück, Ruinen auszugraben, die viel älter waren als die der Paläste von Sargon, Assurbânipal oder Nebukadnezar. Obwohl eine Reihe von Grabhügeln noch unerforscht sind und, wie wir vermuten können, künftige Ausgrabungen viel neues Material für die Wissenschaft liefern werden, haben doch zahlreiche und wichtige Entdeckungen bereits ein strahlendes Licht auf den orientalischen Ursprung der Kunst und den Grad des Materials geworfen Kultur, die von der Nation erreicht wurde, die Babel und die anderen chaldäischen Städte der Genesis gründete. Die Ruinen von Abu Habbah, die mit den beiden Sipparas (Sepharvaim, dem des Gottes Samas und dem der Göttin Anunit) identifiziert werden, haben unserer Neugier mehrere Denkmäler von höchstem Interesse geschenkt; die von Abu Shahrein (Eridu), Senkereh (Larsa), Mugheir (Ur, die Geburtsstadt Abrahams) und die große Nekropole von Warka (Uruk, der Erech der Bibel) sind Orte, die alle bereits eine bedeutende Ernte geliefert haben Überreste, die aus längst vergangenen Zeiten stammen, so unvollständig ihre Erforschung auch war. Aber die umfangreichen und methodischen Ausgrabungen, die ME de Sarzec von 1877 bis 1881 in Tello (Tell Loh) durchführte, haben den Louvre mit einer Sammlung von Denkmälern bereichert, die in den Museen Europas einzigartig sind, und ermöglichen es uns, zum jetzigen Zeitpunkt eine genaue Aussage zu machen und präzise Darstellung des Charakters der chaldäischen Architektur und Bildhauerei, lange bevor es Ninive und Babylon gelungen war, diesen Regionen ihre Vormachtstellung aufzuzwingen. Tello, fünfzehn Stunden nördlich von Mugheir, zwölf Stunden östlich von Warka, scheint das antike Sirpurla zu repräsentieren. [1] Seine Ruinen, die sich über eine Fläche von viereinhalb Meilen erstrecken, bestehen aus einer Reihe von Hügeln in kurzer Entfernung vom Verlauf eines alten, von Menschenhand gegrabenen Kanals, des Shatt el Hai, der von dort ausgeht Euphrat und mündet zwölf Stunden unterhalb von Bagdad in den Tigris. Der Hauptteil enthielt die Unterbauten eines Palastes, der zwei- oder dreitausend Jahre vor unserer Zeitrechnung die Residenz eines Fürsten war, der laut Assyriologen Gudea hieß. Hierhin müssen wir uns besonders begeben, sowie zu den Hügeln von Mugheir, Warka und Abu Shahrein, wo die englischen Entdecker Loftus und Taylor einige Ausgrabungen mit gutem Erfolg durchführten. Die Erzählung dieser Ausgrabungen und der Denkmäler, die sie unseren Museen überlassen haben, wird uns helfen, die besonderen Merkmale einer im Wesentlichen selbst geschaffenen Kunst zu bestimmen, die spontan auf dem Boden geboren wurde, auf dem sie blühte, und offenbar in keiner Weise von ihren Nachbarn entlehnt wurde .

I. ARCHITEKTUR.

Eines der grundlegenden Merkmale der chaldäo-assyrischen Architektur ist die ausschließliche Verwendung von Ziegeln als Baumaterial. Dies ist durch die Beschaffenheit des Bodens Mesopotamiens erforderlich, in dem es an Bausteinen und Holz, die für Zimmermannsarbeiten geeignet sind, gänzlich mangelt, während der Ton dick, klebrig und besonders für die Formgebung und das Backen im Ofen geeignet ist . Während die modernen Bewohner des Landes weiterhin Ziegel herstellen, ist ihre Herstellung bereits in den biblischen Erinnerungen an den Turmbau zu Babel dokumentiert: „Geht zu", sagen die Männer, die einen Turm bauen würden, der bis zum Himmel reichen sollte, „lasst!" Wir machten Ziegel und brannten sie gründlich; und sie hatten Ziegel als Stein und Lehm als Mörtel. [2] Der Prophet Nahum informiert uns über die Methode der Ziegelherstellung: „Ziehe Wasser", sagt er, „... geh in den Lehm und zertrete den Mörtel, mache den Ziegelofen stark." [3] Es gab zwei Arten von Ziegeln. Der ungebrannte Ziegelstein ist ein Quadrat aus weißlichem Ton, gemischt mit feinem Stroh und einfach in der Sonne getrocknet, wenn er aus der Form kommt; es war im Allgemeinen 8 Zoll bis 1 Fuß im Quadrat und 4 Zoll dick. Der Monat, in dem die Hitze des Sommers in diesen Regionen zum ersten Mal unerträglich wird, nämlich der Monat Sivan (Mai-Juni), wurde „der Ziegelsteinmonat" genannt oder der Monat, in dem die Lehmkuchen der Einwirkung der Sonne ausgesetzt waren. Nach dem zu urteilen, was heute in Ägypten gemacht wird, könnte ein Arbeiter allein tausend- bis fünfzehnhundert Ziegel pro Tag herstellen. Der gebrannte Ziegel wurde in geeigneten Öfen, wie denen unserer modernen Ziegeleien, der Einwirkung von Feuer ausgesetzt; es nahm durch das Backen eine rötliche Farbe an und war gegenüber der zersetzenden Wirkung von Feuchtigkeit weniger empfindlich als der rohe Ziegelstein; Es war auch in seinen Abmessungen begrenzter, damit die Wärme in die innere Substanz der Masse eindringen konnte, ohne dass die Gefahr einer Kalzinierung an der Oberfläche bestand. Auf einer Seite jedes Ziegelsteins, ob gebrannt oder ungebrannt, waren der Name und die offiziellen Titel des regierenden Fürsten mittels einer Matrize oder einem Stempel eingeprägt, der als Siegel diente; So waren in Tello die meisten Ziegel mit dem Namen Gudea gekennzeichnet, und in Babylon werden Hunderttausende Ziegel Nebukadnezars gefunden.

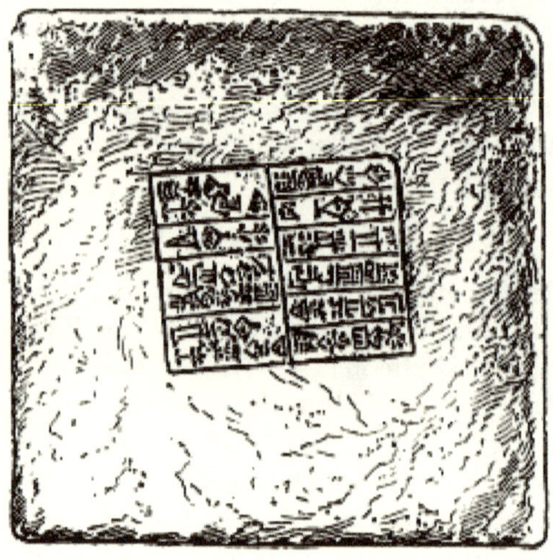

Abb. 1. – Ziegel aus Tello (Louvre).

Während er den Bau der Befestigungsanlagen in Babylon beschreibt, beschreibt Herodot den Prozess, den die Chaldäer beim Bau einer Mauer durchführten: „Als sie den Graben gruben, machten sie Ziegel aus der Erde, die sie aus dem Graben genommen hatten, und als sie eine bestimmte Anzahl hergestellt hatten aus Ziegeln backten sie sie in Öfen. Dann verwendeten sie kochendes Bitumen als Mörtel und legten bei jeder dreißigsten Ziegelschicht Matten aus geflochtenem Schilf ein. Sie bauten zuerst die Ränder des Wassergrabens und dann die Mauer selbst auf die gleiche Weise." [4]

Mesopotamien verfügt über reichlich Bitumenquellen, insbesondere in Hit und Kalah Shergat; Was das hohe Schilf betrifft, das in den Sümpfen von Unterchaldäa immer noch in Hülle und Fülle wächst, so hatte seine Verwendung beim Bauen den Effekt, den Ziegelreihen mehr Festigkeit und Zusammenhalt zu verleihen. Für weniger sorgfältig ausgeführte Mauern oder für Trennwände im Inneren der Häuser wurde anstelle von Bitumen ein einfacher Mörtel aus Lehm verwendet. In großen Bauwerken wie Birs Nimroud in Babylon sind die Ziegel durch Mörtel aus Kalk miteinander verbunden, der fest genug ist, allen Belastungen standzuhalten. Die Ruinen von Mugheir haben die Verwendung einer Mischung aus Asche und Kalk offenbart, die noch immer von den Eingeborenen verwendet und von ihnen *Sharûr genannt wird* .

Die zwangsläufig begrenzte Größe der in Öfen gebackenen oder in der Sonne getrockneten Ziegelsteine muss zu einem schnelleren Zerfall der Bauwerke beigetragen haben und war beispielsweise ein ernsthaftes Hindernis für die Errichtung von Mauern von vergleichbarer Höhe der ägyptischen Tempel. Zu bestimmten Jahreszeiten fällt in Mesopotamien der Regen in Strömen und dringt durch schlecht erhaltene Wände, öffnet schnell Risse und führt zum Ruin des Bauwerks. In diesen von Wasserläufen durchzogenen Tiefebenen liefen die rohen Ziegelsteine der Fundamente deshalb oft Gefahr, wieder in den Zustand von lehmigem Schlamm ohne Konsistenz zurückzufallen. Die griechische Überlieferung berichtet, dass die Meder und Chaldäer miterlebten, wie ein Teil der Mauern von Ninive von selbst einstürzte, als sie eine Blockade verlängerten, die die Belagerten zwang, das Wasser des Tigris viele Wochen lang in die Wassergräben unter den Stadtmauern fließen zu lassen. Die Keilinschriften selbst weisen während der Blütezeit des von Nebukadnezar gegründeten Reiches oft auf verfallene Tempel und Paläste hin, die die Könige unaufhörlich reparieren oder wieder aufbauen wollten.

Die alten Heiligtümer des ursprünglichen Chaldäa, E-saggil, E-zida, der Tempel des Großen Lichts, E-parra, E-anna, E-ulbar und andere, die der Sünde, Samas, Nana, Bel Marduk geweiht waren, zu Nebo, werden unter großem Aufwand von Nabonidus, dem letzten König von Babylon, wiederhergestellt, der es sich zur Aufgabe macht, in seinen Inschriften an die materiellen Schwierigkeiten dieses Werkes zu erinnern, das eines frommen Antiquars würdig ist. Lassen Sie sich danach niemanden über den auffallenden Kontrast zwischen den Ruinen Mesopotamiens und denen Ägyptens, wie wir sie jetzt sehen, wundern. Im Tal des Nils gibt es viele Bausteine, und der Architekt muss nur zwischen den verschiedenen Materialqualitäten seine Wahl treffen. Dementsprechend hauen er gigantische Monolithen heraus, errichten imposante majestätische Pylone, errichten Säulenwälder in luftiger Höhe, die den Himmel zu stützen scheinen, und errichten mitten in der Wüste jene gewaltigen Pyramiden, die selbst den Entschlossensten bis ans Ende der Zeit trotzen werden Vandalen. An den Ufern des Tigris und des Euphrat hingegen gibt es jetzt nichts als die einheitliche Wüstenebene, die hier und da von mit Sand bedeckten *Schutthaufen unterbrochen wird;* hier kann man mit Fug und Recht sagen, dass selbst die Ruinen verschwunden sind. Nur in Gedanken kann der Archäologe riesige Gebäude im Einklang mit dem riesigen Material rekonstruieren, das ungeordnet im Schlamm vergraben ist. Die Verwendung von Ziegeln beim Bauen war, in größerem Maße als politische Ereignisse, ein Hilfsmittel für den Zorn Jehovas gegen Ninive und Babylon.

Während die Beschaffenheit des Bodens den mesopotamischen Architekten dazu zwang, mit Ziegeln zu bauen, zwangen ihn die Nähe von Flüssen und Kanälen zur Bewässerung und der Mangel an Abflüssen für das Wasser gleichzeitig dazu, auf ein Mittel zurückzugreifen, das der chaldäisch-assyrischen Architektur eigen war. Er musste die eigentliche Behausung auf einer künstlichen Terrasse errichten, die über einem mit gesundheitsschädlicher Feuchtigkeit durchtränkten Boden lag. Diese Plattform oder dieser Keller aus ungebrannten Ziegeln, auf dem das Gebäude errichtet wurde, findet man überall, nicht nur in Ninive und Babylon, sondern von Anfang an in den Unterbauten von Mugheir, Tello, Warka und Abu Shahrein. Im Palast der *Patesi* Gudea bildet die Masse eine Art riesigen Sockel von 39 Fuß Höhe und fast 655 Fuß an der Basis; Heutzutage bilden die Seiten im Verhältnis zur Ebene eine Neigung von 164 Fuß. Früher wurde die Plattform über eine sanfte Neigung, die für Pferde und Streitwagen gedacht war, und über eine oder mehrere Stufen, die den Umriss der Terrasse durchbrachen, erhöht. Die Steintreppen, über die die Terrasse der Paläste von Persepolis hinaufführt, sind noch vorhanden; In Chaldäa und Assyrien, wo sie aus Ziegeln gebaut wurden, sind sie fast überall verschwunden. Taylor entdeckte jedoch zwei auf der Seite der Plattform des Palastes von Abu Shahrein; man hat nur zwölf Stufen von 2 Fuß Breite; aber die andere war eine monumentale Steintreppe mit einer Breite von 16 Fuß und einer Neigung von mehr als 65 Fuß.

Das Gebäude, das die Plattform von Tello überragt, besteht aus mit Bitumen zusammenzementierten Ziegeln; Seine Außenwände sind 5 Fuß 10 Zoll dick und bilden ein Parallelogramm von 173 Fuß Länge und 101 Fuß Breite. Wie bei den Palästen von Warka und Mugheir entspricht seine Ausrichtung dem assyrischen Brauch – das heißt, die Winkel sind den Himmelsrichtungen zugewandt, nicht den Seiten wie bei den ägyptischen Denkmälern. Die beiden längeren Seiten wölben sich zur Mitte hin leicht und beschreiben so zwei entgegengesetzte elliptische Kurven – eine Besonderheit, die dem Grundriss des Gebäudes etwas von der Anmutung verleiht

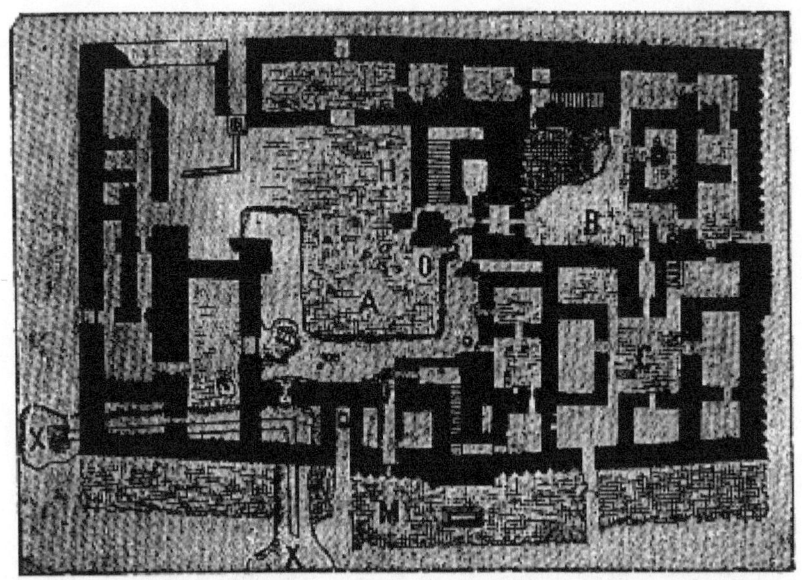

Abb. 2. – Plan des Palastes von Tello (nach Heuzey).

ein Fass oder aus zwei an der Basis verbundenen Trapezen. Die Außenfläche der Wände ist nicht überall gleichmäßig und flach; Die angrenzenden Seiten des nördlichen Winkels sind mit abwechselnd gekrümmten und geradlinigen Vorsprüngen verziert – ein Dekorationssystem, das auch in Warka bei den Ruinen des Tempels namens Wuswas beobachtet wurde und später in den assyrischen Denkmälern zu finden ist. Die große Nordostfassade weist in der Mitte neben der erwähnten Außenwölbung einen Vorsprung von 3 Fuß 3 Zoll Dicke und 18 Fuß Länge auf. Die Flügel dieses Vorsprungs bestehen aus quadratischen Pilastern und Halbsäulen mit einem Durchmesser von 1 Fuß 7 Zoll, die an die Säulengruppen unserer Kathedralen erinnern und eine der interessantesten Besonderheiten der primitiven Architektur von Chaldäa darstellen. Taylor [5] und

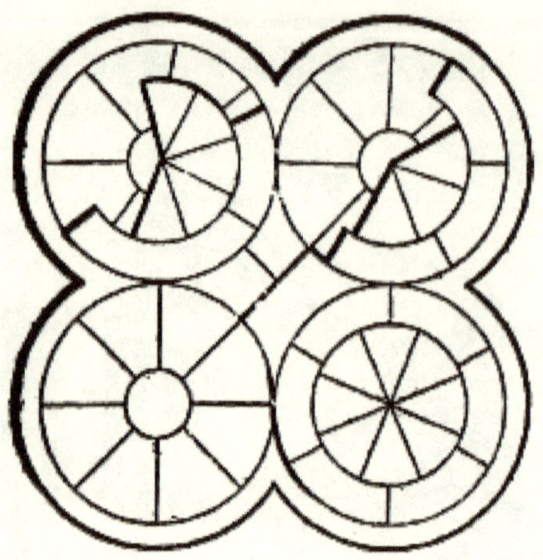

Abb. 3. – Abschnitt der Säule (nach Heuzey).

Loftus [6] hatte bereits in Abu Shahrein und Warka Säulen und Halbsäulen aus Ziegelwerk bemerkt; M. de Sarzec hat die gleichen architektonischen Merkmale in einem der sekundären Hügel von Tello gefunden, den er „ *Tell of Pillars* " nennt [7] und der die Ruinen des Tempels des Gottes Nin Girsu darzustellen scheint. Zwei dieser Säulen, die 6 Fuß dick waren und durch einen Abstand von 6½ Fuß voneinander getrennt waren, bestanden noch aus vierundzwanzig Schichten Ziegeln. „Jede Säule", sagt M. de Sarzec, „besteht aus einer Gruppe von vier runden Säulen, die dicht beieinander liegen und vollständig aus Ziegelmauerwerk gebaut sind ... Wenn eine der vier runden Säulen in Stücke genommen wird, stellt man fest, dass sie sich alle abwechseln Der Kurs besteht aus einem kreisförmigen Ziegelstein in der Mitte, um den herum acht dreieckige Ziegelsteine strahlenförmig angeordnet sind, die an ihrem Innenwinkel gerillt und an der Außenfläche abgerundet sind, so dass sie durch ihre Verbindung einen vollständigen Kreis beschreiben. Im nächsten Verlauf besteht der Kreis hingegen aus acht dreieckigen Ziegeln, die in einer Spitze enden und in der Mitte der Säule vereint sind, und aus sechs weiteren gebogenen Ziegeln, die die ersten acht umschließen. Der so entstandene Raum zwischen den vier Kreisen wird mit zwei großen, kreisbogenförmig ausgehöhlten Ziegelsteinen ausgefüllt, die genau hineinpassen. Diese merkwürdigen, so raffiniert konstruierten Säulen erinnern an die ägyptische Ordnung, die pflanzlichen Formen nachempfunden ist und vier Lotusstiele in einem Blumenstrauß imitiert; Sie zeigen, wie geschickt die Chaldäer auf die Steinsäule verzichten konnten. Der Sockel bestand aus einer quadratischen Ziegelmasse, die einen Sockel bildete, der an allen Seiten 2 Fuß 11 Zoll über den Schacht hinausragte. Die ganze Gruppe war mit einem dicken Gipsbett bedeckt." [8]

Doch ganz gleich, welche Geschicklichkeit bei der Herstellung dieser speziell geformten Ziegel, rund, dreieckig oder kreisförmig, gezeigt wurde, die Säulen dieser Konstruktion konnten, wie die ägyptische Säule, nicht ausreichend stabil sein, um eine schwere Masse zu tragen; sie hätten sich bald unter der Last gebeugt. Dementsprechend konnten sie nur in Ausnahmefällen und fast ausschließlich zur Dekoration verwendet werden, sei es als Stütze für das Dach einer großen Treppe oder als Schutz für die *Cella* , in der eine Gottheit ihre Orakel sprach.

Die fehlerhafte Seite der chaldäischen Architektur besteht daher im Fehlen steinerner Stützen, die sich wie die ägyptischen Säulen stolz in den Raum erheben und auf ihren kühnen Köpfen ebenso gut die dicksten Mauern, den Fuß des Bogens, die Architrave usw. stützen Dach, die oberen Terrassen oder die oberen Stockwerke des Gebäudes. Aber der Beweis dafür, dass die Architekten Säulen aus Stein gehauen hätten, wenn die Natur sie mit dem nötigen Material ausgestattet hätte, ist genau dieser geniale Kunstgriff, mit dem es ihnen gelang, sie zu ersetzen; und darüber hinaus zögerten sie nicht, kleine Säulen aus Holz oder Metall beim Bau kleiner Gebäude, wie etwa der Schreine ihrer Götter, zu verwenden. Eine Stele von König Nabu-ablu-iddin (um 900 v. Chr.), die in Abu Habbah gefunden wurde, stellt den Schrein des Gottes Samas dar, der von kleinen Holzsäulen getragen wird und mit einander überlappenden Bronzeplatten bedeckt ist, die dem Rumpf eines Gottes ähneln Palme (siehe Abb. 29). Die Basis und die Hauptstadt sind gleich; Sie bestehen aus einer doppelten Volute in Form einer Lotusblume, die sich etwas dem ionischen Kapitell nähert. Kurz gesagt, die Chaldäer wussten die Säule in der Kleinarchitektur zu nutzen.

In jeder Fassade des Tello-Palastes war mindestens eine Tür geöffnet, aber diese Öffnungen lagen weder auf der Achse des Bauwerks noch waren sie auch nur symmetrisch. Die Hauptseite (Nordosten) hatte zwei Eingänge; der größte, fast in der Mitte der Dünung, hatte eine Öffnung von 3 Fuß 11 Zoll Breite. Es wurde zu einem späteren Zeitpunkt erbaut, also in der Zeit nahe der christlichen Ära, als die griechisch-parthischen Könige von Characene auf die Idee kamen, Tello zu restaurieren und sich dort niederzulassen. Wie die arabischen Häuser unserer Tage weisen die Außenmauern des Palastes von Gudea keine weiteren Öffnungen auf; Es gibt weder Fenster noch Lichter jeglicher Art, die Luft und Tageslicht hereinlassen und einen Blick auf das Land oder die Stadt ermöglichen.

Lassen Sie uns nun in das Innere des chaldäischen Gebäudes eindringen, dessen blinde und stumme Wände in unserer Vorstellung einen Eindruck von Düsterkeit und kalter Gleichförmigkeit hinterlassen. Die Wände scheinen nie die kleinste architektonische Verzierung aufgewiesen zu haben; sie sind völlig kahl und nur von Zeit zu Zeit durch Vertiefungen und Vorsprünge gekennzeichnet; Keine Spuren von Zierleisten, Sockeln,

Gesimsen und jenen Vorrichtungen, zu denen die Architekten aller Länder Zuflucht nehmen, um die Linien der Wände zu durchbrechen und Licht- und Schatteneffekte hervorzurufen. Man muss davon ausgehen, dass die Innenausstattung des Palastes ausschließlich aus Farben und hängenden Vorhängen bestand. Die Dicke der Mauer variiert zwischen 8 Fuß 6 Zoll und 2 Fuß 7 Zoll. Alle Trennwände schneiden einander im rechten Winkel und bilden sechsunddreißig quadratische oder rechteckige Kammern; der größte misst 39 Fuß 4 Zoll mal 12 Fuß 2 Zoll und der kleinste 10 Fuß 11 Zoll mal 9 Fuß 9 Zoll. Das Missverhältnis, das insbesondere im Staatssalon zwischen Länge und Breite besteht, Die extreme Dicke der Mauern, selbst derjenigen, die im Bauwerk am wenigsten wichtig sind, bilden wesentliche Besonderheiten, auf die wir später bei den assyrischen Bauwerken aufmerksam machen werden. In Ninive hat sich gezeigt, dass es die Druckkraft des halbkreisförmigen Gewölbes ist, das die Kammern überdacht und den Architekten dazu gezwungen hat, die parallelen Wände einander anzunähern und ihnen eine enorme Dicke zu verleihen. Sollten wir in Ermangelung greifbarer Beweise die gleiche Schlussfolgerung in Bezug auf die Paläste des alten Chaldäa ziehen? Dürfen wir behaupten, dass das Gewölbe dreitausend Jahre vor unserer Zeitrechnung bekannt war? Kurz gesagt, wie waren die Hallen von Gudeas Gebäude bedeckt? War es überall mittels Quersparren, die einen Boden und eine Terrasse trugen? Oder war es häufiger ein gemauertes Gewölbe? Soweit wir die Erzählung von Herrn de Sarzec oder die Studien von Herrn Heuzey über die Ausgrabungen von Tello gelesen haben, haben wir keine direkte Antwort auf diese Frage gefunden. Vielleicht erlauben der gegenwärtige Zustand der Ruinen oder die aufeinanderfolgenden Veränderungen, denen die ursprüngliche Struktur unterzogen wurde, keine kategorische Lösung des Problems. Wichtige Hinweise lassen jedoch vermuten, dass bereits die Chaldäer zur Zeit Gudeas das Gewölbe kannten und es zur Überdachung ihrer Häuser nutzten. Selbst in mehreren Teilen des Tello-Palastes fand Herr de Sarzec kleine gewölbte Gänge, 3 Fuß 3 Zoll hoch und 1 Fuß 11 Zoll [9] dick, in perfektem Erhaltungszustand; In einem der Nebenhügel brachte er einen kleinen gewölbten Abfluss ans Licht, der die Abwässer der Stadt weit in die Ebene transportierte. Taylor fand in einer unterirdischen Kammer der Nekropole von Mugheir die primitivste Art von Gewölbe, die je bekannt war – das Kraggewölbe. In diesem falschen Gewölbe steigen die Ziegelschichten in parallelen Reihen auf jeder Seite auf, bis sie einander treffen, wobei jede neue Schicht deutlich über die darunter liegende Schicht hinausragt, bis die gegenüberliegenden Schichten sich berühren und eine Einheit bilden.

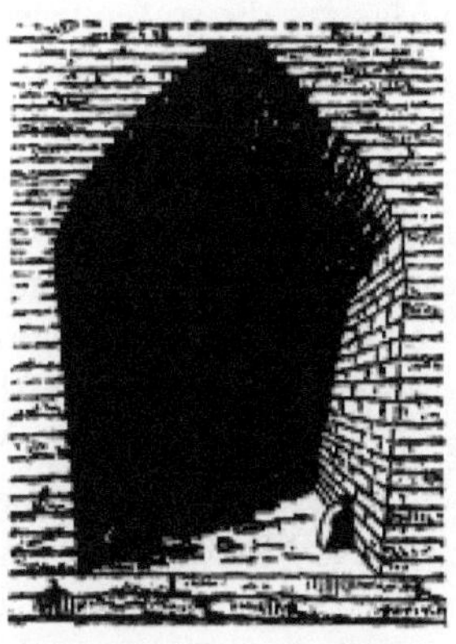

Abb. 4. – Kraggewölbe in Mugheir (nach Taylor).

Es waren also, wie es scheint, die Chaldäer, die das Gewölbe erfunden haben; [10] Der Mangel an Holz zwang sie in frühen Zeiten dazu, sich sofort gegen die heftigen Regenfälle und die Glut einer sengenden Sonne zu verteidigen; Die Schaffung des Gewölbes erfolgte in ihrem Fall instinktiv und spontan. Sie errichteten zwei- oder dreitausend Jahre vor unserer Zeitrechnung Gewölbe und Kuppeln, wie sie bis heute von den rohesten Maurern in Mosoul oder Bagdad gebaut werden. Zweifellos erlauben uns der gegenwärtige Zustand der chaldäischen Ruinen und die unzureichenden Erkundungen, die in ihnen durchgeführt wurden, nicht zu sagen, ob diese Proto-Chaldäer jede Art von Gewölbe kannten, wie es die Assyrer im Zeitalter der Sargoniden oder die Babylonier taten zur Zeit Nebukadnezars; aber die bemerkenswerte Perfektion, die in ihren monumentalen Bauwerken und in der Herstellung der Ziegel selbst beobachtet wird, sind so viele Argumente für die Schlussfolgerung, dass die Paläste und Häuser der Chaldäer zur Zeit Gudeas größtenteils von überragt wurden Halbkreisgewölbe oder Kuppeln, wie es später, nach Strabon, [11] die Häuser der Babylonier waren. Die Gewölbe stützten eine aus Lehm geformte Terrasse; Diese Erdschicht wäre bei Räumen, die nur mit einer Decke aus Palmbalken und Schilfmatten überdacht waren, weniger dick. Der Aufstieg erfolgte über Treppen, ein Beispiel dafür scheint im Palast von Tello gefunden worden zu sein. [12]

Während sie das zwischen den Höfen A und B angesammelte Material wegräumten, kamen die vom französischen Entdecker beschäftigten Arbeiter (am Punkt H) mit einer Struktur aus gebranntem Ziegelwerk in Berührung, was beweist, dass die Chaldäer bereits in der entferntesten Epoche eine solche erfunden hatten die interessantesten und charakteristischsten Elemente ihrer Architektur – der *Zikkurat* oder Bühnenturm. Nur die unteren Schichten im Palast von Gudea existieren und bestehen aus zwei massiven Massen, die stufenweise übereinander liegen. In ihrem gegenwärtigen Zustand hat die obere Terrasse eine Fläche von 26 Fuß im Quadrat, 13 Fuß weniger auf allen Seiten als die untere Ebene; vielleicht gibt es noch eine dritte und tiefere Stufe, die durch die bisher unvollkommenen Sondierungen nicht erreicht wurde. Die *Zikkurat* von Tello war keineswegs ein so hohes oder so wichtiges Bauwerk wie die Paläste der Nineviten oder die Ruinen von Babil oder Birs Nimroud in Babylon. Es war noch viel weniger bedeutend als das, was Taylor in Abu Shahrein beobachtete und das ebenso alt war. Diese Türme hatten von Anfang an immer sieben Stufen, die jeweils in einer anderen Farbe bemalt waren und mit der Verehrung der Sonne (Samas), des Mondes (Sin) und der fünf Planeten des astronomischen Systems der Chaldäer verbunden waren.

Die Anordnung der königlichen Gemächer zeigte eine auffallende Analogie zu der, die wir später in den Palästen von Ninive noch einmal antreffen werden; es gab die Bequemlichkeit und den Komfort, die wir in den Palästen moderner orientalischer Herrscher finden. Den Chaldäern wiederum müssen wir die Ehre zusprechen, jene architektonische Anordnung erfunden zu haben, die den Notwendigkeiten des orientalischen Lebens entspringt und so gut an seine Bedürfnisse angepasst ist, dass sie sich viertausend Jahre lang nie verändert hat. Im Palast von Gudea gab es drei Innenhöfe (A, B, C, Abb. 2), um die herum die Räume strahlten und von denen sie Luft und Licht erhielten. Jede dieser drei Gruppen hatte ihren eigenen Eingang und kommunizierte mit der nächsten Gruppe nur über einen einzigen Durchgang, der leicht zu bewachen oder zu schließen war. Die im nördlichen Winkel (C) gelegene Kammergruppe war besonders isoliert und von den anderen entfernt; es war der Harem oder die Wohnungen der Frauen. Im östlichen Winkel (B) befanden sich die Räume, aus denen das Serail oder *Selamlik bestand* – das heißt der Teil des Palastes, der vom König und seinen Offizieren bewohnt wurde; Es gab den Salon für offizielle Empfänge, dessen Ausmaße wir angegeben haben. Dieser Teil der königlichen Wohnung war auf der einen Seite mit einem Prunkhof verbunden, der 55 Fuß 8 Zoll mal 68 Fuß 9 Zoll groß war, und auf der anderen Seite mit der Außenseite über einen kleineren Raum, der als Vorzimmer diente; Neben der Türöffnung an der Fassade waren Kästen oder Nischen angebracht, in denen die Wachen postiert waren. Die dritte Gruppe von Kammern im Südosten (A) bildete den *Khan* – das heißt die Nebengebäude des Palastes, der Küchen, der Sklavenunterkünfte und der Ställe.

Alle Räume waren mit Ziegeln gepflastert; Sie gingen sehr selten ineinander über und hatten eine Öffnung, die auf den Hof hinausging. Die größte der Türen, die zum Staatssalon führte, hatte die ungewöhnliche Breite von 6 Fuß 6 Zoll; es war wahrscheinlich eine Falttür. Unter jeder der

Haupttüren befand sich eine große Schwelle aus Marmor oder Alabaster, manchmal mit einer Inschrift bedeckt und auf einem Bett aus Bitumen und zerkleinerten Ziegeln gelegt; Unter diesem Beton wurden schließlich im Allgemeinen Zylinder aus Edelsteinen und Talismane-Amulette gefunden.

Die Flügel der Tür drehten sich auf Zapfen, deren Spitze in einem zu diesem Zweck in einen großen Dioritblock ausgehöhlten Hohlraum ruhte. M. de Sarzec brachte eine große Anzahl dieser natürlichen Blöcke in den Louvre, die so im Pflaster vergraben gefunden wurden, dass sie nur ein oder zwei Zoll über die Oberfläche ragten. Auf der glatten Oberfläche jedes von ihnen ist zu sehen, dass die in Form einer konischen Tasse ausgehöhlte Pfanne einer unaufhörlichen Reibung ausgesetzt war; Rund um das Loch war eine manchmal kreisförmige Inschrift eingraviert (Abb. 5). Um zu verhindern, dass der Holzzapfen der Türen zu schnell verschleißt, wurde er mit einer Metallhülse in Form eines Trichters umhüllt, die mit Nägeln am Holz befestigt wurde. Einer dieser Bronzebecher wurde in Tello gefunden, noch an seinem Platz auf dem Sockel. [13]

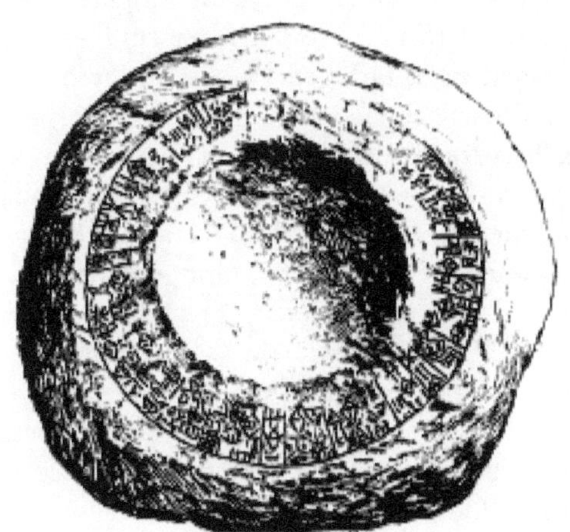

Abb. 5. – Sockel für Türzapfen, von Tello (Louvre).

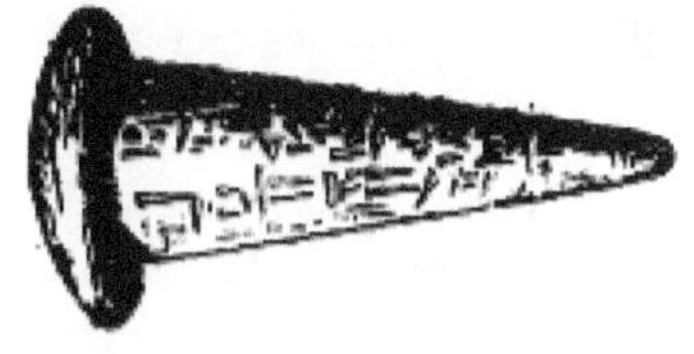

Abb. 6. – Terrakotta-Kegel aus Tello (Louvre).

Die Entdeckungen von Loftus und Taylor zeigen uns, wie die Fassaden und Räume der chaldäischen Paläste dekoriert waren. Die Hauptfassade der Gebäude in Abu Shahrein und Warka war mit einer ebenso primitiven wie einzigartigen Wanddekoration verziert. [14] Zunächst wurde es mit einer dicken Lehmstuckschicht verputzt; Dann, bevor dieser Gips vollständig trocken war, wurden darin Kegel aus gebranntem Ton eingegraben, die wie Metallnägel aussahen. Auf der Wandoberfläche ist nur der Kopf dieser Kegel sichtbar. Dabei wird der Stiel in den dicken Ton eingetaucht und bleibt dort unsichtbar haften. Auf die Köpfe dieser in regelmäßigen Abständen angeordneten, vielleicht auch als Talismane dienenden Kegel sind verschiedene Farben aufgetragen; Sie sind schwarz, rot, weiß oder gelb. Darüber hinaus ist jeder Kopf durch farbige geometrische Linien von seinen Nachbarn getrennt, so dass er für das Auge zum Mittelpunkt einer Raute oder eines Quadrats wurde.

War das Innere der Räume einfarbig mit weißem Stuck oder mit Freskenmalerei ausgekleidet, ist von dieser Dekoration nichts mehr übrig. Aber wir haben in ausreichend großen Mengen, wenn auch immer stark verstümmelt, die Überreste eines anderen, originelleren Systems der Wanddekoration, dessen Erfinder die Chaldäer sind – nämlich emaillierte Ziegel. Durch Auftragen einer farbigen Paste, die durch das Feuer verglast wurde, auf eine der Oberflächen der Ziegel vor dem Backen wurde eine Glasur oder Emaille erzeugt, die eng mit dem Ton verbunden und unbeweglich fest war. Es waren erneut die Notwendigkeit und ihr undankbares Klima, die die Chaldäer dazu veranlassten, auf diese geniale Methode zurückzugreifen. Sie brauchten dringend eine Lösung für den Mangel an Steinen und eine Möglichkeit, zu verhindern, dass die auf die Wände aufgetragenen Farben durch die starken Regenfälle verdorben wurden. Dies ist ihnen so perfekt gelungen, dass der Glanz dieser glasierten Fliesen auch heute noch nicht beeinträchtigt ist. Die Farben, mit denen sie bemalt sind, sind die einfachsten und variieren kaum; sie sind blau, weiß, schwarz, gelb und rot. Leider sind diese feinen Fragmente, die in unsere Museen gebracht wurden, nur soweit interessant, dass sie uns die technischen Methoden einer Herstellung lehren, bei der es sich um die Herstellung von undurchsichtigem Glas handelt; selbst diejenigen, die am wenigsten verstümmelt sind, enthalten höchstens ein paar Blumenmuster oder Teile von Tierfiguren, und außerdem sind diese letzten nicht älter als die Epoche Nebukadnezars.

Die zwischen den massiven Terrassen von Chaldäa gegrabenen Gräben haben weitere merkwürdige Details der Konstruktion enthüllt. Wir wissen zum Beispiel, welche Maßnahmen ergriffen wurden, um zu verhindern, dass die Abwässer der Häuser oder das Regenwasser, das auf sie fiel, durch die Plattformen aus Rohziegeln sickerten, auf denen die Gebäude standen; ein rascher Zerfall wäre gefolgt. Sie planten daher ein komplettes System aus Wasserkanälen und Entwässerung. In einem der Hügel von Tello fand Herr de Sarzec eine Reihe zylindrischer Rohre oder Röhren aus gebranntem Ton, die ineinander gesteckt waren und zusammen eine Leitung für das Wasser bildeten. [15]

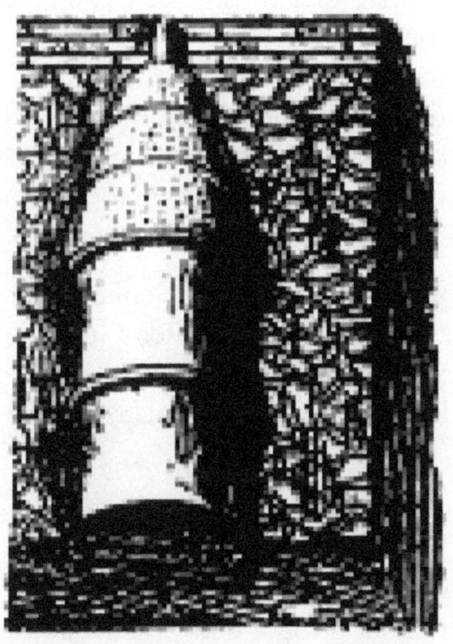

Abb. 7. – Entwässerungsrohr bei Mugheir (nach Loftus).

Aber der Ort, an dem diese Methode mit besonders raffiniertem Geschick durchgeführt wurde, ist die Nekropole von Mugheir. Die Oberseite der Plattform, in deren Körper die Gräber versenkt sind, ist mit einem sorgfältig verlegten Ziegelpflaster bedeckt, in dem jeder Spalt mit Bitumen ausgefüllt ist. Unter dieser oberen Kruste sind die Särge der Reihe nach übereinander angeordnet und jeweils einzeln in einer kleinen Kammer untergebracht. In regelmäßigen Abständen trifft man auf Ziegelrohre, die ineinander gesteckt sind und eine Art riesigen Schornstein bilden, der in der Struktur verborgen ist. Das untere Ende der Rohre mündete in einen Abfluss; das obere Ende, auf gleicher Höhe mit der Oberfläche des Terrassenpflasters, war mit einer Kappe versehen, die wie ein Schaumlöffel mit unzähligen kleinen Löchern durchbohrt war. Durch diese wurde das Regenwasser abgeführt, und dieses Entwässerungssystem wurde so wunderbar verstanden und ausgeführt, dass es bis heute intakt geblieben ist, und laut Loftus sind die Gräber so gut erhalten, dass sie es sind vollkommen trocken aufgefunden, einschließlich der Leichen und ihrer Möbel. Wir werden sehen, wie die Assyrer ähnliche Vorsichtsmaßnahmen trafen, um die Terrassen der Ninevitenpaläste vor dem Eindringen von Wasser zu schützen.

Der Bau eines Tempels oder Palastes war Anlass einer religiösen Zeremonie, die der sogenannten Grundsteinlegung ähnelt. In einer in der Grundmauer gebildeten Mulde wurde ein Zylinder aus gebranntem Ton deponiert (Abb. 8), auf dem eine Inschrift geschrieben war, die die Errichtung des Gebäudes beschrieb und die Frömmigkeit und die großen Taten des Fürsten darlegte; Dieser Zylinder wurde von verschiedenen Talismane-Objekten begleitet: Kegel und Statuetten aus Bronze und gebranntem Ton, zylindrische Siegel, Votivtafeln, manchmal aus Silber oder Gold. Unter den Fundamenten des Palastes von Gudea fand M. de Sarzec vier dieser Hohlräume in der Mauer mit den Maßen 1 Fuß 1 Zoll mal 10 Zoll mal 4 Zoll; sie enthielten noch die dort deponierten Zylinder und Amulette.

Verstecke der gleichen Art wurden in Senkereh, in Mugheir und in den Ruinen fast aller chaldäischen und assyrischen Gebäude beobachtet. Als die Assyrer selbst einen alten zerstörten Tempel restaurieren wollten, gaben sie sich zunächst Mühe, das Versteck des Fundamentzylinders oder *Timmennu herauszufinden* .

Der letzte König von Babylon, Nabonid, berichtet in einer der offiziellen Inschriften seiner Herrschaft, wie er zufällig das *Timmennu* der ersten Erbauer des Sonnentempels in Larsa fand. König Kurigalzu (um 1350 v. Chr.) und später Esarhaddon (680–667 v. Chr.) und Nebukadnezar selbst hatten dieses verehrte Heiligtum repariert und suchten vergeblich nach dem Versteck der Talismane. „Dann veranlasste ich, Nabonidus, inspiriert von meiner Frömmigkeit gegenüber der Göttin Istar von Agade, meinem Herrscher, eine Ausgrabung. Die Götter Samas und Rammanu gewährten mir ihre ständige Gunst, und ich fand den Grundzylinder des Tempels von E-Ulbar." Es trug den Namen des Königs Sagasaltias (um 1500 v. Chr.). Nachdem er die Inschrift gelesen hatte, stellte Nabonid sie wieder an ihren Platz und fertigte selbst einen weiteren Zylinder an, um seine Forschungen und seine eigenen Werke aufzuzeichnen. Er deponierte es im Fundament neben dem alten Zylinder. Moderne Entdecker, zweifellos auch im Interesse von Samas und Rammanu, fanden die geheimnisvollen Verstecke und die kostbaren Gegenstände, die dort 550 Jahre vor unserer Zeitrechnung fromm aufbewahrt worden waren, in einem ausreichend guten Erhaltungszustand. [16]

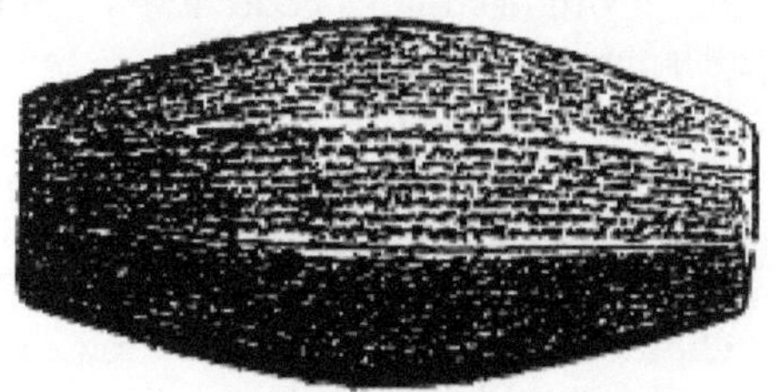

Abb. 8. – Fundamentzylinder aus Khorsabad (Louvre).

II. STATUEN UND FLACHRELIEFS.

Die Entdeckungen von M. de Sarzec in Tello und die anderer Forscher in Chaldäa ermöglichen es uns, fast zu den Ursprüngen der Bildhauerei in Westasien zurückzukehren. Tatsächlich besitzen unsere Museen Basreliefs und Statuen, die zu einem rudimentären Stadium der Kunst gehören und deren fernes Alter noch immer durch die archaischen Inschriften, die sie begleiten, bezeugt wird, und diese sind sehr alt

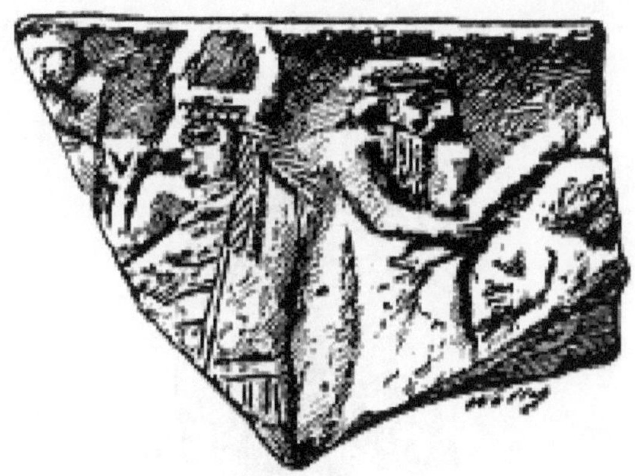

Abb. 9. – Flachrelief von Tello (Louvre).

Den Denkmälern folgen, wie im Fall Ägyptens und Griechenlands, weitere Statuen und Flachreliefs, die in chronologischer Reihenfolge über die Zeitalter hinweg die abgestuften Phasen des künstlerischen Fortschritts in Chaldäa darstellen, bevor die Niniviten-Vorherrschaft diesem Land aufgezwungen wurde. Unter den Skulpturenfragmenten in Tello, die M. Heuzey für das primitivste hält und das an die Spitze der orientalischen Skulpturenproduktion gestellt werden sollte, befindet sich ein Flachrelief aus gräulichem Kalkstein, 10 Zoll breit und 5 Zoll hoch . Von der komplizierten Szene, die diese Steintafel schmückte, sind nur noch vier Figuren übrig. Einer von ihnen sitzt, mit dem Profil nach links gedreht; Es handelt sich eher um einen bartlosen Mann als um eine Frau, und sein Gesicht ist zur Hälfte von einem übertriebenen Auge verdeckt, das von vorne zu sehen ist, wie auf Kinderzeichnungen. Sein Haar besteht aus zwei langen Locken, die ihm bis auf die Schultern fallen und fast mit den Schleifen der hohen Tiara verwechselt werden können, mit der er gekrönt ist. Diese Tiara scheint mit zwei Stierhörnern geschmückt zu sein. Die Büste ist mit einem großen Schal drapiert, der die rechte Schulter frei lässt. Die auf die Höhe des Gesichts erhobene Hand sieht aus wie eine einfache Gabel; es hält einen Kelch, als ob die Szene ein Trankopfer darstellen würde, und tatsächlich sehen wir immer noch einen Teil der Gottheit, an die das Opfer gerichtet ist. Rechts ein bärtiger Mann mit eckigen Schultern, gekrönt von einer niedrigen Mütze, gekleidet in ein weites Gewand ohne Falten, hält in seiner rechten Hand eine Art Keule, mit der er seinem Begleiter einen Schlag auf den Kopf zu versetzen scheint er ergreift die Hand. Man wird sehen, dass die Erklärung dieses Bildes äußerst zweifelhaft ist; Aber kunstgeschichtlich gesehen müssen wir darin ohne Bedenken ein Fragment erkennen, das aus der fernen Antike stammt. Das Relief ist niedrig, die Umrisse der Figuren sind schüchtern und unsicher, die Details sind unproportioniert, als ob der grobe Meißel, mit dem sie geschnitzt wurden, in den ungeschickten Händen eines Kindes gehalten worden wäre; Das Design ist voller elementarer Fehler, obwohl Kalkstein weich und leicht zu bearbeiten ist.

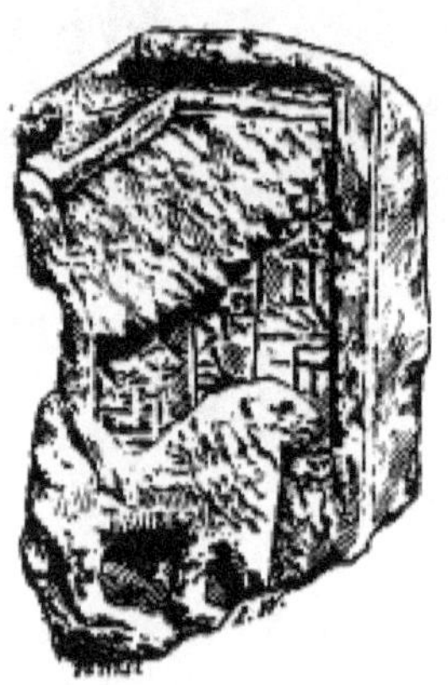

Abb. 10. Flachrelief von Tello (Louvre).

Eine fortgeschrittenere Kunst kennzeichnet das Fragment eines Flachreliefs, das M. Heuzey „die Adler- und Löwentafel" nannte und das durch eine Inschrift datiert ist, in der der König Ur-Nina (v. Chr. 2500) erwähnt wird. Hier ist ein Adler mit ausgebreiteten Flügeln zu sehen, der auf einem Löwen steht. Die Skulptur ist ebenso flach und ohne Modellierung, aber die anmutigen Umrisse der Figuren sind klar gemeißelt und mit einer sichereren Hand; Die Enden der Flügelfedern des Adlers sind eingekerbt, der Körper des Löwen weist bemerkenswert korrekte Umrisse auf, mit Ausnahme des Kopfes, der immer noch barbarisch bleibt.

Eine dritte Stufe der chaldäischen Skulptur könnte durch die „Geierstele" dargestellt werden, auf der die Namen zweier Könige zu lesen sind, von denen einer der Sohn von Ur-Nina ist. Die drei Fragmente dieser Kalksteinstele sind auf beiden Seiten geschnitzt. Auf einem von ihnen reißt ein Schwarm Geier im Flug menschliche Überreste weg – Köpfe, Hände und Arme. Die menschlichen Köpfe verweisen auf eine Kunst, die die Zwänge der Kindheit hinter sich gelassen hat: Sie sind völlig rasiert, die Nase ist immer gebogen, das Auge übertrieben groß und dreieckig. Die grober gezeichneten Geier zeichnen sich dennoch gut durch ihren langen gebogenen Schnabel und ihre übertrieben langen Krallen aus; Die Markierungen der Federn und Flügel werden hervorgehoben. Auf einem anderen Fragment derselben Stele scheinen wir Zeuge der Errichtung eines Grabtumulus zu sein.

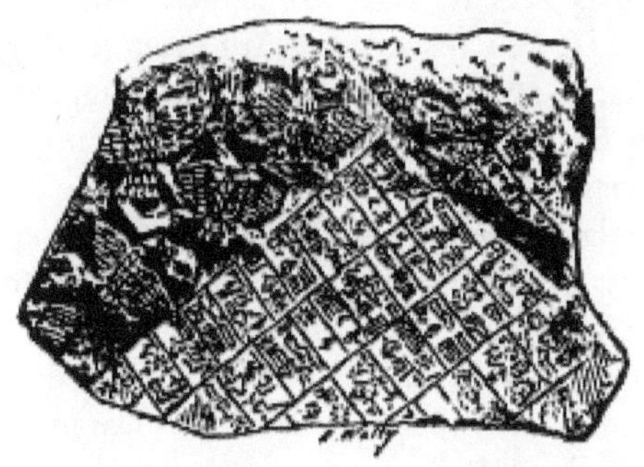

Abb. 11. – Die Geierstele (Louvre).

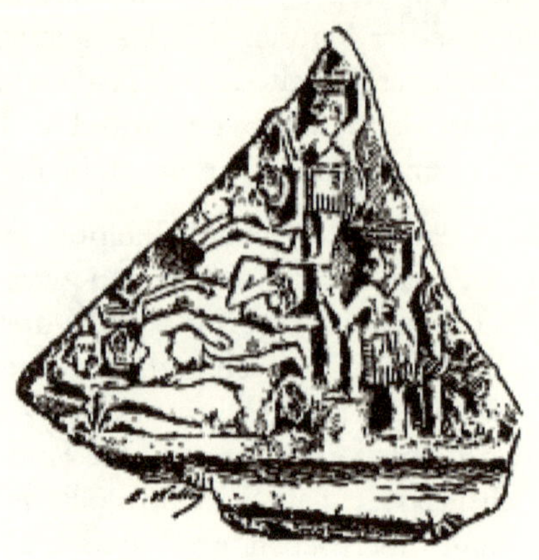

Abb. 12. – Die Geierstele (Louvre).

Männer tragen eine kurze, mit Fransen besetzte und in der Taille engere Tunika und tragen auf ihren Köpfen Weidenkörbe, die wahrscheinlich Erde enthalten, um den Haufen von Leichen zu bedecken, die in symmetrischen und abwechselnden Reihen übereinander gestapelt sind. Das dritte Stück desselben Denkmals scheint eine Szene des Blutbads darzustellen. Die Rückseite der Stele ist weniger verziert; Auf einem der Fragmente (Abb. 13) ist jedoch eine Stange zu sehen, auf der ein Adler mit ausgebreiteten Flügeln thront, und dann ein großer menschlicher Kopf, unvollständig, aber sehr interessant; er weist vom anatomischen Standpunkt aus den gleichen Charakter auf wie die kleineren Köpfe, die wir gerade betrachtet haben; aber sein Kopfschmuck ist ein höchst merkwürdiges Merkmal: eine Art Tiara, verziert mit Stierhörnern. „Aufgrund einer archaischen Konvention", bemerkt M. Heuzey, „sind diese beiden Hörner im Profil zu sehen, nach vorne und hinten gebogen; aber in Wirklichkeit waren sie an den Seiten der Kappe befestigt ... Die Kappe wird außerdem von einem Kamm aus vier großen Federn gekrönt, in deren Mitte sich ein Kegel erhebt, der mit einem malerischen Kopf geschmückt ist, der ebenfalls von einem Halbmond gekrönt ist; Dieser kleine Zierkopf, der als ganzes Gesicht gezeichnet ist, hat eine überaus lange und breite Nase ohne Anzeichen eines Mundes, so dass man zweifeln kann, ob es sich um den Kopf eines Menschen oder eines Tieres handelt." [17] Dieselbe Tiara findet sich mit geringfügigen Modifikationen auf assyrischen Zylindern und Flachreliefs, wo sie den Kopfschmuck von Gottheiten oder Papsttümern bildet. Die künstlerische Überlegenheit der Flachreliefs der Geierstele gegenüber den zuvor zitierten Denkmälern ist überdeutlich und erlaubt uns bereits einen Vorgeschmack auf die nüchterne und kraftvolle Kunst, die uns die großen Statuen im Palast von Gudea offenbaren.

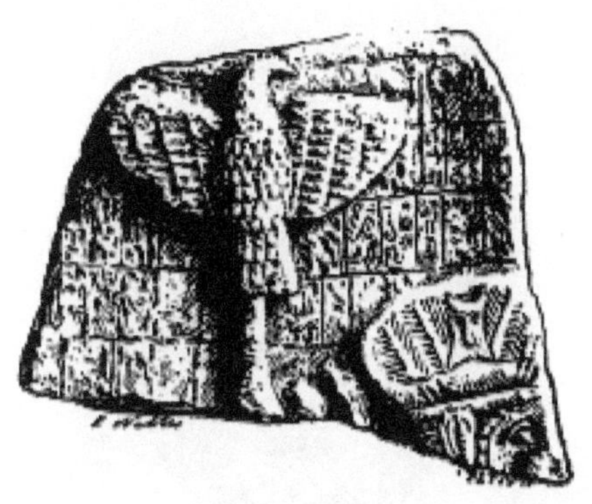

Abb. 13. – Die Geierstele (Louvre).

Im geräumigsten Hof des Palastes fand Herr de Sarzec fast alle chaldäischen Statuen versammelt, die er in das Museum des Louvre gebracht hatte. Bis zur Zahl zehn bestehen sie aus schwärzlichem Diorit mit einem bläulichen Schimmer; alle sind kopflos und tragen Inschriften im Namen von Gudea oder Ur-Bau. Im Augenblick der Entdeckung lagen sie auf den Bodenplatten des Hofes, auf der einen Seite die, die aufrechte Figuren darstellen, auf der anderen die sitzenden Statuen. Im selben Hof wurde auch ein separater Kopf gefunden, der offenbar zu einer der Statuen gehörte. Die anderen Köpfe wurden anderswo ausgegraben, und es ist unmöglich zu sagen, ob sie von den uns bekannten kopflosen Statuen entfernt wurden. Obwohl alle diese Köpfe gemeinsame Merkmale aufweisen, unterscheiden sie sich voneinander durch Besonderheiten, die das überraschende Können und die Fruchtbarkeit des chaldäischen Genies in dieser fernen Epoche offenbaren. Der Kopf des Mannes (Abb. 14), der im großen Hof gefunden wurde, ist lebensgroß, Haare und Bart sind vollständig rasiert, wie bei bestimmten ägyptischen Statuen. Die Augenbrauen bilden einen übertriebenen Vorsprung über riesigen Augen; der Schädel ist bemerkenswert verlängert; Allein die verstümmelte Nase verhindert, dass wir den vollständigen Typus der chaldäischen Rasse mit ihren harten Gesichtszügen und dicken, sinnlichen Lippen haben.

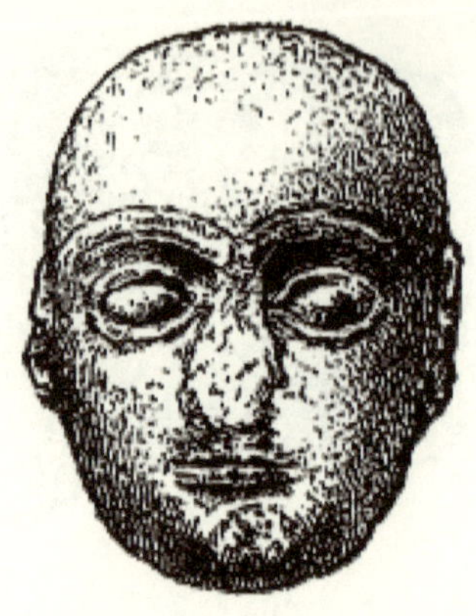

Abb. 14. – Chaldäischer Kopf (Louvre).

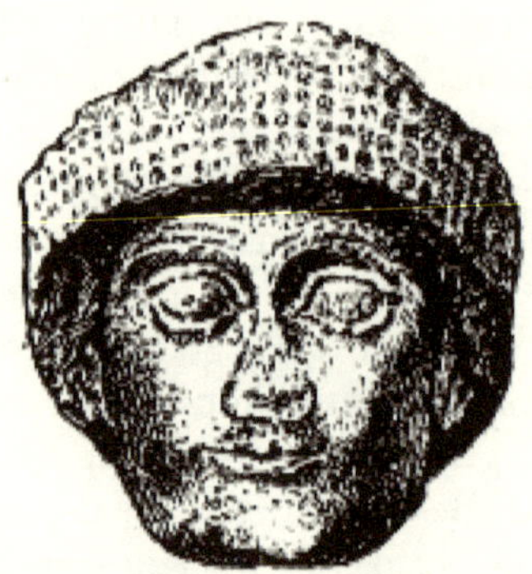

Abb. 15. – Chaldäischer Kopf (Louvre).

In einem benachbarten Tell fand M. de Sarzec einen weiteren Kopf gleicher Größe und eines ebenso interessanten Typs. Es sieht weniger streng aus als das vorhergehende , ist aber mit gleicher Geschicklichkeit geschnitzt. Das Gesicht ist rund und fast lächelnd, das Kinn breit und kräftig, die Nase flach. Der sehr originelle Kopfschmuck besteht aus einer wollenen Mütze, die eng am Kopf anliegt und mit einem dicken Rand versehen ist, der beim Hochschlagen eine Art Krone bildet; Die Maschen des Wollgewebes sind herkömmlicherweise durch eine Reihe symmetrischer Rollen gekennzeichnet. Noch heute hüllen die christlichen Priester des chaldäischen Ritus in Niederchaldäa ihre Köpfe in einen Turban aus schwarzem Stoff, was eine ähnliche Anordnung ermöglicht. [18]

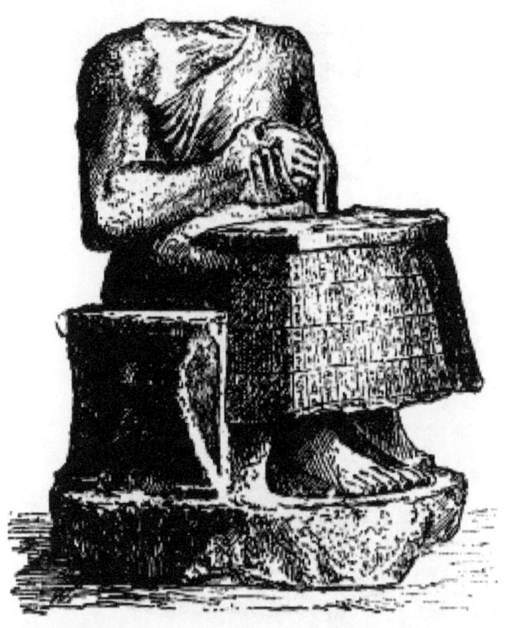

Abb. 16. – Chaldäische Statue (Louvre).

Was die kopflosen Statuen, ob sitzend oder stehend, betrifft, so weisen sie alle die gleichen Merkmale auf, weisen einen identischen Typus auf und gehören unbestreitbar derselben Bildhauerschule an. Hier sitzt eine Persönlichkeit auf einer Art Hocker, der nicht vollständig ausgearbeitet ist; er erinnert sich unwillkürlich an die griechischen Statuen des heiligen Weges der Branchidae in Milet und ist in derselben religiösen Einstellung. Ein Umhang ohne Ärmel wird über seine Brust gekreuzt und über seine Schulter zurückgeworfen; ein hübscher Pony, zart

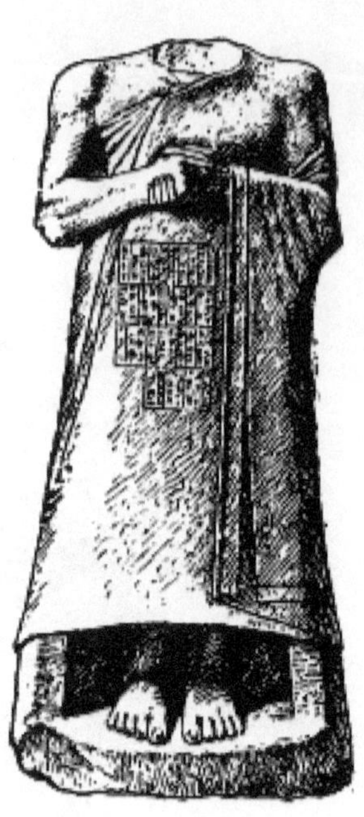

Abb. 17. – Chaldäische Statue (Louvre).

geschnitzt, fällt vorne über die ganze Tiefe ab; die Hände sind in der orientalischen Haltung der Meditation und Hingabe auf der Brust gefaltet; Die nackten Füße sind mit einer Liebe zum Detail gemeißelt, die in späteren Zeiten selbst von den Ninive-Künstlern nie übertroffen wurde. Auf den Knien der Persönlichkeit liegt eine Tafel, auf der eine Inschrift oder ein Motiv angebracht werden kann. Tatsächlich hält eine andere Statue wie diese, wenn auch von kleineren Proportionen, auf den Knien eine ähnliche Tafel, auf der der Grundriss einer Festung mit ihren Bastionen und Postern eingraviert ist, so wie ihn ein heutiger Architekt zeichnen würde. Ein abgestuftes Lineal, das heißt ein Lineal, das in Bruchteile ungleicher, aber proportionaler Länge, 10¾ Zoll lang, unterteilt ist, ist neben dem Plan, für den es als Maßstab dient, in Relief eingraviert; schließlich liegt daneben der stil, mit dem der architekt seinen entwurf graviert hat (siehe abb. 53). Die stehenden Statuen entsprechen fast derselben Beschreibung; Sie sind auch barfuß und haben die Hände auf der Brust gekreuzt, aber die Anordnung des langen Schals, der das einzige Kleidungsstück all dieser Persönlichkeiten zu bilden scheint, wird verständlicher. Der Araber hüllt sich immer noch auf die gleiche Weise in seine Burnus, das zugleich so einfache und würdevolle Kleidungsstück des Hirten der Wüste. Es ist ein Stück Wollstoff, dessen Ränder mit Fransen verziert sind; es ist in zwei Teile gefaltet und schräg um den Körper gewickelt, so dass es einen Arm bedeckt und den anderen frei lässt; Die obere Ecke, die durch einmaliges Umwickeln des Kleidungsstücks festgehalten wird, reicht aus, um das Ganze an Ort und Stelle zu halten. Wir werden diesen großen Schal auf den Flachreliefs von Nineviten wiederfinden, ebenso wie wir die Beharrlichkeit und Übertreibung dieses nüchternen und nervösen Stils beobachten werden, der bereits in der proto-chaldäischen Epoche die Muskeln zu stark belastete verweilt mit einer übermäßigen Vorliebe für anatomische Details.

Die chaldäischen Statuen sollten überall sichtbar sein und nicht flach an eine Wand gestellt werden; Sie sind sowohl hinten als auch vorne komplett fertig. Im Vergleich mit den Statuen, die man beispielsweise in den Tempeln Zyperns findet, zeigen sie uns, dass der Künstler weder seine Zeit noch seine Mühen gescheut hat. Inmitten dieser Nüchternheit der Behandlung und dieser Einheitlichkeit der Einstellungen haben wir das Gefühl, dass die chaldäische Kunst bereits weit von der Zögerlichkeit und Unrichtigkeit des ersten Zeitalters entfernt ist; Der Meißel greift den härtesten Stein mit Kraft und Erfolg an; Die Hand des Künstlers ist erfahren und selbstsicher. Diese archaische Kunst ist vor allem realistisch und zielt auf eine präzise und sogar affektierte Nachfolge der Natur ab. Die nackte Schulter wird mit überraschender Wahrheit modelliert und nachgeahmt, die Hände und Füße werden bis hin zu den Knöcheln, den Nägeln und den Hautfalten untersucht. Gleichzeitig sind die Figuren dick und, man könnte sagen, viel zu kurz – ein Umstand, der dazu beiträgt, den Eindruck von Kraft und Muskelenergie zu verstärken, der bei aufmerksamer Betrachtung entsteht.

Die Geschmeidigkeit des chaldäischen Genies zur Zeit Gudeas zeigt sich erneut in einem einzigartigen Denkmal der De Sarzec-Sammlung, bei dem es sich eher um den Fuß einer Vase als um den Sockel einer kleinen Säule handelt (Abb. 18). Kleine Figuren im Hochrelief, nackt, auf dem Boden sitzend, lehnen an einen zylindrischen Stiel. Die am besten erhaltene Figur hat ein ovales Gesicht von seltener Feinheit und von einem Typ, der dem der großen Statuen völlig fremd ist; Mit spitz geschnittenem Bart und mit einem wollenen Turban bedecktem Kopf blickt er mit lächelndem Gesichtsausdruck direkt vor sich hin; In der gesamten assyrischen Skulptur ließe sich vielleicht kein Antlitz von solcher Originalität finden. Wir wissen nicht, was diese kleinen Figuren bedeuten, die um ein solches Becken hocken. Sie scheinen den Platz der geflügelten Stiere und Löwen oder anderer fantastischer Genien einzunehmen, die die assyrische Kunst bald überall als architektonische Stützen oder Ornamente vermehren wird.

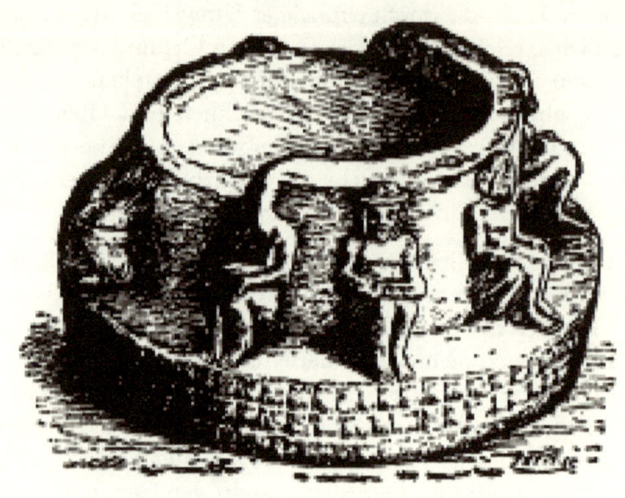

Abb. 18. – Fuß einer chaldäischen Vase (Louvre).

Vor dem Palast von Tello stand ein großes Steinbecken, das mit Skulpturen verziert war, von denen einige Fragmente überliefert sind. Dieser monolithische Trog, 8 Fuß 2 Zoll lang und 1 Fuß 7½ Zoll breit, diente vielleicht dazu, die Kamele und die Herden zu tränken, die am Tor von Gudeas Wohnung Halt machten; Oder können wir vielmehr aufgrund seiner reichen Verzierung glauben, dass es sich um ein dem Tempeldienst geweihtes Becken handelte, wie das eherne Meer im Tempel von Jerusalem oder die Vase des Amathus? Wie dem auch sei, es gab,

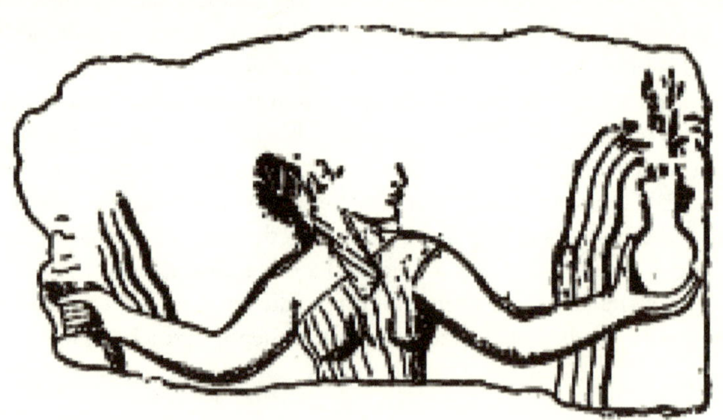

Abb. 19. – Flachrelief von Tello (nach Heuzey).

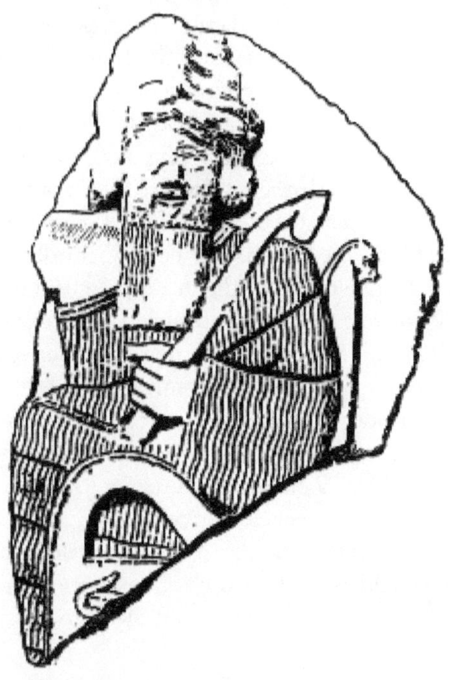

Abb. 20. – Flachrelief von Tello (*Rev. arch.* , ti, 1887, S. 265).

Auf seinen beiden längeren Flächen sind im Flachrelief Frauen mit ausgestreckten Armen zu sehen, die magische Vasen halten, aus denen zwei Flüssigkeitsstrahlen sprudeln, auf jeder Seite eine Kornähre, ein anmutiges Symbol der sprichwörtlichen Fruchtbarkeit Mesopotamiens, umschlossen vom Heiligen Ströme des Tigris und des Euphrat, die unter dem Namen Naharaim verehrt wurden, die beiden Flüsse *schlechthin* . Das hier wiedergegebene Fragment (Abb. 19) zeigt uns, dass bereits die Proto-Chaldäer dem fließenden Wasser die herkömmliche Form wellenförmiger Linien gaben (siehe auch Abb. 34); Die Frau wird von überraschender Wahrheit angezogen. [19] Das gleiche technische Können wird in einem Flachrelief aus Tello festgestellt, das eine bärtige Person mit vollem Gesicht und einem Kostüm darstellt, in dem M. Heuzey das flauschige Zeug erkannt hat, das die Griechen *Kaunakes nennen.* Beobachten Sie die Feinheit, mit der die chaldäischen Künstler das Kostüm und den Bart behandelten. Man könnte fast sagen, dass die mesopotamische Kunst keinen weiteren Fortschritt zu machen hat und dass sie ihre vollen Ausmaße bereits in der sagenhaft fernen Epoche zeigt, die durch die Altertümer von Tello repräsentiert wird.

Weniger modelliert sind die Figuren, die den oberen Teil des *Caillou Michaux schmücken* ; Das Relief darauf ist trocken und flach, und die Zeichnung wirkt von einer hieratischen Steifheit, die auf eine Epoche des Verfalls oder zumindest auf eine Zeit hindeuten würde, in der die chaldäische Kunst in ihrem Aufwärtstrend gestoppt wurde. Dieses Denkmal stammt aus der Zeit der Herrschaft von Marduk-nadin-akhi, dem König von Babylon, um 1120 v. Chr. und war möglicherweise ein vom Wasser des Flusses heruntergerollter Stein, der zu einem heiligen Gegenstand gemacht wurde. Die Keilinschrift enthält die Schenkung eines Grundbesitzes, der als Mitgift beglichen wurde. [20] Die merkwürdigen Figuren, unter deren Schutz dieser Vertrag steht, zeigen uns, wie sie es in vielen Zylindern tun, dass in dieser Epoche die chaldäische Mythologie von den Künstlern zum Nutzen genutzt wurde, die es verstanden, menschliche mit tierischen Formen zu vereinen ohne in Monstrosität oder Deformität zu verfallen, und um den Sternen und den unsichtbaren Genien, die ihre wilde Fantasie ersonnen hat, symbolische Figuren zu geben. Das Zeichnen dieser seltsamen Figuren ist nicht ungeschickt; Sie rufen Schrecken hervor, ohne in die Karikaturen und grotesken Formen zu verfallen, die die Götterbilder barbarischer Völker kennzeichnen. Die chaldäische Kunst ist ebenso gelehrt wie die Geheimnisse ihrer Mythologie kompliziert. Untersuchen Sie zum Beispiel diese geflügelte Ziege

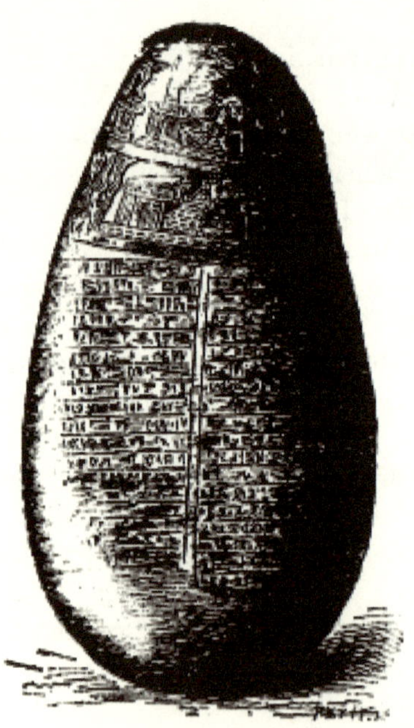

Abb. 21. – Das *Caillou Michaux* (Cabinet des Médailles).

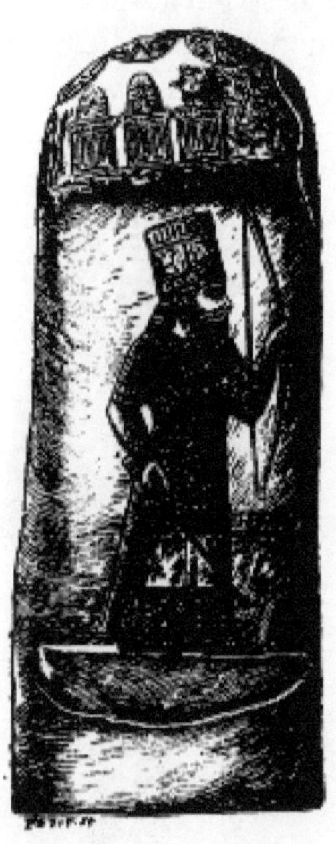

Abb. 22. – Stele von Maduk-nadin-akhi (British Museum).

vor einem Altar liegen; Die kantigen Umrisse seiner Hörner sind wahrheitsgetreu wiedergegeben, die Muskeln seiner Beine, die möglicherweise anatomisch schlecht platziert sind, werden bis ins kleinste Detail analysiert, und die Bewegung dieses Tieres, das sich bemüht aufzustehen, ist sehr natürlich, wenn auch mangelhaft im Leben und in der Geschmeidigkeit. Wir werden die gleichen Zeichen der Trockenheit und Unhöflichkeit in der schwarzen Basaltstele desselben Königs, Marduk-nadin-akhi, wiedererkennen. Hier, wie im *Caillou Michaux*, ist das Relief flach, nichts Geschmeidiges, Anmutiges oder Liebenswürdiges; Das chaldäische Genie kann nicht lächeln. Der chaldäische Künstler begnügt sich damit, die Falten und Fransen sozusagen von den weiten orientalischen Gewändern, den Gewändern, mit denen der griechische Künstler eine so mächtige Wirkung erzielen kann, in Umrissen einzuritzen; Er fertigt daraus schwere bestickte Roben an, wie sie von katholischen Priestern getragen werden. Aber als Gegenleistung betrachtet er diese Stickereien durch ein Vergrößerungsglas und versteht es hervorragend, den Reichtum des Gewebes und die unzähligen und komplizierten Formen des Designs zu analysieren und wiederzugeben. Von nun an können wir voraussehen, dass der Bildhauer, der die Synthese aus den Augen verliert und sein Ideal ausschließlich im unendlich Kleinen verortet, sich niemals von der engen Formel lösen wird, in der er so früh sein Talent gefangen hielt. Alle seine Figuren in Statuen oder

Flachreliefs, die bis ins Detail so gut ausgearbeitet sind, zeigen insgesamt eine hieratische und konventionelle Starrheit, die unglücklicherweise dem assyrischen Künstler zum Vermächtnis werden wird.

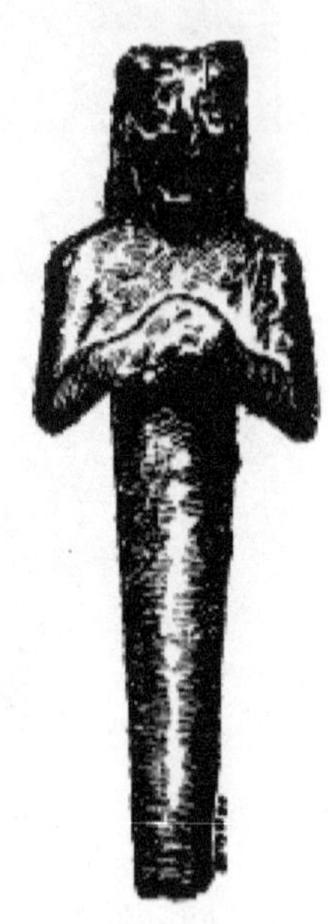

Abb. 23. – Chaldäische Statuette aus Bronze (Louvre).

III. Kleine Bildhauerei und industrielle Künste.

Die Chaldäer konnten in Bronze ebenso geschickt arbeiten wie in Stein. M. de Sarzec hat einige Bronzefiguren gesammelt, die es uns im Vergleich zu anderen bereits gesicherten Denkmälern ermöglichen, einige genaue Meilensteine in der allmählichen Entwicklung der Kunst des Metallgießens und -meißelns in Chaldäa festzulegen. Eine bestimmte Statuette eines Mannes oder einer Frau (Abb. 23) kann als der rudimentärste Versuch angesehen werden. [21] Es hat einfach die Form eines zylindrischen Stiels, dessen oberer Teil mit zwei Armen und einem menschlichen Kopf ausgestattet ist, ähnlich der *Xoana* der Griechen. Dieser von kleinen Hörnern gekrönte Kopf ist seltsam barbarisch; Es erinnert an die Kunst der Männer der Bronzezeit und an die rustikalste aller zypriotischen Terrakotten. Fortschritt manifestiert sich in anderen

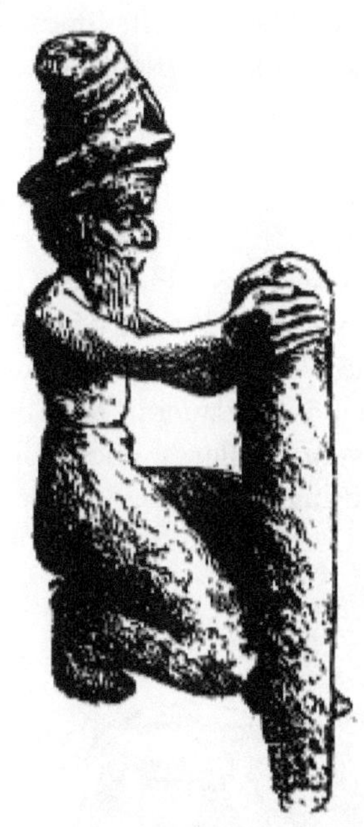

Abb. 24. – Chaldäische Statuette (Louvre).

Bronzen – vielleicht mehrere hundert Jahre von ersteren entfernt. Hierbei
handelt es sich um Statuetten, die nicht auf einem Sockel befestigt sind,
sondern in einem umgekehrten und stark verlängerten Kegel enden, der dazu
gedient haben muss, sie in eine weiche Materie wie Mörtel zu tauchen. Das
eine stellt einen liegenden Stier dar, das andere (Abb. 24) einen knienden
Mann, der in seinen Händen die Basis des Kegels hält; Er ist bärtig und mit
einer Tiara mit mehreren Hörnerpaaren bedeckt, die Göttern und Genien
vorbehalten ist. Eine dritte schließlich ist eine Frau, die einen Korb auf dem
Kopf trägt, deren Körper bemerkenswerterweise das Aussehen eines
länglichen Barrens hat. Dieser Canephoros, dessen weibliche Form nur
durch die Brüste und die Breite der Hüften angedeutet wird, lässt uns
natürlich von einem anderen Canephoros (Abb. 25) sprechen , der in Afaj
am Euphrat gefunden wurde und den Namen des Königs Kudurmapuk (v.
Chr. 2000) trägt). Anhand dieser Statuette lässt sich erkennen, dass die Kunst
der Bronzebearbeitung eng mit der Entwicklung der Steinbildhauerei Schritt
hielt. Obwohl der Kopf und die Arme immer noch das Werk von halb
ausgebildeten Künstlern sind, ist der Kopf sehr bemerkenswert; der
Augenbrauenbogen und die Augen sind wie bei den großen Dioritstatuen
behandelt; die Haare sind komplett rasiert. Die gleichen Charaktere sind in
einer bemerkenswerten Figur eines bärtigen Priesters zu beobachten, der eine
Tiara mittlerer Größe trägt und in eine lange Tunika mit Volantfransen

gekleidet ist. [22] Hier ist eine verstümmelte Statuette aus Tello (Abb. 26); es ist ein Gott, der auf einem kauernden Löwen steht; Der Kopf des brüllenden Tieres hat einen wilden und natürlichen Ausdruck, aber das Gewand des Gottes ist zylindrisch, ohne Amplitude und ohne Modellierung, und der Künstler hat vergeblich versucht, diese Steifheit, die seine Ohnmacht verrät, durch die Gravur der Fransen und Rosetten zu verbergen die Vorhänge. Beachten Sie, dass die langen Haare des Löwen wie der Wollzottel der Priestermütze behandelt werden, den wir gerade untersucht haben (Abb. 15). Das Tier hat sehr kleine Flügel; seine Vorderbeine sind die eines Stiers, seine Hinterbeine enden in Löwenklauen; Das Studium der Natur ist hier perfekt, aber in den konventionellen Linien, die das Anschwellen der Muskeln zum Ausdruck bringen sollen, spüren wir die Tendenz zur Übertreibung und trivialen Unhöflichkeit, die wir bei den Statuen bemerkt haben.

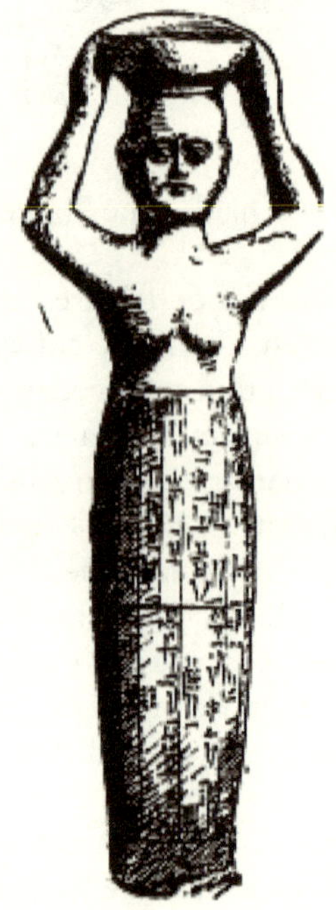

Abb. 25. – Canephoros von Kudurmapuk (Louvre).

In einem der kleineren Hügel von Tello entdeckte M. de Sarzec ein Fragment einer großen Bronzestatue. „Es war", sagt er, „ein lebensgroßes Stierhorn aus Bronze, das auf einem Holzrahmen montiert war, aber das Holz wurde durch die Einwirkung des Feuers verkohlt." [23] [24] Er hatte auch ein Schwert gefunden, das von einem Araber gestohlen und zerstört worden war. Aber wir können eine andere Waffe der gleichen Art im Besitz von Colonel Hanbury anführen; Die wie eine Sichel gebogene und dreieckige Klinge trägt eine Votivinschrift im Namen des assyrischen Königs Rammannirari, des Sohnes von Pudil (v. Chr. 1300). Die merkwürdige Besonderheit dieser Waffe besteht darin, dass auf einer ihrer Oberflächen ein kleiner liegender Hirsch eingraviert ist, und dies ist das Zeichen des Herstellers: Von diesem Zeitpunkt an kommt die Eifersucht der Handwerker ins Spiel und äußert sich in den gleichen Maßstäben wie in unser Tag.

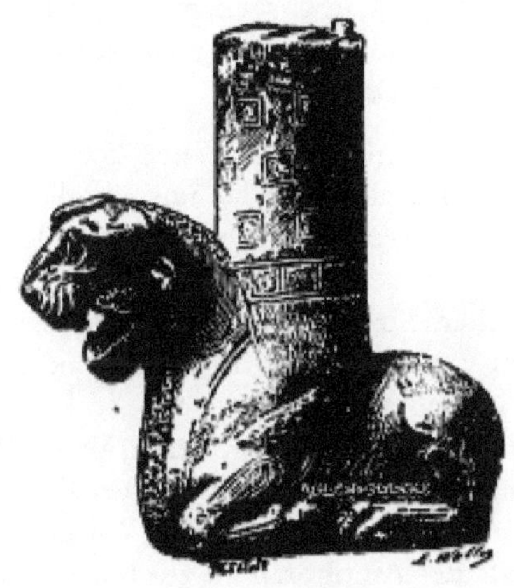

Abb. 26. – Chaldäische Statuette aus Bronze (Louvre).

So überraschend das Phänomen auf den ersten Blick auch sein mag, die chaldäische Töpferei folgte bei weitem nicht dem Fortschritt der Bildhauerei. Die Ausgrabungen von Tello haben das Museum des Louvre mit fünfhundert Terrakotta-Kegeln bereichert, die den Namen Gudea und Ur-Bau tragen, aber es handelt sich lediglich um Industrieprodukte ohne künstlerischen Charakter, die zur Ziegelherstellung gehören. Die Nekropolen von Warka und Mugheir, in denen man, wie in den Gräbern Griechenlands oder Etruriens, auf Kunstwerke hätte stoßen können, lieferten nur grobe Vasen, die von der völligen Unterlegenheit der Töpferei bei den Chaldäo-Assyrern zeugen. Sie sind alle einzigartig barbarisch und rustikal, ob sie nun aus den archaischen Gräbern von Warka und Mugheir stammen oder aus den Ruinen der Paläste stammen, wo dennoch die Kunst der Bildhauerei aufsteigt und sich in ihrer perfekten Entwicklung zeigt. Die assyrische Keramik, selbst die der besten Epoche, ähnelt manchmal so sehr, dass man sie mit ihr verwechselt, der archaischsten Keramik des eigentlichen Griechenlands und der Inseln der Ägäis. Aber hier ist es erst der Anfang der Kunst, die erste

Anstrengung des Töpfers, der bald Meisterwerke schaffen wird; dort hingegen bilden diese vulgären Küchengefäße die ganze Kunst und stellen zugleich den Anfang und das Ende dar.

Diese Vernachlässigung der Keramik durch die chaldäo-assyrischen Künstler ist auf geologische und klimatische Ursachen zurückzuführen, die denen ähneln, die, wie wir sehen werden, die Flachreliefskulptur zum Nachteil der runden Skulptur entwickelten. Dies liegt vor allem an der schlechten Qualität des Tons in Mesopotamien, der sich zwar gut zu quadratischen Ziegeln verarbeiten lässt, aber nicht fein genug ist, um daraus den zerbrechlichen Rahmen eines breiten Kraters oder eines Kraters zu formen schlanke Amphoren und noch weniger dazu, alle Details von Gesicht und Gewand in anmutigen und schlanken Figuren wie denen von Tanagra, Cyme oder Myrina hervorzuheben.

Der Zusammenhalt des mesopotamischen Tons ist so unvollkommen, dass die babylonischen Terrakotten, die uns überliefert sind, trotz des Backvorgangs, dem sie unterzogen wurden, fast bei der ersten Berührung zerbröckeln. Es wurde beobachtet, dass der Töpfer gezwungen war, die Tonmasse mit gehäckseltem Stroh zu vermischen, um dem Vasenkörper eine gewisse Konsistenz zu verleihen und Risse zu vermeiden. Es war damals unmöglich, die Seiten dünn zu machen oder sie kunstvoll zu gestalten; Folglich wäre es nicht selbstverständlich gewesen, Vasen, die nur schwer und grob sein durften, mit üppiger und sorgfältiger Bemalung zu dekorieren. Es genügte, geometrische Muster, Farbstreifen, Ovale und symmetrische Girlanden um den Hals der Amphoren zu zeichnen ; Nichts in dieser Art von Dekoration ist der Tier- oder Pflanzenwelt oder der Geschichte entlehnt, was der Künstler jedoch bei der Dekoration von Metallvasen oder Nippes aus Elfenbein, Holz oder Stein so wunderbar nutzen konnte.

Die chaldäischen Terrakottafiguren, so grob sie auch sein mögen, sind für die Geschichte der Kunst und Mythologie nicht völlig uninteressant, und M. Heuzey hat sie unter diesem Gesichtspunkt mit Feingefühl beurteilt. [25]

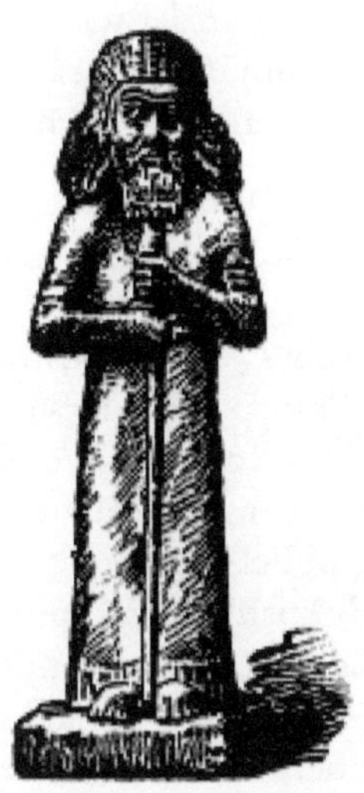

Abb. 27. – Chaldäische Statuette aus Terrakotta.

Die von Loftus in Warka in großen Mengen gesammelten Statuetten bestehen aus festem Ton und wurden in einer Form in einem Stück hergestellt; Die Rückseite ist flach und mit der Hand modelliert. Der Ton ist grüngrau, manchmal auch braun; es ist gut gebacken und sehr hart. Die Haltung dieser grotesken kleinen Figuren weist auffallende Analogien zu den Terrakottafiguren der ersten ägyptischen Dynastie auf; Es sind Männer in langen Gewändern, deren Bärte nach assyrischer Art geschnitten sind, Frauen in engen Tuniken und fallenden Kopfbedeckungen wie die ägyptischen Figuren; Ihre Hände sind auf der Brust gefaltet in der religiösen Haltung, die wir bereits von den Tello-Statuen kennen. Es ist jedoch sehr schwierig, das genaue Datum dieser Figuren anzugeben, die vielleicht größtenteils nicht aus der Zeit Nebukadnezars stammen. Außerdem werden wir später darauf zurückkommen. Es genügt für einen Moment, zu beobachten, wie wenig abwechslungsreich und dürftig das von den chaldäischen Modellierern in Ton ausgearbeitete Thema war, zu einer Zeit, als Bildhauerei und andere Künste dennoch bereits am blühendsten waren.

Die Denkmäler, die wir gerade besprochen haben, ermöglichen es uns, den Grad des Wohlstands und der Perfektion zu würdigen, den verschiedene Industrien in Chaldäa neben den höheren Zweigen der Kunst erreicht haben, wie etwa die Tapisserie, die Weberei und die Stickerei. Die Stele von Marduk-nadin-akhi zum Beispiel (Abb. 22) zeugt von der wunderbaren Kunstfertigkeit der Frauen des königlichen Harems oder der in der Werkstatt beschäftigten Männer, aus denen dieses Gewand mit goldenen Fransen hervorging und mit Goldfransen bedeckt war elegante Muster und in das

Gewebe des Gewebes eingelassene Edelsteine, diese mit Federn und weit geöffneten Gänseblümchen geschmückte Tiara, diese Sandalen, deren breite, rautenförmige Maschen gezählt werden können.

M. Heuzey [26] hat gezeigt, dass der Stoff , den die Griechen, die einem babylonischen Kleidungsstück diesen Namen gaben, *Kaunakes* (καυν ά κης) nannten, mindestens bis in die Epoche von Gudea zurückreicht. Die Darstellung dieses Wollgewebes zeigt mehrere Reihen übereinander angeordneter Büschel; Das Prinzip der Herstellung der *Kaunakes* ist das gleiche wie bei Plüsch oder Samt, nur der Wollflor ist länger und weniger dicht angeordnet. Dieses von den Chaldäern erfundene Material wurde weiterhin von den Assyrern und Persern hergestellt; Auf diese Weise lernten es die Griechen kennen, und Aristophanes spricht in seiner *Wespenkomödie* davon . Kleidungsstücke aus *Kaunakes* findet man häufig auf den chaldäischen Denkmälern, insbesondere auf den Zylindern, wo sie fälschlicherweise mit Gewändern aus gerafftem und gewirktem Material verwechselt wurden. Sie werden sowohl von Frauen als auch von Männern getragen, wie die bärtige Figur beweist, die wir oben abgebildet haben (Abb. 20), und eine weibliche Statuette aus Alabaster, die alle Merkmale der chaldäischen Kunst zeigt, die mit den Denkmälern von Tello zeitgleich ist (Abb. 28).

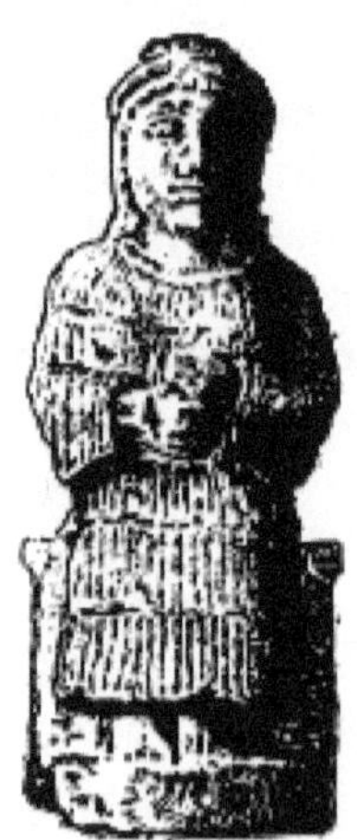

Abb. 28. – Chaldäische Statuette aus Alabaster.

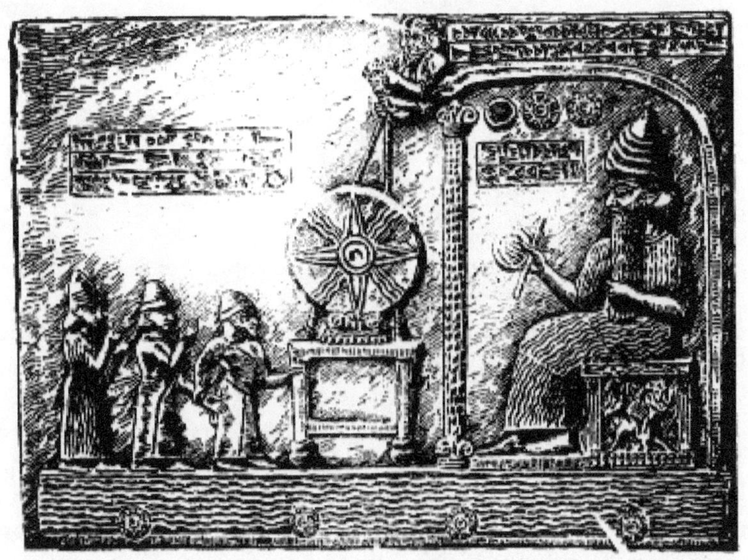

Abb. 29. – Flachrelief der Tafel des Gottes Samas (British Museum).

Die Tafel des Gottes Samas (Abb. 29), die in Abu-Habbah (Sepharvaim) gefunden und in die Regierungszeit des babylonischen Königs Nabupal-iddin (850 v. Chr.) datiert wird, zeigt zusammen die beiden wichtigsten chaldäischen Kleidungsstücke – das aus Kaunakes gefertigte , und das aus einem einfachen, vorne offenen Material, das wir in Assyrien oft wiedersehen werden. Darüber hinaus wirft dieses Basrelief, wenn man es genau untersucht, ein bemerkenswertes Licht auf die verschiedenen Industrien in der Holz-, Eisen-, Stein- und Verschleißstoffindustrie. Der Tabernakel, in dem der Gott Samas auf seinem Thron sitzt, scheint eine eiserne Nische zu sein, deren oberer Teil gebogen ist, um ein flaches Gewölbe zu imitieren; Vor dem Schrein stehen kleine Säulen aus Holz oder Eisen. Der Stamm ist mit Schuppen bedeckt, die den Stamm der Palme nachahmen, und besteht zweifellos aus darüber gelegten Metallplatten. Für Basis und Kapital gibt es Voluten, so etwas wie das ionische Kapitell. Die Sonnenscheibe, das Symbol des Gottes, wird von Schnüren getragen, die in den Händen zweier Genien gehalten werden, die scheinbar eine rein dekorative und dekorative Rolle spielen. Der Thron des Gottes und der Tisch, auf dem die strahlende Scheibe steht, sind elegant geformte Möbelstücke und offenbaren eine Zivilisation, die in ihrem Luxus nach höchster Verfeinerung strebt.

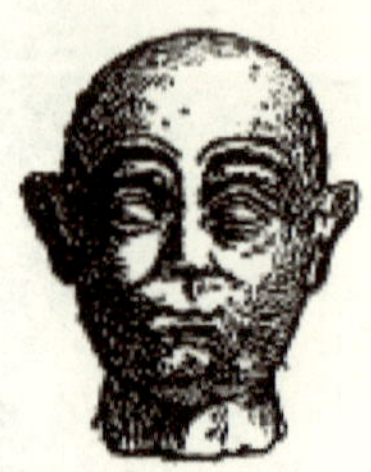

Abb. 30. – Chaldäischer Kopf aus Speckstein (Louvre).

Schmuckstücke aus Edelmetall wurden in Chaldäa bisher noch nicht gefunden, obwohl wir wissen, dass Gold und Silber schon vor langer Zeit nach Babylon und in die Städte Chaldäas sowie nach Ägypten flossen. Die Kunst des Goldschmieds muss der des Siegelgraveurs ebenbürtig gewesen sein, dessen Denkmäler so zahlreich sind, wie wir jetzt sehen werden. Zu diesen Kunstzweigen gehört ein kleiner Kopf aus Steatit, der rund geschnitzt ist und das Juwel der Tello-Sammlung bildet; Besser als alles andere bringt uns dieser so realistisch und gleichzeitig so hochvollendet behandelte Kopf sozusagen in Kontakt mit der brillanten Überlegenheit des chaldäischen Künstlers, wenn er sich diesen sekundären Formen widmet der Kunst, die heutzutage den Gebrauch der Lupe erfordern und bei denen wir nicht wissen, ob wir die Geduld des Künstlers, die Standhaftigkeit seiner Hand oder die Feinheit seines Talents am meisten bewundern sollen.

IV. CHALDÄISCHE SIEGELGRAVUR. [27]

Obwohl wir noch nicht mehr als eine begrenzte Anzahl von Skulpturen und Statuen besitzen, diese imposanten Zeugen der chaldäischen Kunst zur Zeit von Gudea oder Hammurabi, können wir diesen Bedarf zumindest durch die zahlreichen und vielfältigen Produktionen des Siegelgraveurs decken Kunst. Die Chaldäer erfanden das Schnitzen von Edelsteinen, und kein Volk nutzte diese Zylinder, Kegel und Siegel jeder Form so regelmäßig, auf denen in feinen und tiefen Linien dieselben Bilder eingraviert sind, auf denen die monumentale Bildhauerei basiert Mauern von Tempeln und Palästen. Diese im Tiefdruckverfahren geschnitzten Steine, ob Hämatit, Porphyr, Chalcedon, Marmor oder Onyx aller Art, wurden um den Hals, am Finger, am Handgelenk getragen oder am Kleidungsstück befestigt; Sie waren gleichzeitig vorbeugende Amulette gegen Krankheiten oder Hexerei und Siegel, mit denen Abdrücke am Ende öffentlicher oder privater Dokumente angebracht wurden.

Der älteste der chaldäischen Zylinder offenbart uns den Ursprung der Siegelgravur, die ersten Versuche, die runden, eiförmigen oder zylindrischen Edelsteine der Halsketten der Steinzeit zu schnitzen. Der Stichel und das

Puncheon, die zum ersten Mal in der Hand gehalten werden, zeichnen noch nicht mehr als sich kreuzende Zickzacklinien, Rauten, gerade und halbkreisförmige Linien nach. Bald wird versucht, Gebäude, Tierfiguren, fressende Antilopen (Abb. 31) oder Fische nachzuzeichnen. Die Gelenke und Wölbungen des Körpers der Vierbeiner werden durch runde Löcher dargestellt, die Gliedmaßen durch einfache Striche.

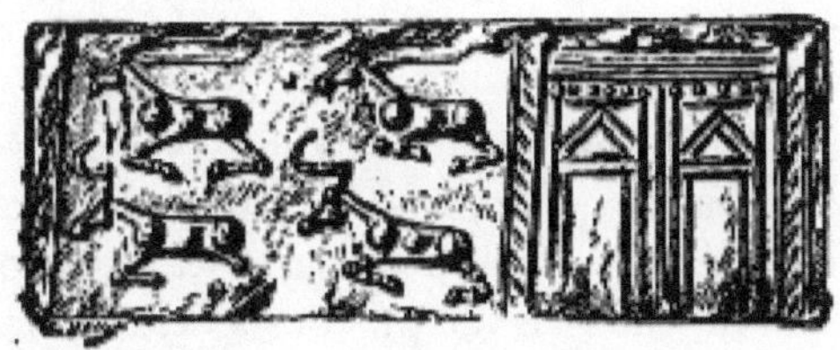

Abb. 31. – Chaldäischer Zylinder (Sammlung De Clercq).

Mit größerer Beherrschung seiner Instrumente wird der Künstler bald – denn wir dürfen ihm jetzt diesen Namen geben – versuchen, auf den Zylindern die menschliche Figur und dann die der göttlichen Wesen oder Helden zu reproduzieren, die aus der Volksphantasie hervorgegangen sind und deren Bild ist um die talismanische Kraft des Steins zu erhöhen. Es gibt Monster, die auf ihren Hinterbeinen stehen und miteinander kämpfen, und Riesen, die Löwen oder Vierbeiner mit Menschengesicht töten. M. Menant hat bemerkt, dass die Figuren von Tieren immer im Profil dargestellt werden, während die menschlichen Figuren mit langen Bärten auch dann das volle Gesicht zeigen, wenn der Körper im Profil dargestellt ist. Es gibt doppelgesichtige Genien, Vierbeiner mit einem einzigen Kopf und zwei Körpern. Einer der bemerkenswertesten Zylinder dieser Urepoche ist ohne Widerspruch der der reichen De Clercq-Sammlung, deren Gestaltung wir hier vorstellen (Abb. 32). Hier sind Menschen und verschiedene Tiere zu sehen: eine Ziege mit gewellten Hörnern, die im Blatt eines Baumes grast; ein Nashorn, Antilopen, Stiere, Fische, ein Adler und einige Bäume; zwei Dämonen, die fantastische Tiere, Skorpione und Palmen bezwingen. Wir denken an die biblische Szene von Adam und Eva im irdischen Paradies, umgeben von allen Lebewesen der Schöpfung.

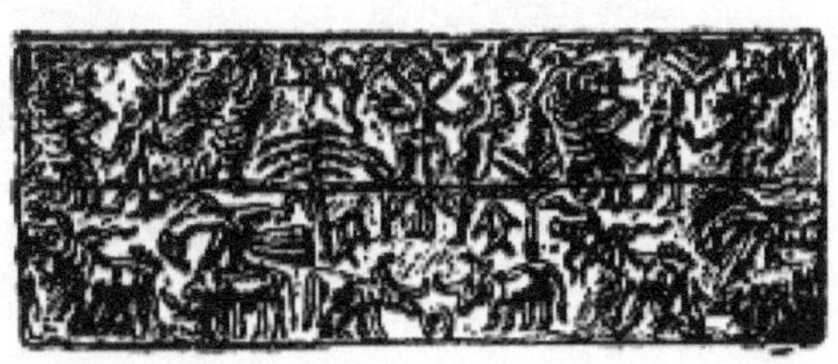

Der neue Fortschritt wird durch das Erscheinen von Inschriften an den Seiten der Figurenszenen gekennzeichnet. Jeder Besitzer eines Zylinders legt Wert darauf, seinen Namen oder den einer Lieblingsgottheit darauf eingravieren zu lassen. Dementsprechend wurden auf Zylindern die Namen mehrerer *Patesis* gefunden, die drei- oder viertausend Jahre vor unserer Zeitrechnung chaldäische Städte regierten. Der Zylinder, auf dem M. Oppert den Namen Asrinilu, *Patesi* von Umalnaru, las (Abb. 33), stellt eine Episode im chaldäischen Epos dar. Der Held Izdubar mit lockigem Bart und lockigem Haar ergreift mit beiden Händen an den Hinterbeinen zwei Löwen, die mit dem Kopf nach unten hängen. Abgerundet wird die Szene durch Bäume, eine Antilope, eine kleine menschliche Figur, einen Skorpion mit Löwenkopf und einen Stier mit Menschenkopf. Besonders auffällig ist hier der Archaismus der Keilschriftzeichen, die aus einander kreuzenden Strichen bestehen, aber noch nicht die Form von Keilen haben, die sie später annehmen sollen, sowie die Modellierung und Geschmeidigkeit der meisten Figuren; das Instrument ist durch das Werk nicht mehr spürbar.

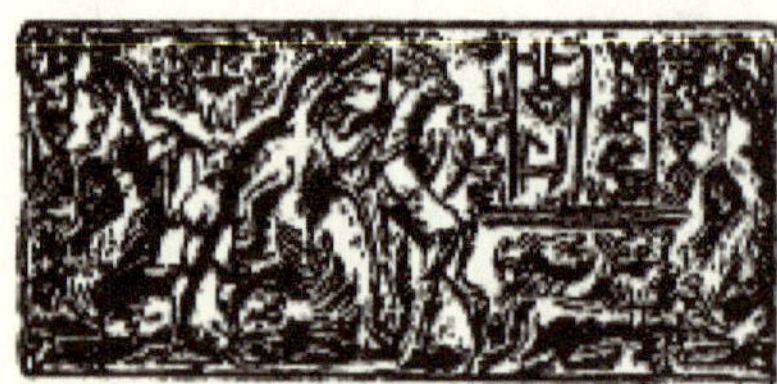

Abb. 33. – Chaldäischer Zylinder (De Clercq).

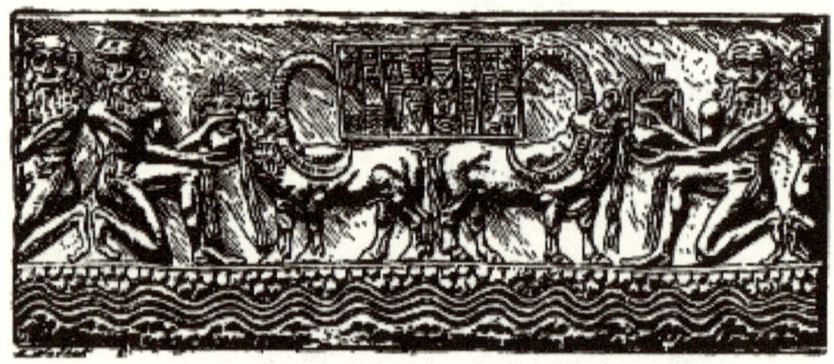

Abb. 34. – Zylinder von Sargani (De Clercq).

Die chaldäische Siegelgravur erreicht ihren Höhepunkt mit einem weiteren Zylinder aus der De Clercq-Sammlung, der den Vorteil hat, zumindest relativ datiert zu sein: Er trägt den Namen von Sargani oder Sargon dem Ersten, König von Agade, etwa 3800 Jahre vor unserer Zeitrechnung. M. Menant bezeichnet es als eine wichtige Etappe in der Kunstgeschichte. Das sehr einfache Bild besteht aus zwei symmetrischen Szenen: Izdubar, mit einem Knie auf dem Boden, am Ufer eines Flusses, hält mit beiden Händen die heilige Ampulle, aus der ein doppelter Wasserstrahl austritt, und bei aus dem ein Stier mit langen, gestreiften Hörnern zum Trinken kommt. [28] Hier besitzt der Künstler alle Geheimnisse seiner Kunst: Zu keiner Zeit wird er in der Lage sein, die kraftvollen Muskeln des Stiers und des Riesen mit größerer Feinheit und Wahrheit wiederzugeben. Und da sicherlich zugegeben werden muss, dass die monumentale Bildhauerei ebenso schnell voranschreitet wie die Siegelgravur, weiß ich nicht, was uns am meisten in Erstaunen versetzen sollte: der Grad der Vollkommenheit, zu dem die Chaldäer die bildende Kunst vorangetrieben hatten, oder die ungeheuer ferne Epoche, zu der sie gelangte Denkmäler transportieren uns.

Ein Zylinder im Museum in New York (Abb. 35), der den Charakteren der Schrift nach fast zeitgleich mit dem von Sargon dem Ersten zu sein scheint, ist mit noch größerer Perfektion ausgeführt. Das Spiel und die anmutige Geschmeidigkeit der Muskeln des Stiers und des Löwen werden mit der Präzision wiedergegeben, die das direkte Studium der Natur mit sich bringt, und mit der Leichtigkeit, die einen Künstler verrät, der technische Schwierigkeiten überwinden kann.

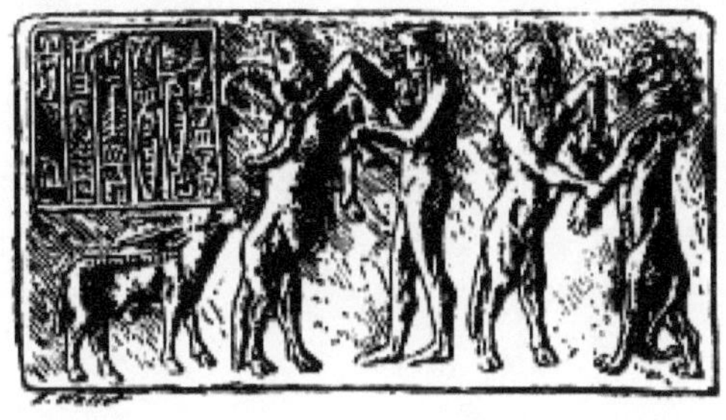

Abb. 35. – Chaldäischer Zylinder (New York Museum, nach Menant).

Wenn alle chaldäischen Zylinder chronologisch und nach Schulen geordnet werden könnten, würden zweifellos Epochen der Perfektion oder des Verfalls zu beobachten sein und auch in einigen künstlerischen Zentren eine größere Aktivität als in anderen, wobei die Wahl der Themen von Stadt zu Stadt und von Zeitalter zu Zeitalter unterschiedlich wäre Alter. Nach dem derzeitigen Stand unseres Wissens können wir diesbezüglich nur Vermutungen wagen. M. Menant betrachtet die Zylinder, die die Göttin Istar darstellen, die ihr Kind auf den Knien hält und die Huldigung der Gläubigen entgegennimmt, als ob sie aus den Werkstätten von Uruk (Erech) stammen; Es ist der Prototyp der göttlichen Mutter, deren Verehrung sich bis nach Griechenland ausbreiten soll. In Ur wurden Zylinder sehr unterschiedlicher Art hergestellt, jedoch in trockener Ausführung, was eher ein Zeichen von Dekadenz als von Archaismus ist: Es gibt Szenen der Anbetung oder Einweihung in Mysterien und Opfer, unter denen die des Kindes am häufigsten vorkommt häufig. Auf bestimmten Denkmälern erkennt M. Menant eine Darstellung von Menschenopfern: Die markanteste Szene dieser Art zeigt uns einen Opfernden, der seine rechte Hand erhebt und einen Dolch über einem knienden Kind schwingt, das er offenbar auf den Tod vorbereiten will Anwesenheit eines Pontifex und der Statue des Gottes. Eine der häufigsten Figuren auf chaldäischen Zylindern ist die der Göttin Istar, manchmal mit reichen Ornamenten geschmückt, manchmal völlig nackt, mit vollem Gesicht, die Hände um die Brüste gelegt: Dieser letzte Typ, der von den Modellierern reichlich in Ton nachgebildet wurde, wurde beibehalten im gesamten Osten bis zur Zeit der griechischen und römischen Vorherrschaft.

KAPITEL II.

ASSYRISCHE ARCHITEKTUR.

ASSYRIEN hat uns wichtige Ruinen hinterlassen, weil es näher an den Bergen liegt als Chaldäa und weil die Verwendung von Steinen, ohne jemals ausschließlich zu sein, im nördlichen Mesopotamien häufiger vorkam als im südlichen Mesopotamien, die bereits teilweise erforscht wurden und die uns erlauben, uns zu erkunden die Formen ihrer Architektur vom 9. bis zum 7. Jahrhundert vor unserer Zeitrechnung lückenlos zu rekonstruieren. In Tempeln, Palästen, Bühnentürmen und Festungen wird uns die Kunst des Bauens anhand der Ausgrabungen offenbart, deren Gegenstand Ninive und seine Umgebung waren. Von der Privatarchitektur ist jedoch nichts mehr übrig, und das Gleiche gilt auch für die Grabarchitektur, oder besser gesagt, diese gab es in Assyrien nicht, das unseren Entdeckern nur ein paar mit Knochen gefüllte Krüge hinterlassen hat. Die Leichen wurden im Allgemeinen nach Unterchaldäa verschleppt, das noch lange Zeit eine Art *Campo Santo* oder ein riesiger Friedhof im Dienste der Bewohner ganz Mesopotamiens war. Bis heute legen die Perser selbst aus den entlegensten Provinzen Wert darauf, ihre Toten in Nejef und Kerbela in der Nähe der Moschee von Ali, dem großen Heiligen der schiitischen Muslime, begraben zu lassen. Dieser traditionelle Aberglaube wird von einem Transportunternehmen genutzt, das jährlich mehr als zehntausend Leichen transportiert. Die Nekropole von Mugheir und die umliegenden Tells gehören daher sowohl zu Chaldäa als auch zu Assyrien; Hunderttausende Leichen stapeln sich dort, aber außer dem Entwässerungssystem, das zum Auffangen des Regenwassers eingerichtet wurde, bietet es nichts Besonderes. Es gab keine Grabdenkmäler; und was die Gräber selbst betrifft, so handelt es sich im Allgemeinen um kleine Backsteinbauten, die nichts Besonderes an sich haben; Die Möbel, bestehend aus Terrakotta-Vasen und -Figuren, Amuletten und Zylindern, sind von der erbärmlichsten Art.

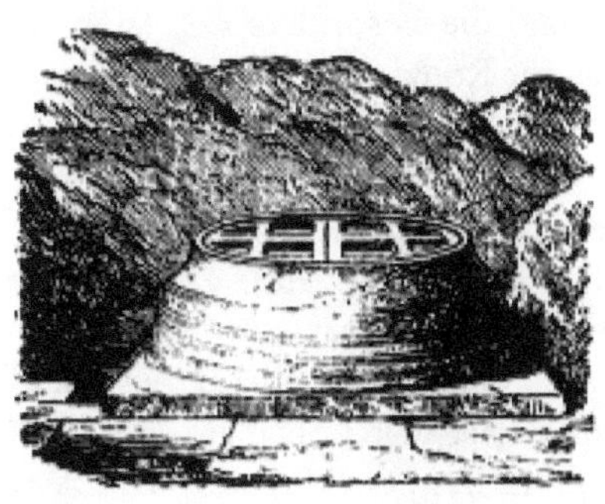

Abb. 36. – Grab in Warka (nach Taylor).

Die wichtigsten Gebäude Assyriens, die methodisch und fast vollständig erforscht wurden, sind die von Khorsabad, einige Meilen nördlich von Ninive, sowie die von Kouyunjik und Nimroud. Mehrere Hügel, in denen mit gleicher Sicherheit eine Ansammlung wichtiger Bauwerke zu finden wäre, wie der Hügel von Nebi Yunus, wo die arabische Überlieferung das Grab des Propheten Jona festlegt, und Arvil an der Stelle von Arbela, wurden noch nicht von den Forschern getestet Wahl des Entdeckers; andere, wie die künstlichen Hügel von Kalah Shergat, Balawat und Karamles, wurden nur unvollständig erforscht, und obwohl aus ihnen epigraphisches Material von äußerst wertvollem Wert für die Geschichte und Flachreliefs von höchstem künstlerischen Interesse gewonnen wurden, aus dem Aus architektonischer Sicht lehrt uns zumindest ihre unvollkommene Ausgrabung nichts Neues.

Die babylonischen Bauten aus der Zeit Nebukadnezars und Nabonids müssen in Form und architektonischer Anordnung den Palästen und Tempeln der Ninive geähnelt haben; Aber bis heute können wir nur durch Vermutungen oder nach den ungenauen Beschreibungen griechischer Reisender über sie sprechen, und wir können es nicht allzu sehr bedauern, dass die riesigen babylonischen Geschichten, wie zum Beispiel die Kasr oder Palast, Tell Amran oder Babil genannt werden und Birs Nimroud haben bisher kaum etwas von ihren archäologischen Schätzen preisgegeben. Wir müssen uns daher vorerst auf die Beschreibung der Ruinen von Khorsabad, Nimroud und Kouyunjik beschränken, um die Hauptformen der mesopotamischen Architektur in der prächtigsten Zeit des Ninive-Reiches zu rekonstruieren.

§ I. KONSTRUKTIONSPRINZIPIEN.

Der Kalkstein, der von den untersten Ausläufern der Berge Kurdistans in Hülle und Fülle geliefert wird, ermöglichte es den Architekten von Ninive, nicht ausschließlich Ziegel zu verwenden und manchmal Mauern aus behauenen Quadern zu errichten. Sie verwendeten Kalkstein vor allem für die Keller der Gebäude, die besonders der Einwirkung von Feuchtigkeit ausgesetzt waren, was für Rohziegel so schädlich war; Sie griffen auch beim Bau der Stadtmauern der königlichen Paläste darauf zurück. Aber auch hier wird Stein aufgrund der teuren Materialien, die man aus der Ferne suchen und viel Zeit für das Behauen aufwenden musste, nur für die Außenverkleidung der Mauer verwendet; Die Bauherren gehen sparsam damit um und gehen ebenso sparsam damit um, wie sie mit Ziegeln verschwenderisch sind. Dementsprechend bestehen die Mauern, die die Terrasse von Sargons Palast in Khorsabad umschließen, nur oberflächlich aus Stein; Der Innenraum bzw. der Kern des Bauwerks besteht aus Ziegeln.

Die Blöcke an ihrer Außen- und Sichtfläche sind unterschiedlich lang, werden aber in sehr regelmäßigen Bahnen gleicher Höhe und mit gekreuzten Fugen übereinander gelegt. Kopfstücke dringen wie Keile in die Masse der Terrasse ein, um die Ziegelschichten zu lockern und sie mit der Steinstruktur zu verbinden. In den unteren Lagen des Walls des Palastes von Khorsabad gibt es regelmäßig behauene Blöcke von 8 Fuß 2 Zoll bis 9 Fuß 10 Zoll im Quadrat; Das Volumen der Blöcke verringert sich im Verhältnis zur Nähe der Schichten zum Gipfel des Walls, der 59 Fuß hoch war, einschließlich der Zinnen, die eine Brüstung rund um die Terrasse bildeten.

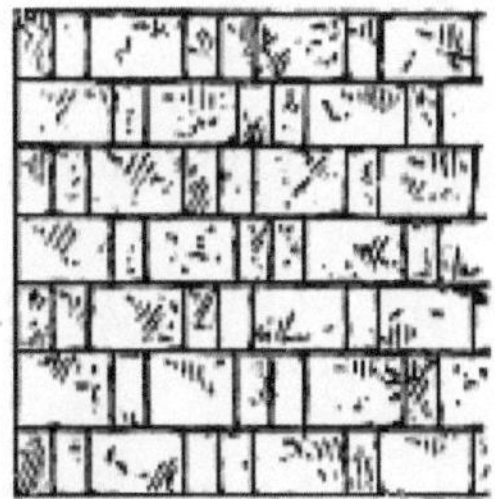

Abb. 37. – Mauerwerk in Khorsabad (nach Ort).

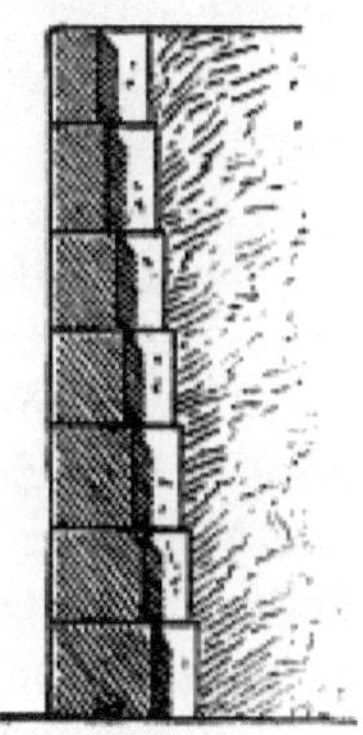

Abb. 38. – Abschnitt der Mauer in Khorsabad (nach Place).

Die Innen- oder Außenwände des Gebäudes, das auf diesem gigantischen Sockel stand, mussten weder das Eindringen von Wasser noch die Angriffe von Feinden befürchten: Ihre Festigkeit konnte ohne Unannehmlichkeiten gemindert werden, indem der Stein eingespart wurde. Tatsächlich bestehen sie aus Ziegeln, gebrannt oder roh, und Stein wird in ihnen kaum verwendet, außer für die Auskleidung und Pflasterung einiger Räume. In diesem Fall werden große Platten aus Kalkstein oder Gips aufrecht als Sockel gegen den unteren Teil der Wand gestellt, um diese vor Korrosion zu schützen. Sie werden durch die Kante aneinander angepasst , und um sie zu befestigen, reichte es aus, zwischen ihrer Rückseite und der Wand Mörtel zu gießen, der oft nur unvollständig haftete: Die äußere und einzige sichtbare Oberfläche dieser Platten war mit Bas verziert -Reliefs, die zur Verzierung der Säle dienten. Die Wände selbst waren gerade und senkrecht im Gegensatz zu denen der ägyptischen Gebäude, die von außen gesehen nach innen geneigt zu sein scheinen und dem gesamten Gebäude das Aussehen eines Pyramidenstumpfes verleihen. Die assyrischen Mauern ragen senkrecht in die Höhe, selbst wenn sie gewölbte Kammern umschließen oder Teil von Stufenpyramiden sind; Jede Stufe bildet eine senkrechte Terrasse, keine abfallende.

Es wurde beobachtet, dass die Trennwände, die die Hallen trennen, manchmal wie ein hochkant aufgestellter Block aussehen; Die Fugen und der Verlauf des Mauerwerks sind nicht zu erkennen, so sehr sind die Baumaterialien zu einem perfekten Amalgam aus gestampftem Ton zusammengelötet. Diese Besonderheit, die Victor Place in Khorsabad bemerkte, kann nur dadurch erklärt werden, dass die Ziegel im Gebäude verwendet wurden, während sie noch mit Wasser gesättigt waren und bevor der Trocknungsprozess abgeschlossen war. Ihre natürliche Feuchtigkeit hat zusammen mit der des lehmigen Mörtels, der sie miteinander verband, eine Art schlammigen Brei gebildet, dessen Aushärtung Jahre gedauert haben muss, der aber besonders wirksam gegen den Zerfall der Mauer war, da er in dieser verfiel völlig homogen. Es war die außergewöhnliche Dicke dieser Mauern, die verhinderte, dass sie unter ihrem eigenen Gewicht nachgaben, und die es ihnen sogar ermöglichte, die schweren Lehmschichten zu tragen, die die Gewölbe und Terrassen der Häuser bilden. So schützten sie die Hallen optimal vor der sengenden Hitze der Sonne. Heutzutage flüchten die Einwohner von Bagdad und Mosoul im Sommer in ihren *Sirdab* , einen halb unterirdischen Raum mit extrem dicken Ziegelwänden, dessen einzige Öffnung nach Norden zeigt. Die Menschen in Ninive und Babylon, die denselben klimatischen Bedingungen ausgesetzt waren, handelten sicherlich auf die gleiche Weise. Die Fürsten verfügten zum Schutz vor der Sonne über Mauern mit einer Dicke von 13 bis 26 Fuß und Gewölben, die ebenso riesig waren wie die Mauern. Dennoch war die Bauweise aus Lehm, die wir gerade gesehen haben, sehr mangelhaft; Dies ist die schwache Seite der Bauten von Ninive und Babylon, und wir verstehen, warum die Könige, wie es in ihren Inschriften heißt, unaufhörlich verpflichtet sind, Mauern zu reparieren oder wieder aufzubauen, die unter der auflösenden Wirkung des Wassers vom Himmel einstürzen.

Die ungewöhnliche Dicke der Mauern und die lange, schmale Form aller Kammern werden auch durch die Verwendung des Gewölbes als wesentliches Element der assyrischen Gebäude gerechtfertigt. V. In Khorsabad wurde ein großes Tor ausgegraben, das von einem halbkreisförmigen Bogen überragt wurde. Die Seiten der Tür sowie der Bogen selbst sind aus Ziegeln; Drei Voussoirreihen sind übereinander angeordnet und bilden sozusagen drei konzentrische Türrahmen, die zur Hälfte ineinander passen. Alle Voussoirs, die aus einer einzigen Form entstanden sind, haben eine leicht trapezförmige Form, wie die Steinvoussoirs unserer sorgfältigsten Bauwerke. Die Höhe der Tür unter dem Schlussstein beträgt 19 Fuß 8 Zoll und die Breite 11 Fuß. An anderen Stellen erkannte Place, dass die enorme Ansammlung von Materialien, die die Hallen füllten, nur durch das Einstürzen der Materialien entstanden sein konnte Lehmgewölbe. Einige Blöcke bildeten zum Zeitpunkt der Ausgrabungen noch einen Bogen von manchmal mehreren Metern Durchmesser, der stabil genug war, um den Hirten der Nachbarschaft als Unterschlupf zu dienen; Sie waren auf der konkaven Seite mit sorgfältig aufgetragenem Stuck oder mit Freskenmalereien bedeckt – ein Umstand, der eindeutig beweist, dass es sich bei diesen Blöcken um Teile zerfallener Gewölbe handelt.

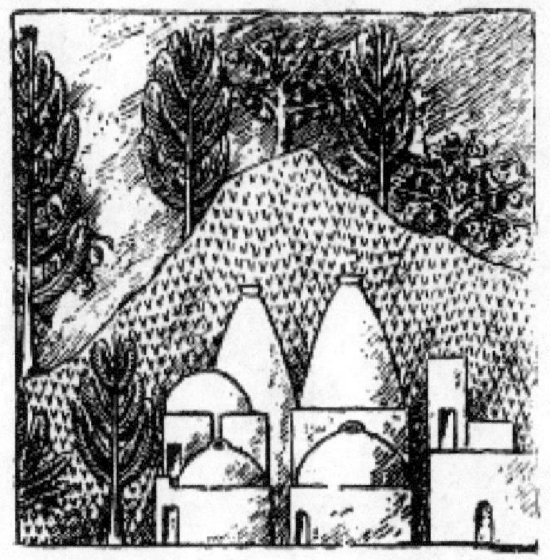

Abb. 39. – Gewölbte und gewölbte Häuser (nach Layard).

Die quadratischen Kammern wurden von einer Kuppel überragt; Im Palast von Sargon gibt es zwei dieser Räume, die bis zu 44½ Fuß im Quadrat groß sind. In einem in Kouyunjik entdeckten Flachrelief (Abb. 39) ist eine Gruppe von Häuserfiguren zu sehen, von denen einige von halbkugelförmigen Kuppeln, andere von länglichen Kuppeln in Form von Zuckerhüten überragt werden. Die Häuser Babylons waren gewölbt, wie uns Strabo erzählt. Die mesopotamischen Paläste der achämenidischen, parthischen oder sassanidischen Epoche, deren Hallen von Kuppeln

überragt werden, die an Kühnheit denen der Heiligen Sophia kaum
nachstehen, sind offenbar nur ein Überlieferer der assyro-chaldäischen
Tradition, die auch vor unseren Augen durch dargestellt wird die modernen
Häuser von Mosoul, Bagdad und Südpersien. Die technischen Methoden
zeitgenössischer Maurer versäumen es auch nicht, uns mitzuteilen, welche
Schritte ihre Vorfahren aus der Zeit Sargons oder Nebukadnezars
unternommen haben, um den Mangel an Holz zu decken und infolgedessen
auf ein früheres gewölbtes Gerüst zu verzichten: Reisende berichten uns,
dass sie Ich habe beobachtet, wie die gewöhnlichsten Handwerker des
Landes ihre halbkugelförmigen oder elliptischen Kuppeln in Schichten in
Ringen errichteten, die übereinander gelegt waren und sich im Verhältnis zu
ihrer Nähe zum Schlussstein verengten; Es handelt sich um das gleiche
Prinzip wie beim Kraggewölbe.

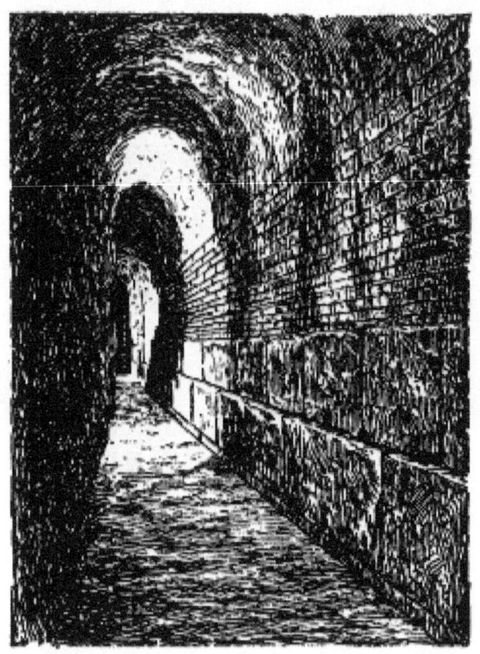

Abb. 40. – Gewölbter Abfluss (nach Layard).

Der Ort, an dem man die Verwendung des Gewölbes in der
Architektur der assyrischen Paläste beobachten konnte, liegt in den
Eingeweiden der Keller dieser Gebäude. An den Flanken des Nimroud-
Hügels entdeckten die englischen Entdecker einen ausgedehnten Korridor,
der von einem halbkreisförmigen Gewölbe überragt wurde. Die unteren
Schichten bestehen aus riesigen Steinplatten, der Rest ist aus Ziegeln. Im

wissenschaftlichen System der Abflüsse, die die Abwässer des Palastes von
Sargon ableiteten, unterschied Place jede Art von Gewölbe: das Spitz- oder
Spitzbogengewölbe, das halbkreisförmige Gewölbe, das Flachbogengewölbe,
das flache Gewölbe und das elliptische Gewölbe.

Die Ägypter haben das zu keinem Zeitpunkt in ihrer Geschichte getan

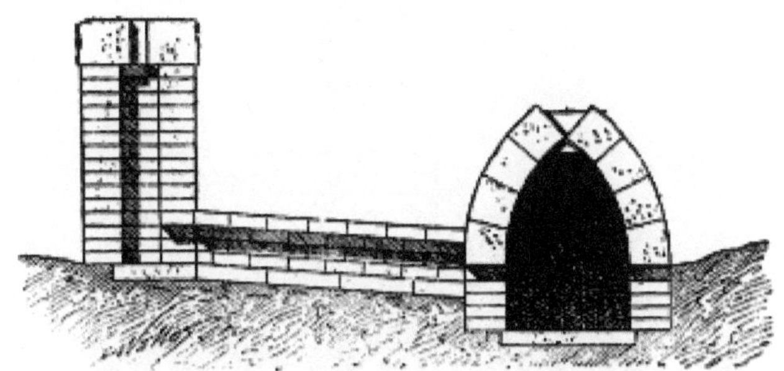

Abb. 41. – Gewölbter Abfluss in Khorsabad (nach Place).

oder die Römer trieben die Anwendung des Gewölbes auf ein ebenso hohes
Maß an Perfektion. In den meisten Sälen von Sargons Palast war in der Mitte
der Ziegel, die das Pflaster bilden, eine mit einem Loch durchbohrte Platte
zu sehen: Dies war die Öffnung eines vertikalen Kanals, der in einen
gewölbten Abfluss mündete, der in der Terrasse verborgen war. Einer dieser
Abflüsse hatte ein spitzbogiges Gewölbe, dessen Beschreibung wir von MM
übernehmen werden. Perrot und Chipiez. [29] „Die Ziegel, aus denen es
besteht, haben eine trapezförmige Form, wobei zwei ihrer Seiten leicht
abgerundet sind – die eine konkav, die andere konvex. Der Radius dieser
Kurve variiert je nach Ziegel und hängt von der vorgesehenen Stelle im
Gewölbe ab. Diese Ziegel werden daher in Paaren geliefert, und da es auf
jeder Seite des Gewölbes vier Ziegelreihen gibt, wären außer einer fünften,
über die wir gleich sprechen werden, vier separate und unterschiedliche
Formen erforderlich. Die vier Schmalseiten dieser Ziegel unterscheiden sich
deutlich voneinander. Die beiden gekrümmten Flächen haben
unterschiedliche Entfernungen vom Mittelpunkt und sind daher ungleich
lang; während die untere schräge Kante einige Zoll unter der oberen in der
Kurve liegt, haben diese beiden Kanten verschiedene Richtungen. Aufgrund
ihrer Abneigung gegen Steinvoussoirs sahen sich die assyrischen Baumeister
hier gezwungen, Ziegel mit sehr komplizierten Formen zu formen, und die
Art und Weise, wie sie ihre Aufgabe erfüllten, spricht Bände für ihr Können.“
Die beiden oberen Voussoirs trafen aufeinander und berührten einander an
einer ihrer Ecken. Der dreieckige Raum, der zwischen ihren Kanten frei
blieb, wurde entweder mit keilförmigen Ziegeln oder mit Mörtel ausgefüllt.
Der Abfluss, den wir gerade als Beispiel gegeben haben, ist unter dem

Schlussstein 4 Fuß 7 Zoll hoch und 3 Fuß 8 Zoll breit; Die Forscher konnten ihm bis zu einer Länge von 216 Fuß folgen. Um den Bau zu erleichtern, hatte der Architekt die geniale Idee, es auf einer schiefen Ebene zu errichten – das heißt, dass alle Voussoirreihen nicht senkrecht, sondern erheblich nach hinten geneigt sind und aufeinander gestützt sind. Dieses System, das die Stabilität des Gewölbes überhaupt nicht beeinträchtigte, ermöglichte es den Bauherren, auf kreisförmige Holzrahmen zu verzichten.

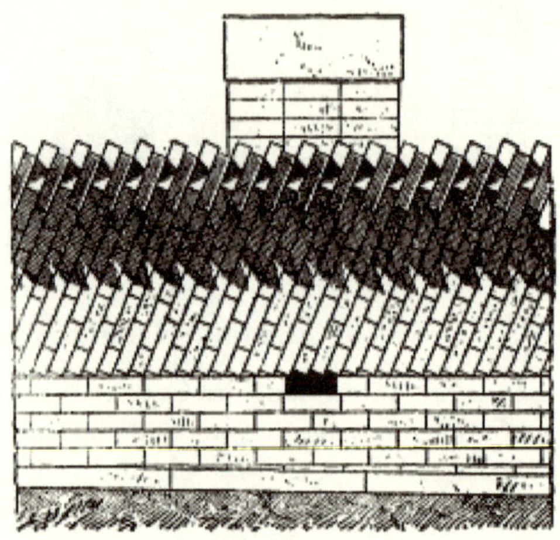

Abb. 42. – Gewölbter Abfluss in Khorsabad. Neigung der Ziegel
(nach Ort).

So viel technisches Können wurde in den Bau einfacher unterirdischer Leitungen gesteckt, was uns besonders bedauert, dass die beklagenswerte Qualität des Materials es nicht ermöglichte, dass die Gewölbe und Kuppeln der Paläste bis heute bestehen blieben. Allerdings gab es in den Ninive-Gebäuden nicht nur gewölbte Hallen; eine gewisse Anzahl von ihnen war mit Flachdächern aus Palmen-, Pappel- oder Zedernholzbalken bedeckt, die helle Terrassen trugen. Das oben zitierte Basrelief von Kouyunjik zeigt uns Flachdächer neben parabolischen und kugelförmigen Kuppeln. Dennoch können wir hier zum Thema Holz wiederholen, was wir über die Verwendung von Stein in den Bauwerken von Ninive gesagt haben. Da Ninive nicht allzu weit von den bewaldeten Bergen Armeniens, Kurdistans und Masius entfernt liegt, wo Wälder aus Kiefern, Buchen und Eichen wachsen, verzichtete sie nicht auf die Verwendung dieser Wälder in ihren Bauwerken; Sie hatte Säle in ihren Palästen getäfelt, und auf dem Höhepunkt ihrer Macht, als Tausende und Abertausende von Sklaven ihre Stärke in den Dienst ihrer Monarchen stellten, ließ sie das Holz des Amanus und des Libanon in ihre Gebäude transportieren. Der König Assur-nasir-pal (882-

857 v. Chr.) berichtet in einer seiner Inschriften, dass er im Amanus und im Libanon eine enorme Menge Kiefern, Zedern und Eichen fällen ließ, um sie nach Ninive zu bringen um sie beim Bau seines Palastes und der Tempel seiner Lieblingsgötter einzusetzen. Andere Fürsten wie Sargon, Sennacherib, Assurbanipal und Nebukadnezar rühmen sich ebenso, dass sie bei den Gebäuden, die sie errichteten oder reparierten, Balken aus dem Amanus und dem Libanon verwendet hätten. „Ich ließ die höchsten Zedern des Libanon nach Babylon bringen", sagt Nebukadnezar. das Heiligtum von E-Kua, in dem der Gott Marduk wohnt, wurde frisch mit Balken aus Zedernholz bedeckt ." [30] Dies ist das Holz von harziger Natur, „dessen Geruch gut ist", fügen die Inschriften hinzu. Im British Museum sind Fragmente eines Zedernholzbalkens erhalten, die in den Ruinen von Assur-nasir-pals Palast in Nimroud gesammelt wurden. Wer wird jemals sagen können, welche Anstrengungen und wie viele Menschenleben erforderlich waren, um diese riesigen Sparren durch ein raues Land ohne Straßen für den Verkehr vom Libanon bis zu den Ufern von Tigris und Euphrat zu transportieren? Dementsprechend kann man behaupten, dass die Verwendung von Holz in den chaldäo-assyrischen Bauwerken immer eine Ausnahme war; Es wurde nie eingeführt, außer als exotisches Element, mit dem sich die Monarchen wegen seiner Seltenheit rühmen. Dem Klima und der Beschaffenheit des mesopotamischen Bodens entsprachen dickere Gewölbe besser, die damals wie heute dort immer noch die Regel sind.

Genauso wenig wie die Chaldäer und aus den gleichen Beweggründen nutzten die Assyrer die Säule häufig und regelmäßig als Element ihrer Architektur. Victor Place bemerkt, wie die Entdecker von Unterchaldäa, mehrere Fassaden im Palast von Sargon, die mit Pilastern und Halbsäulen aus Ziegeln geschmückt sind, über die Ebene der Mauern hinausragen und keinen anderen Zweck haben, als die Monotonie des Bauwerks aufzulockern. Vielleicht hatten diese Halbsäulen, die in Siebenergruppen vorkommen, auch, wie die beiden berühmten Säulen im Tempel Salomos, eine mystische und symbolische Bedeutung, wobei die Zahl Sieben eine wesentliche Rolle in den mythologischen Vorstellungen der Chaldäer spielte -Assyrer. An anderer Stelle wurden einige Säulenbasen und einige monolithische Kapitelle gefunden, die belegen, dass die Assyrer Steinstützen für monumentale Vorhallen verwendeten, wie wir im Palast von Tello festgestellt haben. Ein Fragment eines Flachreliefs, das im British Museum aufbewahrt wird und aus dem Palast von Assurbanipal stammt, zeigt uns (Abb. 43) die Fassade eines großen Gebäudes, das mit einem vorspringenden Dach geschmückt ist, das von vier Pilastern und vier Säulen getragen wird. Die Basis dieser Säulen ruht auf dem Rücken riesiger Löwen, die scheinbar zu zweit aufeinander zuzugehen scheinen. Auf dem Rücken des Löwen hat der Architekt ein Kissen angebracht, das von einem Torus und dem Säulenschaft gekrönt wird. In den Ruinen des Palastes von Kouyunjik wurden vier Säulenbasen noch an

Ort und Stelle gefunden, die anscheinend zu einer überdachten Galerie gehörten; Es gab auch zwei kleine geflügelte Stiere mit menschlichen Köpfen, die mit der Tiara gekrönt waren und auf ihrem Rücken einen kugelförmigen Sockel trugen, der mit geometrischen Reliefmustern verziert war. In Nimroud bemerkte Sir AH Layard auch zwei kauernde Sphinxen mit Säulenbasen (Abb. 44); Nach dem gleichen architektonischen Prinzip ruhte der Fuß der Bögen auf den riesigen Bullen, die die Haupteingänge der Paläste flankierten.

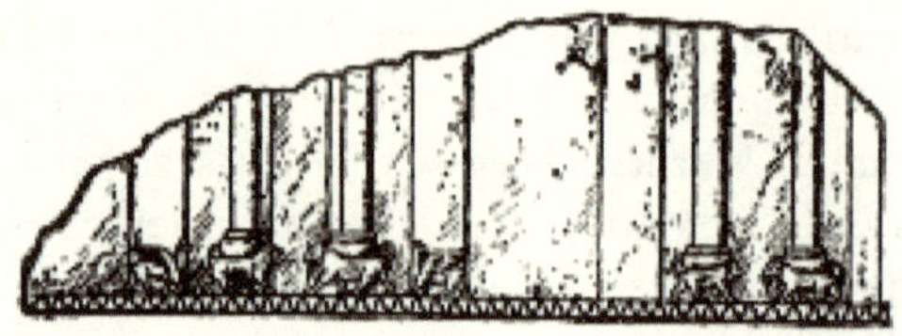

Abb. 43. – Fassade mit Pilastern (aus einem Flachrelief im British Museum, das Babylon darstellt).

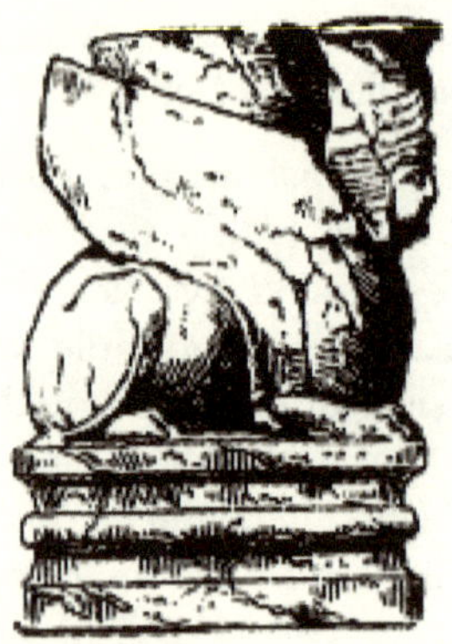

Abb. 44. – Sockel der Säule (nach Layard).

Der Säulenschaft bestand vermutlich aus Holz, bemalt oder mit einer Metallhülle überzogen. Rund um die Innenhöfe befanden sich, wie in den Höfen orientalischer Paläste unserer Zeit, Portiken aus Zedernholzbalken, die auf Sockeln ruhten, die denen ähnelten, die wir gerade gesehen haben. Strabo [31] erinnert uns daran, dass in Babylon beim Bau von Häusern Palmholzbalken verwendet wurden: „Sie achten darauf", sagt er, „jede Palmholzsäule mit Binsenschnüren zu umwickeln, die dann damit umwickelt werden." mehrere Anstriche." In den Häusern der Reichen und in den Fürstenresidenzen war dies nicht ganz der Fall. In Khorsabad wurde ein mannsgroßes Fragment eines Zedernholzbalkens entdeckt. Es war noch mit einer Bronzeauflage überzogen, die mit *Repoussé- Mustern verziert war* , die die Rinde eines Palmenstamms imitierten.

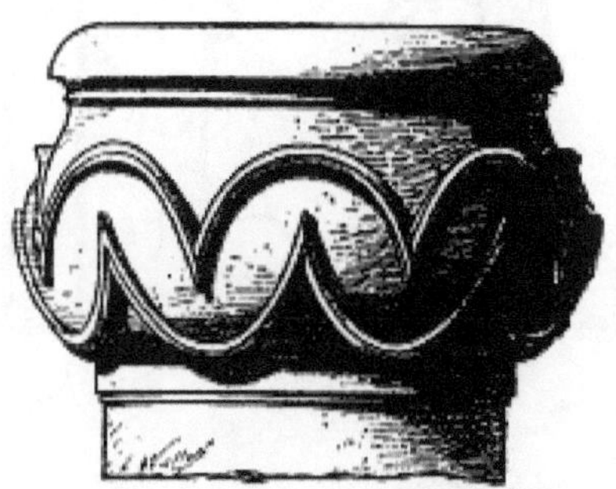

Abb. 45. – Assyrische Hauptstadt (nach Place, *Ninive et l'Assyrie* , Taf. 35).

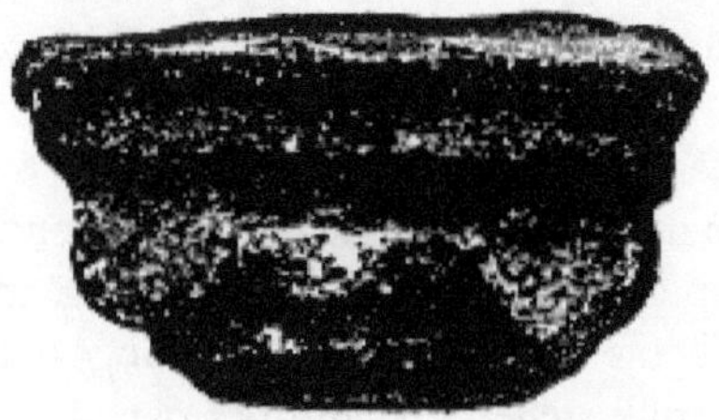

Abb. 46. – Hauptstadt der Sassanidenzeit von Warka (British Museum).

Ein riesiger Kalksteinblock von 39 Fuß 3 Zoll Höhe, der in Khorsabad ans Licht gebracht wurde, umfasst gleichzeitig ein ganzes Kapitell und einen Teil des Stammes (Abb. 45); Es ist fast die einzige bekannte assyrische Hauptstadt. Es wirkt kugelförmig und sein konvexer Teil ist mit einer doppelten Linie aus gebogenen Girlanden im Relief verziert; An der Basis befand sich zweifellos ein ähnliches Ornament. Im British Museum sind auch mehrere Kapitelle aus Warka erhalten, die jedoch unter Ruinen der Sassanidenzeit gefunden wurden. Dennoch ist die Ähnlichkeit, die einige von ihnen mit den architektonischen Merkmalen der Flachreliefs haben, so groß, dass sie wahrscheinlich Vertreter eines Stils sind, der aus einer früheren Zeit stammt. Sie haben die in den Skulpturen so bekannte Form, die den Charakter der ionischen Ordnung hat und wahrscheinlich deren Original war.

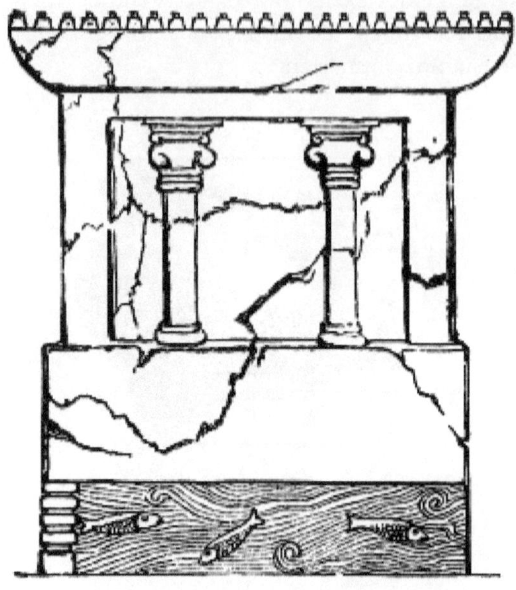

Abb. 47. – Schrein mit Säulen (Botta, *Les Monuments de Ninive* ,
Tafel 114).

In Anlehnung an ihre südlichen Nachbarn verwendeten die Assyrer die Säule vor allem in Kapellen von geringer Bedeutung, in denen die Stützen kein Gewölbe oder keine Terrasse zur Stützung hatten. Basreliefs aus Khorsabad und Kouyunjik stellen Heiligtümer dar, deren Dach von kleinen Säulen mit Sockel und Kapitell getragen wird, die gleichzeitig der ionischen und der dorischen Ordnung der Griechen angehören (Abb. 47). Diese kleinen Bauwerke erinnern an den chaldäischen Schrein des Gottes Samas (Abb. 29). In der Nimroud Gallery des British Museum befindet sich ein Objekt, das wie der Sockel einer kleinen Säule aussieht. Es ist aus Sandstein und seiner Größe nach zu urteilen, muss es Teil einer kleinen Kapelle oder eines Schreins gewesen sein, wie wir ihn auf den Skulpturen sehen. Das darauf befindliche Ornament ähnelt teilweise dem oben abgebildeten großen Kapitell, weist jedoch einige Abweichungen davon auf. Es gibt ein kleines Loch, in dem die Säule zweifellos mit einem Pflock oder Metalldübel befestigt wurde.

Der assyrische Palast entwickelte sich, wie die arabischen Häuser, ausschließlich nach der Fläche und nicht nach der Höhe; Es gab selten eine zweite Geschichte auf dem Bahnsteig. Dennoch gibt es manchmal eine solche zweite Geschichte; Es ist dann an den Seiten offen und das Dach wird von kleinen Säulen getragen. Diese Säulen, die eher aus Holz als aus Stein oder Ziegeln bestehen, bilden eine Galerie über der Fassade und sind an ihrem oberen Ende mit einer doppelten Volute als Kapitell geschmückt. Flachreliefs zeigen uns Häuser, die von einer Kolonnade überragt werden, die ein leichtes, flaches Dach aus Holzbalken trägt. Auch heute noch sind die Häuser in Kurdistan nach den gleichen Grundsätzen gebaut und weisen eine identische Anordnung in zwei Stockwerken auf; das untere ohne Fenster, das obere seitlich offen.

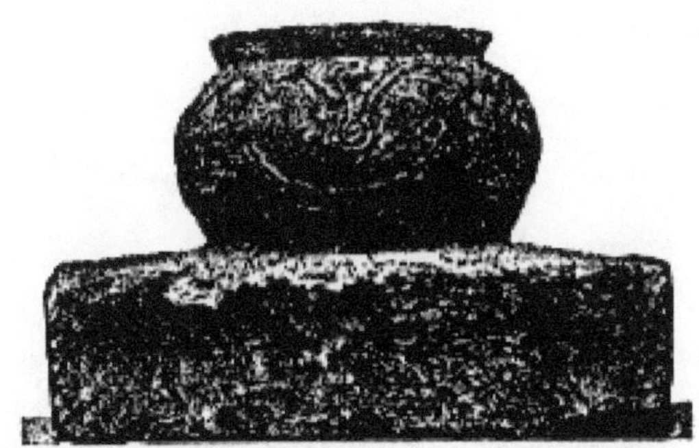

Abb. 48. – Sockel einer kleinen Säule (British Museum).

Mit einem Wort: Da die Assyrer ebenso wie die Chaldäer nicht über reichlich Bausteine verfügten, waren sie gezwungen, ihre Gebäude fast ausschließlich aus Ziegeln zu errichten, deren Fähigkeiten sie bis zum Äußersten ausreizten. Die Folge davon war, dass es nie jene Säulenhallen gab, die den Triumph der ägyptischen Architektur darstellen. So dick man Säulen aus Ziegeln oder Säulen aus Ziegeln in Form von Kreissegmenten auch annehmen mag, diese Stützen bieten niemals die gleiche Stabilitätsgarantie wie die Steinsäule. Überall dort, wo eine schwere Last, etwa ein Gewölbe oder eine Terrasse, getragen werden musste, wurden große Mauern von außergewöhnlicher Dicke errichtet, die man nicht mit Fenstern durchbohren hätte können, die den Widerstand gemindert hätten. Luft und Licht gelangten nur durch die Türen in die Wohnungen; Oftmals wurde auch an der Spitze des Gewölbes oder der Kuppel eine Öffnung angebracht, die aus einem zylindrischen Rohr aus gebranntem Ton bestand, das durch die gesamte Dicke des Bauwerks geführt wurde.

§ II. PALÄSTE.

Die Stadt Dur-Sarrukin (die Festung von Sargon) lag drei Meilen nördlich von Ninive am Khaswer, einem der Seitenarme des Tigris, wo das kurdische Dorf Khorsabad errichtet wurde. Es wurde 1843 von E. Botta, dem französischen Konsul in Mosoul, entdeckt und von diesem berühmten Entdecker und seinem Nachfolger Victor Place fast vollständig ausgegraben.

Aus Khorsabad stammen die meisten assyrischen Denkmäler im Louvre. Es war Brauch, dass jeder der Niniviten-Monarchen in einiger Entfernung von der großen assyrischen Hauptstadt einen besonderen Palast errichten ließ, und dieser wurde zur königlichen Residenz, um die sich die Wohnungen der Hofbeamten, der Wachen, der Diener und aller anderen befanden Personen, die vom Fürsten abhängig waren oder auf seine Kosten lebten. Dur-Sarrukin wurde um das Jahr 710 v . Chr. von Sargon, dem Vater Sanheribs, erbaut . Der Palast und die ihm angegliederte Stadt bildeten eine Gruppe von Bauwerken, die in einer befestigten Umfriedung eingeschlossen waren (Abb. 49), deren Grundriss ein Quadrat von 5905 Fuß war.

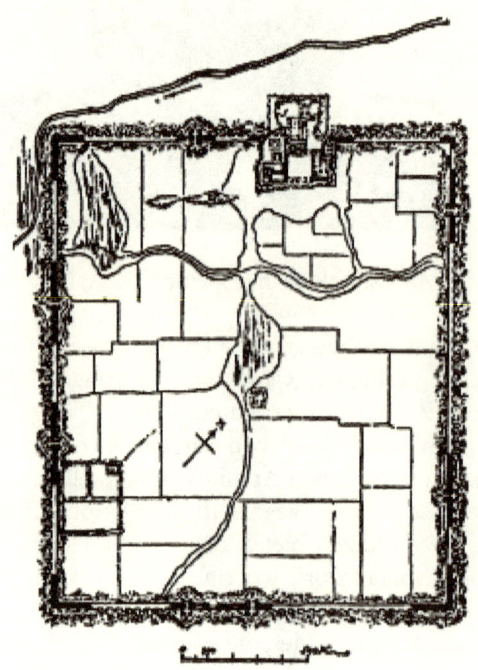

Abb. 49. – Plan von Dur-Sarrukin (nach Place, Taf. 2).

Die Umfassungsmauer, deren Winkel wie in den chaldäischen Gebäuden auf die vier Himmelsrichtungen zeigten, war mit Zinnen gekrönt und von acht Toren durchzogen, die von Türmen geschützt waren.

Der Königspalast (Abb. 50) stand fast in der Mitte der Nordostfassade und ein Teil seiner Struktur, der über die Stadtmauer hinausragte, hatte das Aussehen einer riesigen Bastion. Die Struktur dieses Palastes wurde von einer Plattform getragen, die eine Akropolis mit einer Fläche von fast 25 Hektar bildete. Die Lehmmasse, die zur Erhöhung der Terrasse und der Mauern des

Palastes herangetragen werden musste, wurde auf 48.233.000 Kubikfuß geschätzt. Die Plattform überblickte die Stadt und wurde über heute zerstörte Treppen erreicht, die jedoch der monumentalen Treppe entsprochen haben müssen, die den Aufstieg zum Palast von Sanherib bildete

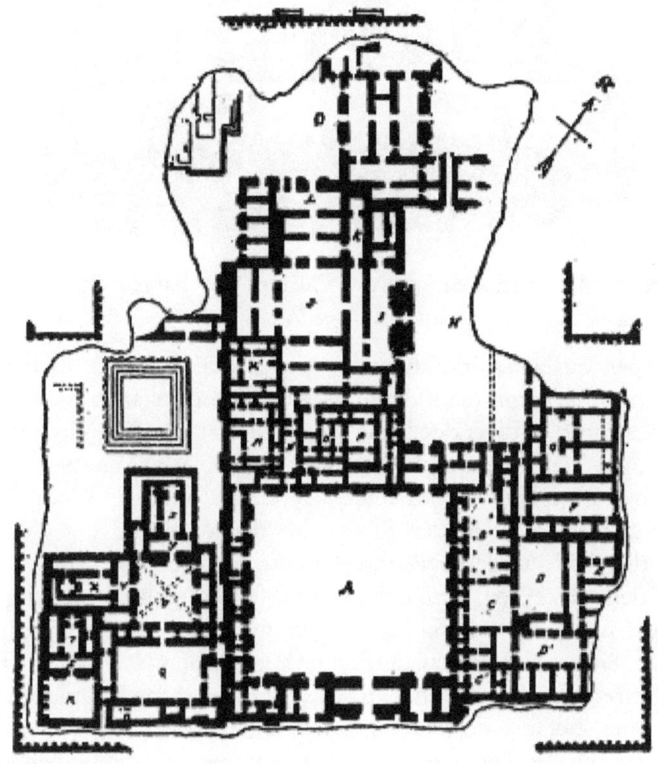

Abb. 50. – Plan des Palastes von Sargon (nach Place, Taf. 7).

deren Spuren Sir AH Layard erkannte. Wie bei Tello wurde für die Durchfahrt von Fahrzeugen ein sanfter Anstieg auf einer schiefen Ebene geschaffen. Die auf der Terrasse errichteten königlichen Gemächer umfassten nicht weniger als zweihundertneun mehr oder weniger geräumige Räume, deren von Botta und Place freigelegte Wände immer noch manchmal sechsundzwanzig Fuß hoch sind und immer mindestens zehn Fuß in die Höhe reichen Teile am meisten abgerissen. Es war nicht einfach, den Bestimmungsort dieser verschiedenen Hallen zu bestimmen. Im Vergleich zum

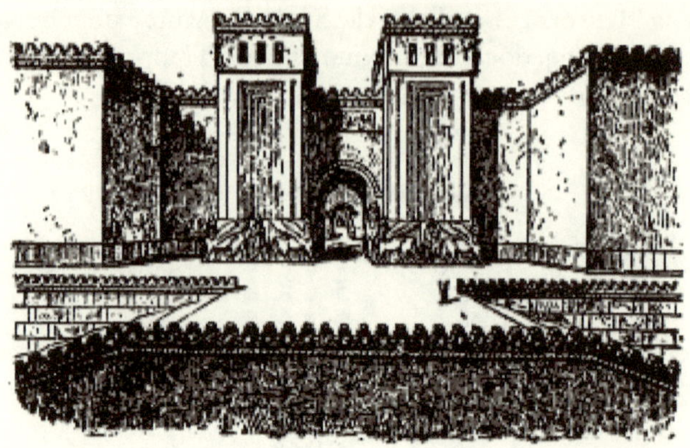

Abb. 51. – Südostfassade des Palastes von Sargon (Restaurierung durch Place, Taf. 20).

In den gegenwärtigen türkischen und persischen Palästen, in denen eine analoge Anordnung mit denselben Gebräuchen beibehalten wurde, wurden in Dur-Sarrukin die folgenden Teile wie im Palast von Tello unterschieden: das *Serail*, das heißt die Empfangsräume und die Wohnräume des Fürsten und der ihm angegliederten Männer; der *Harem* oder die Wohnungen der Frauen und ihrer Kinder; der *Khan* oder der Wohnsitz der Sklaven, die Küchen, die Ställe und die Büros. Das *Serail*, der luxuriöseste und am höchsten dekorierte Teil, umfasste zehn Höfe und mehr als sechzig Räume, geschmückt mit den Flachreliefs aus Stein, die heute den Ruhm des Louvre ausmachen. Sie wurden mit quadratischen Ziegeln gepflastert, die in Bitumen befestigt waren. Wo der Boden nicht wie vor der Tür mit Teppichen bedeckt werden sollte, befand sich ein Steinpflaster, in das kunstvoll geschnitzte Reliefmuster die der Teppiche selbst nachahmten. An die Gebäude des im Nordosten gelegenen Serails schließt sich der Stufenturm an, von dem wir weiter unten sprechen werden. Der Haupthof des Serails hatte eine Fläche von 3.202 Quadratfuß und acht Türen bildeten die Verbindung zwischen ihm und den Räumen dieses Teils des Palastes; Die meisten dieser Öffnungen werden von kolossalen Löwen oder Bullen flankiert, die die Füße halbkreisförmiger Bögen stützen. Der *Harem*, der im Süden eine Fläche von mehr als 9.000 Quadratmetern einnahm, bildete eine Gruppe von Bauwerken, die nur über zwei Türen mit dem Rest des Palastes kommunizierten. Mit seinen hohen, blinden Mauern war es eine Art Gefängnis mitten in der Festung. Im Inneren befanden sich mehrere Höfe und isolierte Zimmerfluchten, in denen die Wohnungen der Frauen getrennt angeordnet waren. Die Wände des Haupthofes müssen mit echtem asiatischen Luxus geschmückt gewesen sein, denn als sie vor etwa fünfzig Jahren freigelegt wurden, war der Fuß dieser Wände noch mit einer

Verkleidung aus emaillierten Ziegeln bedeckt, die Tiere und mythologische Szenen darstellten. Hier wurde der Schaft einer Säule aus Holz gefunden, die mit einer Bronzehülle überzogen war, so dass es nicht voreilig ist zu behaupten, dass dieser Hof rundum mit einem Portikus und vielleicht sogar mit einem Obergeschoss mit offenen Seiten ausgestattet war. Der *Khan* , am östlichen Winkel des Bauwerks gelegen, nahm einen noch größeren Raum ein als der *Harem* ; Die Schatzkammer oder *Bit Kutalli* , die Keller, Getreidespeicher und das Lagerhaus für Haushaltsgegenstände wurden deutlich erkannt, ebenso wie Magazine mit Gegenständen aller Art, die Sargon auf seinen Expeditionen als Beute erbeutet hatte, sowie Jagd- und Kriegswaffen : In den Ställen selbst wurde das Vorhandensein von in der Wand befestigten Eisenringen festgestellt, an denen Pferde und Kamele befestigt waren; schließlich wurden die kleinen, aber zahlreichen Räume der Diener und Sklaven ausgegraben. Ctesias gibt die Zahl der Personen an, die im Dienst des Palastes stehen

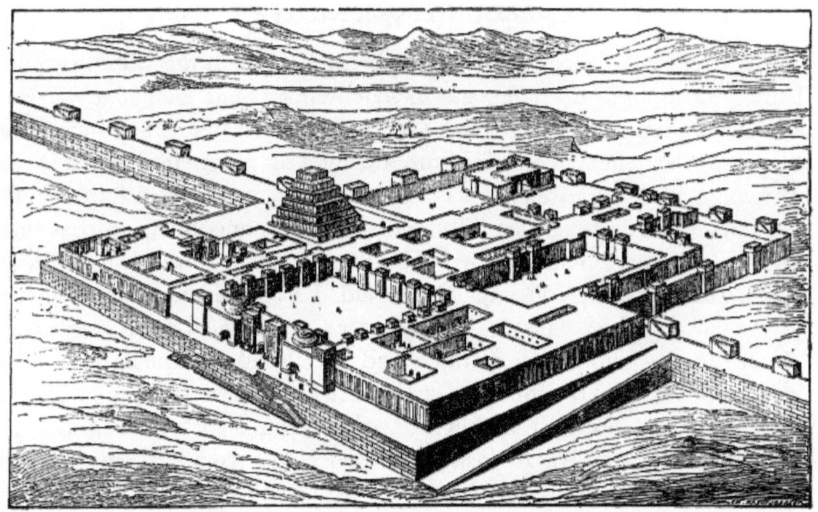

Abb. 52. – Vogelperspektive des Palastes von Sargon in Khorsabad
(Restaurierung durch Place, Taf. 18 *bis*).

Könige von Persien bis zu fünfzehntausend; man kann leicht annehmen, dass die gleiche Anzahl von Händen am Hofe des hochmütigen Königs von Ninive beschäftigt war.

Der Palast von Sargon, das am besten erhaltene assyrische Bauwerk und dessen Ausgrabung mit größter Konsequenz und Methode durchgeführt wurde, verdient es, als der vollkommenste Typus der Ninive-Paläste angesehen zu werden. Die Forschungen der englischen Entdecker Sir AH Layard, Sir H. Rawlinson, G. Smith und H. Rassam haben dem British Museum zwar die unvergleichlichen Galerien assyrischer Denkmäler beschert, die als die von Nimroud und Kouyunjik bekannt sind der Name des Schulleiters wird erforscht; Sie haben den Standort der königlichen Residenzen von Assur-nasir-pal, Shalmaneser, Sennacherib, Esarhaddon und Assur-bani-pal bekannt gemacht und die schönen Skulpturen exhumiert, die ihre Säle schmückten; aber aus architektonischer Sicht lehren uns diese Ausgrabungen nichts Bemerkenswertes und Originelles, oder vielmehr bestätigen sie nur das, was wir aus dem Studium von Khorsabad über die Baukunst der Assyrer wissen; Die Elemente und Bauprinzipien erweisen sich als durchweg identisch, und abgesehen von sekundären Modifikationen und variablen Proportionen kann man sagen, dass die Anordnung und Verzierung der assyrischen Paläste überall gleich waren und auf einen einheitlichen Typus zurückgingen, der in Chaldäa geschaffen wurde. das nie nennenswert verändert wurde.

§ III. TEMPEL UND INSZENIERTE TÜRME.

In Chaldäa wurden, wie wir gesehen haben, auch die stufenförmigen Türme (*Zikkurat*) erfunden, die in leuchtenden und vielfältigen Farben bemalt waren und eines der ursprünglichen Merkmale der mesopotamischen Architektur darstellen. Wenn die Stufentürme von Mugheir, Tello und Abu Shahrein zu stark zerstört sind, als dass wir ihre verschiedenen Stufen außer in Gedanken wiederherstellen könnten, sind wir dennoch sicher, dass diese alten chaldäischen Gebäude den Türmen in den unteren Stockwerken ähnlich waren die in Kouyunjik, Nimroud, Khorsabad und schließlich in Babylon ausgegraben wurden, wo seit der Antike die beiden berühmten Tempel E-saggil und E-zida standen und wo Nebukadnezar nach Aussage seiner Inschriften die berühmten Tempel errichtete Turm der sieben Lichter. Wer kann sagen, ob diese architektonische Form nicht vom Anblick der Stufenpyramiden des Niltals inspiriert wurde? Auf jeden Fall stimmen die griechischen Historiker darin überein, dass die Stufentürme eine Höhe hatten, die mit der der höchsten ägyptischen Pyramiden vergleichbar war, und die Masse der Trümmerhaufen, die die Ruinen dieser Türme darstellen, ist ein sicherer Beweis für diese Behauptung. Birs-Nimroud in Babylon ist auch heute noch 235 Fuß hoch und hat mit Sicherheit mindestens die Hälfte seiner ursprünglichen Höhe verloren. Die Ruine von Babil ist immer noch 130 Fuß hoch. Welches europäische Denkmal gibt es, selbst wenn es aus behauenen Steinen gebaut wäre, das, nachdem es in sich zusammengefallen ist, nach dreißig Jahrhunderten der Zerstörung und des Verfalls eine Höhe von 130 Fuß erreichen würde? Es ist daher unwahrscheinlich, dass Strabo eine Übertreibung verdient, wenn er dem Bel-Tempel in Babylon die Höhe eines Stadions von 591 Fuß 9 Zoll zuschreibt. Herodot beschreibt dasselbe

Gebäude folgendermaßen: „Dieser Tempel ist quadratisch und jede Seite ist zwei Stadien lang (1.183 Fuß 6 Zoll). In der Mitte befindet sich ein massiver Turm von der Länge und Breite eines Stadions; Auf diesem Turm steht ein weiterer Turm, auf diesem wiederum ein anderer und so weiter bis zu acht. Im Außenbereich wurde eine Wendeltreppe gebaut, die um alle Türme herumführt. In der Mitte des Aufstiegs gibt es einen Raum und Sitze, auf denen sich Besucher ausruhen können. Auf dem letzten Turm steht ein großer Schrein, in dem sich ein großes Bett mit reichen Decken und daneben ein goldener Tisch befindet." Moderne Ausgrabungen ermöglichen es uns zu bestätigen, dass diese Beschreibung in allen Punkten genau ist und dass alle inszenierten Türme von Assyrien und Chaldäa nach dem gleichen Prinzip gebaut wurden.

Die *Zikkurat* des Palastes von Khorsabad, östlich der Serailgebäude gelegen, hat noch heute drei vollständige Stufen und den Anfang einer vierten; der erste beschreibt auf dem Boden ein Quadrat von 141 Fuß in jede Richtung; Jede Stufe ist 20 Fuß hoch, was Anlass zu der Annahme gibt, dass das Bauwerk an der Basis ebenso hoch wie breit war – eine Besonderheit, die bereits Herodot und Strabo im Bel-Tempel bemerkten. Die bei den französischen Ausgrabungen freigelegten Stufen waren teilweise noch mit emailliertem Stuck gefärbt, die unterste Stufe weiß, die zweite schwarz, die dritte rötlich-violett, die vierte blau. In den Ruinen des Turms wurden zahlreiche Fragmente emaillierter Ziegel in den Farben Zinnoberrot, Silbergrau und Gold gefunden, was beweist, dass der Turm sieben Stufen in verschiedenen Farben hatte. Es wurde bemerkt, dass Herodot (i. 98) der Festung von Ekbatana in den Medien die Anordnung eines gigantischen Turms in Stufen gibt, dessen Farben denen der *Zikkurat* von Khorsabad ähneln. Ihm zufolge gab es sieben konzentrische Umfriedungen, von denen die geräumigste so groß war wie Athen, während die Zinnen jeder Umfriedung höher waren als die außerhalb davon. „Die Zinnen der ersten Mauer sind aus weißem Stein; die des zweiten aus schwarzem Stein; die des vierten Blaus; die des fünften Zinnobers ... Die beiden letzten Wände sind überzogen, die eine mit Silber, die andere mit Gold."

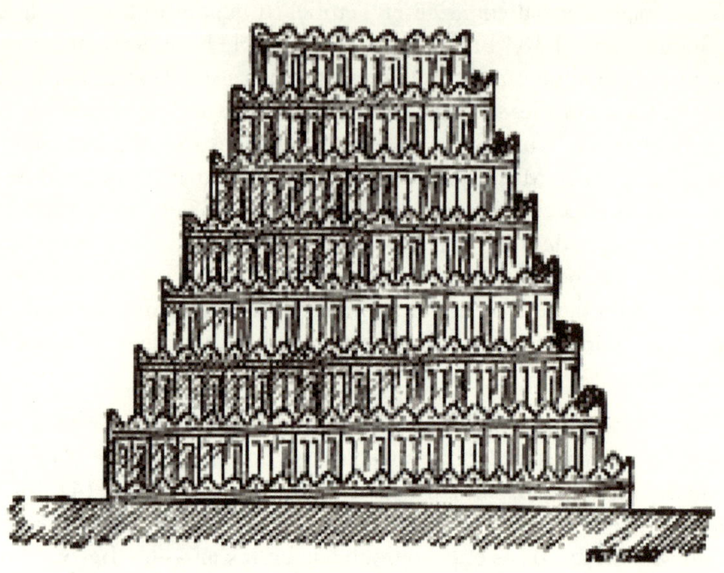

Abb. 53. – Der Stufenturm von Khorsabad (Restaurierung durch V. Place).

Die Entdecker von Mugheir glaubten trotz des schlechten Zustands der Ruinen erkannt zu haben, dass die *Zikkurat* von Ur so gebaut war, dass die Stufen nicht genau in der Mitte der quadratischen Plattform der unteren Stufe, die diente, standen als ihre Basis; sie lagen näher an einer Seite, so dass sie auf einer Seite viel schmalere Terrassen aufweisen als auf den anderen drei. Diese Beobachtung wird durch ein Basrelief im British Museum bestätigt, das leider sehr grob ist, in dem wir jedoch deutlich die größere Breite der Terrassen auf der einen Seite und ihre entsprechende Schmalheit auf der anderen Seite erkennen können. Andererseits beweist die Neigung jeder Terrasse, dass sie wie eine Schraube ansteigt und dass in jede der Stufen keine Treppe eingeschnitten ist, um sie miteinander in Verbindung zu bringen. Dies ist übrigens auch in Khorsabad zu beobachten: Der Aufstieg zum Gipfel der Ruinen der vierten Etappe erfolgt über einen viereckigen, abfallenden Pfad, der sanft ansteigt und sich spiralförmig windet.

Diodorus Siculus teilt uns mit, dass die Spitze der Stufentürme mit Statuen besetzt war, für die die Zikkurat nur eine Art Sockel bildete: „Auf dem Gipfel des Aufstiegs", sagt er, „stellte Semiramis drei mit dem Hammer geschmiedete goldene Statuen auf." ." Diese Statuen befanden sich möglicherweise im Inneren des Heiligtums, das im Allgemeinen das Gebäude krönte; Alles macht es auch wahrscheinlich, dass auf jeder Stufe in der Dicke des Bauwerks kleine Kapellen errichtet wurden und dass jede von ihnen der

Sterngottheit geweiht war, für die die Farbe der Stufe ein Sinnbild war. Die Kapelle auf dem Gipfel war von einer vergoldeten Kuppel bedeckt, die im herrlichen Sonnenlicht des reinen Osthimmels glitzerte und alle Betrachter blendete. Nebukadnezar berichtet in seinen Inschriften, dass er die Kuppel des Heiligtums von Bel Marduk „mit Platten aus geschmiedetem Gold überzogen habe, so dass sie wie der Tag leuchtete". Erzählt uns Herodot nicht, dass die letzte Stufe der Zitadelle von Ekbatana vergoldet war? Schließlich sammelte Taylor zwischen den Ruinen auf dem Gipfel des *Zikkurat* in Abu Shahrein eine große Menge dünner Goldplatten auf, die noch mit den vergoldeten Nägeln versehen waren, mit denen sie an den Wänden befestigt worden waren.

Neben diesen Heiligtümern, die auf der Spitze von Stufentürmen errichtet wurden und in denen die Priester die Nacht verbrachten und den Lauf der Sterne beobachteten, gab es andere Tempel, die nicht über einen ähnlichen Keller verfügten. So sehen wir auf einem Flachrelief aus dem Palast von Sargon eine Darstellung der Plünderung des Tempels des Gottes Haldia in Musasir in Armenien (Abb. 54). Dieses Heiligtum, das auf einer Terrasse wie die eines Palastes erbaut wurde, hat eine Fassade, die mit einem dreieckigen Giebel verziert ist, wie ein griechischer Tempel. Anstelle eines Portikus mit Säulen, die den Giebel tragen, gibt es dicke Pilaster von bis zu sechs, die in Abständen mit vorspringenden horizontalen Linien und mit Scheiben geschmückt sind, die auch an der Fassade zu sehen sind und als Votivschilde angesehen werden können. Zwischen den beiden mittleren Pilastern befindet sich die Tür des Tempels, deren Öffnung von einem steinernen Architrav umschlossen ist; Auf jeder Seite der Tür und auf gleicher Höhe wie diese befinden sich zwei kolossale Genien in Menschengestalt, die in Stein gemeißelt sind und Lanzen halten, deren Spitzen noch höher als die Säulen ragen. hinter ihnen sind Löwen; Schließlich erinnern in einiger Entfernung vor der Tür zwei riesige Becken, wahrscheinlich aus Bronze, die auf Dreibeinen ruhen, an das große Gefäß, das vor der Fassade des Palastes von Tello gefunden wurde, an das eherne Meer im Tempel Salomos und an die Vase aus dem Tempel von Amathus: Sie waren Becken für strahlendes Wasser.

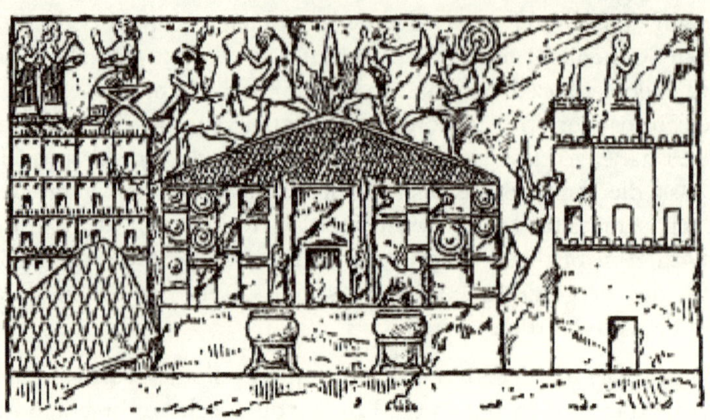

Abb. 54. – Tempel des Gottes Haldia (nach einem Flachrelief in Khorsabad, Botta, Taf. 141).

Die von Herodot und dem Autor von „Bel und der Drache" gegebene Beschreibung des berühmten Tempels von Bel-Marduk in Babylon macht uns ziemlich genau mit der Inneneinrichtung der Kapelle bekannt, die die *Zikkurat krönte*. An Möbeln gab es laut Herodot nichts außer einem Bett und einem goldenen Tisch; Die Wände waren mit Platten aus Gold, Silber und Elfenbein vertäfelt. Die Aussage des griechischen Historikers wird durch den Text der Keilinschriften bestätigt: „Ich hatte die Idee", sagt Nebukadnezar, „E-Saggil, den Tempel von Marduk, wiederherzustellen." Ich habe die höchsten Zedern aus dem Libanon mitbringen lassen; das Heiligtum von E-kua, in dem der Gott wohnt, war mit Zedernholzbalken bedeckt und mit Gold und Silber überzogen." An anderer Stelle über den Bau des Turms von Borsippa, wo der dem Gott Nebo geweihte Tempel von E-zida stand, drückt sich derselbe Prinz wie folgt aus: „Mitten in Borsippa baute ich E-zida, das ewige Haus, wieder auf. Ich habe es mit Gold, Silber, anderen Metallen, Stein, emaillierten Ziegeln, Balken aus Kiefern- und Zedernholz auf die höchste Stufe der Pracht gebracht. Ich überzog das Holz von Nebos Ruhestätte mit Gold. Die Pfosten der Orakeltür waren mit Silber überzogen. Ich überzog die Pfosten, die Schwelle und den Türsturz der Ruhestätte mit Elfenbein. Ich habe die Pfosten aus Zedernholz an der Tür des Frauengemachs mit Silber bedeckt." Auf dem goldenen Tisch im Marduk-Tempel legt Nebukadnezar, wie er selbst erzählt, Opfergaben aller Art nieder: Honig, Sahne, Milch, raffiniertes Öl; Um himmlische Segnungen auf sich zu ziehen, gießt er große Tropfen Wein aus verschiedenen Ländern in den Kelch von Marduk und Zarpanit, dem babylonischen Astarte. [32]

§ IV. STÄDTE UND IHRE BEFESTIGUNGEN.

In seiner Beschreibung Babylons, wie Nebukadnezar und die Könige seiner Dynastie es machten, drückt Herodot sich wie folgt aus: „Diese Stadt liegt in einer weiten Ebene und bildet ein perfektes Quadrat, dessen jede Seite 120 Stadien lang ist, so dass der Umfang." beträgt 480 Stadien." Pausanias sagt, Babylon sei die größte Stadt gewesen, die die Sonne je auf ihrem Lauf gesehen habe; Aristoteles scheint es in seiner Größe mit der Peloponnes zu vergleichen. [33] Klassische Autoren schreiben den Mauern der chaldäischen Hauptstadt auch eine Höhe von 200 königlichen Ellen (342 Fuß) und eine Dicke von 85 Fuß zu. Sie sollen von hundert Toren durchbohrt und von zweihundertfünfzig Türmen flankiert sein und durch einen großen Wassergraben geschützt, in den das Wasser des Euphrat umgeleitet wurde. Die Genauigkeit dieser Beschreibungen, die auf den ersten Blick hyperbolisch erscheinen könnten, wurde, was die Dicke der Mauern betrifft, durch die Ausgrabungen in Khorsabad bestätigt, deren Stadtmauern 78 Fuß und dort sogar 90 Fuß dick sind sind mit Bastionen ausgestattet. Die Ausdehnung der Stadt selbst wurde zwischen 1852 und 1854 durch die französische Mesopotamien-Expedition vor Ort überprüft. Die große Umfriedung Babylons, das heißt das erweiterte Babylon Nebukadnezars, hat laut M. Oppert eine Fläche von 199 Quadratmeilen – das heißt siebenmal so viel wie die befestigte Umfriedung von

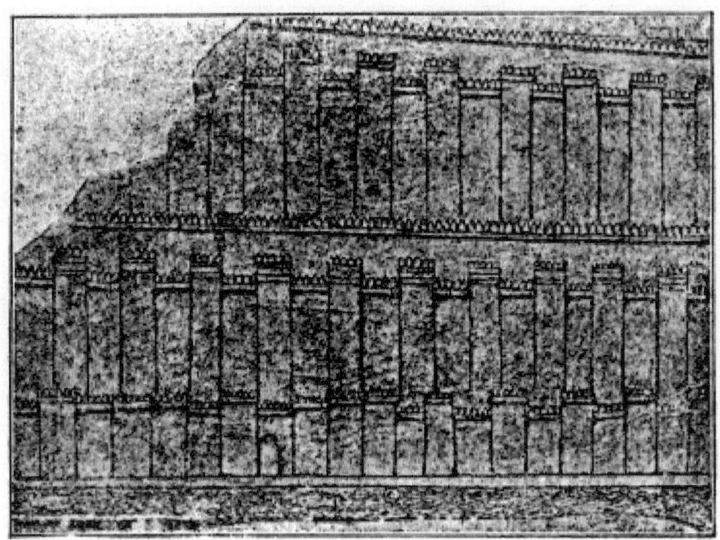

Abb. 55. – Mauern von Babylon (British Museum).

Paris. Eine erhöhte Straße von 196 Fuß Breite verlief im Inneren dieses Walls und trennte ihn von der Innenmauer, die selbst viermal so lang war wie der Umfang von Paris; Die beiden konzentrischen Wände tragen in den

Keilschrifttexten die Namen Imgur Bel und Nimitti Bel. Einen Blick auf die Mauern Babylons scheint ein Basrelief aus Kouyunjik zu bieten, das den Feldzug Assurbanipals gegen seinen Bruder Samas-sum-ukin, den König von Babylon (651–648 v. Chr.), darstellt. Nebukadnezar sagt, dass sein eigener Vater Nabopolassar mit dem Bau der Mauern begonnen und sie selbst fertiggestellt habe; Dies bedeutet jedoch nicht, dass die frühere Stadt, die Herodot die Königsstadt nannte, nicht, wie im Flachrelief, von einer doppelten Mauer umgeben war, wie die spätere. Diodorus sagt, dass Semiramis den westlichen Teil der Stadt mit drei Mauern umgab, und zwei davon wurden von M. Oppert identifiziert. [34] Fünfzig Hauptstraßen, von denen fünfundzwanzig parallel zum Euphrat und fünfundzwanzig im rechten Winkel dazu verliefen und zu den hundert Toren führten, teilten die Stadt in regelmäßige Plätze; Eine einzelne Brücke aus Holzbrettern, die auf Steinpfählen ruhten, wurde über den Euphrat geworfen, wodurch die Stadt diagonal in zwei Teile geteilt wurde. Die Grenzen der Mauer von Ninive sind noch nicht genau bekannt; Aber das Zeugnis der Bibel gibt uns Grund zu der Annahme, dass diese Stadt Babylon in ihrer Größe kaum nachstand. Der beste Weg, die Aussagen moderner Forscher mit denen des Buches Jona und des Historikers Ktesias in Einklang zu bringen, besteht vielleicht darin, den Vorschlag von Schrader zu übernehmen [35] und anzunehmen, dass „die große Stadt“ aus Genesis x. 12 war eine Gruppe, die sich aus den vier dort aufgezählten Städten zusammensetzte, deren wichtigstes Ninive war und der ganzen Gruppe ihren Namen gab.

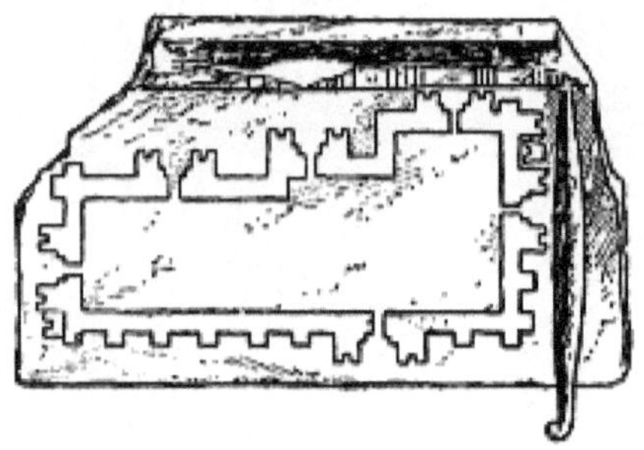

Abb. 56. – Chaldäischer Plan einer Festung.

In Ermangelung schriftlicher Beweise stellen uns die Skulpturen der Assyrer zahlreiche Festungen im Grundriss oder aus der Vogelperspektive vor Augen. Eine der Statuen aus Tello stellt den Patesi Gudea als Architekten dar, der auf seinen Knien eine Tafel hält, auf der im Umriss der Grundriss einer Festung eingraviert ist (Abb. 56). Es gibt sechs Tore, die von Türmen flankiert werden, und die Mauern werden von Zinnen gekrönt. Auf allen Flachreliefs , auf denen Belagerungen dargestellt sind, sieht man, dass die

Festung aus mehreren konzentrischen Mauern besteht, die von Türmen getragen werden, die höher sind als der Wall, aus dem sie herausragen, und überragt von gezahnten Zinnen (Abb. 58 und 74). die auf Konsolen über die senkrechte Wandfläche hinausragen.

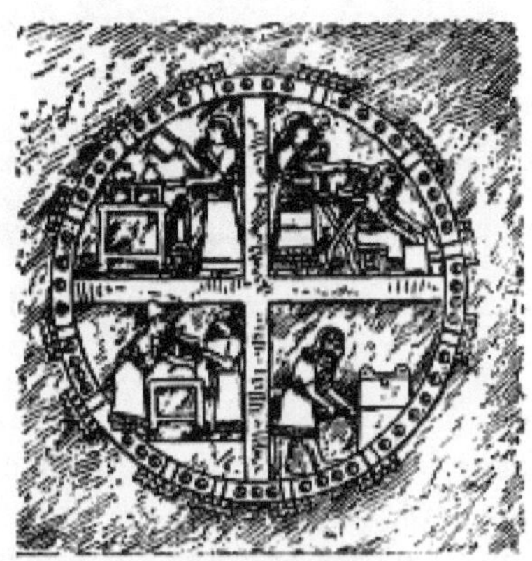

Abb. 57. – Assyrischer Plan einer Festung (aus einem Flachrelief
im British Museum).

Könnten wir uns nicht vorstellen, einer naiven Miniatur des Mittelalters gegenüberzustehen, die die Belagerung einer feudalen Burg darstellt, wenn wir in den Galerien unserer Museen diese assyrischen Flachreliefs betrachten, auf denen die Belagerungen von Festungen eingraviert sind? sich gegen Sturmböcke, Pfeile und Projektile aller Art verteidigen, mit Redans und Rundtürmen, mit Schießscharten durchbohrten Zinnen und mit einem Verteidigungssystem ausgestattet sind, das wie *Wehrgänge* und Machikolationen aussieht? Wie im Mittelalter wird in der Mauer einer befestigten Anlage nie ein Tor geöffnet, ohne dass es über eine Zugbrücke verfügt, die von zwei starken Türmen geschützt und durch eine vorspringende Struktur bestehend aus einem weiteren Wall und zwei neuen Bastionen verteidigt wird. Das Tor ist der Schwachpunkt; Es ist der Fehler im Kürass, die natürliche Bresche, durch die der Feind eindringen könnte: Jedes Verteidigungssystem ist dort auf raffinierte Weise angesammelt, und die Mauern sind an dieser Stelle dicker. Diese hohen Türme, diese dicken Mauern wurden von Leichen bewacht

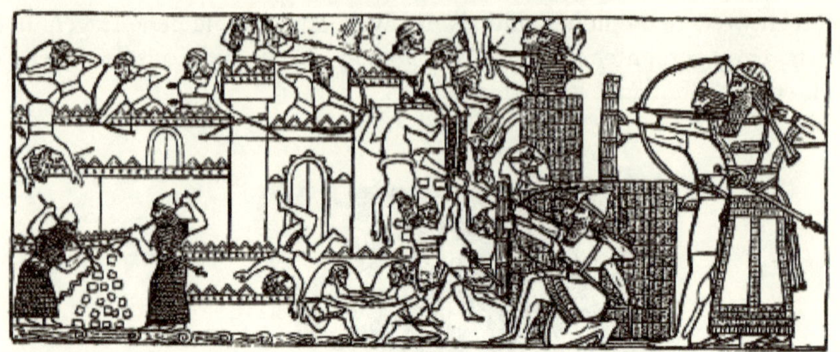

Abb. 58. – Belagerung einer Festung (aus einem Flachrelief im British Museum).

von Soldaten, die immer auf der Hut waren und hier einen angenehmen Schatten fanden, der sie vor der sengenden Sonne schützte, zu dem sogar die Einwohner der Stadt den Weg fanden, wenn sie sich trafen, um ihre Angelegenheiten zu besprechen oder sich über die Neuigkeiten des Tages zu unterhalten . Auf jeder Seite dieser langen Gänge wurden Nischen und sogar eigentliche Hallen für die Wachen angelegt. An solchen Orten und unter solchen Gewölben spielen sich mehrere der in den biblischen Büchern erzählten Dramen ab. Der heutige Zustand eines der Eingänge von Khorsabad lässt darauf schließen, dass der Brauch, sich am Stadttor zu versammeln, bis in die Zeit der Chaldäo-Assyrer zurückreicht. Über diesem Tor befand sich noch immer ein Rundbogen, der mit einer Archivolte aus emaillierten Ziegeln verziert war. Die Struktur bildete einen Vorsprung von 82 Fuß von der Mauer; Es hatte einen rechteckigen Grundriss und war selbst von einer Öffnung durchbrochen, die von zwei vorspringenden Bastionen verteidigt wurde. Nachdem man dieses erste Bauwerk passiert hatte, gelangte man zu einem Hof, der den Zugang zur Öffnung ermöglichte

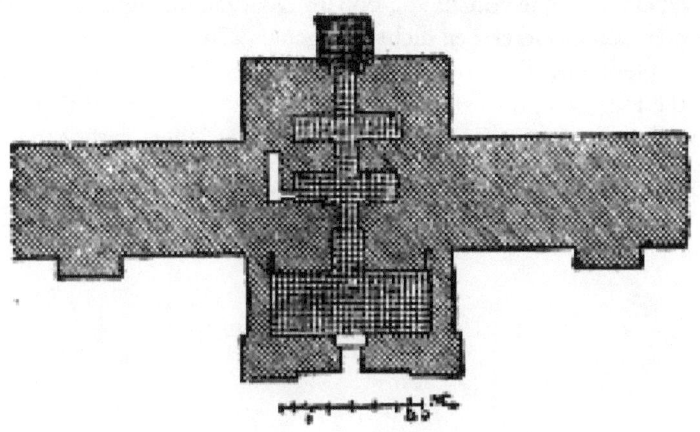

Abb. 59. – Plan eines Tores in Khorsabad (nach Place, Taf. 18).

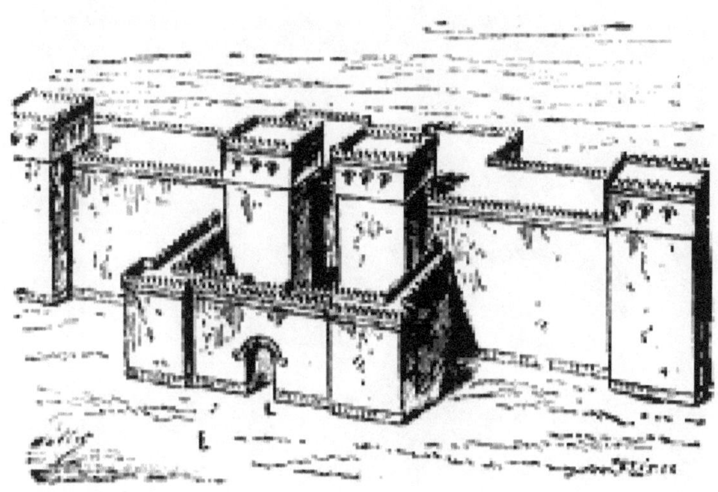

Abb. 60. – Tor von Khorsabad (Restaurierung nach Ort, Tafel 8)

im eigentlichen Wall, flankiert von zwei quadratischen Türmen. Durch dieses Tor gelangte man zu einem zweiten Hof, der wiederum durch eine neue Öffnung von einem dritten Hof getrennt war; Schließlich hatte die Mauer am unteren Ende dieses dritten Hofes wiederum eine Öffnung, die den Zugang zur Stadt ermöglichte. Daher war es notwendig, nacheinander durch vier Türen zu gelangen, um nach Dur-Sarrukin zu gelangen, und ein zur Außenseite symmetrisches Bauwerk ragte von der Mauer ins Innere der Festung. Diese massiven Bauwerke bildeten für sich genommen eine echte

Festung mit einer Fläche von 22.965 Fuß im Quadrat, mit gewölbten Gängen und Galerien, deren oberer Teil nicht weniger als 278 Fuß lang ist. Es ist klar, dass solche Gebäude, die ausnahmslos als Treffpunkte dienten, in Ländern, in denen die Hitze so groß ist, dass es unmöglich war, sich auf dem Forum oder in der Agora zu versammeln, wie in Rom oder Athen, frische und kühle Rückzugsorte bilden.

KAPITEL III.

ASSYRISCHE SKULPTUR UND MALEREI.

§ I. Statuen, Stelen und Obelisken.

DIE glänzende Periode der chaldäischen Bildhauerei, die in den Denkmälern von Tello den Höhepunkt ihrer Entwicklung erreichte, endete mit dem Fall der kleinen Fürstentümer, die in Untermesopotamien vor der Vorherrschaft der Nineviten florierten. Die chaldäischen Bildhauerkunst wanderte nicht mit den anderen Künsten nach Assyrien aus, oder besser gesagt, die Assyrer lehnten es ab, sie zu empfangen. Die Hauptursache, die die Entwicklung dieser Kunst bei den Niniviten verhinderte, war die Nähe der Alabaster-Steinbrüche und das Fehlen von Marmor, Diorit, Porphyr und anderen Steinarten, die eine runde Bearbeitung ermöglichen. Alabaster kann nur in dünne, flache Stücke gehauen werden, die sich aus diesem Grund hervorragend für die Schnitzerei in Flachreliefs eignen, für die Bildhauerkunst jedoch ungeeignet sind. Eine Alabasterstatue von normaler menschlicher Proportion wäre extrem zerbrechlich und liefe Gefahr, in Flocken zu zerbröckeln, zumindest an den dünnsten Stellen, wie den Füßen und Händen. Andererseits veranlasste der Überfluss an Alabaster in der Umgebung von Ninive die Assyrer, auf die kostspielige Einfuhr von Diorit- und Porphyrblöcken aus fernen Ländern zu verzichten, wie es die Chaldäer getan hatten, die weder Alabaster noch andere Steine besaßen , waren verpflichtet, um jeden Preis zu beschaffen. Zumindest müssen wir zugeben, dass die Ausgrabungen in Assyrien bis heute unserer Neugier kaum etwas ergeben haben, das uns die Behauptung ermöglichen könnte, dass die Bildhauerkunst in Nordmesopotamien blühte. Im Gegenteil: Die wenigen assyrischen Statuen, die uns überliefert sind, beweisen die Armut und den vernachlässigten Zustand dieses Bildhauerzweigs. Die wichtigsten Objekte, die genannt werden können, sind zwei Statuen des Gottes Nebo im British Museum, eine Statue des Königs Assur-nasir-pal (882–857 v. Chr.) und zwei weitere Priesterfiguren, die in Khorsabad die Stelle der Karyatiden einnahmen .

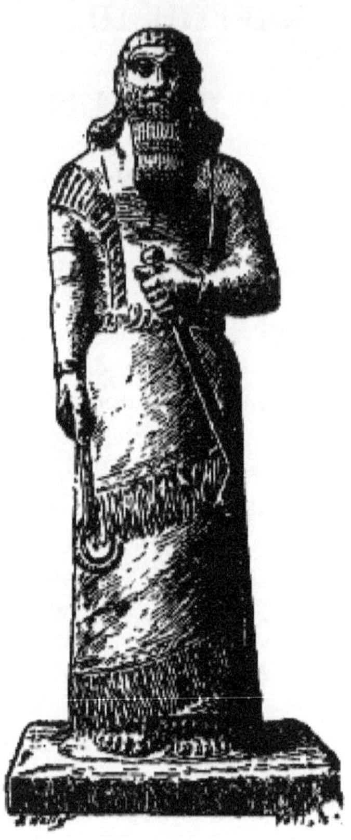

Abb. 61. – Statue von Assur-nasir-pal (British Museum).

Die Statue von Assur-nasir-pal stellt diesen König dar, gekleidet in ein langes Gewand ohne Falten und ohne Ornamente, was ihm fast das Aussehen eines zylindrischen Terminus verleiht. Sein Bart und seine Haare liegen eng an Kopf und Hals an, und an jedem Teil ist deutlich zu erkennen, dass der Künstler es aus Mangel an Geschick oder aufgrund der Schwierigkeiten, die er beim Umgang mit dem Block hatte, den er formen musste, nicht wagte Den Gliedmaßen eine Geschmeidigkeit und Leichtigkeit zuzuschreiben, die ihrer Festigkeit geschadet hätte, und dem Bart und den empfindlichen Teilen seiner Arbeit kein Finish zu verleihen, das die Gefahr bestanden hätte, den Stein zu spalten.

Die Fransen des Gewandes sind nur durch leichte Stichelstriche angedeutet; Die Arme sind mit der Büste verbunden, ebenso das Zepter und der Stab, die der Monarch in seinen Händen hält.

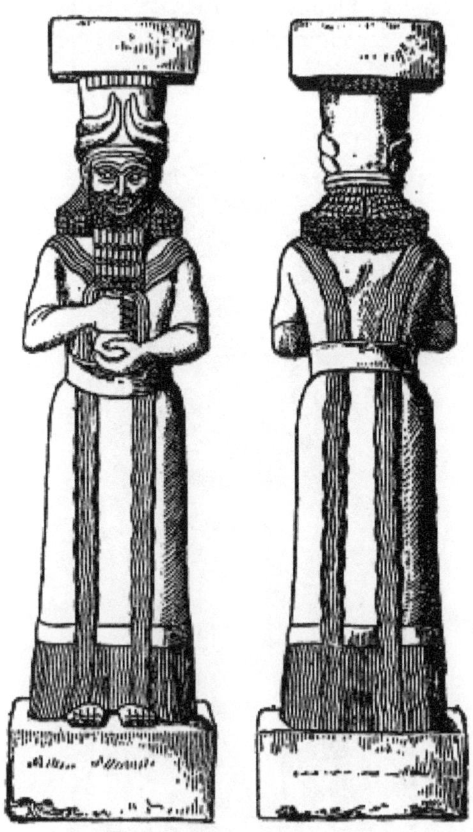

Abb. 62. – Statue im Harem von Khorsabad (nach Place).

Die Atlanten, die vor den emaillierten Wänden des Harems in Khorsabad gefunden wurden, scheinen in der Struktur als echte Säulen eingesetzt worden zu sein; Auf ihrem Kopfschmuck tragen sie einen quadratischen Sockel, der von ihrer architektonischen Funktion zeugt. Ihre Figuren sind von mehr als menschlicher Statur. Aus der heiligen Vase, die sie ehrfürchtig an ihre Brust drücken und die wir bereits in Chaldäa gesehen haben, fließen vier Bäche, die an die vier Flüsse des Paradieses in der Genesis erinnern; Zwei dieser Flüssigkeitsstrahlen fallen direkt auf ihre Füße, während die beiden anderen über ihre Schultern steigen und in leicht wellenförmigen Bändern über ihren Rücken auf ihre Füße fallen. [36]

Die Szenen auf den Flachreliefs im Inneren der Palasträume stellen manchmal Prozessionen dar, bei denen stehende oder sitzende Gottheiten von Priestern oder Sklaven auf Sänften getragen werden (Abb. 114): So gab es in Ninive Statuen. Es ist jedoch zweifelhaft, ob diese Entdeckungen einen anderen Eindruck von der assyrischen Bildhauerei vermitteln als den, den wir beschrieben haben.

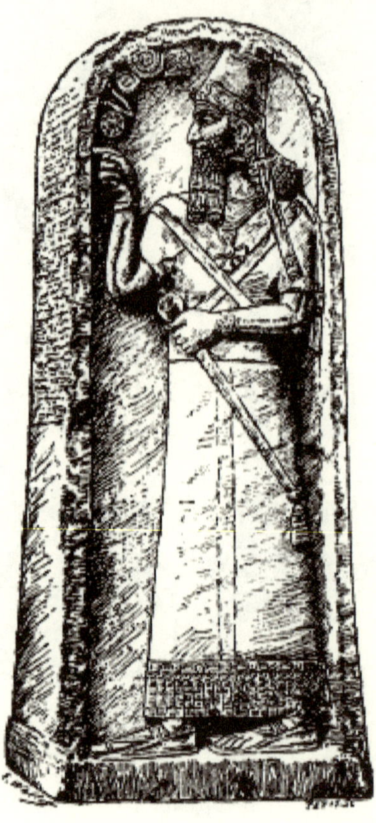

Abb. 63. – Stele von Samsi-Ramanu (British Museum).

Anstelle von Statuen errichteten die Assyrer oft Stelen und Obelisken – eine Art Denkmal, das sozusagen die Mitte zwischen Statuen und Flachreliefs einnimmt. Unter den Stelen ist der Typus von König Samsi-Rammanu III. der am besten vollendete. (822–809 v. Chr.). Es ist ein Monolith von leicht trapezförmiger Form, der im oberen Teil abgerundet ist. Die Seiten sind mit einer Keilinschrift bedeckt, die Jahr für Jahr von den militärischen Heldentaten des Fürsten erzählt. Auf der Vorderseite, umgeben von einem Rand, der einen Rahmen bildet, steht der König im Hochrelief und im Profil in Anbetung vor den Planetensymbolen. Auf den ersten Blick ist klar, dass der Künstler im Umgang mit einer runden Statue mutiger vorgegangen ist, als er es je getan hätte. Die Füße und Arme sind freier und nicht so eng an der Figur gehalten; Weit davon entfernt, die Einzelheiten des Kostüms grob zu behandeln, macht es ihm im Gegenteil Freude, sie übertrieben hervorzuheben.

Im British Museum befinden sich kleine Stelen aus späterer Zeit mit Figuren von Assur-bani-pal (668–666 v. Chr.). Sie zeigen den König, der einen Korb auf dem Kopf hält, in der gleichen Haltung wie der frühe Canephorœ von Chaldäa (siehe oben, S. 37, Abb. 25).

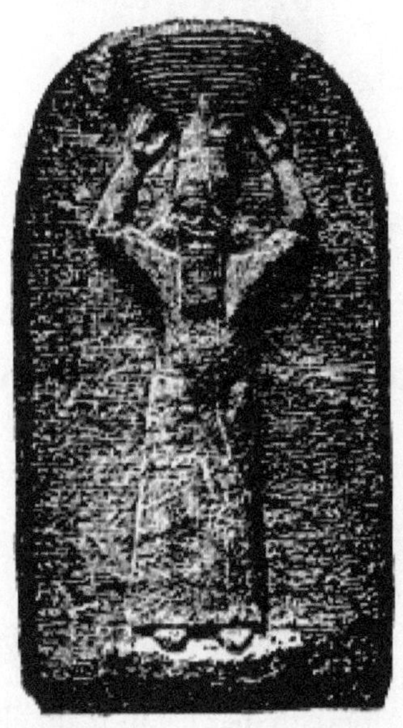

Abb. 64. – Stele von Assur-bani-pal (British Museum).

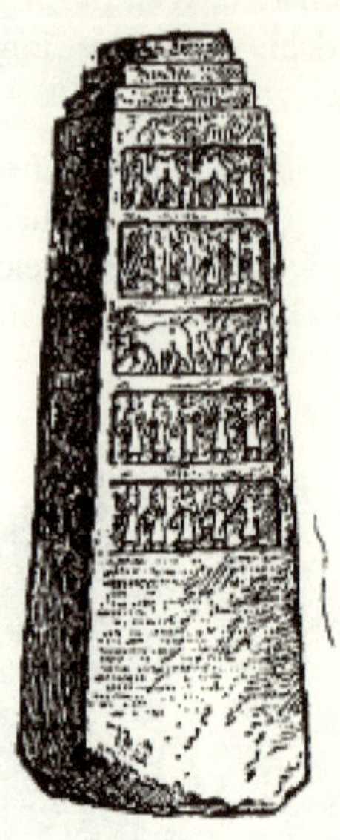

Abb. 65. – Obelisk von Salmanassar (British Museum).

Assyrische Obelisken, die mit den gigantischen ägyptischen Monolithen, denen dieser Name gegeben wird, nichts gemein haben, sind wie die Stelen große Grenzsteine, die zu Ehren der Heldentaten eines Fürsten manchmal auf dem Schlachtfeld oder darüber aufgestellt werden die Ruinen einer eroberten Stadt. Das vollständigste und am besten erhaltene dieser Denkmäler ist der Obelisk von Salmanassar III. (857-822 v. Chr.) gefunden in Nimroud. Dies ist ein Monolith, der kaum mehr als 6½ Fuß hoch ist; Es handelt sich um eine quadratische Säule mit leicht pyramidenförmiger Form. Der obere Teil ist in nach allen Seiten voneinander zurücktretenden Stufen angeordnet; Der Gipfel bildet eine Plattform und hat nichts, um ihn zu überragen: Vielleicht stand dort früher eine Statuette des Königs oder seiner Lieblingsgottheit. Die vier Seiten des Obelisken sind mit Inschriften und Flachreliefs bedeckt, die in Reihen übereinander angeordnet sind. Der untere Teil, der völlig kahl ist, muss bis zu einer bestimmten Stelle im Boden vergraben gewesen sein.

Wie wir sehen, sind die Stelen und Obelisken, die an die Stelle der Statuen treten, technisch gesehen von den Flachreliefs abgeleitet. Wenn uns künftige Entdeckungen assyrische Statuen bescheren, wird es immer nur eine geringe Anzahl und einen dürftigen und schüchternen Stil geben. es gibt nichts unter ihnen, was mit den chaldäischen Statuen verglichen werden könnte, und vor allem nichts, was sich mit den unzähligen ägyptischen Statuen vergleichen ließe, deren Stil manchmal fast die Vollkommenheit griechischer Kunst erreicht; Auch Assyrien sollte sich diesem Ideal annähern, allerdings nur im Flachrelief.

Dies war die logische Konsequenz aus dem natürlichen Unterschied der Umgebungen, in denen sich die Reiche Ägyptens und Assyriens entwickelten, jene beiden Pole, um die sich der gesamte antike Osten drehte. An den Ufern des Nils gibt es für Skulpturen geeignete Steine in Hülle und Fülle, und da in den Händen des Künstlers reichlich Material vorhanden war, konnte er sich unaufhörlichen Experimenten, Aufsätzen und Versuchen widmen, die von Generation zu Generation nach und nach wiederholt wurden , hörte erst an der Schwelle zur griechischen Kunst auf. In Mesopotamien gab es wenig oder gar keinen Stein zum Behauen; Nur selten und mit großem Aufwand wurden kostbare Blöcke mit großer Mühe aus großer Entfernung herbeigeschafft, und diese waren zu teuer und zu knapp, als dass zahlreiche Experimente möglich gewesen wären.

§ II. FLACHRELIEFS.

Um die Armut des Materials ihrer Ziegel- oder Lehmbauten zu verbergen, kamen die Assyrer, wie wir bereits sagten, auf die Idee, die Wände mit dünnen Platten aus Kalkstein oder Gipsalabaster in einem gelblichen Farbton zu verkleiden, die sie mit geringem Aufwand daraus gewannen benachbarte Berge von Ninive. Diese Platten ließen sich wunderbar leicht formen und polieren.

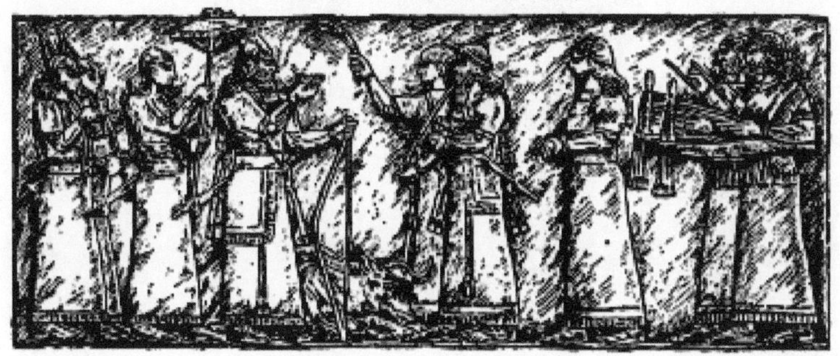

Abb. 66. – Assur-nasir-pal opfert einen Stier (Flachrelief im British Museum).

Die ältesten Flachreliefs, die bei Ausgrabungen in Assyrien ans Licht gebracht wurden, stammen aus dem Palast von Assur-nasir-pal (882–857 v. Chr.) in Calah (Nimroud). Wie groß ist die Entfernung zwischen dieser Epoche und der der Ruinen von Tello! Aber von der Herrschaft dieses Fürsten bis zum Fall Ninives, gegen Ende des siebten Jahrhunderts, also drei Jahrhunderte lang, gibt es eine Fülle von Dokumenten zur Geschichte der

Bildhauerei; Sie wurden hauptsächlich aus den Palästen von Assur-nasir-pal, Shalmaneser, Samsi-Rammanu, Rammanu-nirari, Tiglath-Pileser, Sargon, Sennacherib, Esarhaddon und Assurbanipal ausgegraben – Palästen, die diese Fürsten erbaut hatten, um ihren Ruhm zu verewigen und deren Wände sie mit den Szenen ihrer Tapferkeit und der Erzählung ihrer Heldentaten bedeckten.

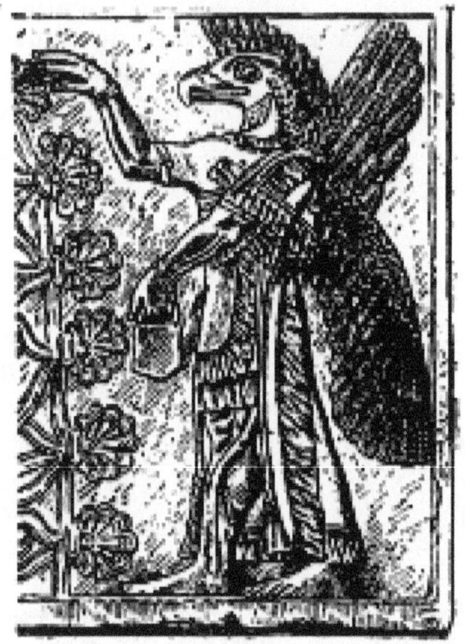

Abb. 67. – Genie mit dem Schnabel eines Adlers (Flachrelief im Louvre).

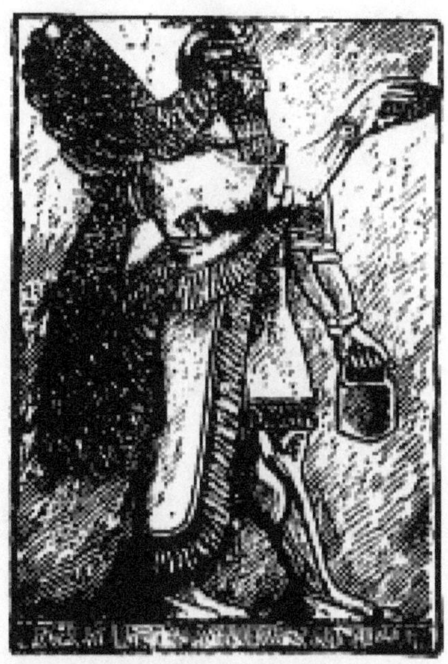

Abb. 68. – Zweiflügeliges Genie (Flachrelief im British Museum).

Abgesehen von den Innenwänden der Kammern wurden in den Palästen außer an der Hauptfassade keine Flachreliefs gefunden. Diese Skulpturen an der Fassade haben besondere Eigenschaften, auf die wir Wert legen müssen. Erstens widmen sie sich ausschließlich religiösen und mythologischen Themen: Nicht die geringste Anspielung findet sich auf die Heldentaten des Fürsten. Sie stellen vor allem göttliche Helden dar, geflügelte Genien mit menschlichen Körpern und Adlerklauen und Schnäbeln, geflügelte Löwen und Stiere, die die königliche Residenz bewachen und die Zugänge zu ihr verteidigen, sei es gegen böse Geister oder gegen sie

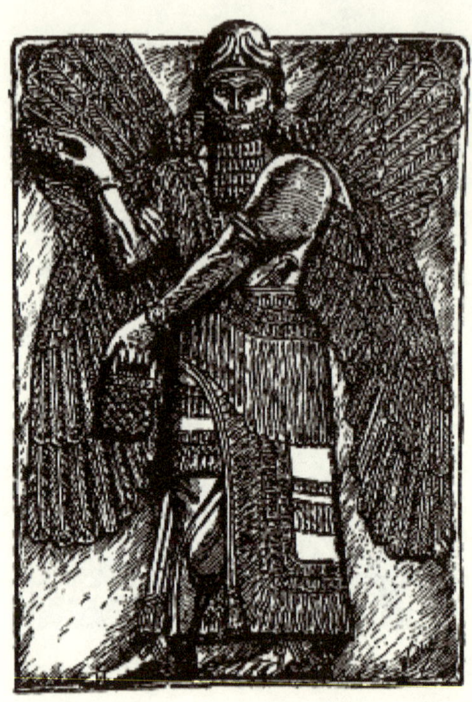

Abb. 69. – Vierflügeliges Genie, Khorsabad (Louvre, 9 Fuß 10 Zoll hoch).

ausländische Invasion. Dementsprechend sind die Figuren dieser Außenskulpturen von kolossalen Ausmaßen, wie es sich für Götter und Helden gehört. Diese Vergrößerung der Figuren hatte auch einen perspektivischen Grund, denn die Fassade des Schlosses sollte aus größerer Entfernung erkennbar sein. Die geflügelten Stiere im Louvre, die aus Khorsabad stammen, sind 13 bis 16 Fuß hoch. Die Gruppen, die Izdubar darstellen, den assyrischen Herkules, der einen Löwen unter seinem Arm erwürgt, sind bis zu 19½ Fuß groß. Die Assyrer vervielfachten ihre geflügelten Stiere am Eingang der Türen. 26 Paare davon wurden im Palast von Sargon gefunden, und sogar zehn in einer einzigen Fassade des Palastes von Sanherib. In assyrischen Texten werden sie als *Kirubi* (Cherubim?) oder *Sedi* (Genii) bezeichnet. Durch den beträchtlichen Vorsprung ihrer Figuren aus den Wänden nehmen sie gleichzeitig am Flachrelief und an der runden Statue teil. Einige dieser Bullen haben ein Relief von etwa 20 cm; An den Ecken der Türen angebracht, um die Archivolte zu stützen, schienen sie, wie Atlas, der die Welt trägt, die gesamte Masse des Gebäudes auf ihren Köpfen zu tragen. Sie sind auf zwei Seiten geschnitzt und wirken wie Statuen, die halb in der Dicke der Mauer vergraben sind. Sie waren im Allgemeinen zu viert angeordnet, wobei zwei auf der Ebene der Wand einander gegenüber auf jeder Seite der Tür standen und die anderen beiden dem Besucher zugewandt waren, als dieser eintrat, während ihre Köpfe aus der Fassade herausragten und ihre Hinterteile bestehen blieben im Inneren des Durchgangs. Der von außen kommende Besucher sah vor sich sofort die Körper der ersten beiden im Profil und das volle Gesicht der beiden anderen. Vor dem Gebäude oder innerhalb der Tür sah er immer noch gleichzeitig volle Gesichter und Körper im Profil. Durch eine Illusion schien er ständig und in jeder Position das Ganze eines bärtigen Monsters zu sehen, mit seiner dicken Mähne auf der Brust, seinem mit Haarbüscheln besetzten Hals und seinen Beinen, in denen die Muskeln sprechende Sinnbilder der Materie waren Seine Stärke ist stark ausgeprägt, seine Flügel bestehen aus Reihen von Federn und reichen wie riesige Fächer bis zur Archivolte.

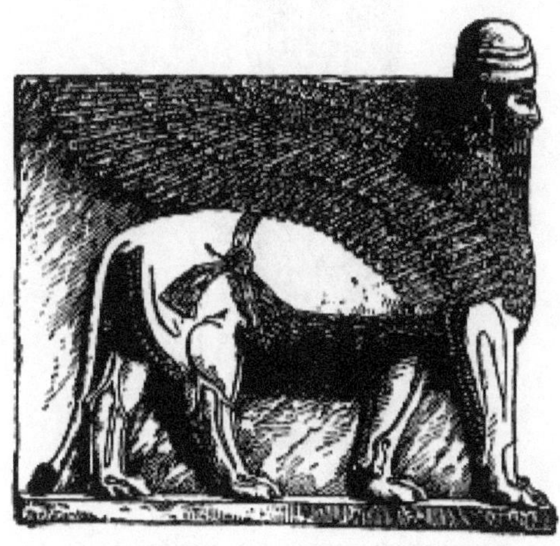

Abb. 70. – Geflügelter Löwe mit Menschenkopf (British Museum).

Außer im Palast von Sanherib werden diese geflügelten Stiere, um die Illusion vollständiger zu machen, mit fünf Beinen dargestellt; zwei Hinterbeine und drei Vorderbeine, davon zwei gerade und eines gebogen. Das Ziel dieses Tricks bestand immer darin, vier Beine zu zeigen, unabhängig von der Position des Zuschauers. Tatsächlich sieht der Betrachter, wenn er vor dem Tier steht, seine beiden Vorderbeine; Auf der Seite ist eines dieser beiden nicht mehr sichtbar, der Künstler hat es durch ein drittes ersetzt, das im Profil im Hintergrund zu sehen ist. Dieses merkwürdige Kunststück des assyrischen Bildhauers ist in Ägypten nie anzutreffen.

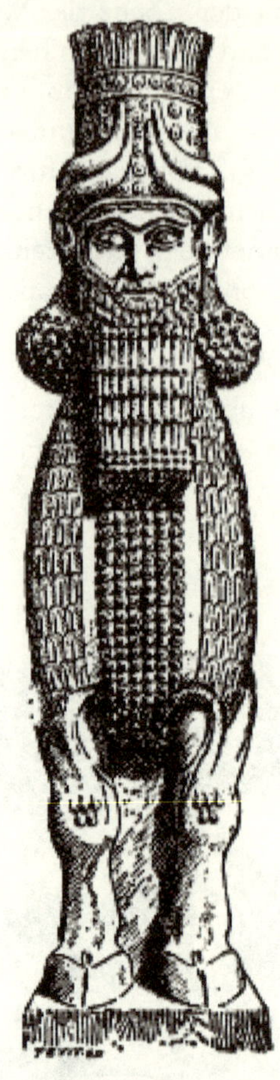

Abb. 71. – Vorderseite eines geflügelten Stieres aus Khorsabad (Louvre).

Die philosophische Idee, die in diesen Bullen und Löwen, diesen unerschütterlichen und majestätischen Wächtern zum Ausdruck kommt, ist die der körperlichen Stärke, ruhig und selbstsicher; es ist die Vorstellung der ägyptischen Sphinxen und des ruhenden griechisch-römischen Herkules mit einem halben Lächeln im Gesicht. Nur während beim griechischen Herkules nur das menschliche Element ins Spiel kommt und es bei der ägyptischen Sphinx nur zwei Elemente gibt, den Mann und den Löwen, finden sich im assyrischen *Kirubu vier und noch mehr*: der Mann, der Stier, der Löwe und der Adler. Das Hauptverdienst des Künstlers besteht darin, dass es ihm gelungen ist, diesem fantastischen Tier angemessene Proportionen zu verleihen und diese verschiedenen Elemente, die er der Natur entlehnt hat, zu kombinieren, um eine Figur mit harmonischen Formen zu schaffen, bei der nichts den

Geschmack und den Ausdruck stört davon ist edel, majestätisch und natürlich. Obwohl wir Kinder einer anderen Zivilisation sind, erscheint uns nichts grotesk oder deformiert in diesen schönen und kraftvollen Schöpfungen des assyrischen Genies, das ebenso geschickt wie das ägyptische Genie die menschliche Form mit der Tierform in der symbolischen Darstellung verbinden konnte der Gottheit und der übernatürlichen Wesen. An den Ufern des Tigris finden wir die Prototypen der Lieben, der Zentauren, der Chimären, der Sphinxen, der Greifen, der Pegasi und der Hippocampi der griechischen Kunst.

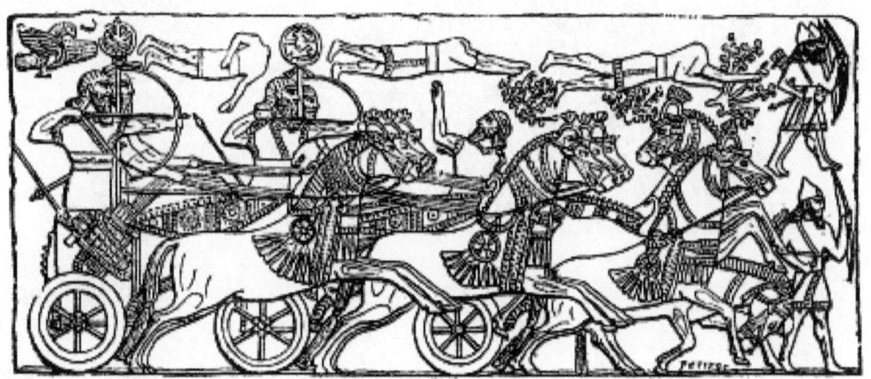

Abb. 72. – Kampfszene (Flachrelief aus Nimroud, British Museum).

Es wurde berechnet, dass die Reihe von Flachreliefs aus den Hallen von Sargons Palast in Khorsabad, aneinandergereiht, eine Linie von anderthalb Meilen Länge bilden würde. Diejenigen, die das British Museum besucht haben, werden sich an die Galerien Nimroud und Kouyunjik sowie an den Assyrischen Keller erinnern, von denen jeder größer ist als die Assyrische Galerie im Louvre. Was für eine Menge Material zur Aufzeichnung der Geschichte der assyrischen Bildhauerei über drei Jahrhunderte liegt hier in unseren Händen! In der Zeit zwischen jedem Feldzug, das heißt zwischen zwei Springfluten, ließ der König Flachreliefs anfertigen, um vor den Augen der Menschen seine Tapferkeit bei der Jagd oder im Krieg sowie die vielfältigen Episoden des offiziellen Lebens darzustellen. Insgesamt sind die Skulpturen im Inneren der Paläste stets zu Ehren des Fürsten gedacht. Alles ist für den König, der das Leben seines ganzen Volkes symbolisiert; er tut alles, und nichts wird außer durch seine Hände oder seine Befehle erreicht; Nirgendwo ist der wilde Egoismus der östlichen Monarchen auffälliger als in diesen Flachreliefs. Ägyptische Skulpturen enthalten oft Szenen des bürgerlichen Lebens, aus denen der Pharao ausgeschlossen ist: landwirtschaftliche Arbeit, Spiele, Feste, öffentliche Märkte und viele andere Episoden aus der Existenz der

altägyptischen Fellachen. In Assyrien finden wir nichts dergleichen; Die
sprechenden Wände wiederholen ohne eine Sekunde Pause die kriegerische
Chronik der Könige.

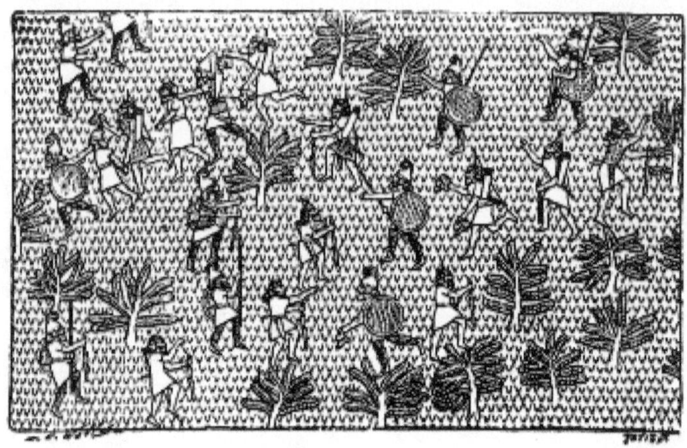

Abb. 73. – Die assyrische Armee in einem Bergland (Flachrelief von
Nimroud, British Museum).

Diese ausschließlich offizielle Seite der Ninive-Skulpturen zwang die
Kunst, sich auf ein für alle Mal geschaffene abstrakte Typen zu beschränken,
die, wenn sie zur Sättigung vervielfacht werden, eine gewisse Müdigkeit in
unserem Geist hervorrufen. Es gibt keine mehr

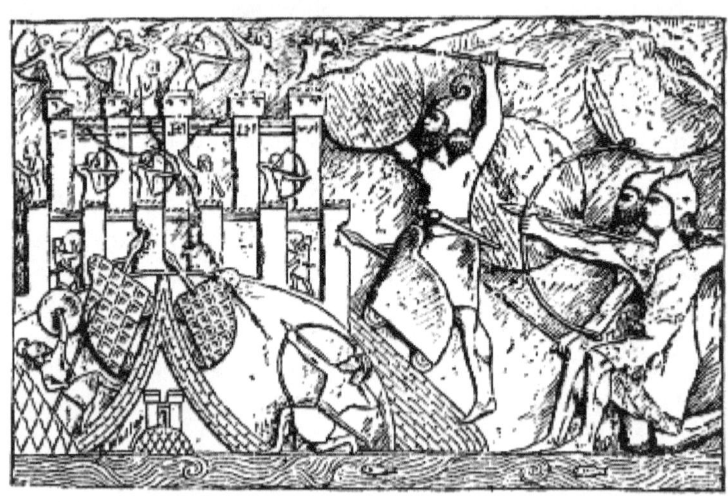

Abb. 74. – Belagerung einer Festung (Flachrelief aus Khorsabad, Louvre).

Proportion oder Maßstab bei den assyrischen Flachreliefs als bei den Ägyptern oder Chinesen; Die Perspektive fehlt, oder besser gesagt, die Künstler haben sich vergeblich bemüht, ihre Wirkung zu berechnen und zu reproduzieren. Die Menschen sind größer als die Wagen, die sie besteigen, und die Pferde, die sie ziehen; Sie überragen sogar die Festungen , die sie belagern. Wie in Ägypten wird der König immer als größer dargestellt als seine Minister, und im Allgemeinen sind die Assyrer größer als ihre Feinde. Auch griechische Helden in der klassischen Kunst sind oft größer als die Krieger, die sie umgeben; Die gleichen Tatsachen wurden in der chinesischen Kunst festgestellt. Die Praxis ist naiv, aber allen Künsten gemeinsam und lässt sich leicht durch das Fehlen einer Perspektive erklären. Heutzutage, wo unsere Künstler nach Belieben mehrere Ebenen in ihren Bildern anordnen und Abstände und Hintergründe in den Szenen erzeugen können, die sie wiedergeben möchten, begnügen sie sich damit, die wichtige Szene hervorzuheben und die Hauptdarsteller in den Mittelpunkt zu stellen Vordergrund. Bevor die Perspektive verstanden wurde und auf diese Weise viele Ebenen geschaffen werden konnten, gab es keine Möglichkeit, die Hauptakteure hervorzuheben, außer der Technik einer unverhältnismäßigen Vergrößerung.

Generell zeigt der assyrische Künstler eine Vorliebe für malerische Orte, Berge und Flüsse. Aber er gibt sie mit den seltsamsten Fehlern in den relativen Proportionen der Objekte wieder: Beispielsweise sind die Fische in den Wellen so groß wie die Boote; Die Vögel in den Wäldern sind so groß wie die Bäume oder die Jäger; Die Geier auf dem Schlachtfeld sind so groß wie die Pferde.

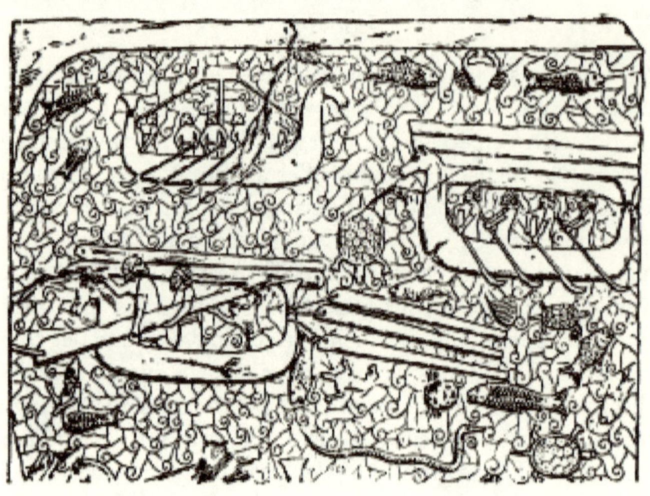

Abb. 75. – Navigationsszene (Flachrelief aus Khorsabad, Louvre).

Wenn der Künstler das menschliche Antlitz wiedergeben möchte, platziert er das Auge stets vollständig, auch wenn das Gesicht im Profil dargestellt ist. Wenn der Bildhauer gezwungen ist, seine Figuren in voller Gestalt oder in einer anderen Haltung als dem einfachen Profil darzustellen, ist er sehr verlegen und zeigt sein Zögern und seine Unfähigkeit; Da er die Füße nicht perspektivisch verkürzen kann, zeichnet er sie vollständig im Profil, während der gesamte Oberkörper im Gesicht dargestellt ist – ein Fehler, der der Figur den Anschein einer Verrenkung verleiht. Er dreht die Köpfe um, als wären sie falsch herum angebracht; Die Hände weisen die gleiche Deformation auf: Man könnte manchmal annehmen, dass der Künstler sie verkehrt herum angelegt hat.

Die Hauptbemühungen des Bildhauers galten dem Kopf, den Beinen und den Armen. Er lässt die Muskeln enorm hervorstechen, obwohl sie nicht immer in der richtigen anatomischen Position sind. Kräftige Kurven bilden den Umriss der Kniescheibe und markieren die Beinmuskulatur und den Bizeps; Die Füße und Hände sind nicht nur deutlich herausgearbeitet, sondern auch übermäßig tief gemeißelt. Die Assyrer kannten kaum mehr als zwei Arten des menschlichen Kopfes, die sie ständig reproduzieren: den bärtigen Kopf und den bartlosen Kopf. Es kann jedoch versucht werden, genauere Definitionen und Unterscheidungen festzulegen. Der bärtige Kopf kann sein Haar in sehr kurzen Locken gekräuselt tragen, oder Bart und Haar können in parallelen und symmetrischen Locken gedreht sein: Diese letzte Form ist den Figuren von Göttern, Helden, Königen, den Hauptbeamten des Hofes, und Soldaten. Die bartlosen Köpfe müssen als der Typus erkannt werden, der zur Darstellung von Eunuchen bestimmt ist. Diese

Persönlichkeiten, von denen einige eine wichtige Rolle am Hof spielten, wie der Kislar-Agha oder der Häuptling der schwarzen Eunuchen in Konstantinopel, zeichnen sich durch ihr fleischiges und sinnliches Gesicht aus.

Unter den Werken der chaldäischen und ägyptischen Kunst gibt es Gesichter, die alten Männern, jungen Männern und Kindern gehören. In Assyrien kann man sagen, dass sich die Gesichter nie ändern, oder vielmehr trifft man ausschließlich auf drei oder vier feste Typen: Könige, Offiziere, Sklaven und sogar Götter haben alle die gleiche Physiognomie, die dem Alter zwischen Jugend und Reife angehört. Wenn man Kindern begegnet, wirken sie vorzeitig alt und zeichnen sich allein durch ihre Statur aus. Die Niniviten-Künstler stellten selten Frauen dar und bewiesen dabei ihre absolute Unerfahrenheit. Ihre verschleierten Frauen haben vulgäre Gesichtszüge, aus denen alle Vorstellungen von körperlicher Schönheit verbannt sind. Schauen Sie sich die Szene an, in der König Assurbanipal und eine seiner Frauen aus Kelchen trinken (Abb. 77). Das Gesicht der Königin wirkt fast männlich; sogar ihr Haar ist wie das von Männern gekleidet; Sie trägt ein besonderes Diadem und ist in prächtige Gewänder gehüllt, die bestickt und mit Juwelen geschmückt sind.

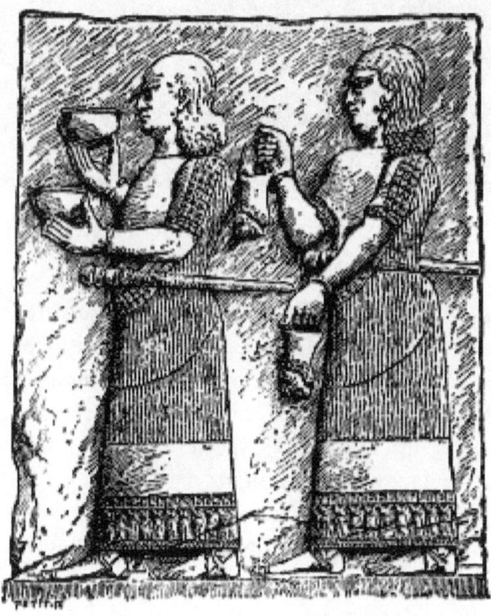

Abb. 76. – Eunuchen (Flachrelief aus Khorsabad, Louvre).

Der assyrische Bildhauer verfügte nicht über die Fähigkeit, ein authentisches Porträt zu zeichnen und die Ähnlichkeit einzelner Personen zu studieren, außer vielleicht bei bestimmten königlichen Köpfen. [37] Er hatte auch nicht die nötige Fähigkeit dazu

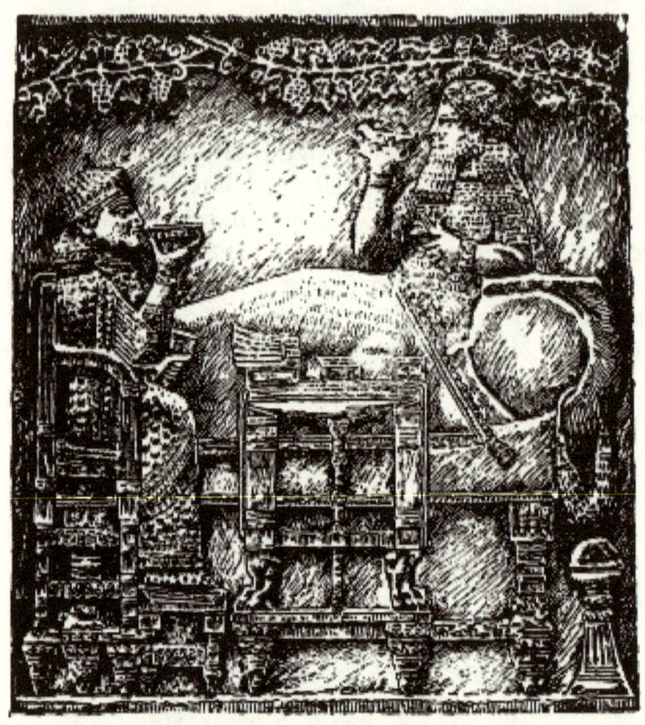

Abb. 77. – Assurbanipal und seine Königin (Flachrelief aus Kouyunjik, British Museum).

um den von ihm geschaffenen Typen den geringsten Ausdruck zu verleihen und dabei jegliche Bewegung von Freude oder Traurigkeit zu verraten: Seine Figuren bleiben teilnahmslos, ob sie an freudigen Banketten, in der Aufregung der Jagd, im Kampf oder sogar inmitten der grausamsten Folterungen teilnehmen. Das Gesicht des Assyrers ist immer unerschütterlich, er lacht nie und weint nie; Allein die Gesten seiner Arme dienen dazu, seine Eindrücke auszudrücken und zu interpretieren. Die erhobene und auf die Höhe des Nackens zurückgezogene Hand ist ein Zeichen der Einführung oder eines Appells; die vor den Mund erhobene Hand ist ein Zeichen der Trauer und der heftigen Trauer; Die Hände werden so gehalten, dass einer das Handgelenk des anderen umfasst, und machen eine Geste, die eine Anerkennung der Knechtschaft und absoluten Unterwerfung bedeutet, die nur dem Herrscher oder den Göttern gebührt.

Manchmal sieht man Assyrer beim Gebet, wie sie eine Hand bis zum Gesicht heben, während die andere locker an der Seite herabhängt; aber einige nehmen im Gebet die christliche Haltung ein, indem sie ihre beiden Hände heben und die Handflächen gegeneinander drücken.

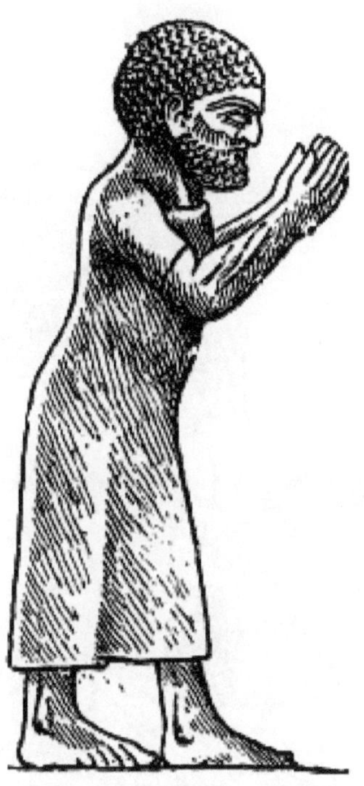

Abb. 78. – Jüdischer Typ, aus einem Flachrelief aus dem Palast von Sanherib (British Museum).

Da die Flachreliefs der Ninive-Paläste speziell der Darstellung der Feldzüge der Könige gegen fremde Nationen gewidmet sind, wurde der Künstler oft dazu veranlasst, Männer oder Frauen aus fernen Ländern zu zeichnen, die sich von den Assyrern durch ihre Nationaltracht unterschieden durch bestimmte ethnographische Merkmale. Manchmal ist es möglich, diese Unterschiede zwischen Assyrern und Ausländern in den Skulpturen zu verstehen: So könnte der jüdische Typus heutzutage kaum besser zum Ausdruck kommen als in der Figur eines der Gefangenen, der König Sanherib seine Unterwerfung darbietet in seinem Lager vor den Mauern von Lachisch (Abb. 78).

Darüber hinaus war der Umfang der assyrischen Skulptur im Hinblick auf die menschliche Form stark eingeschränkt

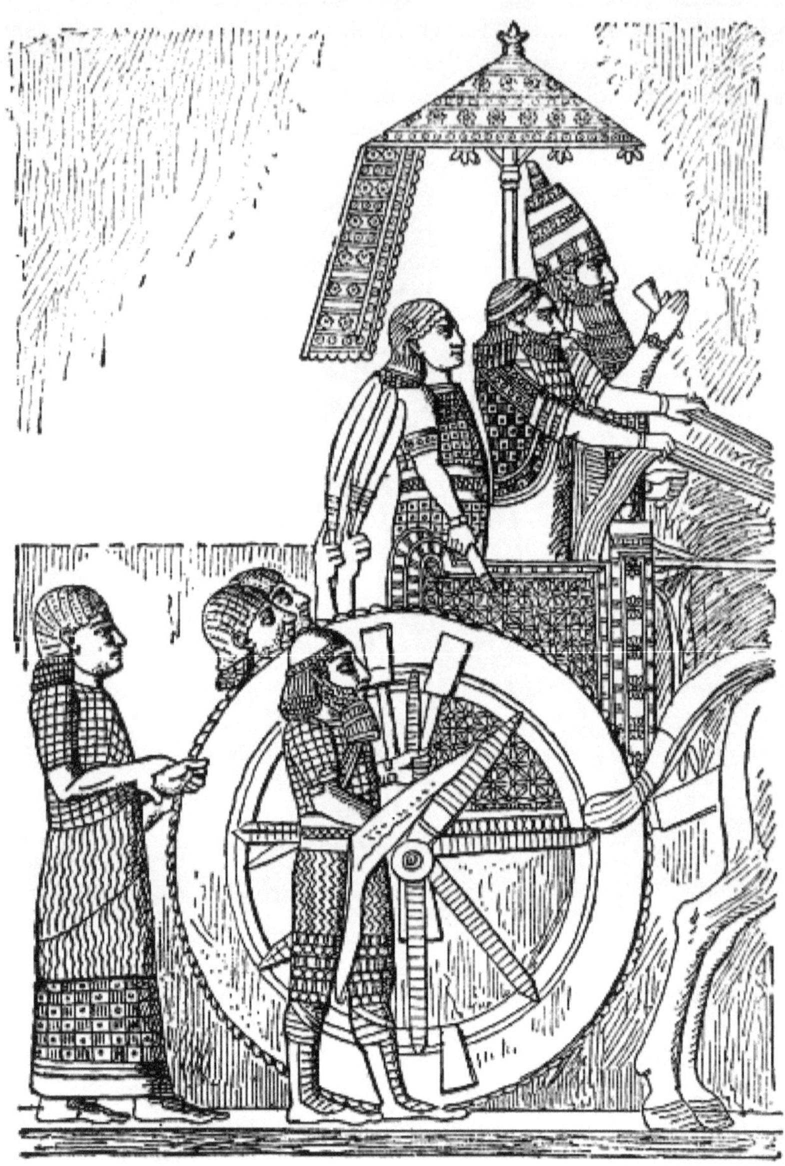

Abb. 79. – Assurbanipal in seinem Streitwagen (Flachrelief aus
Kouyunjik, Louvre).

Folge der falschen Bescheidenheit des Ostens, die in der Antike wie auch
heute bei den Arabern herrschte und den Künstler daran hinderte, den
menschlichen Körper nackt und am lebenden Modell zu studieren. Der
Assyrer ist, wie der Araber, immer in seine dicken Burnus gehüllt, und diese

mit religiöser Strenge befolgte Mode trug in nicht geringem Maße zum plötzlichen Stillstand des Fortschritts der Kunst bei. Die lange, mit Stickereien verzierte Leinentunika lässt nur den Kopf, die Füße und den Unterarm zu sehen; die Arbeitskleidung der Sklaven oder manchmal auch die Tunika der Soldaten reicht nicht tiefer als bis zum Knie; Wenn der große Schal mit Fransen getragen wird, umhüllt er den Körper wie der arabische Burnus und die römische Toga.

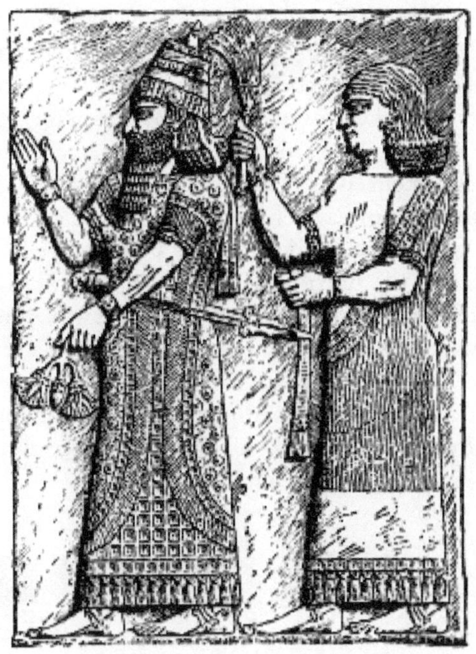

Abb. 80. – Sargon (Flachrelief aus Khorsabad, Louvre).

Der Assyrer konnte daher aufgrund eines semitischen Vorurteils niemals natürliche und ideale Schönheit zum Ausdruck bringen: Hierin liegt seine Unterlegenheit gegenüber dem ägyptischen Bildhauer; Aus Tausenden von Beispielen wissen wir, wie die Künstler aus Theben oder Memphis den menschlichen Rumpf behandelten, und einige ihrer Statuen und sogar ihrer Flachreliefs sind Meisterwerke. Selten hat der Ninive-Bildhauer es gewagt, die menschliche Gestalt im Zustand der Nacktheit darzustellen , außer im Fall der Göttin Istar und einiger Figuren von Sklaven oder auf dem Schlachtfeld liegenden Leichen; und diese Ausnahmefälle verraten seinen völligen Mangel an Erfahrung.

Er versuchte, den gerade aufgezeigten Mangel durch das Streben nach Perfektion im Detail zu beheben. Keine Kunst hat alle Merkmale des Kostüms mit größerer Gefälligkeit und Raffinesse behandelt, nicht zu vergessen eine einzelne Haarsträhne oder eine einzelne Franse im Gewand. Hier ist zum Beispiel ein Flachrelief aus Khorsabad (Abb. 80), das Sargon in Begleitung eines Eunuchen darstellt. Beachten Sie, mit welch unnachahmlicher Perfektion die Stickereien der Tiara, des mit Rosetten verzierten Mantels und des Gewandes mit seinem eleganten Windelmuster wiedergegeben sind; Die seidige Weichheit der Fransen im Kleid des Eunuchen ist fast spürbar. Hände und Füße, Bart und Haare der beiden Figuren werden mit der Zartheit einer Kamee behandelt. Nebensächliche Dinge erlangen so eine übertriebene Bedeutung, die der Wirkung des Ganzen abträglich ist; die Muskeln sind so stark ausgeprägt, dass sie monströs werden; Die relativen Proportionen der verschiedenen Körperteile entsprechen nicht mehr der Natur. Auch in dieser Hinsicht bleibt die assyrische Skulptur ihrem Rivalen am Nilufer deutlich unterlegen. Es kann nicht oft genug wiederholt werden, dass das sorgfältige Studium der Details und die Hingabe an die unendlich wenig zerstörte assyrische Kunst dazu beitragen, dass die allgemeinen Merkmale des Werks vergessen werden; Der Bildhauer, der von diesem falschen Gegenstand in die Irre geführt wurde, betrachtete seine Figuren zu genau und versäumte es, ihre Proportionen zu verbessern und ihnen mehr Geschmeidigkeit, Leben und Bewegung zu verleihen. selbst wenn sie größtenteils fertig sind, vermitteln sie uns immer den Eindruck von geometrischer Steifheit.

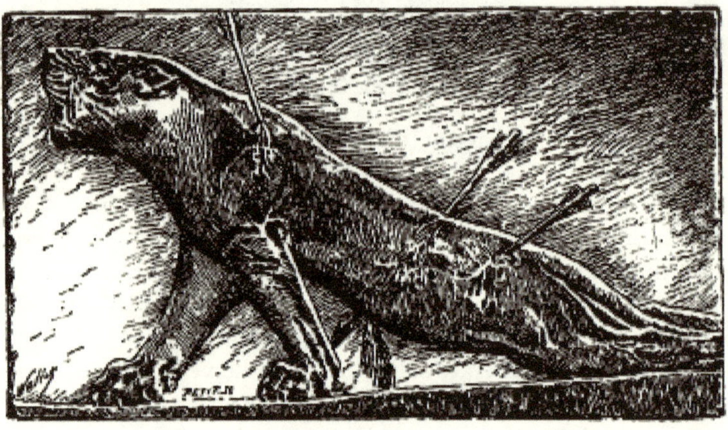

Abb. 81. – Verwundete Löwin (Flachrelief aus Kouyunjik, British Museum).

Während der assyrische Künstler bei Menschen das direkte Studium der Körperformen vernachlässigte, war dies bei Tieren nicht der Fall.

Dementsprechend kommt die Ninive-Skulptur bei der Darstellung der in Mesopotamien vorkommenden Tiere verschiedener Arten weitaus vorteilhafter zur Geltung. In dieser Provinz kann sie eine beträchtliche Überlegenheit gegenüber der ägyptischen Kunst für sich beanspruchen und erreicht in der Zeit Assurbanipals, also im Augenblick vor dem Fall von Ninive, einen Grad an Vollkommenheit, der einem Vergleich mit den schönsten Schöpfungen der Hellenen standhalten kann Kunst. Sein Meisterwerk ist die Figur einer Löwin, die den Pfeilen der Jäger erliegt, aus dem Palast von Assurbanipal in Kouyunjik. Ihre Wirbelsäule wird durch einen Pfeil gebrochen, der sie durchbohrt; Das Blut strömt in Strömen aus der Wunde, aber obwohl das wilde Tier kurz davor ist zu versiegen, unternimmt es einen heroischen Versuch, sich auf seine Vorderbeine zu erheben und ein letztes Brüllen auszustoßen. Um diese dramatische Haltung so wahrheitsgetreu wiederzugeben, müssen die Künstler oft die königlichen Jagdausflüge verfolgt und schreckliche Szenen in den Wüsten erlebt haben, wo die wilden Tiere ihr Unwesen trieben. Andere Flachreliefs zeigen uns, in fast ebenso gelungener Ausführung, Löwen, die auf den königlichen Wagen springen, kühn auf die Boote zustürmen, die das Wasser des Flusses pflügen, oder andererseits achtlos schlafend auf der Ebene liegen, und träge ihre Glieder ausstrecken, deren Modellierung frei und wahrhaftig ist.

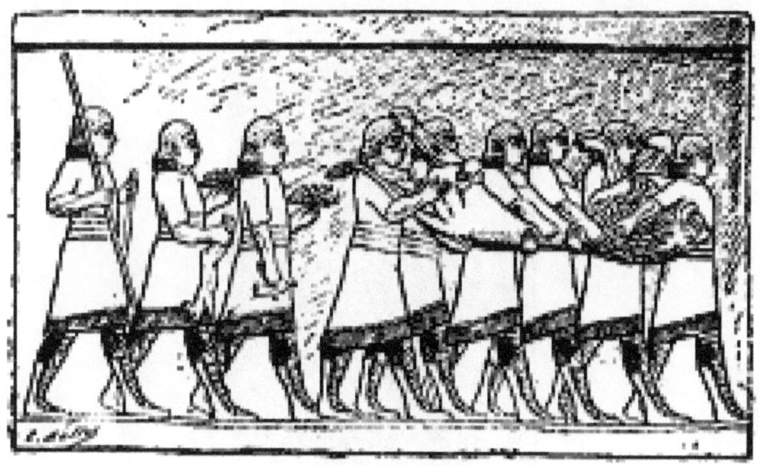

Abb. 82. – Sklaven, die einen Löwen und Vögel tragen. Flachrelief
aus Khorsabad (nach Place).

Neben dem Löwen bereitet dem assyrischen Künstler die Darstellung des Pferdes größte Freude. In einer Szene ist es das wilde Pferd, das anspringt und springt, während es vom Lasso der Jäger gefangen wird; in einem anderen ist es das Schlachtross, das im vollen Galopp auf den Feind zustürmt und von einem Krieger geritten wird, der seinen Bogen zieht oder seine Lanze schwingt; oder es ist das Zugpferd, das an den königlichen Streitwagen gespannt ist und Leichen mit seinen Füßen zertrampelt oder die schweren Wagen zieht, in denen die Beute aus dem Land des Feindes nach Assyrien transportiert wird. Das Können des Künstlers war so groß, dass Naturforscher anhand des Studiums der Flachreliefs entscheiden konnten, welche Pferderassen in Assyrien gezüchtet wurden. Auch der Hund, die Ziege und das Schaf, der Steinbock und das Wildschwein, der Bison und der Wildesel, der Hirsch und die Gazelle, das Kamel und das Dromedar gehören zu den Tieren, die häufig in den Basreliefs vorkommen halten die Erinnerung an besonders erfolgreiche Jagdausflüge oder an die Eroberung von Herden eines besiegten Volkes wach. Der Künstler hatte Freude daran, sie in die fantasievollsten Haltungen zu versetzen, manchmal mit der glücklichsten Wirkung. Es war ihm auch eine Freude, in einer Prozession die Figuren fremder Tiere vorzustellen, die dem König von Assyrien von tributpflichtigen Nationen geschickt wurden, wie zum Beispiel den Elefanten, den Affen und das Nashorn. Aber die Seltenheit solcher Tiere in Mesopotamien erklärt die besondere Ungeschicklichkeit des assyrischen Bildhauers bei der Reproduktion dieser Tiere. Hier werden Affen mit einer fast grotesken *Naivität behandelt* ; Sie sehen aus wie Männer, die in Tierfelle gekleidet sind und versuchen, auf allen Vieren zu gehen (Abb. 83).

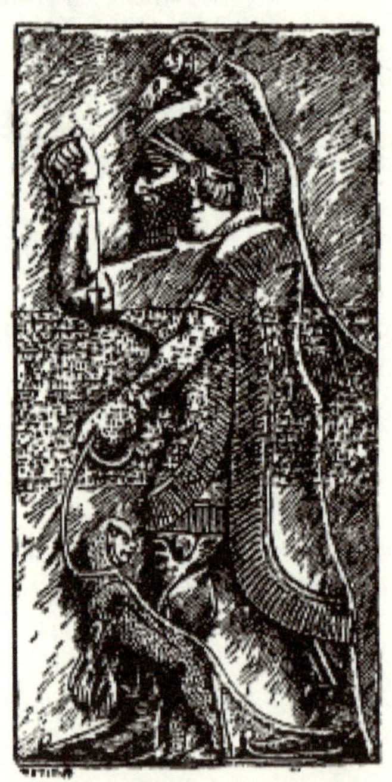

Unter den Vögeln finden wir den Adler, den Geier und den Gerfalken, die schwer und unanmutig über den Schlachtfeldern schweben, obwohl die anatomischen Details dieser Vögel manchmal mit Geschick ausgeführt werden. [38] Der Strauß, ein heiliger Vogel, erscheint auf Zylindern und unter den gestickten Mustern auf offiziellen Gewändern. Heuschrecken, diese Plage des gesamten Ostens, spielen eine Rolle bei den Opfergaben an die Götter und stellen zweifellos Legionen böser Geister dar. In den Flüssen werden Aale, Krabben und Fische gehalten. Auf dem Feld, auf den Bergen oder an den Flussufern finden wir Palmen und Bäume aller Art, Zwiebeln, Ähren, Lotusblumen, Weinreben und Sumpfpflanzen. Aber wenn die gewissenhafte Nachahmung der Natur bei diesen skulpturalen Formen manchmal keine Wünsche offen lässt, so hat die Unkenntnis der Gesetze der Perspektive den Künstler gezwungen, sich kindlicher Einfachheit zu bedienen. Um anzuzeigen, dass Bäume auf beiden Seiten eines Baches wachsen, hat er sie am jenseitigen Ufer aufrecht aufgestellt und am näheren Ufer mit nach unten gerichteten Stämmen.

Wenn er uns zum Beispiel zeigen möchte, was sich innerhalb der Umfriedung einer Festung abspielt (siehe Abb. 57), ist er auf die gleiche Weise gezwungen, es auf dem Boden darzustellen, mit den Bastionen und Zinnen im Profil darum herum, gedreht nach außen wie die Spitzen einer Krone; gleichzeitig ordnet er alle seine Szenen innerhalb dieser Umzäunung in Abteilungen übereinander, ohne Rücksicht auf die Gesetze der Proportionen und ohne sich auch nur die Mühe zu machen, sich, wie er es bei der Umzäunung getan hat, innerhalb der Räume einzuschließen von der Mitte ausgehend durch Radien gekennzeichnet. Durch eine weitere Vernachlässigung der Perspektive platziert er bei der Darstellung eines Ochsen oder eines anderen gehörnten Tieres das Horn im Profil, das vom Kopf nach vorne ragt.

Neben den Flachreliefs, die an den Wänden der Palastkammern angebracht waren, gab es sekundäre Skulpturen, in denen die Originalität des assyrischen Genies zum Vorschein kam. Ein bemerkenswertes Beispiel ist die Dekoration der Schwellen der Paläste, die so geschnitzt waren, dass sie wie üppige Teppiche aussahen. Eine der bemerkenswertesten davon ist eine große Gipsplatte, die in Kouyunjik gefunden wurde (Abb. 84), auf der die Lotus- oder Tulpenblume mit Rosetten, offenen Gänseblümchen und geometrischen Mustern kombiniert ist, die in ihrer Wirkung äußerst harmonisch sind; Es wurde noch nie etwas Eleganteres in der dekorativen Skulptur erdacht.

Zusammenfassend lässt sich sagen, dass die assyrische Skulptur im Flachrelief und in der geduldigen und sorgfältigen Arbeit der ornamentalen Gestaltung triumphiert. Wenn man die Arbeit des Nineviten-Meißels mit der der Griechen in der archaischen Zeit bis hin zum Aufkommen der äginetischen Schule vergleicht, wird man eine überraschende Verwandtschaft zwischen ihnen feststellen. Die Stele von Aristion, diesem primitiven athenischen Flachrelief, das unter dem falschen Namen „ *Krieger von Marathon“ bekannt* ist, sieht auf den ersten Blick aus, als wäre sie von den Mauern des Sargon- oder Sanherib-Palastes entnommen worden. In Khorsabad ist ein von Victor Place erworbener Cippus mit parallelen Riffelungen verziert, die in einer Halbkugel aus eleganten Palmetten enden; es präsentiert das Aussehen einer griechischen Stele. [39]

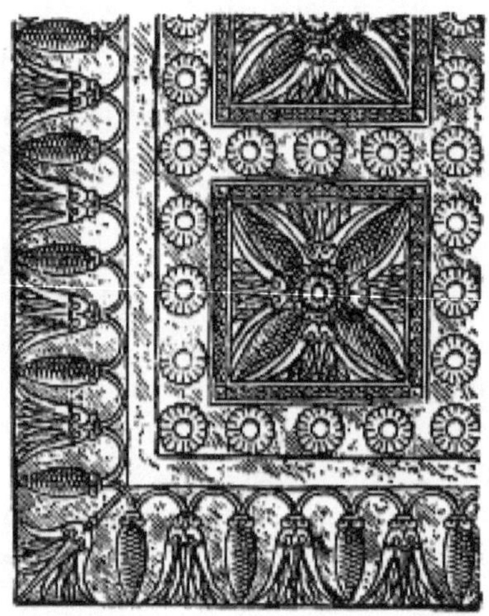

Abb. 84. – Fragment der Schwelle, Kouyunjik (British Museum).

Wenn wir die Skulpturen von Kouyunjik, Nimroud, Khorsabad und Kalah Shergat miteinander vergleichen, stellen wir fest, dass es neben der von uns aufgezeigten allgemeinen Einheitlichkeit Unterschiede gibt, die wichtig genug sind, um den Fortschritt der Kunst in den drei Jahrhunderten vor dem Untergang von zu charakterisieren Ninive, und nicht einfach

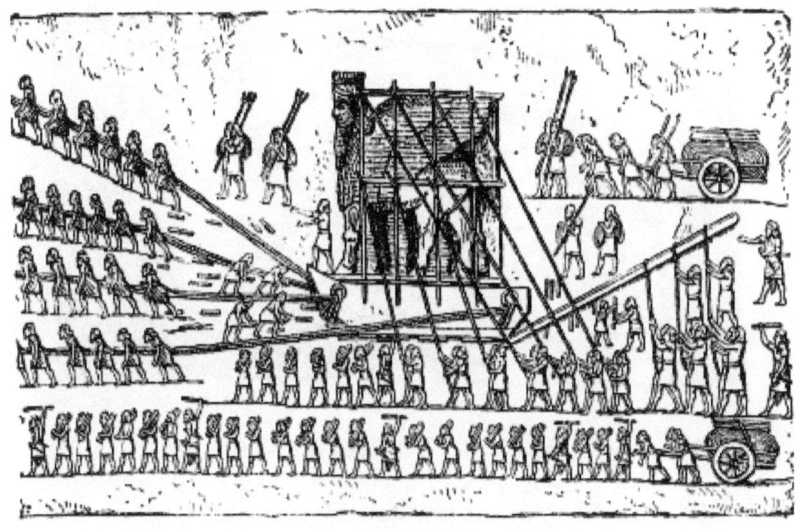

Abb. 85. – Sklaven schleppen einen geflügelten Stier. Flachrelief aus Kouyunjik (British Museum).

das Ergebnis der unterschiedlichen Begabung der Künstler. Wir scheinen in der assyrischen Kunst, wie wir sie in den Flachreliefs kennen lernen, drei Perioden oder drei aufeinanderfolgende Entwicklungen unterscheiden zu können. Unter Assur-nasir-pal sind die Figuren bereits kühn und kraftvoll, aber stämmig, und sie erscheinen in geringer Zahl in den dargestellten Szenen; Ihre Bewegungen sind nüchtern, aber voller Wahrheit. Der Künstler hat die einzigartige Angewohnheit, die nur in der assyrischen Kunst zu beobachten ist, einen Teil seiner Figuren mit langen Inschriften zu überziehen, die die Szenen erläutern, die er darzustellen beabsichtigt (siehe Abb. 83); Wir haben bereits gesehen, dass die chaldäischen Statuen von Gudea mit Inschriften bedeckt sind, und Herodots Aussage [40] , dass die Figuren von „Sesostris" in Ionien, zweifellos die unten beschriebenen hethitischen Figuren, Inschriften auf ihren Brüsten trugen, basiert wahrscheinlich auf einer Verwechslung mit den assyrischen Figuren in Syrien und anderswo. Unter Sargon und Sanherib wurden die Bildhauer erfahrener und ehrgeiziger. In ihren Werken sind die Figuren weitaus zahlreicher und wirken deutlicher in einer gemeinsamen Handlung zusammen; sie haben mehr Leben und Bewegung; Die Szenen, die Schlachten, Jagdausflüge, die Verehrung der Götter oder Sklaven bei öffentlichen Arbeiten darstellen, sind vielfältiger. die Gesten der Figuren sind ausgeprägter und energischer, die Muskeln der Beine und Arme sind stärker ausgeprägt; schließlich sind die menschlichen Formen nicht mehr mit Inschriften bedeckt; diese sind als erläuternde Legenden an der Seite platziert.

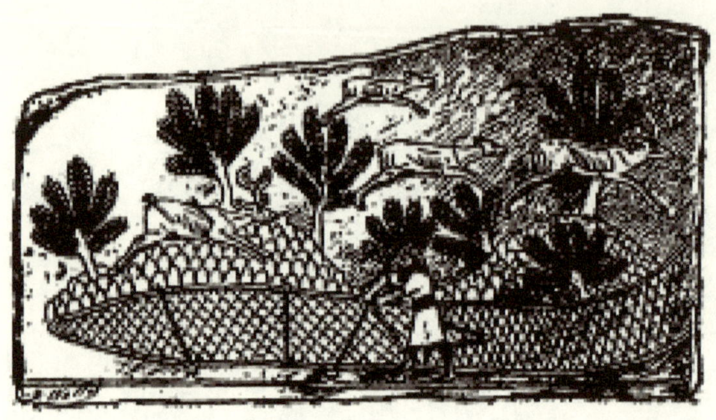

Abb. 86. – Hirschjagd. Flachrelief aus Khorsabad (nach Place).

Zur Zeit Assurbanipals entstand eine natürlichere Kunst, die mehr den wahren Prinzipien der Flachreliefskulptur entsprach. Anstelle von Riesen finden wir vielmehr kleine Figuren, die eine Bildfolge bilden, die die größte Szenenvielfalt enthält und voller Frische und Aktion ist. Diese Kunst erreicht ihren Höhepunkt in der Figur der Löwin, die wir zitiert haben (Abb. 81). Es muss hinzugefügt werden, dass alle Teile desselben Flachreliefs selten von demselben Künstler geschaffen wurden und dass es Figuren von sehr unterschiedlichem Wert gibt. Der Meistermeißel reservierte für sich die wichtigsten Persönlichkeiten, das königliche Gefolge und die Offiziere, die es umgaben; Die Schüler arbeiteten an den sekundären Teilen, den Leichen der Feinde, den Prozessionen der Gefangenen und dem Hintergrund der Landschaft. Bei den Skulpturen des Parthenon wurde die Sache nicht anders gehandhabt.

§ III. Malen und Emaillieren.

Die Ziegel, aus denen die Struktur der Mauern chaldäischer oder assyrischer Gebäude bestand, waren nirgends sichtbar. Über den in Flachreliefform gestalteten Platten und unter der Quelle der Gewölbe wurde ein weißer Stuck aus Gips und Kalk aufgetragen, wie er noch heute von den Orientalen zum Beschichten ihrer Häuser verwendet wurde. Dieser Brauch erklärt den Ausdruck „weiße Gräber" in den Evangelien. Zweifellos zeichnete die geheimnisvolle Hand, von der im Buch Daniel die Rede ist, in der Nacht des berüchtigten Banketts Belsazars Verurteilung auf einem Pflaster dieser Art nach: Der heilige Schriftsteller sagt, dass die Hand „auf das Pflaster schrieb". Wand." Dieser Stuck wurde oft mit Leimfarbenmalereien verziert, zumindest in den Haupträumen oberhalb der Linie der Flachreliefs.

Moderne Entdecker haben einige Fragmente dieser Fresken oder dekorativen Gemälde gesammelt; In Warka erwarb Loftus zwischen den Ruinen des Tempels namens Wuswas einige, die aus der entferntesten chaldäischen Zeit stammen. In Khorsabad fand V. Place auf einigen Stuckstücken elegante Rosetten, die durch die Anwendung und Gegenüberstellung sehr entschiedener Farben entstanden waren: Weiß, Gelb, Grün, Rot und Schwarz. Eines der bemerkenswertesten Beispiele dieses Gemäldes ist eine Bordüre aus weiß auf gelbem Grund gemalten Stieren, deren Form durch einen breiten schwarzen Umriss hervorgehoben wird (Abb. 87). Oben ist eine Reihe blauer Zinnen zu sehen; unten Girlanden in vielen Farben. Der Effekt ist harmonisch, obwohl die Farbtöne flach sind und die Figuren keinerlei Modellierung aufweisen. [41]

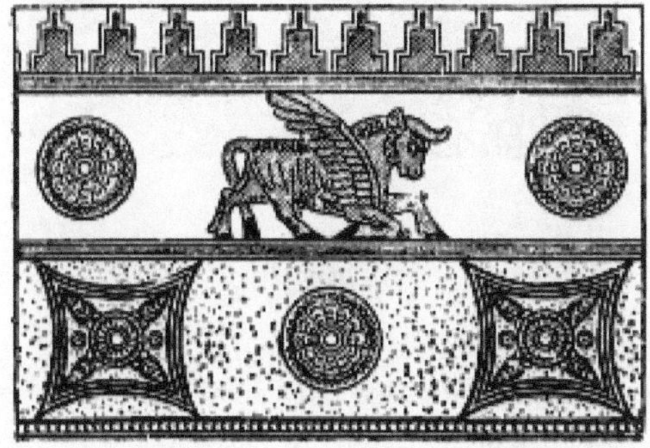

Abb. 87. – Gemälde auf Gips, Nimroud (nach Layard).

Besonders auffällig ist der Einsatz von Stuck in verschiedenen Farben bei der Konstruktion der Stufentürme, deren Terrassen, beginnend mit der untersten, weiß, schwarz, rot, gelb, zinnoberrot, silber und gold sind. Um den unangenehmen Kontrast zwischen dem gleichmäßigen Weiß der steinernen Flachreliefs und der Brillanz der vielfarbigen Gemälde zu vermeiden, war es im Inneren der Kammern üblich, die Figuren in den Flachreliefs selbst einzufärben. In den in unseren Museen aufbewahrten Skulpturen sind möglicherweise noch einige Farbspuren zu erkennen, und obwohl sie nach und nach ausgelöscht werden, waren sie bei der Ausgrabung der Platten deutlich sichtbar. Der Bart, die Haare, die Waffen und sogar das Gesicht und die Tracht der Figuren waren in ähnlicher Weise gefärbt wie bei den Gipsgemälden, so dass dieser bemalte Stuck wie eine Fortsetzung der Flachreliefs wirkte. So sind beispielsweise auf den Dämonenfiguren im assyrischen Keller des British Museum deutliche Spuren von zinnoberroter Farbe [42] zu sehen. Die Assyrer gehorchten den gleichen Gesetzen der Ästhetik wie die mittelalterlichen Künstler, die ihre Marmor- oder

Steinstatuen mit polychromen Farben bemalten, um sie in perfekte
Harmonie mit der reichen Verzierung zu bringen, die ihre Kathedralen vom
Boden bis zum Schlussstein des Gewölbes füllte.

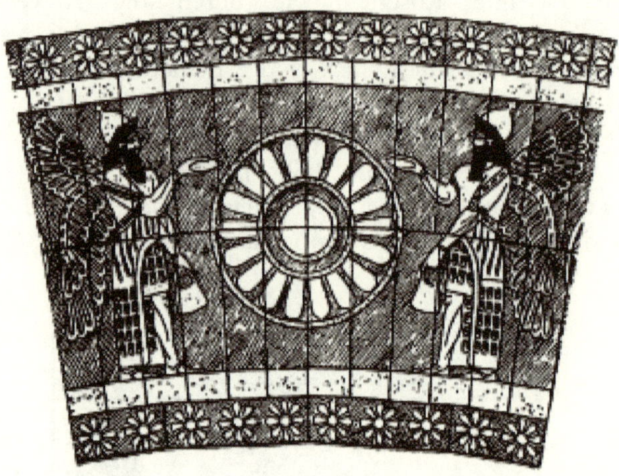

Abb. 88. – Teil einer emaillierten Archivolte in Khorsabad (nach V.
Place).

Emaillierte Ziegel spielten die gleiche Rolle wie Freskenmalerei, nur
waren sie stabiler und widerstanden der Einwirkung von Feuchtigkeit besser.
In Chaldäa, wo es häufiger regnet als in Assyrien, wurden emaillierte Ziegel
häufiger verwendet als im letztgenannten Land. Die Ninive-Künstler
verwendeten diese Dekorationsmethode kaum, außer um die Haupttüren
herum und um einen eleganten Rand für die Archivolte zu schaffen. Die
schon von weitem auffälligen Ziegelsteine in leuchtenden Farben sind mit
Blumenmustern und Rosetten in erlesenem Geschmack verziert. In Sargons
Palast

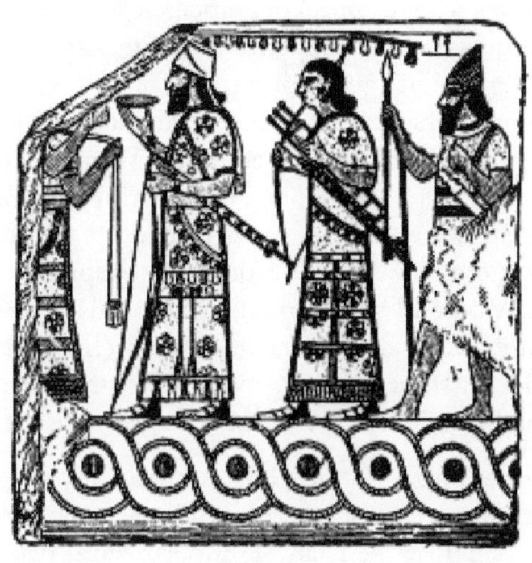

Abb. 89. – Emaillierter Ziegelstein, Nimroud (nach Layard).

V. Place fand fast alle Ziegel der Archivolte einer Tür. Zwischen zwei Rändern aus weißen Rosetten befindet sich ein breiter Fries mit geflügelten Genien und symbolischen Tieren, die dieselben Attribute wie die ähnlichen Figuren in den Flachreliefs tragen (Abb. 88). Auf dem unteren Sockel der Haupttür des Harems waren auf den emaillierten Ziegeln ein Löwe, ein Adler, ein Stier und ein Pflug abgebildet; An der Wende des Winkels stand der König. In Nimroud wurden auch bemerkenswerte emaillierte Fragmente entdeckt, die Teile von Soldaten, Waffen und Streitwagen und sogar Teile von Inschriften darstellen. Auf einem einzelnen Ziegelstein, den Layard gefunden hat, ist ein König zu sehen, der ein Trankopfer darbringt und von zwei Kriegern begleitet wird (Abb. 89). Aber im Allgemeinen bestand jede Figur aus einer großen Anzahl von Ziegeln, da die begrenzten Abmessungen eines gebrannten Ziegels es nicht erlaubten, mehr als einen Teil des Motivs darauf zu platzieren. Der Entwurf wurde ausgeführt und die Glasfarben wurden vor dem Einbrennen aufgetragen. Der Künstler musste jedem Ziegelstein die verschiedenen Teile einer Figur so zuordnen, dass beim Zusammenfügen eine perfekte Übereinstimmung der Linien erzielt werden konnte, die verbunden werden mussten. Die auf der Rückseite der Fliesen angebrachten Markierungen zur Positionsanzeige erleichterten diesen Vorgang, der großes technisches Geschick erforderte, erheblich. In Babylon, wo emaillierte Ziegel eine weitaus größere Rolle bei der Dekoration von Gebäuden spielten als in Ninive, wurde die Technik übernommen, die farbigen Skulpturen in Stein zu ersetzen und Ziegel mit Relieffiguren oder Figurenteilen zu versehen. Stellen Sie sich eine mehrere Quadratmeter große Platte aus weichem Ton vor; Auf der Oberfläche war das gesamte Bild als

Relief modelliert, als wäre es in Stein gemeißelt worden. Als dieser Vorgang abgeschlossen war, wurde die Tonplatte in rechteckige Stücke von der Größe gewöhnlicher Ziegelsteine geschnitten. Diese mit einer Markierung zur Positionsmarkierung versehenen Stücke wurden dann separat mit Farbe und Lack überzogen und anschließend gebrannt. Anschließend wurden sie mit Bitumen zusammengefügt, was einen starken Mörtel bildete, und bei dieser Arbeit der Rekonstruktion des Entwurfs orientierte sich der Handwerker an den Positionsmarkierungen. Dies war der erste Ursprung der Reliefmosaiken der Griechen und Römer. Die achämenidischen Paläste von Susa wurden mit den gleichen Methoden dekoriert, und persische Künstler ahmten die Babylonier bei der Ausführung der großen Backsteinreliefs nach, mit denen die von M. Dieulafoy geleitete Expedition den Louvre bereichert hat.

Leider wurden bis heute nur unbedeutende Bruchstücke von Reliefziegeln nach Europa gebracht. Reisende sammeln auf jedem Hügel, der die Ruinen von Chaldäa bedeckt, Hunderte von Bruchstücken flacher, emaillierter Ziegel wie in Ninive. Die in unseren Museen aufbewahrten Stücke stellen Blumenmuster, Rosetten, Genien, Tiere und menschliche Figuren dar. Nur geschickt durchgeführte Ausgrabungen könnten vollständige Bilder und Szenen ans Licht bringen, die denen ähneln, die an den Wänden der Ninive- und Susian-Paläste dargestellt sind. Diodorus berichtet in Anlehnung an Ktesias, dass in Babylon auf den Mauern des von Nebukadnezar erbauten Palastes, den er aber Semiramis zuschreibt, auf Ziegelsteine gemalte Szenen aller Art zu sehen waren. „Tiere aller Art", sagt er, „waren hier zu sehen, nach allen Regeln der Kunst kopiert, sowohl in der Form als auch in der Farbe." Das Ganze stellte die Jagd auf verschiedene Tiere dar, deren Ausmaße vier Ellen überstiegen. In der Mitte war Semiramis zu Pferd und schleuderte einen Speer auf einen Panther, und neben ihr schlug ihr Ehemann Ninus mit seiner Lanze einen Löwen, den er aus nächster Nähe angreift." Zweifellos spricht Berosus in seiner Beschreibung der Gemälde im Bel-Tempel von emaillierten Ziegeln, auf denen „wunderbare Monster aller Art in den unterschiedlichsten Formen" zu sehen waren. Schließlich sagt der Prophet Hesekiel, der in Babylon lebte, über Jerusalem: „Sie sah Männer auf die Mauer gegossen, die Bilder der Chaldäer mit Zinnoberrot bemalt, mit Gürteln um ihre Lenden gegürtet und in gefärbten Gewändern auf ihren Häuptern, allesamt Fürsten, auf die man achten sollte, nach der Art der Babylonier von Chaldäa."

Die Kunst des Emaillierens von Ziegeln, die von den Babyloniern an die Perser der Achämenidenzeit weitergegeben wurde, blühte im Osten noch lange auf. Die Dekoration der Moscheen von Broussa, Tabriz und Ispahan, die die Bewunderung jedes Reisenden erregt, basiert auf den gleichen Prinzipien wie die der Paläste von Ninive, Babylon und Susi. Nur sind auf den emaillierten Kacheln anstelle von Figuren lebender Wesen, die der Koran nicht toleriert, religiöse Inschriften in ornamentalen kufischen Schriftzeichen und elegante Muster aus Blumen und Bäumen zu sehen. Jeder hatte Gelegenheit, Exemplare aus den Werkstätten zu sehen, die im letzten Jahrhundert in Kleinasien noch florierten und deren Erzeugnisse die Paläste und die reichsten Moscheen der muslimischen Welt schmückten. Diese Kunst geht direkt auf die Chaldäo-Assyrer zurück, und es ist interessant zu beobachten, dass ihre Nachfolger bis in unsere Zeit darin nicht den geringsten Fortschritt gemacht haben.

KAPITEL IV.

INDUSTRIELLE KUNST.

§ I. Keramik.

DIE Ursachen, die die Entwicklung der Töpferei im ursprünglichen Chaldäa behinderten, hatten den gleichen unglücklichen Einfluss auf die assyrische Töpferei und auf die chaldäische Töpferei im Zeitalter Nebukadnezars. Obwohl einige Terrakotten eine gewisse Eleganz aufweisen und anmutige Merkmale aufweisen, sind ihre Wände aufgrund der bröckeligen Beschaffenheit des Tons immer extrem dick, und die vom Modellbauer erstellten Modelle lassen es völlig an Vielfalt mangeln. Botta fand unter dem Pflaster der Höfe von Khorsabad kleine Hohlräume, die neben Zylindern und anderen Amuletten auch Terrakotta-Statuetten mit talismanischem Charakter enthielten, die dazu bestimmt waren, die höllischen Kräfte zu beschwören und zu vertreiben. „Diese Statuetten", sagt M. Heuzey, „sind mit bemerkenswert sicherer Hand aus grauem Ton gefertigt, der fast roh ist und mit kleinen Löchern versehen ist, als ob er je nach Verfahren mit gehäckseltem Stroh oder Heu vermischt worden wäre." folgte bei der Herstellung von Ziegeln." [43] Das Beispiel, das wir reproduzieren, stellt den Helden Izdubar dar, der so oft auf Flachreliefs und Zylindern gezeichnet ist wie hier, das heißt mit lockigem Bart und langen Haaren in Locken. Sein Gesichtsausdruck ist ausdrucksstark und zeigt Zeichen sorgfältiger Arbeit. Das gleiche Lob verdient der Kopf eines fantastischen Tieres, das ebenfalls in Khorsabad gefunden wurde (Abb. 91); Dieser Kopf aus weißlichem Ton ist mit einer feinen bläulich-grünen Glasur bedeckt, die ägyptischer Keramik ähnelt und diese möglicherweise nachahmt. Eine ähnliche Figur eines Monsters, das geflügelte Genien anbrüllt, erscheint unter den Bronzedenkmälern; In beiden Fällen ist die Kunst realistisch und hat Hässlichkeit und Grausamkeit mit der ganzen Kraft idealen Ausdrucks dargestellt.

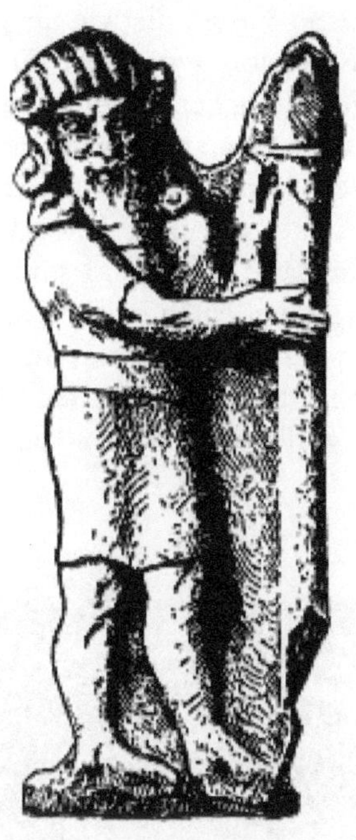

Abb. 90. – Izdubar. Terrakotta (Louvre).

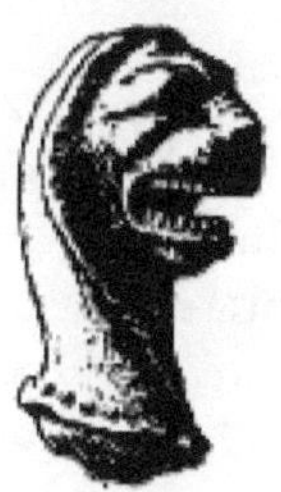

Abb. 91 – Kopf eines Monsters. Terrakotta (Louvre).

Die bei den Ausgrabungen in Assyrien entdeckten Terrakottavasen stellen im Vergleich zur chaldäischen Keramik zweifellos einen echten Fortschritt dar; Aber es sind immer noch nichts als schwere Amphoren, mit oder ohne Henkel, mit mehr oder weniger verlängertem Hals und mehr oder weniger verbreitertem Körper, und sie könnten nur mit den archaischsten Erzeugnissen Griechenlands verglichen werden. Sie sind manchmal mit braunen oder gelblichen Gemälden oder mit Reliefmustern verziert, die florale Schnörkel, geometrische Linien oder Windeln darstellen, aber niemals mit irgendetwas, das die Schönheit der Nineviten-Skulpturen widerspiegelt.

Unter ihnen allen gibt es keine Vasen, die wie die griechischen Vasen zum Luxus einer raffinierten Zivilisation gehörten ; Weder in Assyrien noch in Chaldäa wurden außer gewöhnlichen Krügen und Töpfen Tongefäße entdeckt. Dies ist vielleicht der Ort, an dem man Fragmente von zwei kleinen runden Vasen aus Speckstein oder Speckstein sieht, die in Nimroud und Sherif Khan in der Nähe von Kouyunjik entdeckt wurden. Sie stammen vermutlich aus der Zeit der Sargoniden und sind bestimmten Gottheiten gewidmet. Die dünnen Wände verleihen diesen Gefäßen fast das Aussehen von Porzellan, aus dem Layard sie vermutete, und die darauf geschnitzten Relieffiguren verleihen ihnen einen künstlerischen Charakter, den die Assyrer ihren Töpferwaren niemals verleihen konnten. Eines der Fragmente ist von Layard gestochen. [44]

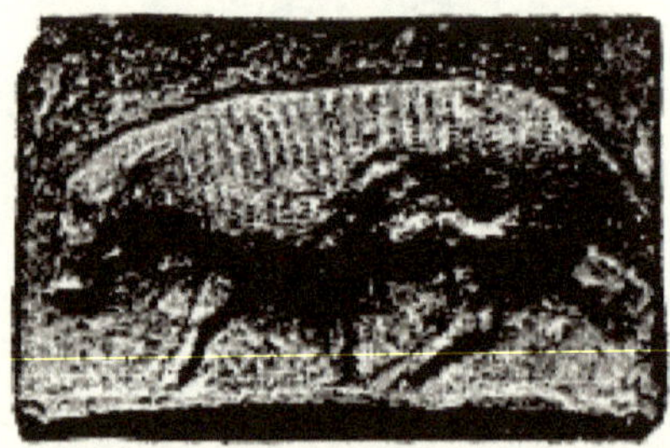

Abb. 92. – Tafel mit Relieffigur eines Ebers (British Museum).

In Babylon, wohin der Regierungssitz nach dem Fall von Ninive verlegt wurde, scheinen die Modellbauer große künstlerische Anstrengungen unternommen zu haben. Herr Rassam besorgte aus den Ruinen der südlichen Hauptstadt eine kleine Terrakotta-Tafel, 1¾ Zoll mal 2¾ Zoll groß, auf der die Figur eines Ebers, wie er im Schilf und Sumpfgebiet Mesopotamiens lebte, als Relief abgebildet ist. Die Formen des Tieres werden hier mit der ganzen Exzellenz der späteren assyrischen Künstler von Azaru vom Stamm Esaggilai (zweifellos mit dem großen chaldäischen Tempel verbunden) reproduziert, dessen Name auf der Rückseite das kleine Werk noch interessanter macht. Solide Figuren haben

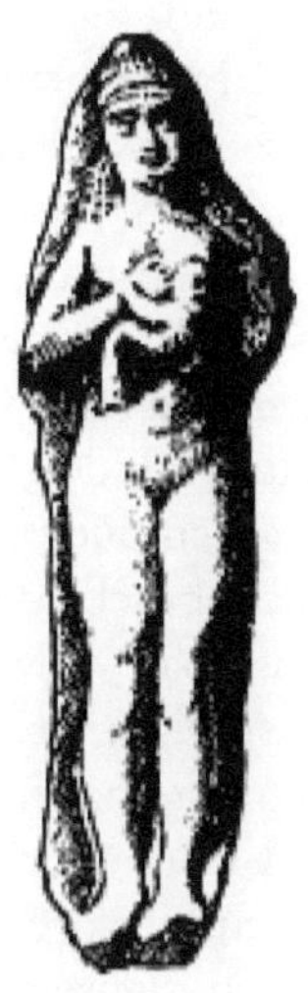

Abb. 93. – Die göttliche Mutter. Terrakotta (Louvre).

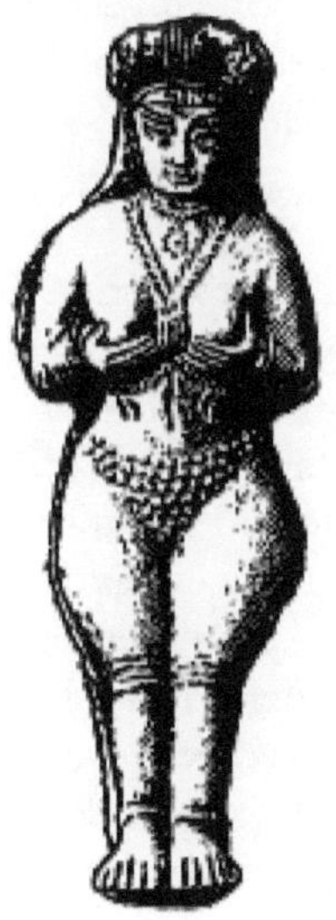

Abb. 94. – Istar. Terrakotta (Louvre).

wurden in Chaldäa gefunden, ähnlich denen in Assyrien, nur auf einer Seite aus grünlichem Ton geformt und stellen bemerkenswerte Beispiele babylonischer Kunst dar. Die chronologische Position dieser Figuren ist jedoch schwer zu bestimmen, aber sie scheinen uns vielleicht zeitgleich mit Nebukadnezar zu sein. Sie stellen Priester oder Götter dar, die aufrecht in

ihren langen Gewändern stehen und die Hände in einer respektvollen
Haltung gefaltet haben; Frauen in Fransengewändern, die eine Vase auf der
Brust tragen; nackte Göttinnen, die aufrecht stehen und das göttliche Kind
stillen. Einer dieser letzten (Abb. 93) ist, sagt M. Heuzey, „ein rein
asiatischer Typ, dessen ziemlich volle Formen mit bezaubernder Wahrheit
und seltener Feinheit modelliert sind; Ich habe keine Angst davor, es als ein
kleines Wunder seiner Art zu bezeichnen." [45] Ein weiteres und häufigeres
Beispiel ist die Göttin Istar, nackt und mit den Händen an die Brüste gestützt,
mit Armbändern und Halsketten geschmückt, mit kunstvoll geschmücktem
Haar: Dieser Naturalismus und die unbescheidene Freiheit in der Darstellung
von Istar bilden einen Kontrast zur gewöhnlichen Gewohnheit der
chaldäisch-assyrischen Kunst. Diese Figurenreihe wird chronologisch durch
die Statuetten der achämenidischen oder parthischen Epoche abgeschlossen,
die aus demselben Ton modelliert sind, aber alle Merkmale der Dekadenz
aufweisen. Die Formen werden weniger sorgfältig studiert; manchmal wird
Istar, die Göttin von Erech, in diesen Figuren aus Terrakotta oder Alabaster
dargestellt, halb liegend auf einem Bankettsofa, wie es Herodot im Tempel
von Bel-Marduk in Babylon beschrieben hat; Ihr Kopf ist oft mit dem
Halbmond gekrönt, ihrem eigentlichen Symbol, in dessen Mitte ein Granat
oder ein anderer funkelnder Stein eingelassen ist. Kurz gesagt, diese groben
Bilder der üppigen Göttin verurteilen zugleich die Kunst und die Manieren
der Menschen, die sie geschaffen haben.

§ II. METALLE.

Die Kunst der Metallbearbeitung, die bereits bei den primitiven
Chaldäern so hoch entwickelt war, erreichte unter den Sargoniden ihren
Höhepunkt. Wir finden Statuetten, Flachreliefs in Repoussé-Optik, Vasen
und Gebrauchsgegenstände aller Art, Waffen und Schmuck, so dass keine
Verwendung von Edelmetallen oder von Eisen und Bronze erfolgt, zu denen
sie nicht durch den Fleiß der Ninive-Handwerker verarbeitet wurden . In den
Ruinen von Sargons Palast wurden Gegenstände aus Eisen und Bronze wie
Haken, Ringe, Ketten, Spitzhacken, Hämmer, Pflugscharen, Waffen,
Streitwagenfragmente und Werkzeuge aller Art aufgesammelt. Aus rein
künstlerischer Sicht haben wir bereits die Holzsäulen beschrieben, die mit
überlappenden Bronzeschuppen überzogen sind, um die Rinde der Palme
nachzuahmen.

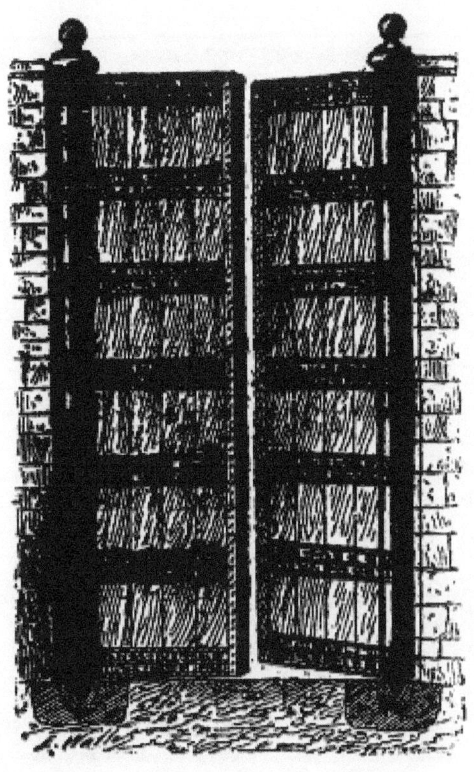

Abb. 95. – Tore von Balawat. Wiederherstellung.

Das wichtigste bisher entdeckte assyrische Bronzedenkmal ist die berühmte Verzierung der Tore des Palastes Salmanassars III. (857-822), in Balawat. Es besteht aus 9 Zoll breiten Metallbändern, die mit Repoussé-Reliefs verziert sind, die die Feldzüge Salmanassars darstellen. Sie waren in Abständen horizontal an hölzernen Toren befestigt, die vielleicht 7 bis 8 Yards hoch waren; Die Szenen werden auf ihnen mit der gleichen Leichtigkeit und den gleichen Details wie auf den Kalksteinplatten wiedergegeben: Schlachten, Landschaften, Bäume, Flüsse und Berge sind zu sehen; Die Figuren werden jedoch gröber behandelt und die Muskeln werden weniger präzise und fein gezeichnet. Jedes Band (Abb. 96) ist durch eine Reihe von Rosetten, die Nagelköpfe imitieren, in zwei Fächer unterteilt. „ Alles in allem", sagt M. Perrot, „gehören diese Bronzereliefs zu den Werken, die der assyrischen Kunst die größte Ehre erweisen." [46]

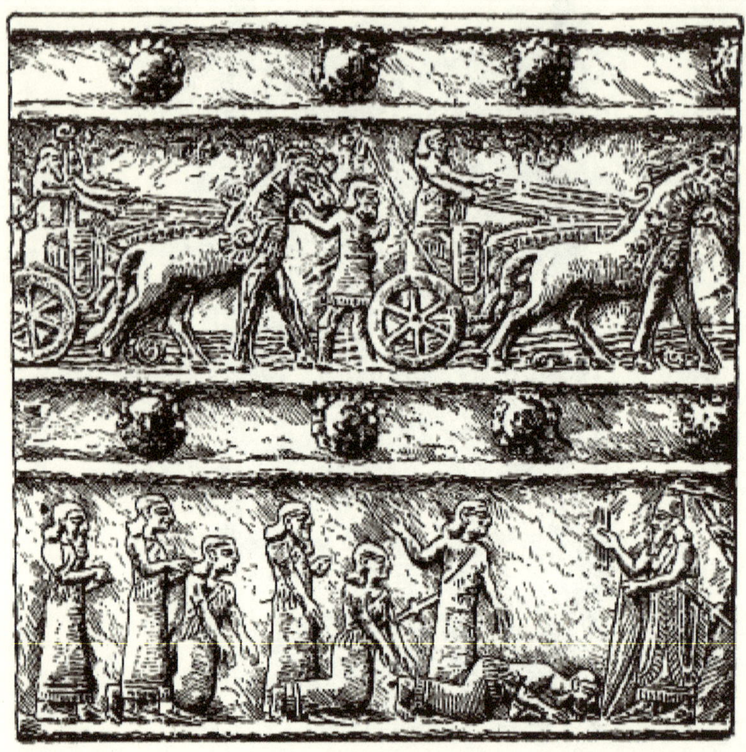

Abb. 96. – Fragment eines Metallbandes der Balawat-Tore (British Museum).

Die Perfektion der Arbeit in bestimmten assyrischen Bronzegefäßen macht diese Denkmäler zu wahren Meisterwerken. In Ninive gefundene Pateræ, manchmal mit Gold- und Silbereinlagen versehen, weisen auf ihrer Innenseite in exquisitem Stil konzentrische Rosettenzonen und symmetrische Girlanden mit Figuren auf, die im Umriss eingraviert sind oder im Relief hervorstechen (Abb. 97). Es werden Symbole angetroffen

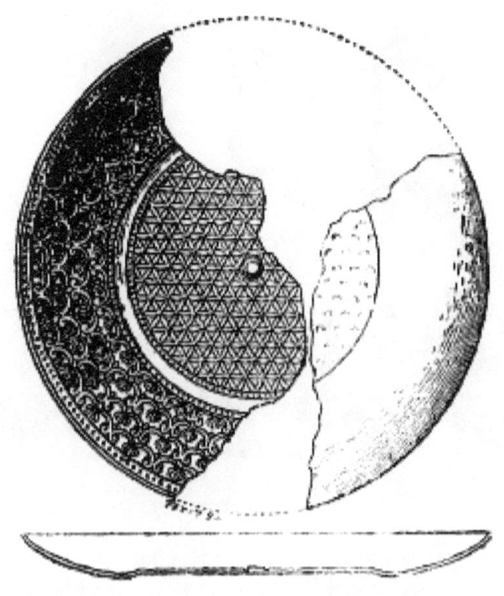

Abb. 97. – Bronzeschale, Nimroud (British Museum).

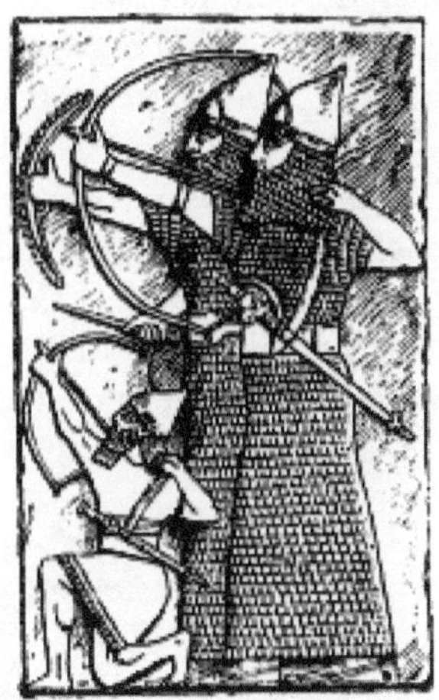

Abb. 98. – Assyrische Bogenschützen. (Flachrelief im British Museum.)

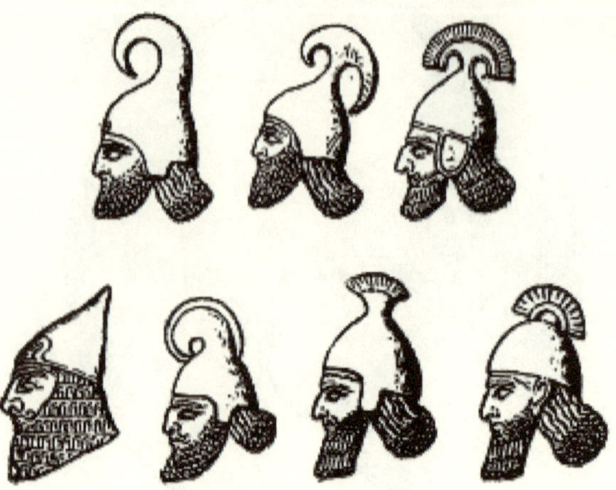

Abb. 99. – Verschiedene Formen des assyrischen Helms.

die offenbar aus Ägypten entlehnt sind, wie etwa der geflügelte Skarabäus und die Figuren von Hathor und Bes. Die Pateræ von Ninive ähneln in ihrer Form, im Metall, aus dem sie bestehen, in den Gold- und Silbereinlagen und sogar in der Wahl der Motive den phönizischen Gefäßen aus Zypern (Abb. 233 und 234). der größte Teil ist assyrischer Herstellung; Sie wurden durch den phönizischen Handel dorthin gebracht und wahrscheinlich in den Werkstätten von Tyrus oder Sidon hergestellt, wo die künstlerischen Traditionen Ägyptens und Assyriens vereint waren. Auch das in den assyrischen Ruinen gefundene Glas war wahrscheinlich phönizischer Herstellung, wie im Kapitel über phönizische Kunst gezeigt wird. Viel ausschließlicher assyrischer Herkunft sind die Bronzesiegel, die uns die Flachreliefs in den Händen von Priestern oder Genien zeigen. Darunter finden wir Löwenköpfe, Blumen und elegante Rosetten am Boden, am Rand oder an der Stelle, an der die Henkel befestigt sind.

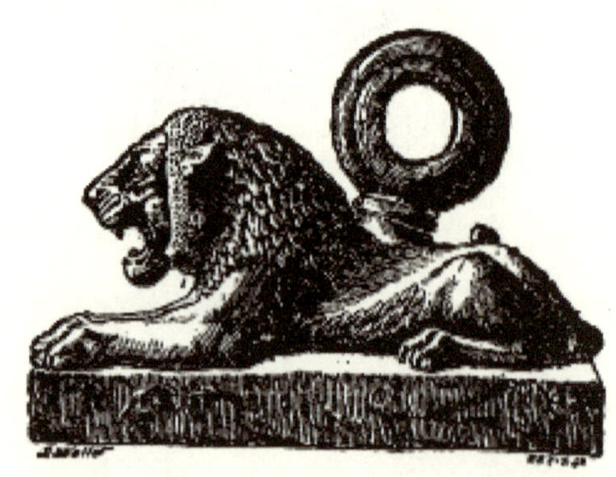

Abb. 100. – Löwe aus Bronze (Louvre).

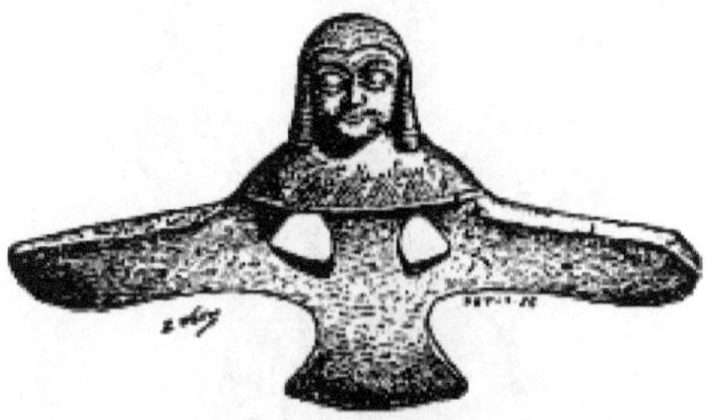

Abb. 101. – Sirene aus Bronze.

Die Ausrüstung eines assyrischen Soldaten besteht aus Pfeil und Bogen, einer Lanze oder einem Speer, einer Keule, einem Schwert, einem Dolch, einem Helm, einem Kettenhemd und einem Schild; Die Sturmböcke, die die Mauern aushöhlten, hatten einen Panzer und einen Kopf aus Metall. Könnte man sich nicht vorstellen, dass diese assyrischen Soldaten den konischen Helm trugen und bis auf eine Ausnahme völlig bedeckt waren?

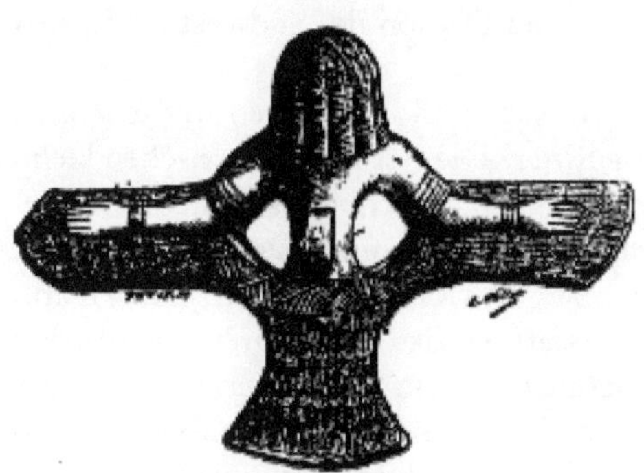

Abb. 102. – Sirene aus Bronze.

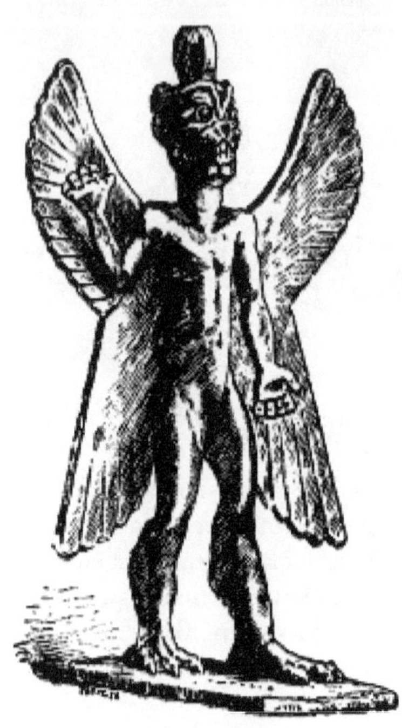

Abb. 103. – Der Dämon des Südwestwinds. Bronze (Louvre).

Waren ihre Arme, ihre Nase und ihre Augen mit einem langen Panzer aus Eisen mittelalterliche Ritter? Die Form des assyrischen Helms variiert je nach Zeit und möglicherweise auch je nach militärischem Rang. Es gibt den Helm, der aus einem konischen Becken ohne Ornament besteht, den Helm mit Backenstücken, wie bei den Griechen, und den Helm, der mit einem eleganten Wappen verziert ist, das eine Aigrette aus Federn oder Rosshaar trägt. Aber die wesentliche Form ist immer die eines halbkugelförmigen Beckens, das den Kopf bedeckt, das Gesicht aber frei lässt. Ein im British Museum aufbewahrter Votivschild hat, wie die in den Flachreliefs dargestellten, die Form einer großen runden Scheibe, die in ihrem Mittelteil konvex ist; Diese Metallscheibe mit einem Durchmesser von 34 Zoll ist wie die Pateræ mit einer zentralen Rosette und mehreren konzentrischen Zonen mit Relieflöwen und -stieren verziert.

Die vorstehenden Beispiele beweisen die Existenz einer Metallverarbeitung, die einen hohen Grad an Perfektion erreicht hatte und über alle technischen Methoden verfügte. Dementsprechend glauben wir, dass die geringe Anzahl an Statuen oder Statuetten aus Bronze von Menschen oder assyrischen Gottheiten einem unglücklichen Zufall zuzuschreiben ist. Sie müssen in großen Mengen hergestellt worden sein, wie im antiken

Chaldäa, und ein guter Beweis dafür ist der große Kuhkopf, der in der Nähe von Bagdad ausgegraben und im British Museum aufbewahrt wurde [47] ; Ein weiteres Beispiel ist die in Khorsabad gefundene Löwenstatuette (Abb. 100); Dies weist zweifellos schwerwiegende Mängel auf, wie beispielsweise ein einzigartiges Missverhältnis zwischen Kopf und Körper sowie zwischen den Vorder- und Hinterbeinen. Aber was für ein wahrer Ausdruck in der Schnauze mit dem aufgerissenen Maul und in diesen mächtigen Krallen!

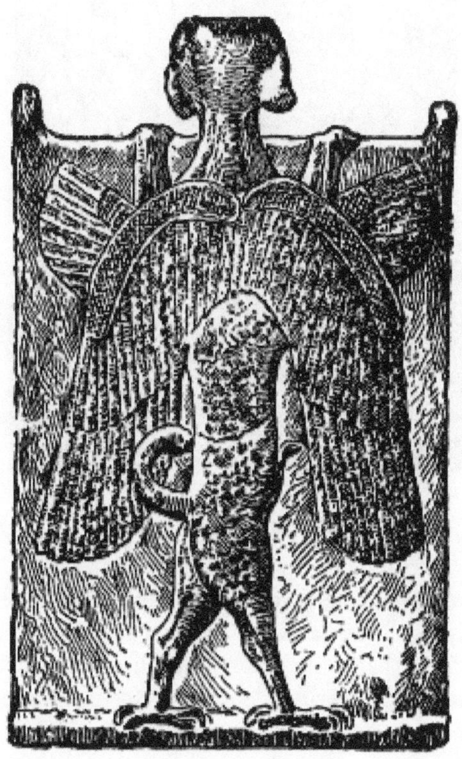

Abb. 104. – Bronzetafel. De Clercq-Sammlung.

Eine in Van gefundene Statuette aus der Sammlung von M. de Vogüé stellt eine Art Sirene dar, die offenbar als an einem Gefäß oder einem Möbelstück befestigte Verzierung fungiert hat (Abb. 101 und 102). Das orientalische Aussehen des Kopfes, die in Locken gelegten Haare, die großen Augen, die Armbänder an den ausgestreckten Armen hinter den Flügeln und die kunstvoll gezeichneten Federn machen dieses kleine Denkmal zu einem der kostbarsten Relikte der Kunst der Bronzebearbeitung unter den Assyrern. Eine ähnliche Figur ist im British Museum erhalten, und in diesem Fall ist der lose Ring, an dem das Gefäß gehalten wurde, noch vorhanden.

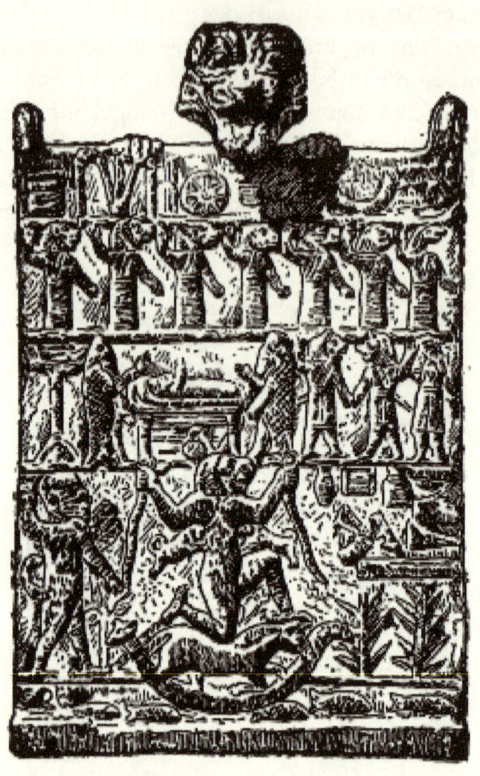

Abb. 105. – Bronzetafel. Sammlung De Clercq (andere Seite).

Der Louvre besitzt die Figur eines Monsters mit vier Flügeln, das den Dämon des Südwestwinds darstellt, wie uns die Keilinschrift darauf lehrt (Abb. 103). Nichts kann man sich abscheulicher und ausdrucksvoller vorstellen als den Kopf mit seinen leuchtenden Augen, der brüllenden Kehle, den gehörnten Brauen, den krummen Fingern und dem fleischlosen Körper mit den Löwenklauen. Es führt uns natürlich dazu, eine Bronzetafel aus der Sammlung von M. de Clercq zu zitieren, in der M. Clermont-Ganneau eine Darstellung der assyrischen Hölle erkannt hat. Eins

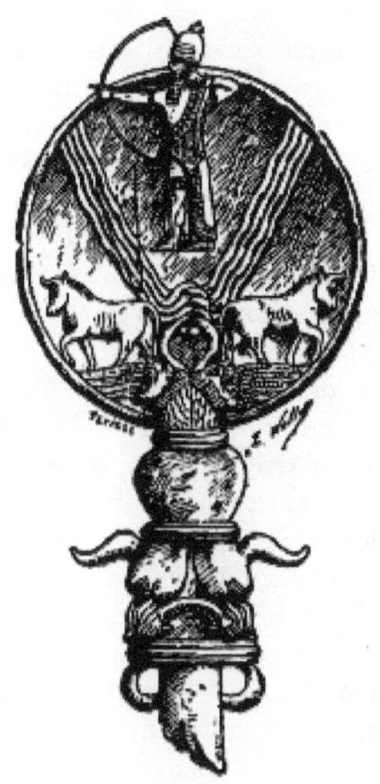

Abb. 106. – Standard in einem Basrelief aus Khorsabad (Louvre).

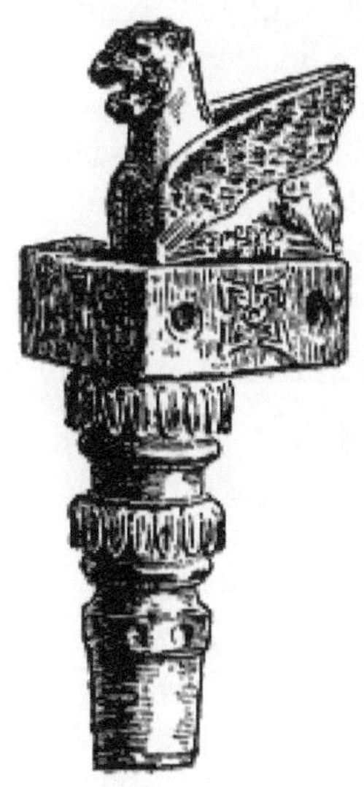

Abb. 107. – Fuß eines Möbelstücks. De Vogüé-Sammlung.

Auf der Seite (Abb. 104) steht ein Monster mit vier Flügeln und Adlerklauen, das über die Tafel blickt; Auf der anderen Seite (Abb. 105) sieht man den Kopf des Monsters und darunter in vier Reihen angeordnete Szenen: zuerst die symbolischen Figuren der Sterne, dann eine Prozession von sieben Kreaturen, die in lange Gewänder gekleidet sind und die Köpfe verschiedener Tiere tragen: Dies sind die himmlischen Genien namens Igigis. Darunter sehen wir eine Beerdigungsszene: Zwei Kreaturen mit menschlichen Körpern, kombiniert mit dem Kopf und dem Körper eines Fisches, wie der Gott Oannes, stehen neben einem Bett, auf dem eine Leiche liegt, die in ihre Mumienkleidung gehüllt ist; In ihrer Nähe stehen zwei Monster wie die Dämonen, die in einer Kampfszene aus den Feldzügen von Assur-nasir-pal und, in größerer Größe, an den Wänden von Assurbanipals Palast erscheinen; Sie stehen sich hier wie dort in der gleichen Haltung gegenüber und scheinen zu streiten oder zu streiten. Die unterste Reihe zeigt einen Wasserstrahl, in dem sich Fische befinden. In einem Boot ist ein kniendes Pferd; auf seinem Rücken ist ein Monster, das Schlangen in seinen Händen hält; Löwenbabys springen auf ihn zu; ein anderes Monster steht am Rande des Wassers; Im Hintergrund sind Bäume und Fragmente verschiedener Art zu sehen, die wie Überreste eines Banketts aussehen. In mehreren Teilen dieser merkwürdigen Szene steckt ein gewisser künstlerischer Wert. Das Monster auf der anderen Seite ist kühn gestaltet und seine Gestalt ist kräftig und geschmeidig.

Bei der Meißelung einer königlichen Standarte (Abb. 106) erreichte der Künstler wirklich höchste technische Fertigkeit: Die entlang der Stange angeordneten Stierköpfe und Löwenköpfe sind Meisterwerke des Geschmacks und könnten in der Gegenwart als Vorbilder in Betracht gezogen werden Tag. In den Palästen wurden Fragmente von Thronen aus Bronze gefunden. Eines der bemerkenswertesten Stücke, das in Van gefunden wurde, gehört M. de Vogüé (Abb. 107); Die tiefe Skulptur in den Klauen des hockenden Löwen erinnert den Betrachter an eine Bronzestatuette aus Tello (Abb. 26).

§ III. HOLZ UND ELFENBEIN.

Kein Volk der Antike trieb seine Vorliebe für elegante Möbel so weit wie die Chaldæo-Assyrer, die bei ihnen ebenso fein geformt sind wie die kostbarsten Bronzeutensilien. Ohne Zweifel werden wir nie erfahren, was diese geschnitzten Holzarbeiten waren und was diese Decken aus Zedernholz waren, auf die die Propheten Israels mit so eifersüchtiger Begeisterung anspielten und von denen die Könige sich rühmen, sie gehabt zu haben, es sei denn durch die Zeugnisse der Literatur hingerichtet, was uns in ihren Inschriften von Palästen sagt, in denen „die Tore aus Ebenholz sind, mit Beschlägen aus Silber und poliertem Eisen, die Säulen aus Zypressenholz, die Pfosten aus Zedernholz, von geschickten Handwerkern geschnitzt und mit geschmiedeten Platten überzogen." Metall." Aber die Flachreliefs stellen uns Holzmöbel vor Augen, in denen die Überlegenheit des assyrischen Genies deutlich zum Ausdruck kommt und die uns ein Volk voller Reichtum offenbaren, bei dem Luxus in Möbeln einen wichtigen Platz einnimmt. Das Tier- und Pflanzenreich wird von den Handwerkern mit erstaunlichem Geschick bei der Dekoration der Tische, Hocker, Betten, Stative, Regenschirme und Fliegenklappen gewinnbringend genutzt. Bei jeder Gelegenheit tauchen Löwenköpfe und Klauen, Ziegen, Panther und Stiere auf, fantasievoll arrangiert, aber immer in perfekter Harmonie und ausgezeichnetem Geschmack; Blumen, Girlanden, wellenförmige und ineinander verschlungene Linien, Rosetten und geometrische Figuren finden sich alle in endloser Vielfalt und in perfektem Gleichgewicht; Nirgendwo wurde eine solche Arbeit besser durchgeführt, weder in Ägypten noch in Griechenland.

Das Basrelief (Abb. 77), das Assurbanipal beim Trinken mit einer seiner Frauen darstellt, zeigt uns einige der Möbel eines königlichen Palastes. Der Prinz liegt auf einem Diwan, die Königin sitzt auf einem Stuhl, mit einem Schemel unter ihren Füßen; Vor ihnen steht ein Tisch. Sind das skulpturale Sofa, der Tisch mit den Füßen, die in Form von Löwenklauen geschnitzt sind, und der Stuhl, der üppig mit Skulpturen und Elfenbeinornamenten verziert ist, nicht so reichhaltig und kunstvoll in der Verarbeitung wie alle anderen derartigen Objekte, die in der europäischen Zeichnung zu finden sind? Räume? Ein weiteres Basrelief (Abb. 108) zeigt ein Zelt, das während einer Militärexpedition in der offenen Ebene errichtet wurde; es sind einfach die Ställe, wie es scheint. Beachten Sie die Eleganz der Holzsäulen, deren Stiele mit geometrischen Mustern verziert sind und in floralen Ornamenten enden, auf denen schlanke, sprungbereite Kinder balancieren. Holz bildete das Gerüst dieser Stühle, Kassetten und Schreine, verschwand jedoch mehr oder weniger vollständig unter der Bronze- oder Vergoldung, den Verkrustungen aus Elfenbein, farbigem Glas, Lapislazuli und Brillantsteinen oder schließlich den bestickten Teppichen und dergleichen Teppiche. Im Lager vor Lachisch sitzt Sennacherib auf einem Thron, dessen Seiten aus drei Reihen von Figuren bestehen, die ihre Arme heben, um die Stangen des Stuhls zu stützen.

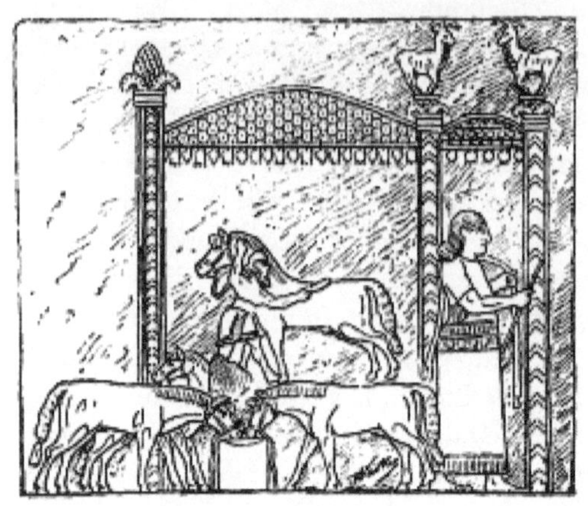

Abb. 108. – Zelt, das als königlicher Stall diente (Flachrelief im British Museum).

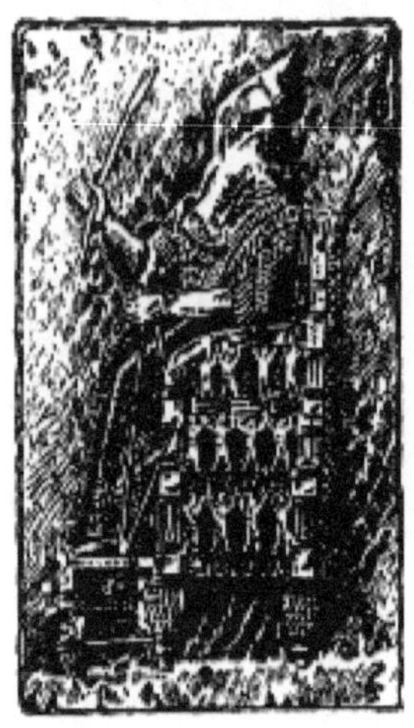

Abb. 109. – Sanheribs Thron. Flachrelief (British Museum.)

Holz war der wesentliche Bestandteil der Struktur der Streitwagen, deren Räder auf der Drehbank gedrehte Speichen haben und deren Körper aus geflochtenem Korbgeflecht besteht, während die Stange, die eine anmutige Kurve beschreibt, in einem eleganten Pferdekopf endet oder im Kopf eines Hirsches, eines Stiers, eines Löwen oder eines Schwans. Die Schäfte, Griffe und Griffe selbst der Waffen, Lanzen, Dolche und Bögen sind in Tierfiguren geschnitzt, die hocken, schlafen, springen oder in zwei

Teile gefaltet sind, ähnlich den Figuren, die von mittelalterlichen Dekorateuren gezeichnet und geschnitzt wurden.

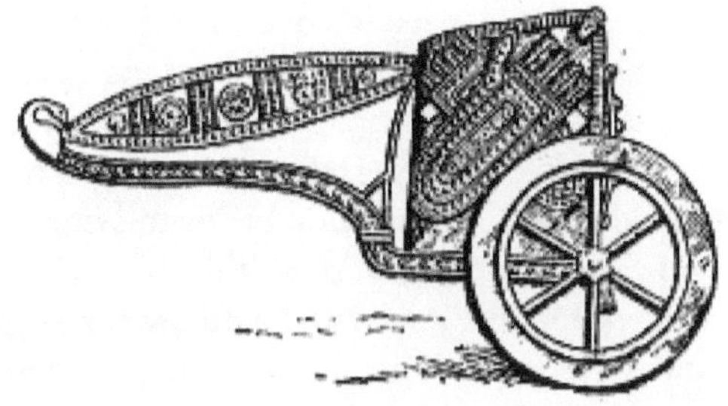

Abb. 110. – Assyrischer Streitwagen (aus einem Flachrelief).

Allerdings bestehen diese Gegenstände nicht immer aus Holz; Am häufigsten bestehen sie vielleicht aus Knochen oder Elfenbein, wie die Elfenbeintafeln und Toilettenartikel wie Kämme und Nadeln beweisen, die bei den Ausgrabungen zutage gefördert wurden. [48]

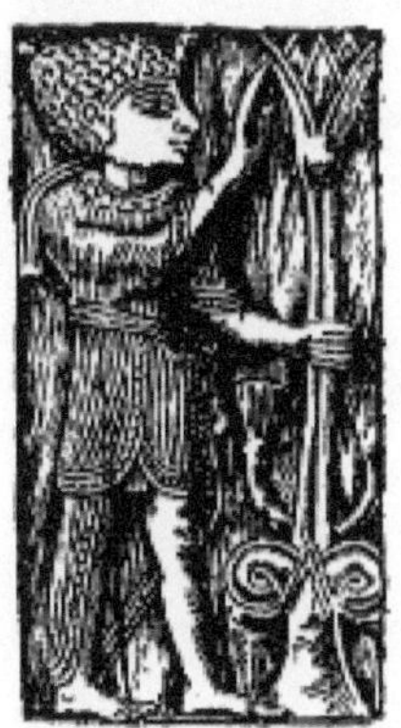

Abb. 111. – Elfenbeintafel (British Museum).

Aber neben diesem Nippes im Nineviten-Stil gibt es noch andere, die zwar in Mesopotamien zu finden sind, aber offenbar ausländischen Ursprungs sind. Davon zeugt eine in Nimroud gefundene Elfenbeintafel, die sicherlich Teil der Inkrustation eines Möbelstücks war (Abb. 111). Das Relief ist deutlich zu erkennen, die Arbeit ist sehr vollendet; Die Figur, die in der Hand einen großen Lotusstiel hält, hat wolliges Haar wie ein Äthiopier und trägt den ägyptischen Uräus auf der Stirn. Eine weitere Tafel aus Nimroud stellt den Kopf einer Frau dar, deren Haare nach ägyptischer Art angeordnet sind. Sie ist von einem Rahmen umgeben, der an ein Fenster mit Balustrade erinnert, dessen Kapitelle ursprünglich im Stil gefärbt zu sein scheinen. Eine in Nimroud gefundene Elfenbeinstatuette der Göttin Istar hat die gleiche schwere Frisur in aufeinanderfolgenden Rollen und ruht auf den Schultern; hier haben wir wieder den ägyptischen Stil mit einem übertriebenen Naturalismus, der nur den Phöniziern eigen war. Wir können daraus schließen, dass diese Elfenbeinarbeiten, wie auch die Bronzeschalen, in den Werkstätten Phöniziens hergestellt wurden. Von dort transportierten Karawanen all diese kleinen Gegenstände bis nach Ninive; Wir wissen, dass die Kaufleute von Tyrus und Sidon zahlreiche Geschäfte im Herzen Mesopotamiens hatten. Der phönizische Handel war das große Vehikel, mit dem ägyptische und assyrische Kunst ins Ausland getragen wurden.

§ IV. LEDER UND SACHEN.

Die Kunst des Stickens und der Tapisserie, die wir im ursprünglichen Chaldäa so hoch entwickelt gesehen haben und von der uns die Tracht von Marduk-nadin-akhi ein bemerkenswertes Beispiel lieferte, hörte während der gesamten Existenz des Ninive nicht auf zu blühen Reich und war in Babylon zur Zeit Nebukadnezars wohlhabender als je zuvor. Kann man sich Gewänder von größerem Reichtum vorstellen als die, die Assur-nasir-pal, Sargon, Sennacherib oder Assurbanipal trugen? Gibt es auch heute noch Stickereien oder Wandteppiche von wundervollerer Feinheit oder von exquisiterem Geschmack? Assyrische Gerichte wurden in der gesamten Antike gefeiert

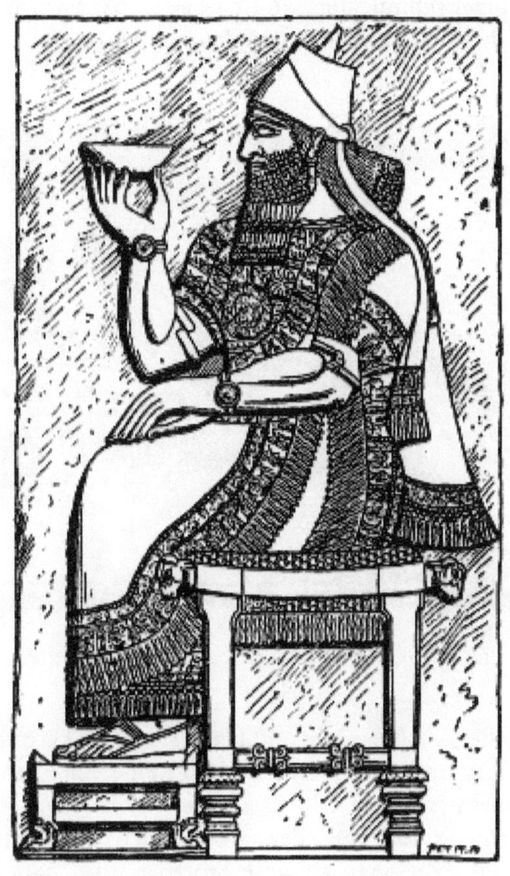

Abb. 112. – Assur-nasir-pal [49] bietet ein Trankopfer an
(Flachrelief im British Museum).

Welt für die Schönheit ihrer vielfältigen Farbtöne und vor allem für die
wunderbaren Stickereien, die der Meißel des assyrischen Bildhauers so fein
nachgebildet hat? All diese Dekorationen, in denen wir anbetende Figuren
vor dem heiligen Baum oder dem Symbol der höchsten Gottheit, mit Löwen
kämpfende Genien, Kämpfe zwischen Tieren, den mystischen
Tannenzapfen, Blumen und hundert andere verschiedene, elegant und
symmetrisch angeordnete Designs finden, offenbaren uns
außergewöhnliches handwerkliches Geschick. Geschichte, Mythologie,
Botanik und reale oder phantasievolle Zoologie werden in unnachahmlicher
Perfektion gewinnbringend genutzt, und wir sind gezwungen, alles wörtlich
zu nehmen, was antike Autoren über die Wandteppiche erzählt haben, die

die Palastgemächer schmückten. Im Festsaal von Ahasveros, dem König von Persien, befanden sich nach Angaben des

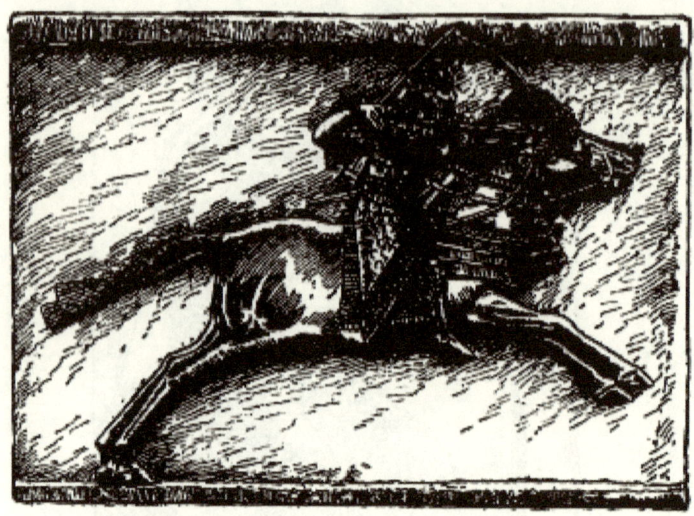

Abb. 113. – Reich geschmücktes Pferd und Reiter (Flachrelief im Louvre).

Buch Esther, weiße, grüne und blaue Behänge, befestigt mit Schnüren aus feinem Leinen und Purpur an silbernen Ringen und Säulen aus Marmor. In der Beschreibung eines Bildes, das die Abenteuer des Themistokles darstellt, spricht Philostratus der Ältere auch von den verschiedenen Motiven, die die Babylonier auf ihre Stoffe gestickt hatten, und von den goldenen Fäden, die geschickt mit dem Stoff vermischt waren; Wir haben gesehen, dass der babylonische Stoff namens *Kaunakes* , der durch Reihen langer Fransen gekennzeichnet ist, noch immer bei den Persern und Griechen gefeiert wurde. Plinius, der Naturhistoriker, beansprucht für die Teppichweber Babylons die Ehre, allen ihren Konkurrenten in anderen Ländern in der Kunst der Harmonisierung von Farben und der Darstellung von Figuren überlegen gewesen zu sein. „Tatsächlich", sagt ME Müntz, „kehren die Worte, babylonische Wandteppiche, – *Babylonica peristromata* , bei den lateinischen Dichtern ständig wieder, die sich nie damit zufrieden geben, sie zu loben." Römische Kenner kauften solche Behänge für ihr Gewicht in Gold. Metellus Scipio verbrachte 800.000 Sesterzen in der *Triclinaria Babylonica* . Nero zahlte für die gleichen Sachen einen noch höheren Preis: 4.000.000 Sesterzen." [50]

So hat der Osten, der bis heute das klassische Land der Stickereien und Wandteppiche bleibt, die Traditionen, die ihm Ninive und Babylon hinterlassen hatten, erst dann fortgeführt, als sie aufhörten zu existieren.

Die bei Türken, Persern und Arabern noch immer blühende Industrie der Sattel- und Lederverarbeitung geht der Überlieferung nach auf die Assyrer zurück, die sie zur Würde einer Kunst erhoben. Beachten Sie das Geschirr der Wagenpferde des Königs. Die mit roten und gelben Fäden bestickten Lederriemen bilden bunte Besätze. Manchmal wird ein Lederband, das über der Brust verläuft und am Widerrist befestigt wird, mit einer doppelten Reihe von Quasten verziert und durch Glöckchen abgerundet. Ein weiteres besticktes Band reicht von der Oberseite des Kopfes herab und trägt unter dem Kiefer eine Quaste, die aus drei übereinander liegenden Büscheln besteht und ebenfalls mit Glöckchen geschmückt ist. Über dem Kopf erhebt sich ein prächtiger Federbusch mit dreifachem Kamm. Der Kopfschmuck ist mit Rosetten geschmückt, und über den Augen des Pferdes befindet sich ein Band aus überlappenden Schuppen, das durch eine doppelte Quaste mit dem Kopfteil verbunden ist. Alles, sogar der Riemen, der das Gebiss hält und unter den Nasenlöchern verläuft, ist durch Rosetten und Brillantbesatz und wahrscheinlich auch durch Metallscheiben, vielleicht aus Gold und Silber, aufgelockert.

§ V. Ornamente und zylindrische Siegel.

Die Ausgrabungen in Chaldäa und Assyrien haben uns bis heute kaum Schmuck aus Gold oder Silber geliefert. Aus den Inschriften wissen wir jedoch, dass diese Metalle den ersten Platz einnahmen und reichlich für den Schmuck der Niniviten und Babylonier verwendet wurden. Die Gräber des ursprünglichen Chaldäa enthielten Bronzearmbänder und Ohrringe der einfachsten Form. Dabei handelt es sich um kreisförmige Ringe, manchmal an den beiden Enden dünner, die beide spitz sind. In Khorsabad fand Botta Halsketten aus Edelsteinen mit Löchern, die kugelförmig oder länglich wie Oliven waren; Diese Kugeln aus Marmor, Jaspis, Chalcedon, Amethyst und Lapislazuli wurden manchmal mit Zylindern oder anderen Siegeln von konischer Form vermischt. In Kouyunjik wurde eine Halskette entdeckt, die aus kleinen goldenen Kugeln bestand, die sich mit kleinen Zylindern aus demselben Metall abwechselten. Ein Bronzearmband im Louvre hat an den beiden Enden Löwenköpfe.

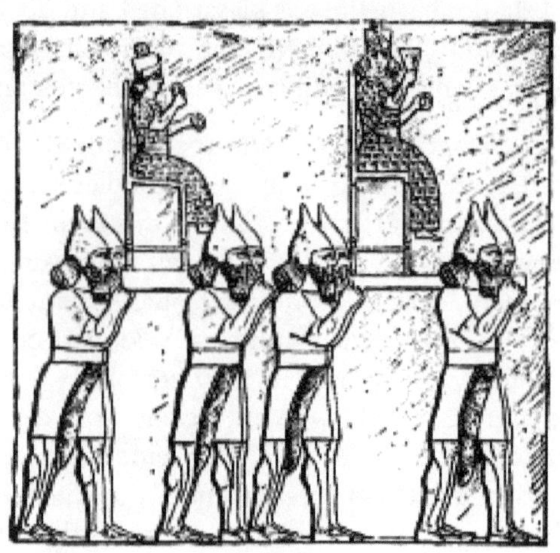

Abb. 114. – Assyrische Gottheiten werden in einer Prozession getragen. Flachrelief (nach Layard).

Aber wir erfahren aus den Flachreliefs mehr über die Vorliebe der Assyrer für Ornamente und über die Arbeit der Goldschmiede in Ninive und Babylon. Könige und Genien tragen Halsketten, Ohrringe, Diademe und Armbänder. Ihre Formen sind immer elegant und bieten große Vielfalt. Die Diademe sind Kreise, vielleicht aus Gold, in der Mitte breiter und im Allgemeinen mit einer Rosette verziert, in deren Mitte zweifellos ein glitzernder Edelstein auffiel. In einer Prozession getragene Gottheiten tragen hohe Tiaras, die ebenfalls von einer Rosette gekrönt sind, deren wesentliches Element ein Edelstein ist. Armbänder werden oberhalb des Ellenbogens und am Unterarm getragen; Dabei handelt es sich um kreisförmige Scheiben, manchmal geschlossen und mit Rosetten verziert, manchmal mit zwei Löwen-, Hirsch-, Widder- oder Schlangenköpfen enden; einige sind zwei- oder dreimal um den Arm gedreht. Unter den Ornamenten, die an der Halskette hängen, muss das Kreuz in der Form genannt werden, die wir das Malteserkreuz nennen; das gleiche Symbol, das an den ägyptischen *crux ansata* erinnert , findet sich auch in den Ohrringen (Abb. 63).

Was die Siegelgravur betrifft, so übertreffen ihre zahlreichen Beispiele an künstlerischem Wert das bereits beschriebene chaldäische Werk nicht. Assyrische Zylinder, also solche, die speziell in Ninive hergestellt wurden, unterscheiden sich von denen aus Babylon und Chaldäa durch einen trockeneren und kommerzielleren Arbeitsstil. [51] Inschriften sind seltener und in Ninive-Schriftzeichen eingraviert: Die von den Graveuren dargestellten Mythen sind die gleichen wie in Babylon, aber die Figuren sehen moderner aus: zum Beispiel die geflügelten Stiere mit menschlichen Köpfen und die Genien mit Adlerköpfen Schnäbel und vier Flügel sind den Flachreliefs in den Palästen von Khorsabad, Nimroud und Kouyunjik nachempfunden. Die assyrischen Zylinder der archaischen Epoche weisen die technischen Merkmale auf, die wir bereits in Chaldäa angedeutet haben: Die Gelenke der Gliedmaßen werden mit einem Bohrer bearbeitet, der kleine halbkugelförmige Löcher erzeugt, und der Rest des Körpers wird mit einem anderen Instrument ausgeführt, das ausgehöhlt wird parallele Linien. Diese Besonderheiten sind auf einem schönen Zylinder, den wir nach M. Menant geben (Abb. 115), deutlich zu erkennen: Er stellt drei Figuren dar, die auf einem Dreifuß der Sonne, dem Mond und den sieben Planeten zu opfern scheinen.

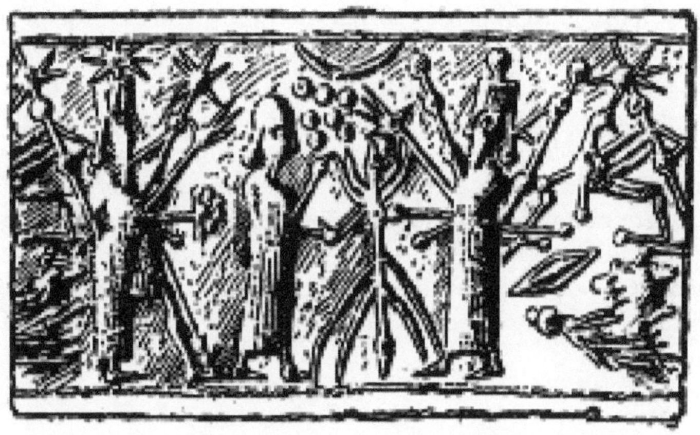

Abb. 115. – Archaischer assyrischer Zylinder (nach Menant).

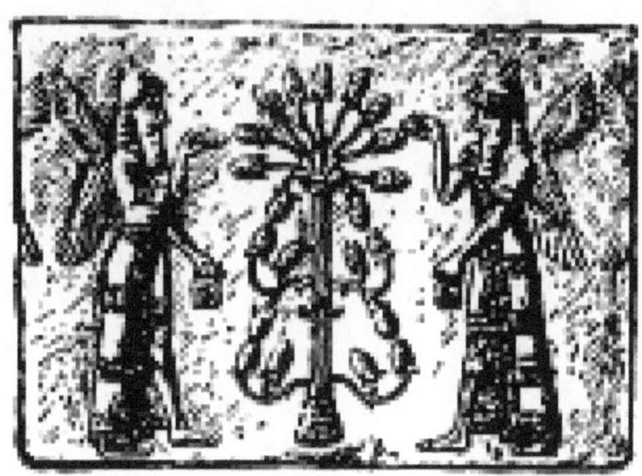

Die Zylinder der Sargoniden-Epoche beweisen einen Fortschritt
parallel zu dem der chaldäischen Glyptik; Die Spuren, die die Säge und der
Bohrer hinterlassen haben, sind verschwunden und haben Platz gemacht für
die Modellierung der Figuren, die manchmal einen Grad an naturgetreuer
Geschmeidigkeit erreichen. Als Beispiele nennen wir einen Zylinder aus der
De Clercq-Sammlung, der zwei Genien in Anbetung vor dem heiligen Baum
darstellt (Abb. 116), und einen Zylinder im British Museum (Abb. 117),
auf dem der Gott Rammanu bewaffnet zu sehen ist ein Bogen und Pfeile, der
auf einem hockenden Löwen steht und die Hommage eines Papstes
entgegennimmt. Die beiden Zylinder sind sehr schön: Auf dem ersten fällt
die äußerste Genauigkeit in den Details des Kostüms und die große Feinheit
in den Gesichtszügen der beiden Genien auf. Andererseits haben die Formen
eine freiere und leichtere Pose und die Szene hat mehr Leben; die Handfläche
zeichnet sich durch Wahrheit aus; Vor allem die Steinböcke sind absolut rein
im Design; die Modellierung ihrer Schenkel und Flanken erinnert uns an die
Löwen auf dem chaldäischen Zylinder, die wir zuvor bewundert haben (siehe
Abb. 35); es erinnert uns auch an die berühmte Löwin unter den Skulpturen
des Assurbanipal-Palastes (Abb. 81), die wahrscheinlich zeitgleich damit ist.
Die assyrische Glyptik hat nichts Besseres hervorgebracht; Wie eine Skulptur
in größerem Maßstab zeichnet es sich durch die Wiedergabe tierischer
Formen aus.

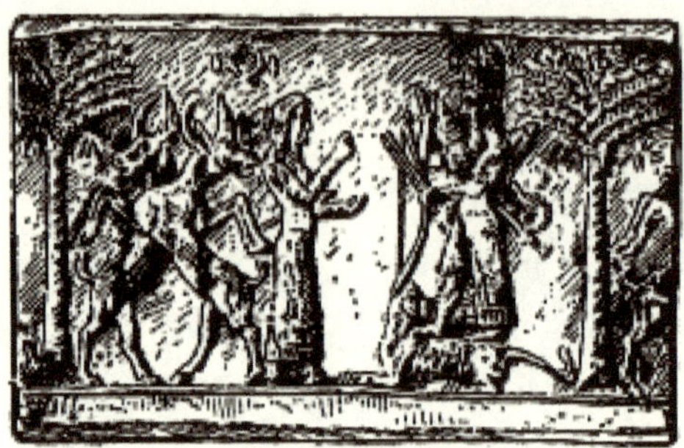

Abb. 117. – Assyrischer Zylinder. Sammlung De Clercq (nach
Menant).

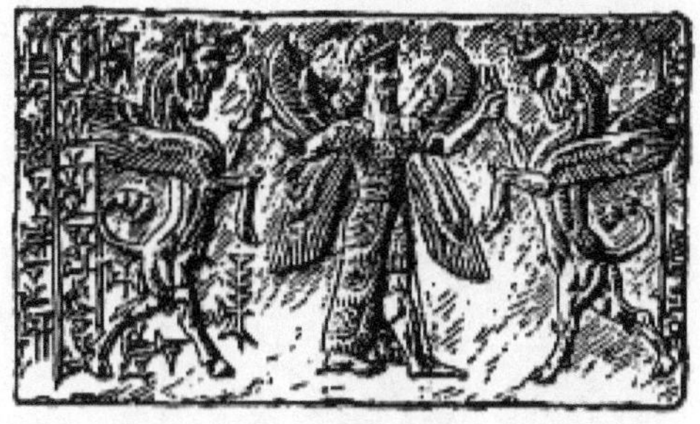

Abb. 118. – Assyrischer Zylinder. Sammlung De Clercq (nach Menant).

KAPITEL V.

PERSISCHE KUNST.

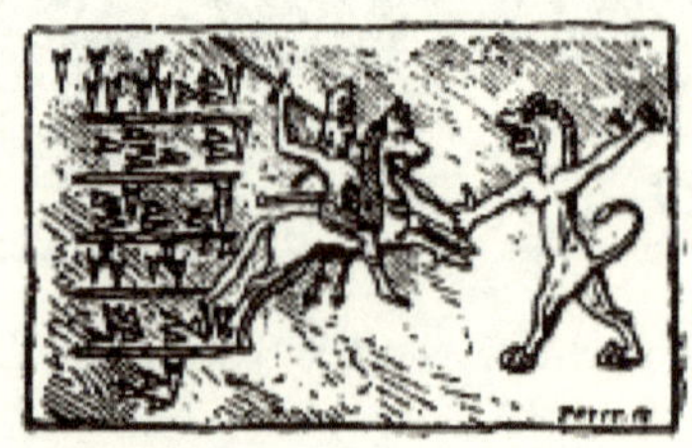

Abb. 119. – Mittlerer Zylinder (nach Menant).

Die ältesten [52] Denkmäler Persiens stammen aus der Zeit der Herrschaft des Kyros (549–529 v. Chr.). Wenn in der vorangegangenen Epoche, als das Land nur eine Satrapie des medischen Reiches war, persische Kunst existierte, wurden deren Spuren noch nicht gefunden. Mediane Kunst ist kaum bekannt, außer durch ein zylindrisches Siegel im British Museum mit einer Medic-Inschrift, auf dem ein Reiter im Kampf mit einem Löwen zu sehen ist: Charakteristisch ist die hohe Tiara des Reiters, aber der Löwe ist einem Ninive-Zylinder nachempfunden (Abb. 119). Zweifellos würde dieses Denkmal allein nicht ausreichen, um zu beweisen, dass die medische Kunst der assyrischen Kunst Tribut zollte; aber die Beschreibung der Festung von Ekbatana durch Herodot bestätigt die Hypothese. Andererseits ist es natürlich anzunehmen, dass die Perser, die Vasallen und folglich politische und religiöse Erben der Meder waren, bestimmte künstlerische Traditionen von diesen übernommen hätten, wenn die mediane Kunst eine eigene Originalität besaß. Während nun in persischen Kunstwerken ein dreifacher ausländischer Einfluss – der der Chaldäo-Assyrer, der Ägypter und der ionischen Griechen – auffällig ist, gibt es nichts, was auf Medien zurückgeführt werden könnte.

Die Denkmäler der Achämeniden-Dynastie sind an drei Hauptstandorten versammelt, deren Ruinen ziemlich vollständig erforscht sind: Susa, wo die Achämeniden, darunter Darius und seine Nachfolger, ihre Paläste an der Stelle errichteten, an der sich die alte Hauptstadt befand von Elam, das von Assurbanipal zerstört wurde, stand früher; Persepolis, dessen imposante Überreste zwei Gruppen bilden, die heute Takht-i-Jemshid und Nakhsh-i-Rustam genannt werden; schließlich die Ruinenhaufen von Meshed-Murgab und Madar-i-Soleiman, zwei persischen Dörfern im Tal des Polvar, an der Straße von Ispahan nach Shiraz, wo sich zweifellos die antike Stadt Pasargadæ befunden haben muss.

Als Cyrus seine neue Hauptstadt Pasargadæ im Polvar-Tal errichten ließ, hatte er die Zerstörung des Königreichs Krösus abgeschlossen, die Eroberung Kleinasiens abgeschlossen und sich selbst zum Herrscher über Babylon gemacht. Das genaue Datum der Denkmäler von Meshed-Murgab wird durch die Keilschriftinschriften festgelegt, die zwar alle zu Ehren von Cyrus verfasst wurden, aber in drei Versionen verfasst sind: der persischen, der Medici und der assyrischen, und wir können sie daher nicht früher einordnen Chr. die Eroberung von Chaldäa im Jahr 538 v. Chr.. Auf seinen siegreichen Expeditionen durch Regionen, die von der Hochebene von Fars, seinem Heimatland, entfernt waren, wie Mesopotamien, Lydien und die Küsten Kleinasiens, hatte Cyrus Gelegenheit, Denkmäler zu besichtigen, die es haben müssen überraschte ihn durch ihre Architektur und Paläste, die ihm weitaus schöner vorkamen als die, die bisher von seinen Vorfahren bewohnt wurden, Fürsten von sprichwörtlicher Strenge und Einfachheit. Er hatte die Idee, für sich eine königliche Residenz zu errichten, die ebenso prächtig war wie die von Krösus und Nabonid, und die Architektur Babylons und die hellenische Architektur Kleinasiens in das Herz Persiens zu importieren. Seine militärischen Erfolge haben ihm bei diesem Unterfangen wunderbar geholfen. Die Kriegsgefangenen, die er in Babylon und in den griechischen Städten Ionien gefangen nahm, wurden die Arbeiter, die seine Paläste bauten; und er lockte die Architekten, die er nicht mit Gewalt entführen konnte, indem er sie mit Reichtum und Ehren überhäufte. Die Nachfolger von Cyrus appellierten wie er weiterhin an die Künstler Griechenlands, deren freiwillige Vertreibung aus ihrem Heimatland von Historikern oft erwähnt wurde. Plinius zitiert zum Beispiel einen Bronzearbeiter, Telephanes von Phocæa, der unter seinen Zeitgenossen als würdiger Rivale von Polykletus, Myron und Pythagoras galt und den die Könige von Persien, Darius und Xerxes, an ihren Hof lockten, wo er übte sein Handwerk während des größten Teils seiner Karriere aus. [53]

Die von Cyrus in Pasargadæ begonnenen Bauwerke, die aufgrund seines Todes, der das Werk abrupt beendete, nie fertiggestellt wurden, sind sowohl von der griechischen als auch von der assyrischen Kunst inspiriert; Es gibt keinen Hinweis auf die Architekturtypen Ägyptens, in das die persischen Eroberer noch nicht einmarschierten. Die Paläste stehen auf Plattformen wie die von Ninive und Babylon; aber diese Unterbauten folgen der griechischen Bauweise.

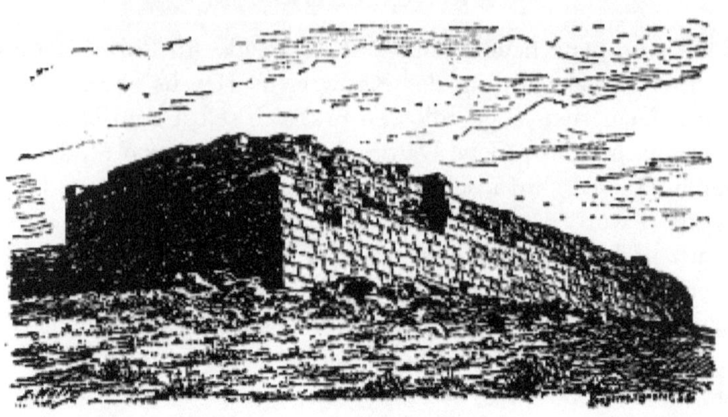

Abb. 120. – Plattform des Palastes des Cyrus (nach Dieulafoy).

Das von den modernen Persern *Takht-i-Madar-i-Soleiman* („Thron der Mutter Salomos") genannte Denkmal ist nichts anderes als die Plattform des Palastes des Kyros (Abb. 120). Es handelt sich um eine Struktur aus großen Steinen, bei der Mörtel durch Eisenklammern ersetzt wird. Die Verkleidungen sind selten beschnitten, sondern nur grob behauen und von einer doppelten Leiste wie rostigem Mauerwerk mit Randzeichnungen umgeben. Die Bahnen bestehen aus abwechselnden Reihen von Kopf- und Tragereihen. Der Kern der Struktur besteht aus einer Masse von Blöcken, die in horizontalen Schichten angeordnet sind und immer auf gleicher Höhe mit den Fassadenschichten liegen. M. Dieulafoy [54] stellt fest, dass die Lyder diese Bauweise seit dem 8. Jahrhundert vor unserer Zeitrechnung praktizierten. Die Assyrer gingen nicht auf die gleiche Weise vor. In Khorsabad zum Beispiel sind die Steine der Fassade nicht mit Klammern aneinander befestigt; Die Wand ist gerade und absolut vertikal, während beim Takht-i-Madar-i-Soleiman die oberen Schichten stufenartig voneinander zurücktreten, um der Basis eine größere Dicke zu verleihen. Auf dem größten Teil der Verblendung wurden Positionsmarkierungen entdeckt, die von den Steinmetzen in sie eingemeißelt wurden, um die Position jedes behauenen Steins zu ermitteln. Bei diesen Zeichen handelt es sich um konventionelle Zeichen, die zwar zu keinem Alphabet gehören, aber – was eine bemerkenswerte Angelegenheit ist – dieselben sind wie die, die in griechischen Gebäuden entdeckt wurden.

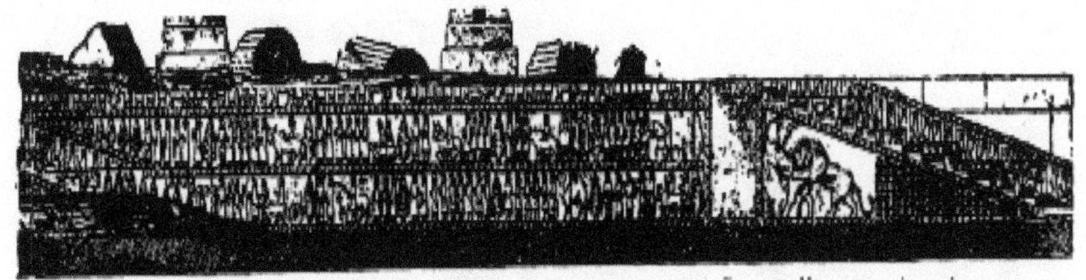

Abb. 121. – Keller in Persepolis (nach Flandin und Coste, *Perse ancienne*).

Die Paläste von Persepolis wurden von Darius und Xerxes nur fünfzig Jahre nach denen in Pasargadæ errichtet; aber in dieser kurzen Zeitspanne war Ägypten von Kambyses erobert worden; und nach diesem Ereignis sollten die Denkmäler der Pharaonen aus demselben Grund wie die von Assyrien und Kleinasien einen direkten Einfluss auf die persische Kunst ausüben. Letzterer konnte diese heterogenen Elemente jedoch nie miteinander verschmelzen und zu seinem eigenen Charakter assimilieren, sondern konnte sie nur in einem hybriden Stil gruppieren. Die Gebäude von Persepolis stehen noch immer zu einem beträchtlichen Teil, und seine Ruinen, die sich inmitten eines riesigen Amphitheaters aus grauen Marmorfelsen erheben, sind für alle Reisenden ein Objekt begeisterter Bewunderung. Die Paläste ruhen auf einer Plattform, die nach dem Vorbild von Takht-i-Madar-i-Soleiman errichtet wurde. Die äußere Hülle dieses Kellers besteht aus sorgfältig behauenen Quadern, und die ohne Mörtel zusammengefügten Blöcke werden durch Eisenklammern befestigt. Besser erhalten

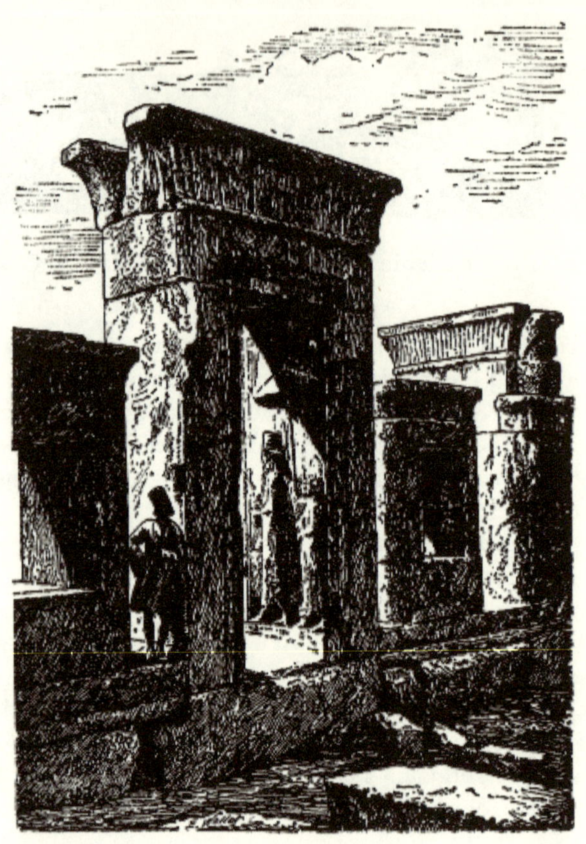

Abb. 122. – Tor und Fenster des Palastes des Darius (nach
Dieulafoy).

Im Vergleich zu den Ruinen von Pasargadæ ermöglichen uns die von
Persepolis, die Hauptformen der achämenidischen Architektur besser zu
rekonstruieren. Die Plattform der persepolitanischen Paläste wurde über eine
Treppe von hundertelf Stufen hinaufgeführt, die breit genug waren, um von
zehn Männern nebeneinander bestiegen zu werden. Eine leicht geneigte
Fahrbahn, die auf einer Seite der Plattform geformt war, ermöglichte es den
Kutschen, den Gipfel zu erreichen: Hier haben wir, abgesehen vom Material
und der Art der Konstruktion, genau die Plattform der assyrischen Paläste.
Der Gipfel der Terrasse war, wie in Khorsabad, mit einer Reihe von Zinnen
gekrönt. Die Besonderheit des künstlichen Hügels, den die Perser Takht-i-
Jemshid nannten, besteht darin, dass es sich nur um einen riesigen Keller
handelt, auf dem sich drei weitere Terrassen kleinerer Fläche befinden. Diese
Terrassen sind ungleich hoch und stehen untereinander in Verbindung; Sie
sind über Steintreppen erreichbar. Die große Treppe, die zur zweiten

Plattform führt, ist mit einer Kolonnade geschmückt und wird von riesigen Bullen mit Menschenköpfen flankiert, ähnlich denen in Ninive. Auf der höchsten dieser drei Plattformen wurden vier Paläste errichtet, auf deren Mauern die Namen Darius, Xerxes und Artaxerxes Ochus zu finden sind.

In den Gebäuden von Persepolis und Susa haben die Türen und Fensterrahmen die Form eines rechteckigen Parallelogramms, und in ihrer architektonischen Dekoration könnte neben dem traditionellen Einfluss von Chaldäa und Assyrien das neue exotische Element sein, das wir oben angedeutet haben anerkannt; es ist das Eindringen pharaonischer Kunst. Die Türen, eingerahmt von drei griechisch-ionischen Architraven, die übereinander hinausragen, werden ebenso wie die Fenster von einem ägyptischen Ornament über einer Reihe abwechselnder Ovale und Scheiben gekrönt. In der Dicke des Portals zeigen Reliefskulpturen, die denen der chaldäo-assyrischen Paläste nachempfunden sind, den König im Nahkampf mit einem Löwen oder einem fantastischen Tier oder den König, der auf seinem Thron sitzt und an seinem Palasttor Recht spricht, oder Wieder marschierte der Prinz feierlich vor, umgeben von seinen Offizieren und in seine zeremoniellen Gewänder gekleidet.

M. Dieulafoy [55] erkannte, dass die größere Anzahl der Fenster dazu verurteilt war, die Luft und das Licht im Inneren der Räume zu verringern; Diese durch eine dünnere Wand ausgefüllten Fenster bildeten außen Nischen, die die Einheitlichkeit der Fassade durchbrachen. Türen, Fenster, Treppen und die an den Ecken angeordneten Pilaster bestehen aus weißem Kalkstein oder grauem Porphyr mit blauen Adern; aber die Wände, in denen diese architektonischen Merkmale vorkommen, bestehen aus gebrannten Ziegeln, die mit emaillierten Fliesen bedeckt sind.

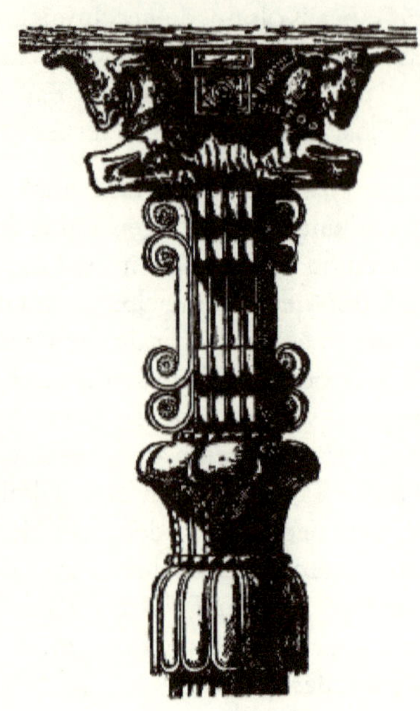

Abb. 123. – Persepolitanische Hauptstadt (nach Dieulafoy).

Die Architektur der achämenidischen Paläste umfasst den Pier und die Säule als Stützen des Bauwerks. Unter den Ruinen von Pasargadæ stehen heute nur noch drei Pfeiler und eine Säule, deren Höhe noch immer über 36 Fuß liegt. Aber in Persepolis und in Susa, der persepolitischen Hauptstadt, mit all ihrer Eleganz und

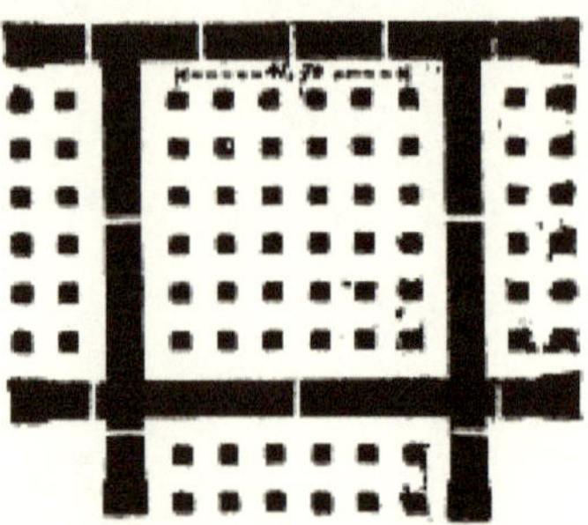

Abb. 124. – Plan der *Apadâna* des Artaxerxes (nach Dieulafoy).

Originalität wurde in all ihren Varianten untersucht. Es ist in jedem Teil zu finden, vor allem aber im großen Prunksalon oder *Apadâna* der Paläste. Es ist dreizehnmal so hoch wie sein Durchmesser an der Basis: Seine schlanke

Form zeigt die Nachbildung einer ursprünglichen Struktur in Stein, die von leichten Baumstämmen getragen wird. Die Apadana des Palastes von Xerxes in Persepolis, die sich auf der mittleren Plattform befand, umfasste eine Fläche von fast anderthalb Hektar und ihr Dach wurde von hundert Säulen getragen. Vor der Vorderfassade erhob sich ein Portikus, der von zwei riesigen Bullen mit menschlichen Köpfen bewacht wurde, die teilweise in die Struktur eingebaut waren, wie sie in den assyrischen Gebäuden vorkommen. Die Apadâna des Palastes des Artaxerxes in Susa (Abb. 124) hatte nicht weniger gigantische Ausmaße und hatte an drei Seiten einen doppelten Portikus; es erstreckt sich über eine Fläche von anderthalb Hektar. Die Säulen haben einen Durchmesser von mindestens 18 Fuß 4 Zoll; Sie haben eine leicht konische Form und bestehen aus langen zylindrischen Trommeln, die aneinandergereiht sind und deren Basis und Kapitell vom Schaft getrennt sind. Es können zwei Sorten unterschieden werden. [56] Der einfachste Typ ist in den Innenhallen des Palastes von Xerxes in Persepolis zu sehen. Der Sockel besteht aus zwei Tori, die übereinander auf einem quadratischen Sockel stehen; der Schaft ist umlaufend mit achtundvierzig Riffelungen verziert; die Hauptstadt enthält eine Reihe von Ornamenten, die der Architektur Ägyptens entlehnt sind; es ist

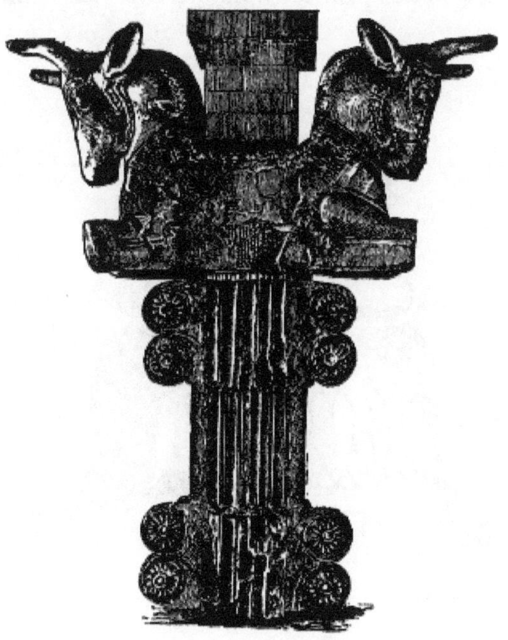

Abb. 125. – Susian-Hauptstadt restauriert (Louvre).

entwickelt in einer Abfolge von Glocken und umgekehrten Voluten, über denen zwei Stierköpfe angeordnet sind, auch mit den Zwischensäulen; Dies ist das für die achämenidische Architektur charakteristische bikephale Kapitell, das außer in Persien nie verwendet wurde. Andere Säulen unterscheiden sich, jedoch nur in der Basis, von der gerade beschriebenen; Der Doppeltorus, der den Schaft trägt, wird manchmal nicht auf einem quadratischen Sockel, sondern auf einer zylindrischen Trommel platziert, die mit vierundzwanzig vertikalen Linien verziert ist und im unteren Teil allmählich breiter wird, um die Form eines stark verlängerten Ogee oder eines stark verlängerten Ogés zu erhalten einer Glocke. Bei Susa besteht das Ornament der Basis manchmal anstelle von Linien aus elegantem, umgekehrtem Blattwerk (Abb. 126). Die vergleichende Untersuchung der achämenidischen Säule zusammen mit den Denkmälern Ägyptens und Griechenlands hat M. Dieulafoy zu dem Schluss geführt, dass die Umrisse der persepolitanischen Säule ägyptisch sind, ihre Struktur jedoch aus griechisch-ionischen Elementen besteht. Diese Voluten, Reihen aus Ovalen und Tori an der Basis, waren in der hellenischen Welt bereits lange vor Cyrus zum Klassiker geworden, da sie überall zu finden sind, in Mykene, Segesta und Selinus, in Attika und in Ionien: auch hier sind wir dazu gezwungen Erkennen Sie, dass der Architekt, selbst wenn er Motive aus Ägypten oder Assyrien kopiert, von den Prinzipien der hellenischen Kunst durchdrungen ist.

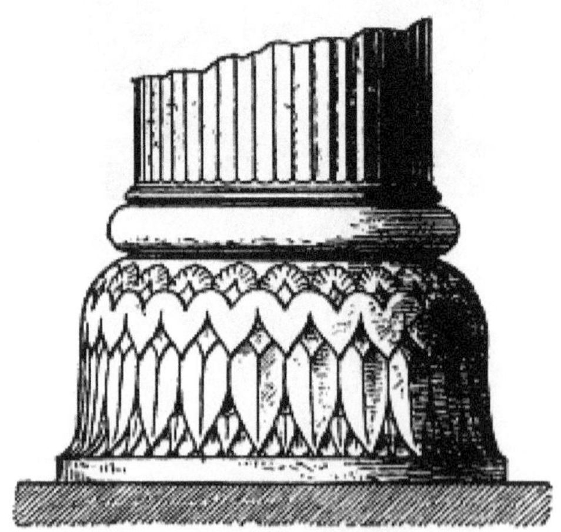

Abb. 126. – Sockel einer Säule (nach Dieulafoy).

Neben den Säulen hatten die Persepolitan- und Susian-Paläste Pilaster an den Enden der Portiken als Fortsetzungen der Fassaden. An den Fassaden des Palastes des Darius in Persepolis sind zwei quadratische Pilaster aus

Porphyr zu sehen, die so perfekt erhalten sind, dass sie im oberen Teil noch Löcher aufweisen, die für die Aufnahme der Enden des Gebälks ausgeschnitten sind. Sie würden genügen, um zu beweisen, dass bei diesen Bauwerken die in großen Abständen angeordneten, hohen und schlanken Säulen keine steinernen, sondern hölzerne Architrave trugen, wenn es an Beweisen mangelte. Dabei handelte es sich um riesige Balken, die bis zu den Spitzen der Säulen eine Linie bildeten und, von Kapitell zu Kapitell verlaufend und in eigens dafür vorgesehenen Rillen platziert, dazu beitrugen, der Struktur Homogenität und Festigkeit zu verleihen. Auf diesen großen Balken waren die Dachsparren angeordnet und dann eine flache Decke, die weder eine Terrasse noch ein zweites Stockwerk trug.

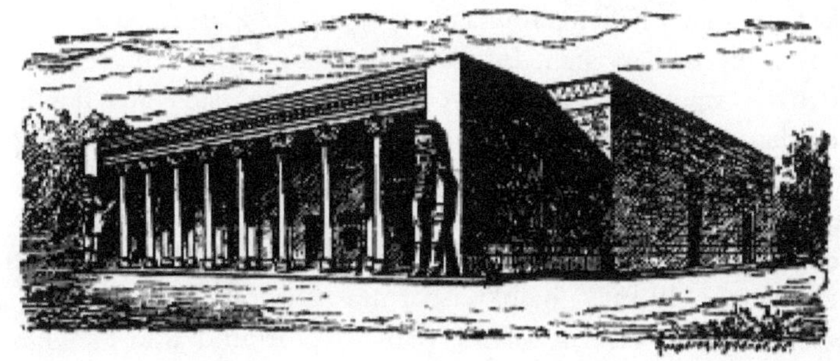

Abb. 127. – Fassade der *Apadâna* des Artaxerxes (Restaurierung durch M. Dieulafoy).

Es ist wichtig, die Tatsache nicht aus den Augen zu verlieren, dass die Paläste, deren Elemente wir gerade beschrieben haben, eine offizielle Art von Architektur darstellen, die in Persien von den „Königen der Könige" eingeführt wurde, die mit den Denkmälern zufrieden waren, die sie gesehen hatten Ägypten, Assyrien und Kleinasien. Entstanden aus der Willkür der Herrscher, hat diese fremde Architektur nie im Land Wurzeln geschlagen und war auch nicht durch die Beschaffenheit des Bodens und die Existenzbedürfnisse auf dem gebirgigen Hochland Persiens erforderlich; es verschwand mit der Achämeniden-Dynastie. Aber neben dieser konventionellen Architektur gab es diejenige, die von den Einheimischen des Landes geschaffen wurde, weil sie ihnen als Lebensbedingung aufgezwungen worden war. Ebenso wie die Menschen in Chaldäa und Assyrien müssen auch die Perser gewusst haben, wie man gewölbte Häuser baut, die allein in der Lage waren, sie vor den Strahlen einer zu glühenden Sonne zu schützen; Zumindest in den Kantonen Susiana bauten sie auch Häuser mit Terrassen, die von Palmenbalken und Spalierwerken getragen wurden, die über den Räumen angeordnet waren, die schmal wie Gänge waren. Dies erzählt uns Strabo, als er von Susana spricht: „Um die Räume vor der übermäßigen Hitze zu schützen, sind die Dächer mit zwei Ellen dicker Erde bedeckt; Das

Gewicht dieser Erde zwingt die Menschen, alle Häuser lang und schmal zu bauen, denn obwohl die Balken nicht sehr lang sein dürfen, müssen die Räume dennoch geräumig sein; sonst würde das Volk erstickt werden." Auch heute noch, da sich die klimatischen Bedingungen des Landes nicht verändert haben, ist die Bauweise der Häuser dieselbe wie die der alten Bewohner Irans. Reisende finden Häuser, je nach Vermögen des Eigentümers, mit Gewölben, Kuppeln und Terrassen, die wunderbar an die örtlichen Anforderungen angepasst sind. Es ist also ziemlich sicher, dass die Iraner zur Zeit der Achämeniden das Gewölbe und die Kuppel ebenso kannten wie ihre Nachbarn am Ufer des Tigris.

Aber sind die Gewölbe und Kuppeln Persiens, die glücklicher waren als diejenigen, die sich über den mesopotamischen Bauwerken erhoben, zumindest in einigen Fällen auf uns übergegangen? Herr Dieulafoy glaubt es. Die Ruinen, die in Sarvistan, Firuzabad und Ferashbad angeblich aus der Sassanidenzeit stammen, würden seiner Meinung nach aus der Zeit der Achämeniden stammen. Aus chronologischer Sicht ist jedoch eine gewisse Zurückhaltung geboten, wenn man von diesen Denkmälern spricht, in denen der Reisende noch immer Ziegelkuppeln sehen kann, die von Pendentifs getragen werden, [57] diese Kuppeln sind 97 Fuß hoch und haben einen Durchmesser von 49 Fuß , halbkreisförmige Gewölbe, spitze Gewölbe, die denen unserer gotischen Kirchen aus dem 13. Jahrhundert fast ähneln – kurz gesagt, alle Elemente der sassanidischen und byzantinischen Architektur. Andererseits scheint die Dekoration dieser Gebäude bemerkenswert dürftig gewesen zu sein; in Sarvistan sind die inneren Säulen schwer und schlecht behauen, das Gesims am Fuße des Gewölbes besteht nur aus einem gezackten Ornament; die Innenwände müssen mit roter Farbe gestrichen worden sein; Die Außenwände waren glatt, und selbst die Fassade wies außer Gruppen von im Mauerwerk vergrabenen Halbsäulen keinerlei Verzierungen auf. Unter diesen Ruinen von Ziegelsteinen, ob emailliert oder mit Relieffiguren, oder von Platten, die die Wandskulpturen Assyriens nachahmen, die so charakteristische Elemente der achämenidischen Kunst waren, wurde nicht die geringste Spur bemerkt. Die gleichen Überlegungen gelten für das Denkmal von Firuzabad, dessen architektonische Dekoration, vielleicht nur aus Tradition, Elemente persepolitanischen Ursprungs bewahrt hat.

§ II. SKULPTUR.

In der Bildhauerei lässt sich noch mehr als in der Architektur der dreifache Einfluss aus chaldäo-assyrischem, ägyptischem und griechisch-ionischem Material nachweisen, der unter den Werken der Achämeniden vorherrscht. Wie

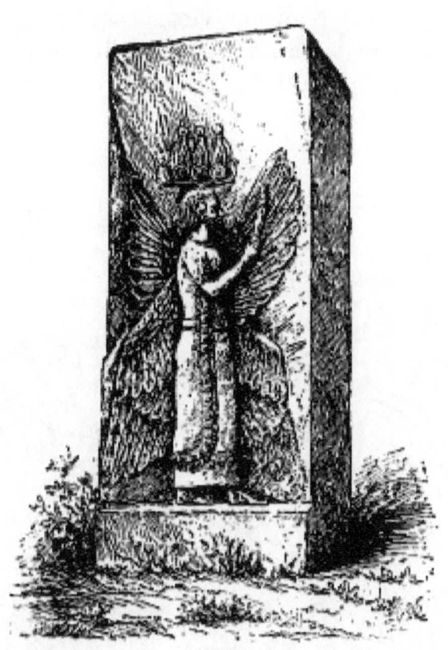

Abb. 128. – Cyrus. Flachrelief (nach Dieulafoy).

Skulpturen der Ninive-Paläste, die von Pasargadæ und Persepolis sind im Flachrelief gehalten, wobei die Figuren immer im Profil platziert und so angeordnet sind, dass sie den unteren Teil der Wände auskleiden. In der Ausführung ist jedoch der Meißel eines griechischen Künstlers zu spüren, oder zumindest eines, der bei griechischen Meistern studiert hat. ML Heuzey [58] erinnert uns daran, dass es in Thessalien eine archaische griechische Schule gab, die eine bemerkenswerte Blüte erlebte und deren Werke, wie das unter dem Namen „Erhöhung der Blume" bekannte Basrelief, in den Details weitgehend vergleichbar waren und die Fertigstellung der Arbeiten an den persepolitanischen und susianischen Skulpturen; Es gibt dieselben Vorhänge mit breiten, flachen Falten und dieselben Behandlungsmethoden für die Muskeln des Gesichts und der Gliedmaßen. Die älteste bekannte persische Skulptur ist das berühmte Basrelief, in dem das Ganzkörperporträt von Cyrus selbst für uns erhalten ist (Abb. 128). Cyrus, iranischer Herkunft, hat ein Gesicht wie das eines Europäers; mit ägyptischen und assyrischen Gesichtern hat er nichts gemein; Sein Oberkopf ist kahl oder rasiert, sein Bart ist leicht gelockt, sein Haar ist kurz und verfilzt. Aber alles andere an dieser königlichen Figur ist von ausländischer Bedeutung. Sein Kopf ist mit einer dreifachen Scheibe gekrönt, die in Anlehnung an ägyptische Gottheiten von Uræi umgeben ist. Der König ist mit Flügeln ausgestattet, wie die Genien von Assyrien und Chaldäa, und diese Flügel mit Reihen deutlich gezeichneter

Federn ähneln denen der Niniviten-Ungeheuer. Sogar der Rand des
Gewandes ist mit einer breiten assyrischen Franse verziert; schließlich hält
der König in seiner rechten Hand eine Statuette, deren Kopfschmuck vom
ägyptischen Uräus gekrönt ist.

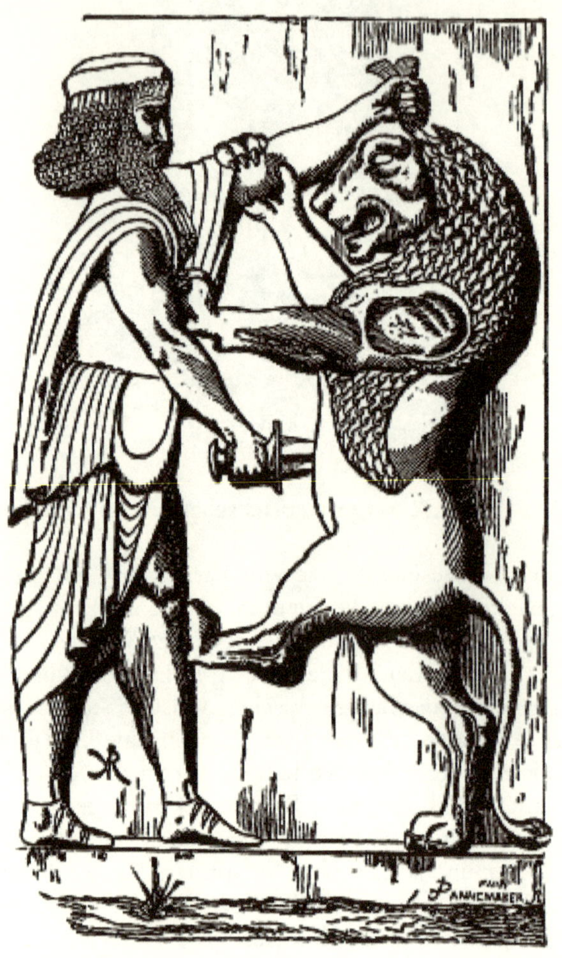

Abb. 129. – Flachrelief in Persepolis (nach Flandin und Coste).

Nach dem Porträt des Kyros folgen in chronologischer Reihenfolge die
Flachreliefs von Persepolis. Dies sind manchmal Episoden im chaldäo-
assyrischen Epos von Izdubar, das nicht nur in Persien, sondern auch in der
griechischen Welt nachgeahmt wurde und die Legenden von Herakles und
Theseus hervorbrachte, die so oft auf archaischen griechischen Denkmälern
dargestellt werden. Auf anderen Flachreliefs marschieren die

Gerichtsbeamten in Prozession mit den tributpflichtigen Satrapen, oder (
Abb. 129) der „König der Könige" selbst, ruhig und teilnahmslos wie ein
Koloss, den nichts erschrecken kann, stößt seinen Dolch, ohne sich zu
bewegen Muskel

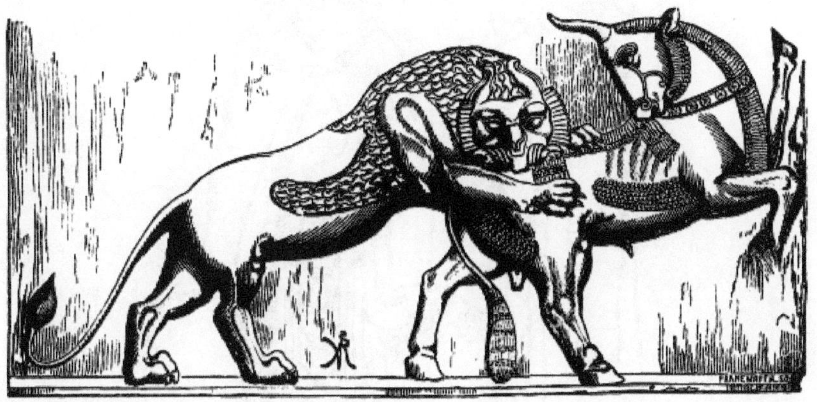

Abb. 130. – Flachrelief in Persepolis (nach Flandin und Coste).

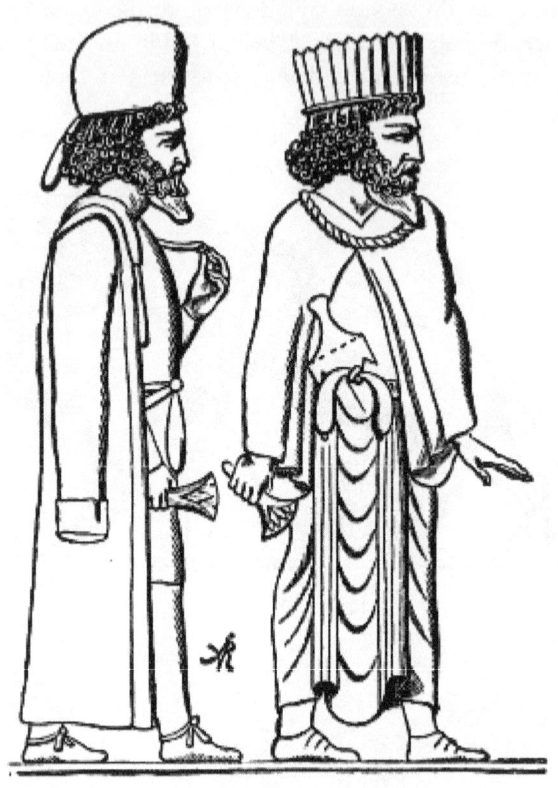

Abb. 131 – Flachrelief von Persepolis (nach Flandin und Coste).

aus seinem Gesicht, in das Herz eines Löwen, eines Stiers oder eines fantastischen Tieres, das sich aufrecht auf seine Hinterbeine erhebt, bereit, ihn zu verschlingen. Verraten die übertriebenen Muskeln des Tieres nicht eine unterwürfige Kopie der assyrischen Monster? An anderer Stelle, an der Wand, die die Treppe des Palastes des Darius begrenzt, verschlingt ein Löwe einen Stier (Abb. 130); er beißt ihn in den Oberschenkel und gräbt wütend seine kräftigen Krallen in seine Hüften. Obwohl uns die lebensechte Haltung der beiden Tiere auffällt, erinnert sie uns gleichzeitig an die chaldäo-assyrischen Zylinder, in denen ein ähnliches Thema wiedergegeben ist. Weiter hinten, an derselben Wand der Treppe, scheinen Diener die Treppe hinaufzusteigen, ihre Hände beladen mit Geschenken aller Art, die sie dem „König der Könige" anbieten wollen; Assyrische Skulpturen enthalten analoge Szenen. Das Gleiche gilt für das Flachrelief der Mitteltür

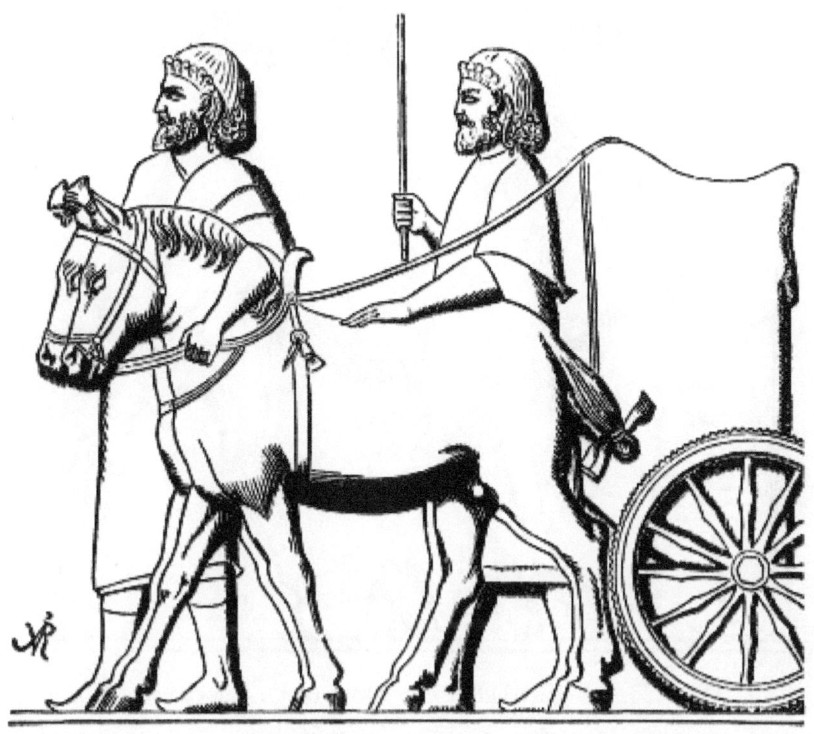

Abb. 132. – Flachrelief in Persepolis (nach Flandin und Coste).

von Darius' Palast, in dem der Prinz von zwei Dienern begleitet wird, von denen einer den Regenschirm und der andere die Fliegenklappe hält (siehe Abb. 122); Wie oft wird dieses Thema auf den Mauern von Nineviten wiederholt, mit der gleichen naiven Darstellung des Königs, wie ein griechischer Held, der im Vergleich zu den Personen seines Gefolges von kolossaler Statur ist, um seine Überlegenheit und Stärke zu demonstrieren! Auf einer der Wände der Apadâna des Xerxes-Palastes sitzt der Prinz auf einem hohen Thron, mit einem Baldachin über dem Kopf und seinen Füßen auf einem Fußschemel, umgeben von seinen Wachen. Er empfängt eine hochrangige Persönlichkeit, zweifellos einen Satrapen, der seinen Tribut auf seiner Schulter trägt

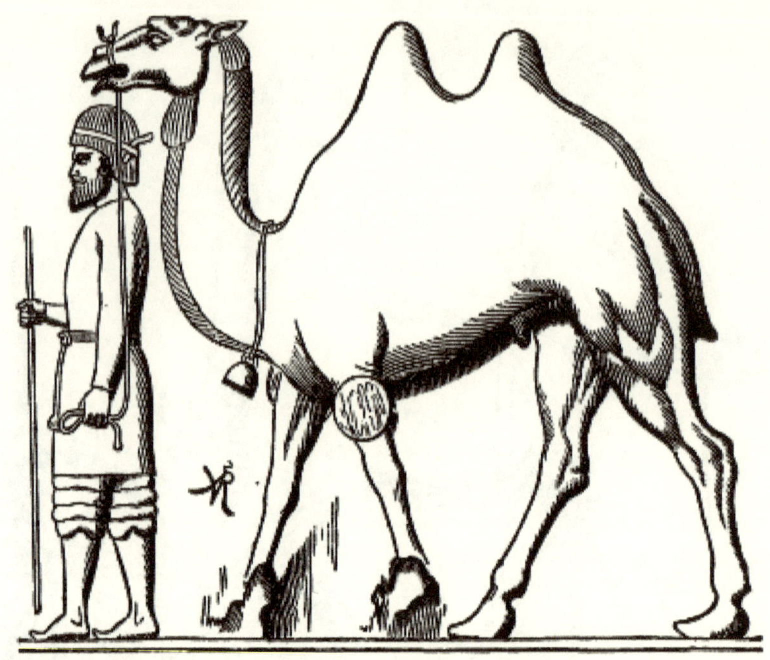

Abb. 133. – Flachrelief in Persepolis (nach Flandin und Coste).

Provinz. In den Abteilen darunter sind Reihen persischer Soldaten aufgestellt, wahrscheinlich diejenigen, aus denen die berühmte Wache der *Unsterblichen bestand* ; Sie tragen Lanzen, Bögen und Köcher und haben Schwerter an ihren Seiten. Der Thron hat eine wahrhaft assyrische Form. „Der aus gewebtem Stoff gefertigte Baldachin", sagt M. Dieulafoy, [59] „ist mit einem sehr merkwürdigen Muster verziert. Jeder Streifen besteht aus zwei ähnlichen, stark bestickten Bändern. Auf ein mit Rosetten bedecktes Band folgt ein mit Stieren geschmücktes Band, wie sie das Gesims der Königsgräber schmücken; in der Mitte erscheint das geflügelte Emblem von Ahura-Mazda. Das untere Band endet in einem mit Rosetten bedeckten Besatz und einer dicken Franse; runde Patches zieren die Ecken. Die Position der geflügelten Embleme auf der Oberseite verleiht diesem Vorhang das Aussehen eines ägyptischen Zeltes, aber der Stierzug, die Besätze, die Fransen und die reiche Stickerei sind assyrischen Ursprungs."

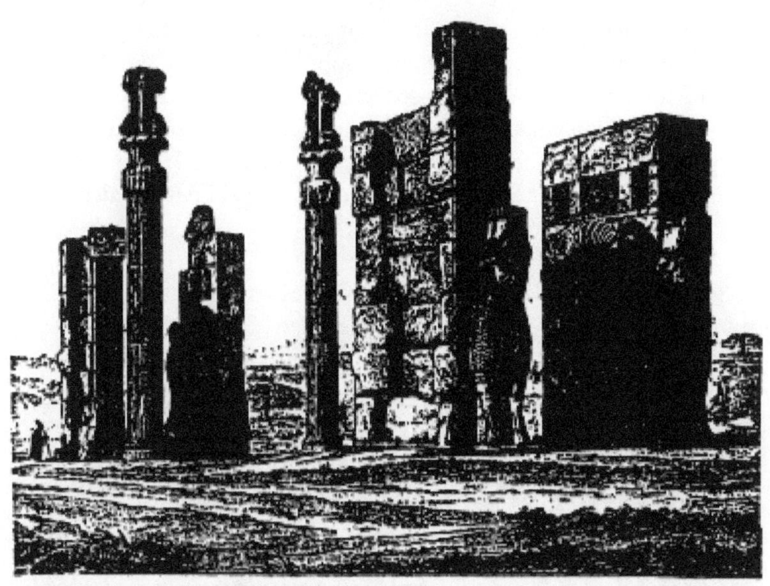

Abb. 134. – Portikus in Persepolis (nach Flandin und Coste).

Die symbolische Figur von Ormuzd mit seiner geflügelten Scheibe ist eine Reproduktion der ähnlichen göttlichen Figur, die so oft auf den assyrischen Flachreliefs über dem König und seinen Soldaten schwebt. Szenen höchster Grausamkeit gingen auch von der chaldäo-assyrischen Skulptur in die persische Skulptur über. Auf dem Flachrelief, das Darius in den Felsen von Behistun einhauen ließ, um der fernen Nachwelt seine Heldentaten zu erzählen, hält der König seinen Bogen wie Sennacherib und setzt seinen Fuß auf die Brust eines Gefangenen, der seine Hände ausstreckt im Flehen, während neun andere Könige mit Ketten gefesselt dastehen, die Hände auf dem Rücken und Stricke um den Hals [60].

Wie die Portiken der Ninive-Paläste sind auch die von Persepolis mit Stieren mit Menschenköpfen geschmückt; Letztere haben die Ganghaltung, das gekräuselte Haar und oft sogar die hohe, mit Rosetten und Federn verzierte Tiara bewahrt, die ihre älteren Brüder am Ufer des Tigris charakterisieren. Nur während die assyrischen Stiere manchmal auf gleicher Höhe mit der Fassadenoberfläche und einander zugewandt in der Türöffnung platziert sind, sind die persepolitanischen Stiere im Gegensatz dazu immer parallel auf beiden Seiten der Öffnung platziert und blicken nach außen, auf die Terrasse gerichtet. Schließlich zeigt sich der persische Künstler in der Skulptur dieser gigantischen Monster dem assyrischen überlegen: Während er die Tiere in derselben hieratischen Haltung bewahrte, verfügte er über die Fähigkeit, die Modellierung der Gliedmaßen zu mildern und den

Flügeln ein sanfteres Aussehen zu verleihen elegantere und anmutigere Kurve; die Bullen haben nur vier statt fünf Beine; ihre Flanken sind geschmeidiger und praller; die Hörner, Symbole der Stärke, die den Kopf der Nineviten-Monster umgeben, werden unterdrückt; die anatomischen Formen und die jeweiligen Proportionen der verschiedenen Körperteile werden genauer untersucht; Wir haben hier assyrische Kunst, interpretiert von Künstlern, die in der Schule der Griechen ausgebildet wurden.

<h2 style="text-align:center">§ III. MALEN UND EMAILLIEREN.</h2>

Die von den Chaldäern erfundene Kunst des Emaillierens von Ziegeln ging mit Babylon nicht unter. Die Achämeniden

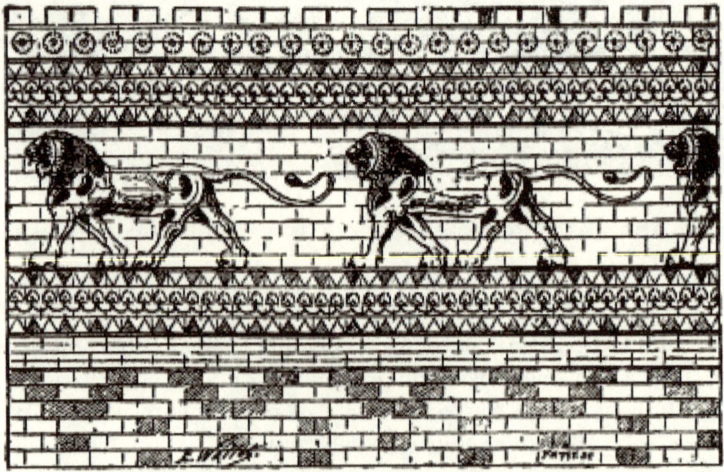

Abb. 135. – Der Löwenfries; Restaurierung durch M. Dieulafoy (Louvre).

übernahm es und schien es zur Perfektion gebracht zu haben; Dasselbe gilt, wie es scheint, für den genialen und heiklen Prozess, der darin bestand, Reliefszenen auf Ziegelsteine zu stempeln, von denen mehrere auf diese Weise einen emaillierten Fries bildeten, der die skulpturalen Platten von Ninive ersetzen sollte. In Susa scheint dieses Dekorationssystem seine ideale Perfektion erreicht zu haben; Auf jeden Fall können wir sie nur in den Ruinen dieser Hauptstadt im Detail studieren, dank der Entdeckungen von M. Dieulafoy, die der Kunstgeschichte ein neues Kapitel hinzufügen. Im Louvre konnten zwei vollständige Friese rekonstruiert werden, die in Susa vor der Fassade der Apadâna des Palastes von Artaxerxes Mnemon ausgegraben wurden. Das der Löwen (Abb. 135) besteht aus Reliefziegeln, 1 Fuß 2 Zoll lang, 7 Zoll hoch und 9 Zoll dick. Die Löwen, neun an der Zahl, sind jeweils 11 Fuß 3 Zoll lang und 5 Fuß 6 Zoll hoch. Der Boden, auf dem die Figuren hervorstechen, ist eine flache, türkisblaue Fläche; Bei den Löwen, die meist eine grauweiße Farbe haben, sind bestimmte Teile ihres Körpers, zum Beispiel die Mähne, von wässrigem Grünblau; und andere, zum Beispiel die Schwellung der Muskeln, von tiefem Gelb. Sie sind auf assyrische Weise behandelt, und zwar so sehr, dass sie ohne das Relief genau den emaillierten Löwen auf flachen Ziegeln in Khorsabad ähneln würden. Wie in Ninive sind die Muskeln übertrieben, der Kopf und der Vorderteil des Löwen zu klein. Die Prozession wilder Tiere ist von mehreren Reihen eleganter symmetrischer Muster eingerahmt: Reihen von Chevrons, ägyptischen Palmetten und assyrischen Gänseblümchen.

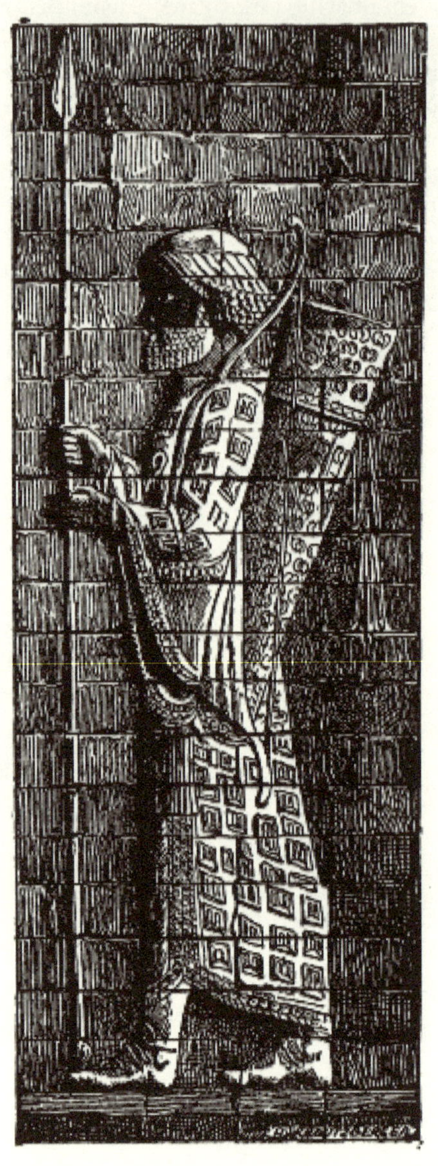

Abb. 136. – Susian Bogenschütze (Louvre).

Der Fries der Bogenschützen (Abb. 136) stellt eine Prozession von Kriegern im Relief dar, wie sie auf den Marmorplatten von Persepolis zu sehen sind; Dies ist das wunderbarste Exemplar polychromer persischer Emaillierung. Die Materialien, aus denen die Komposition besteht, bestehen nicht wie im Löwenfries aus gebackenen Ziegeln in Form länglicher

Parallelepipede, sondern aus kleinen Quadraten, deren jede Seite 1 Fuß 1 Zoll lang und 3 Zoll dick ist , hergestellt aus Kunstbeton, der das Weiß von Gips mit der Widerstandsfähigkeit von Kalkstein verbindet. Die Soldaten sind im Profil und auf dem Marsch dargestellt. Sie tragen auf der linken Schulter einen gelben Bogen und einen rotbraunen Köcher. In ihren Händen halten sie einen Spieß, dessen Schaft in einem silbernen Knauf endet. Ihre Tuniken, deren Farbe von Figur zu Figur wechselt, sind goldgelb oder weiß; die Form ist bei allen gleich: schmal, seitlich offen, mit sehr weiten, gerafften Ärmeln; es reicht bis zu den Knöcheln und weist eine gewisse Vielfalt an Ornamenten auf; das Zeug ist manchmal mit grünen oder blauen Gänseblümchen, manchmal mit Mustern in Form von Rauten übersät; der Rand ist bestickt. Auf den Kopf dieser orientalischen Soldaten, die Armbänder, Ohrringe und gelbe oder himmelblaue Lederstiefel tragen, wird ein grünlicher, zu Rollen gedrehter Turban gesetzt; Ihr Bart und ihr Haar sind nach assyrischer Art mit Locken geschmückt. Dies ist zweifellos das reiche Kostüm, das die Deklamationen griechischer Rhetoriker gegen die Verweichlichung und Korruption der Perser hervorrief. Nach der Aussage von Herodot (Vii. 83) waren der gedrehte Turban auf dem Haar, die goldenen Verzierungen und der silberne Knopf am Speer die Erkennungszeichen der tausend Ritter und der zehntausend Unsterblichen, die die Eskorte des Volkes bildeten "König der Könige." Es kann also kein Zweifel daran bestehen, dass wir es mit einer Gruppe dieser berühmten Janitscharen-Truppe zu tun haben, die die Achämenpi- Monarchen zum großen Teil aus den Schwarzen Indiens rekrutierten; Einige der von M. Dieulafoy erworbenen Figuren auf dem Fries haben tatsächlich eine tiefbraune Hautfarbe.

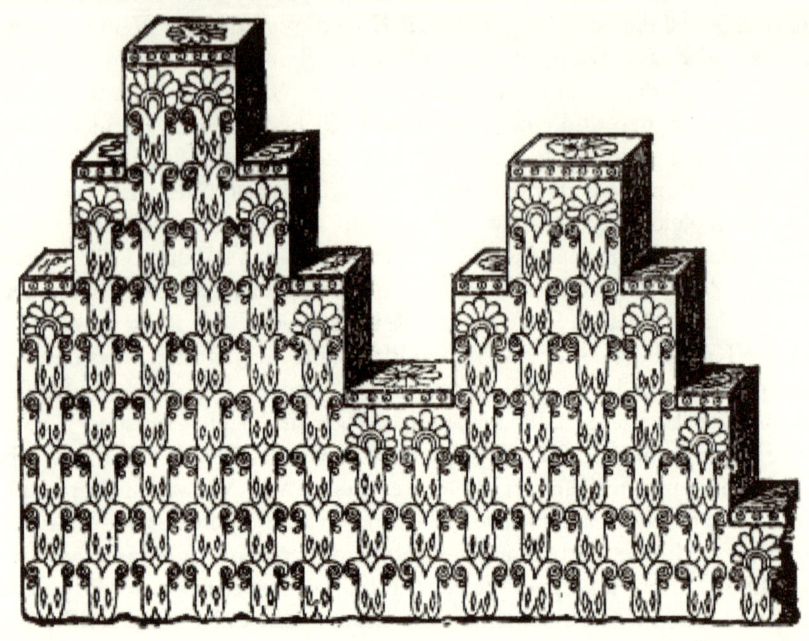

Abb. 137. – Polychrome Dekoration des Palastes des Artaxerxes (Louvre).

Aus technischer Sicht ist zu beobachten, dass alle Figuren eines Frieses aus derselben Form stammen und dass es sich um exakte Wiederholungen voneinander handelt, wenn auch in verschiedenen Farben. Die glasartige Schicht ist transparent und schillernd, wie die Emaille auf Porzellan; Die Farbskala ist dürftig: Blau, Grün, Gelb, Schwarz und Weiß. Diese entschiedenen Farbtöne müssen aufgrund ihres Glanzes eine auffallende Wirkung hervorgerufen haben; und unter der heißen Sonne von Susiana funkelten die Portikuswände von Artaxerxes' Palast wunderbarer als selbst die reich verzierten Fliesen muslimischer Moscheen und Paläste. Das Innere der Apadâna scheint lediglich mit rotem, einfarbigem Stuck gefärbt worden zu sein, wurde jedoch fast vollständig von den reichen Teppichen und bestickten Vorhängen verdeckt, mit denen die Wände aller Kammern behängt waren.

§ IV. Religiöse und Grabdenkmäler.

Ormuzd (Ahura-Mazda), die große Gottheit der Perser, durfte nach den Vorschriften im Avesta weder Tempel noch Statuen haben. Die Vorstellung vom höchsten und einzigen Gott, der in allen Dingen vollkommen ist, war zu weitreichend, um für ihn einen Zufluchtsort außer dem Himmelsgewölbe, in dem er wohnte, vorzuschlagen. Herodot hat dieses

Merkmal des Mazdeismus und dieses Fehlens von Tempeln bei den Persern nicht übersehen: „Der Brauch der Perser", sagt er, „besteht nicht darin, den Göttern Statuen, Tempel und Altäre zu errichten; im Gegenteil, sie behandeln diejenigen, die das tun, als Verrückte. Meiner Meinung nach liegt das daran, dass sie nicht wie die Griechen glauben, dass die Götter eine menschliche Gestalt haben." Ormuzd wird jedoch häufig auf den Denkmälern der Achämeniden-Dynastie dargestellt; er hat die Gestalt eines Mannes, der mit der Tiara gekrönt und von einer geflügelten Scheibe umgeben ist (Abb. 141). Dies ist, abgesehen von den durch den Fortschritt der Kunst hervorgerufenen Modifikationen, genau die Figur der Gottheit in den assyrischen Denkmälern. [61] Somit ist dieses aus Mesopotamien entlehnte Symbol eine Übertretung der Gebote des Avesta und ein Akt der Toleranz, der nur in die monumentale Skulptur von Palästen und Gräbern sowie in die glyptische Kunst eindrang. Das einzige im Avesta zugelassene Symbol ist die alles reinigende Flamme. Daher der Kultus des heiligen Feuers und die Feueraltäre, Pyrea oder *Atesh-Gahs genannt*, die im Freien auf Höhen errichtet wurden. Die Atesh-Gahs sind die einzigen Denkmäler, die die religiöse Architektur der Perser repräsentieren. Ihre Überreste sind zahlreich, weisen jedoch nicht viele Merkmale von archäologischem Interesse auf. Einige von ihnen sind in kurzer Entfernung von Nakhsh-i-Rustam zu sehen und scheinen vor der Zeit von Cyrus zu liegen. Auf einer von allen Seiten über einige Stufen erreichbaren Plattform ist ein Altar in Form eines Pyramidenstumpfes mit vier Seiten errichtet. An den Ecken stützen kleine Säulen, die an der Struktur befestigt sind, Halbkreisbögen, die die Steinplatte tragen, auf der das heilige Feuer angezündet wurde.

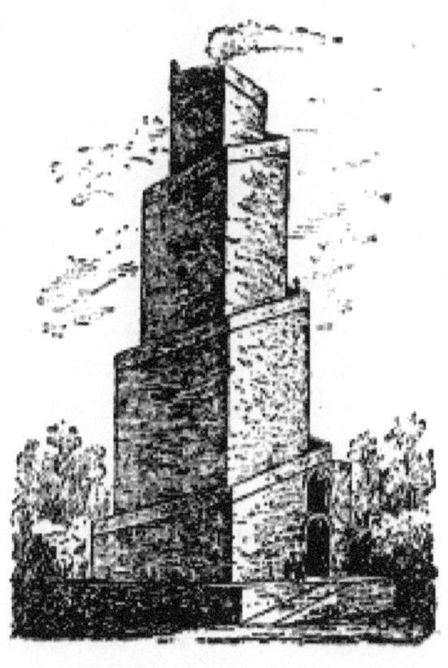

Abb. 138. – Der Turm von Jur. Restaurierung durch M. Dieulafoy.

Nach der Eroberung Asiens gaben die Achämeniden den Feueraltären im Allgemeinen die Form griechisch-lykischer Kapellen. In den Skulpturen eines königlichen Grabes in Nakhsh-i-Rustam sehen wir einen König in Anbetung vor Ormuzd und einen Feueraltar, der die Form eines quadratischen Mauerwerks mit Vorsprüngen in Anlehnung an Pilaster hat und ein daraus geformtes Gebälk trägt drei Stufen übereinander; die höchste, größer als die beiden anderen, bildet die Plattform, auf der das Feuer angezündet wird (Abb. 141). [62]

Der architektonische Einfluss Assyriens zeigt sich im Bau bestimmter Feueraltäre. In der Nähe von Firuzabad befinden sich die Ruinen von Jur, besonders interessant wegen der Überreste eines einundneunzig Fuß hohen *Atesh-gah , der von Reisenden beschrieben wurde, und offenbar eine Kopie der Stufentürme (Zikkurat)* von Chaldäa und Assyrien, einer Art davon , das vollständigste, was es gibt, wird uns hier überliefert. M. Dieulafoy bemerkt, dass die Atesh-Gah in Jur dem Minarett der Moschee von Ibn Tûlûn ähnelt, einem der ältesten muslimischen Bauwerke. So übten die von den Chaldäern erfundenen Formen der religiösen Architektur sogar auf die moderne Kunst des Ostens ihren Einfluss aus. [63]

Die von der Avesta auferlegten Bestattungsriten hatten noch eine weitere Konsequenz: Sie schufen eine Art Architektur, die in keinem Land außer Persien unbekannt war. Menschliche Leichen durften weder direkt auf die Erde gelegt, noch verbrannt oder in den Fluss geworfen werden, da dies zu einer Verschmutzung des Wassers, der Erde und des Feuers geführt hätte. An abgelegenen und verlassenen Orten waren Totenstädte errichtet worden: Dabei handelte es sich um hohe runde Türme , *Dachmas genannt* , die aus Mauerwerk gebaut waren und nicht einmal an der Spitze architektonische Verzierungen aufwiesen. Diese Türme trugen ein hölzernes Gitterwerk, auf das die Leichen gelegt wurden; Raubvögel kamen und zerrissen diese verlassenen Körper: Sie trugen oft einzelne Gliedmaßen in eine Entfernung, wo wilde Tiere die Überreste fraßen. Was im Beinhaus übrig blieb, wurde begraben, aber zuvor mit Wachs bedeckt, um jeglichen direkten Kontakt mit dem Boden zu vermeiden. Herodot hat eine Erinnerung an diese belastenden Praktiken bewahrt. „Der Leichnam eines Persers", sagt er, „wird erst dann begraben, wenn er von Hunden oder Raubvögeln in Stücke gerissen wurde ... Die Perser bedecken den Leichnam mit Wachs und begraben ihn anschließend." Noch heute gibt es in Persien eine gewisse Anzahl von Ruinen der Grabtürme der Mazdeaner, und eine der bekanntesten befindet sich nicht weit von Teheran.

Aber die Dakhmas dienten nur der Volksbestattung; denn die achämenidischen Könige verstießen jedenfalls gegen das mazdäische Gesetz, das vielleicht in der Praxis selbst eine Ausnahme zugunsten der königlichen Familie darstellte. Die Gräber der achämenidischen Fürsten lassen sich aus architektonischer Sicht in zwei große Klassen einteilen, je nachdem, ob sie vor der Eroberung Ägyptens liegen oder nicht. Erstere sind nach dem Stil und Plan griechisch-ionischer Gräber konzipiert, letztere nach den ägyptischen Hypogäen.

Im Tal von Polvar-Rud, zweieinhalb Meilen südlich von Takht-i-Madar-i-Soleiman, steht ein kleines rechteckiges Gebäude, die wahrscheinliche Grabstätte von Mandane, der Mutter von Cyrus; die Perser nennen es Gabr-i-Madar-i-Soleiman, „Grab der Mutter Salomos" (Abb. 139). Auffallend ist der archaische griechische Charakter dieses Denkmals. Es besteht aus großen Blöcken in regelmäßigen Reihen, ohne Mörtel, wobei die Steine mit größter Genauigkeit geschnitten und zusammengefügt wurden. Es ist mit einem dreieckigen Giebel versehen, dem einzigen, der jemals in einem Denkmal des alten Persien beobachtet wurde. Man erreicht ihn über sechs Stufen, die rund um das kleine Gebäude verlaufen. Das Dach besteht aus flachen Platten, die auf jeder Seite entsprechend der Neigung des Giebels geneigt sind. Rund um das Dach befindet sich ein Gesims, das aus einem umgekehrten Ogee besteht, das von zwei Leisten umschlossen ist, eine architektonische Dekoration, die sich rund um die Tür wiederholt, deren doppelter Rahmen dem der griechischen Gebäude im ionischen Stil nachempfunden ist. Die Innenkammer misst knapp sechs Quadratmeter. Rund um Gabr-i-Madar-i-Soleiman befand sich ein Innenhof, der von einem Portikus umgeben war. die Kapelle befand sich nicht genau in der Mitte des Hofes, sondern am Ende des Hofes; so dass vorne ein freier Raum blieb.

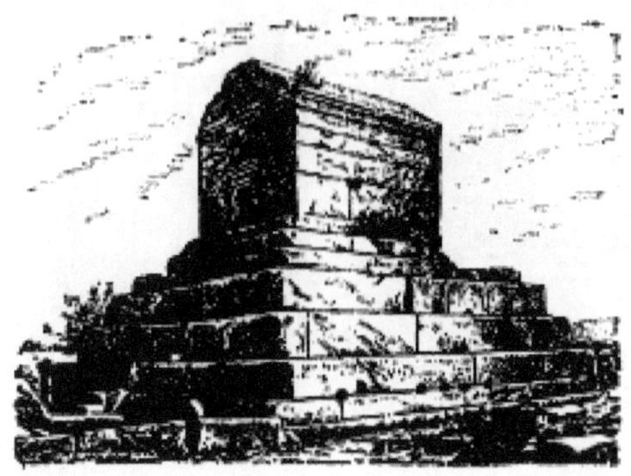

Abb. 139. – Der Gabr-i-Madar-i-Soleiman (nach Dieulafoy).

Nicht weit davon entfernt befindet sich das Grab von Kambyses dem Ersten, dem Vater von Cyrus. Es ist so baufällig, dass nur noch eine Fassade fast intakt ist; Dies reicht jedoch aus, um einen Vergleich mit einem anderen Grab in Nakhsh-i-Rustam in gutem Erhaltungszustand zu ermöglichen. Bei beiden handelte es sich um quadratische Türme aus feinem und regelmäßigem Mauerwerk, wobei der Mörtel durch Eisenklammern ersetzt wurde. Der an der Basis solide Turm enthält in seinem oberen Teil eine Kammer, deren Decke aus großen, zusammengefügten Platten besteht; Eine außen angebrachte Treppe führte zu einer kleinen Tür. Die Außenfassade ist an allen vier Seiten mit Scheinfenstern versehen; Es wurde sogar die Idee aufgegriffen, die Rückseite dieser Nischen aus schwarzem Basalt zu bauen, um ihnen das Aussehen echter Öffnungen zu verleihen. Die Spitze des Gebäudes besteht aus einem Gesims, das mit einer Reihe von Zacken verziert ist.

Wenn wir zu all diesen Details noch die Rustisierung der Steine und die auf den Blöcken gefundenen Positionsmarkierungen hinzufügen, erkennt man, dass der Architekt und die Handwerker aus Kleinasien stammten und in unterwürfiger Weise die Grabstrukturen dieses Landes kopierten. Die architektonische Form dieser Türme erinnert uns an die lykischen Gräber von Telmessus, Antiphellus, Aperlæ und Myra und vor allem an das berühmte Harpyiengrab in Xanthos.

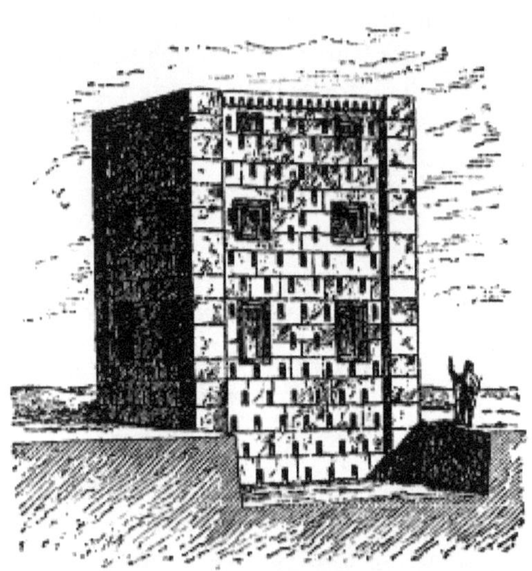

Abb. 140. – Grab von Kambyses I. (Restaurierung durch M. Dieulafoy).

Die von Strabo (x. 3, 7) und Arrian (vi. 29) im Anschluss an Aristobulus gegebenen Beschreibungen des Grabes des Cyrus ermöglichen uns die

Behauptung, dass es den quadratischen Türmen von Meshed-Murgab und Nakhsh-i ähnelte. Rustam: „Das Grab stand mitten im Garten des Königs; es war von Bäumen, fließendem Wasser und weichem Rasen umgeben. Es war ein quadratischer Turm, niedrig genug, um unter den dichten Bäumen, die ihn umgaben, verborgen zu sein. Der Sockel war massiv und bestand aus großen kubischen Blöcken. Im oberen Teil befand sich die Grabkammer, die mit einem Steindach bedeckt war. Der Zugang erfolgte durch eine schmale Tür. Aristobulos sah darin ein goldenes Sofa, einen Tisch mit Bechern für Trankopfer, eine vergoldete Wanne zum Waschen und Baden sowie eine Menge Kleidungsstücke und Schmuck. Über eine Innentreppe bestand eine Verbindung mit der Kammer, in der die Priester lebten, die das Grab bewachten." Es ist daher nicht zulässig, daran zu zweifeln, dass die Könige von Persien zur Zeit des Cyrus Gräber wie die von Lykien errichten ließen und dass die Türme, die wir beschrieben haben, für uns Exemplare davon bewahren.

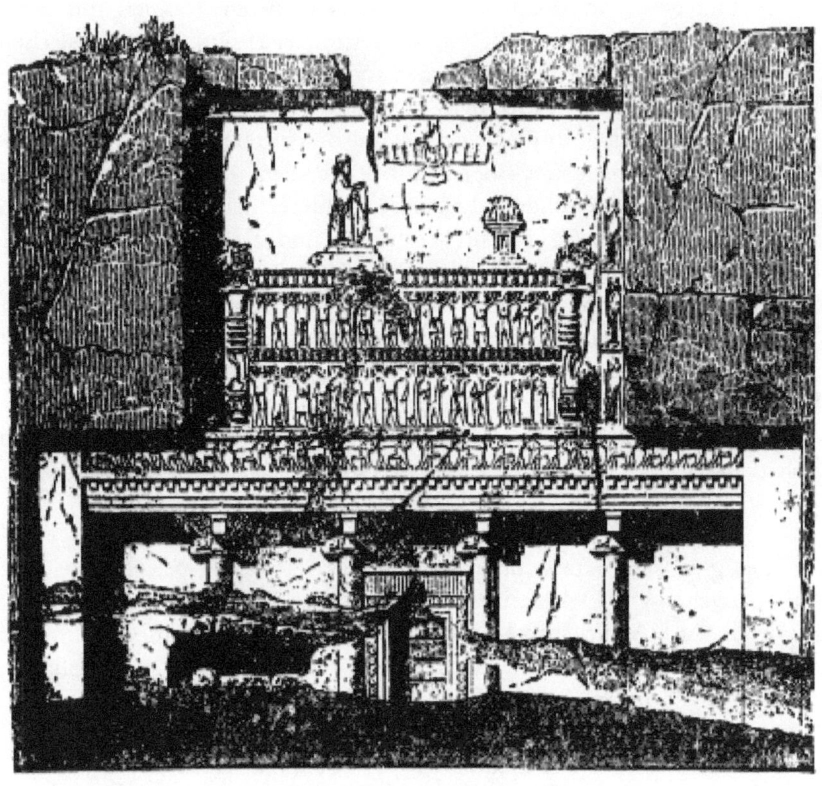

Abb. 141. – Fassade des Grabes in Nakhsh-i-Rustam (nach Flandin und Coste, *Perse ancienne*).

Doch nach der Eroberung Ägyptens beschloss Darius, der, wie wir sahen, die Denkmäler im Niltal bewunderte, für sich eine Grabhöhle in Form eines Speos in den Felsen hauen zu lassen analog zu den Grabhypogaen der Pharaonen. Seine Nachfolger verhielten sich wie er. Die Höhlen von Darius und den Fürsten seiner Dynastie, die in den Felsen von Nakhsh-i-Rustam und Takht-i-Jemshid in der Nähe von Persepolis zu sehen sind, unterscheiden sich in allen Punkten von den Gräbern von Kambyses I. und Cyrus: während Letztere sind quadratische Türme aus Mauerwerk, die der zweiten Achämeniden-Dynastie sind nebeneinander in die senkrechte Wand des Berges eingeschnitten und die Fassade ist, wie die der Hypogäen in Beni-Hassan, mit Basreliefs verziert. Um diese Kammern zu erreichen, war es zur Zeit der Achämeniden wie auch in unseren Tagen notwendig, mit Seilen auf die Höhe der Öffnung hochgezogen zu werden. Die Außenskulpturen sind interessant. Eine Kolonnade mit bikephalen Kapitellen trägt einen Architrav, dessen Fries mit einer Prozession von Löwen geschmückt und mit Flachreliefs gekrönt ist. Zwei Reihen vollbewaffneter Soldaten heben ihre Hände, um eine Art Plattform zu stützen, deren Ränder mit zwei symbolischen Löwenfiguren mit Stierhörnern verziert sind. Diese persischen Krieger erinnern den Betrachter an die assyrischen Soldaten, die den Thron Sanheribs schmücken. Auf der Plattform steht Darius auf einem Stufenpodest, gekleidet in die von Herodot beschriebene *Persis , gekrönt mit der Cidaris* , das Ende seines Bogens auf den Boden gestützt und die Hand ausgestreckt. Ihm gegenüber steht ein beleuchteter Feueraltar und das Bild von Ormuzd. Um dieses Flachrelief herum und als Rahmen dienen die Figuren der Satrapen, die Darius dabei halfen, Gaumates zu töten. Die Tür der Höhle wird im zentralen Zwischensäulengang geöffnet. Das Innere der Kammern war so streng wie möglich; das Dach ist in Form eines Gewölbes gehauen; Gemäß dem Gesetz von Ormuzd gibt es nirgends Spuren von Malerei oder Inschrift. Die Hohlräume für die Sarkophage sind in den Seitenwänden ausgebildet, wie in den Grabhöhlen Ägyptens, Palästinas und Phöniziens.

§ V. Gravierte Edelsteine und Ornamente.

Die glyptische Kunst und der Schmuck der Perser pflegen edel und ohne Anzeichen von Dekadenz die künstlerischen Traditionen Chaldäas und Assyriens. Als Assurbanipal und Nebukadnezar Expeditionen in die entlegensten Provinzen Persiens, Medien und Armeniens unternahmen, hatten sie in all diesen Ländern die Produkte der assyrischen Industrie und die Vorliebe für Luxus und Kunstwerke verbreitet; Ihre Künstler rekrutierten dort ihre Anhänger: Wie Alexander trugen sie die Fackel der Zivilisation mit ihren Armen überall hin, und als die Achämeniden ihre Residenz in Susa und Ekbatana bezogen, fanden sie die Einwohner zutiefst von chaldäisch-assyrischen Ideen und Bräuchen durchdrungen. Die Perser lieben ebenso wie die Babylonier volle Kleidung und Schmuck: Jeder angesehene Bürger hat seinen Zylinder oder sein Siegel um den Hals gehängt; er ist mit Armbändern, Ringen und Halsketten bedeckt; seine Tiara ist mit Perlen und funkelnden Steinen verziert; Seine zart bestickte Tunika ist mit Edelsteinen besetzt. In seinem Haus stellt er luxuriöse Möbel zur Schau, die, wenn sie an die Parther weitergegeben wurden, die Römer und Byzantiner in Erstaunen versetzen werden: Becher aus Gold und Silber, angereichert mit Kristall und farbigem Glas und geschmückt mit Relieffiguren ; Stühle, Sofas und Tische, überzogen mit Silber, Gold und geschnitztem Elfenbein. Kurz gesagt, alles, was aus der Luxusleidenschaft der Chaldäer in Bezug auf Wandteppiche, Stickereien und Goldschmiedearbeiten hervorgegangen ist, findet sich auch bei den Persern.

Nur waren die Perser keine unterwürfigen Nachahmer; Sie konnten den Produktionen ihrer Industrie eine originelle Wendung geben, selbst wenn sie die Assyrer kopierten. In ihren Zylindern und Siegeln liegt eine trockene und nervöse Ausführung, die sie ebenso deutlich charakterisiert, wie sich die Stiere von Persepolis von den Niniviten-Monstern unterscheiden. Es versteht sich auch von selbst, dass die Inschriften und die Einzelheiten der Tracht der Klassifizierung der Produktionen der glyptischen Kunst unter den Achämeniden einen absolut präzisen Charakter verleihen. Hier ist zum Beispiel der Zylinder des Darius, der im British Museum aufbewahrt wird. Die ganze Szene ist offensichtlich assyrischen Siegeln nachempfunden, aber die Darstellung des zügellosen Löwen und der Pferde unterscheidet sich deutlich von der Kunst in Ninive; die gezahnte Tiara des Prinzen, die in der Luft schwebende Ormuzd-Scheibe und schließlich die mit mathematischer Regelmäßigkeit gezeichnete Inschrift vervollständigen die Beweise für die persische Herkunft dieses schönen Zylinders.

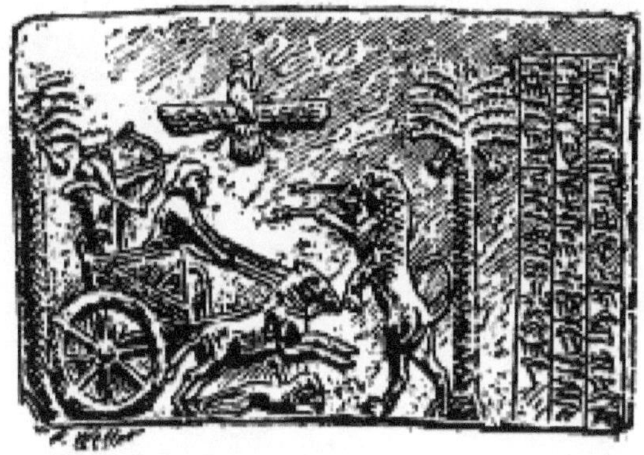

Abb. 142. – Zylinder des Darius (nach J. Menant).

Wenn wir uns chronologisch vom Ursprung der Kunst entfernen,
werden deutlichere Modifikationen in die *Technik eingeführt* und neue
ausländische Einflüsse werden in der persischen Arbeit sichtbar. Ein
Zylinder (Abb. 143), der einem russischen Sammler gehört, stellt eine Szene
dar, die man als Nachahmung des Flachreliefs von Behistun annehmen
könnte. Hier ist Darius zu sehen, wie er mit seiner Lanze einen knienden
Feind tötet, dessen Kopfschmuck ägyptischer Herkunft ist.

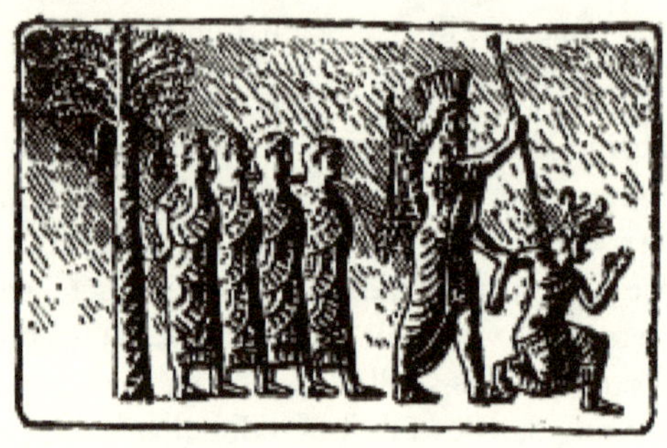

Abb. 143. – Persischer Zylinder (nach J. Menant).

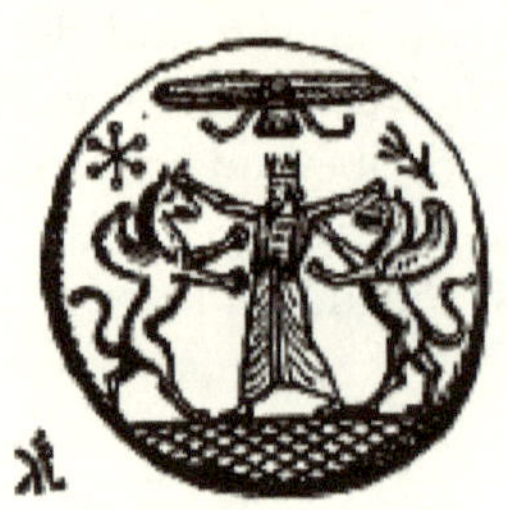

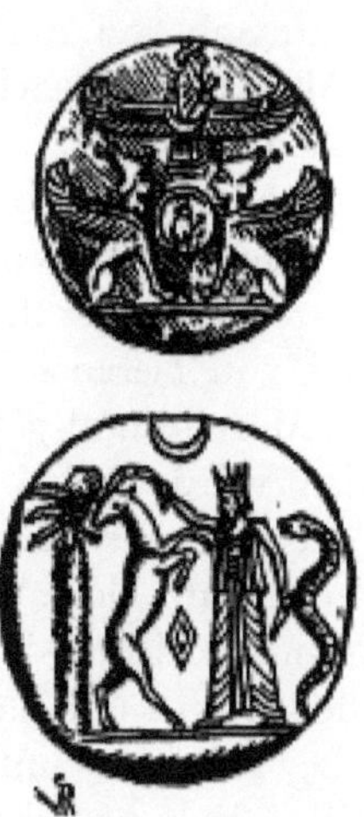

Abb. 144. – Persisches Siegel. Konisch. Abb. 145. – Siegel des Artaxerxes (Louvre). Abb. 146. – Persisches Siegel. Konisch.

Die besonderen Unterscheidungsmerkmale der Produktionen der Edelsteingravurkunst unter der Achämeniden-Dynastie sind die Nüchternheit und Genauigkeit der Arbeit und der konventionelle Charakter der Figurenszenen; Darüber hinaus verbreitete sich infolge des Einflusses Ägyptens und Phöniziens immer mehr die Mode, die Zylinder durch konische, rhombische oder kugelförmige Steine zu ersetzen, die auf einer Seite abgeflacht waren, um ein Feld für die Gravur zu bilden. Auf diesen Kegeln aus Chalcedon oder Achat sind die häufigsten Motive: der „König der Könige", stehend oder kniend, gekrönt mit der gezahnten Tiara oder

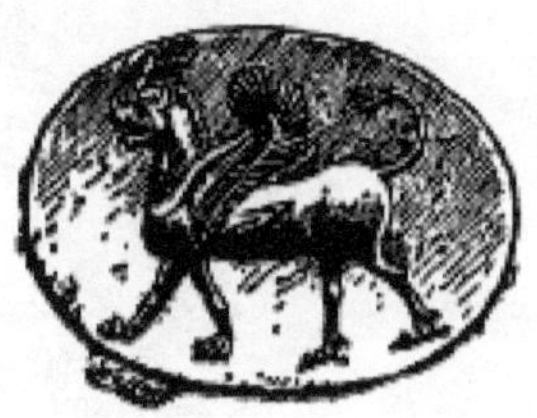

Abb. 147. – Persisches Siegel (Cabinet des médailles).

Cidaris und seinen Bogen spannend – ein Typus, der dem der Münzen ähnelt, die unter dem Namen Daries bekannt sind; der König ersticht einen Löwen, der aufrecht vor ihm steht; ein Pontifex vor dem Feueraltar, der Ormuzd anbetet; Sphinxen und Greifen, die an das assyrische *Kirubu* erinnern . Ein Opalsiegel (Abb. 145), das M. Dieulafoy in Susa erhalten hat, zeigt zwei mit der Tiara Oberägyptens gekrönte Sphinxen in Anbetung vor der geflügelten Scheibe von Ormuzd; In der Mitte befindet sich in einem kleinen Medaillon das Porträt des achämenidischen Fürsten, zweifellos Artaxerxes Mnemon. Die filigrane Ausführung des königlichen Porträts ist auffallend, und die eleganten Formen der Sphinxen sind nicht weniger bemerkenswert. Wie bei den Assyro-Chaldäern offenbart das Genie des persischen Graveurs seine ganze Stärke in der Darstellung von Tieren – Löwen, Hirschen, Antilopen, Sphinxen und Greifen. Der geflügelte und gehörnte Greif, der auf einem gravierten Edelstein gefunden wurde (Abb. 147), weist eine deutliche Analogie zu einem kleinen Basrelief aus Kalkstein in der Sammlung De Luynes (Abb. 148) auf, das zeigt, auf welche Weise die persische Kunst das assyrische *Kirubu interpretierte* und welche Modifikationen es gab was es erforderte. Das Monster hat den Körper und die Vorderpfoten eines Löwen; seine mit kräftigen Krallen bewaffneten Hinterbeine ähneln denen eines Adlers; er hat die Ohren eines Ochsen und die Hörner einer wilden Ziege; sein Auge, sein Gesicht und sein halboffener Schnabel gehören dem Falken; eine struppige Mähne schmückt einen stolz gewölbten Hals wie der eines Pferdes; er hat einen Löwenschwanz; Seine großen Flügel mit deutlich ausgeprägten Federn ähneln in ihrer Entwicklung denen der persepolitanischen Bullen. Wir kennen in der persischen Kunst nichts Besseres als diese Figur, das Symbol für Stärke und Macht, in der sich so viele widersprüchliche Elemente mit so glücklicher Harmonie vereinen. [64] In Susa und Persepolis, wie auch in Ninive und Babylon, war die kleine Skulptur der Skulptur im großen Maßstab nicht unterlegen, und der Stil des Graveurs erzeugte manchmal ebenso edle und beeindruckende Effekte wie der Meißel der Statuen: die Kopie tat es nicht dem Modell nachgeben.

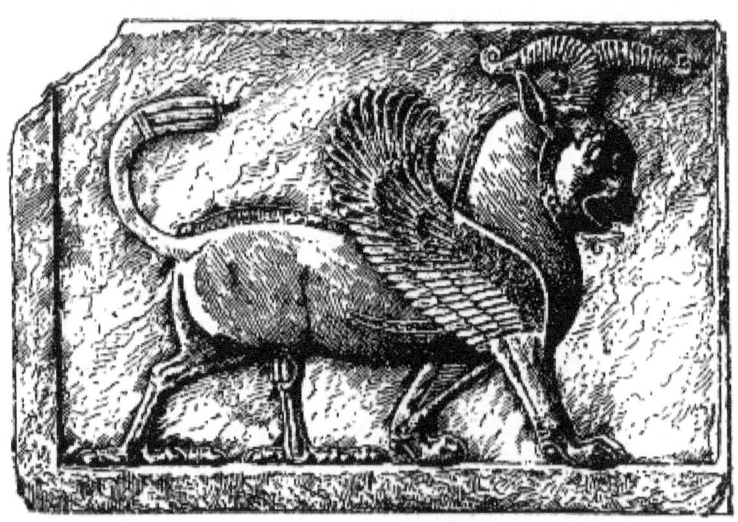

Abb. 148. – Basrelief von De Luynes (Cabinet des médailles).

KAPITEL VI.

DIE HETITER. [65]

DER Name der Hethiter (Khatti, Kheta) erscheint gleichzeitig in der Bibel, den Hieroglyphendokumenten und den Keilschrifttexten. Es wird an Bevölkerungsgruppen unterschiedlicher Herkunft vergeben, die Syrien vom Euphrat bis zu den Grenzen Ägyptens sowie Kappadokien und den größten Teil Kleinasiens von den Bergen Armeniens bis zu den Ufern des Halys und des Hermus bewohnten. Aber das Land, das insbesondere das Zentrum der hethitischen Herrschaften war und in dem sie ein homogenes und dauerhaftes Reich errichteten, ist Nordsyrien, das heißt das Gebiet, das sich von der großen Biegung des Euphrat bis zum Orontes und von dort aus erstreckt die Grenzen der aramäischen Oasen Palmyra und Damaskus bis zu den Bergen des Taurus. Am Euphrat errichteten sie die Festung Karkemisch (Jerablus), die gegenüber Ninive wie eine bedrohliche Herausforderung blieb, bis sie etwa im Jahr 710 v. Chr. von den Assyrern in Besitz genommen wurde. Am Orontes waren ihre Hauptstädte Kadesch und Hamath. Unter den Ruinen dieser Städte oder im Nachbarland, einschließlich Kilikien, einem geografischen Anhängsel Syriens, und auch unter den spärlich verstreuten Ruinen Kappadokiens und Kleinasiens wurden kürzlich Überreste der hethitischen Zivilisation entdeckt, und die Es wurden Werke seiner besonderen Kunst gefunden, die wir gleich in wenigen Worten beschreiben werden.

§ I. HETHITISCHE DENKMÄLER IN SYRIEN.

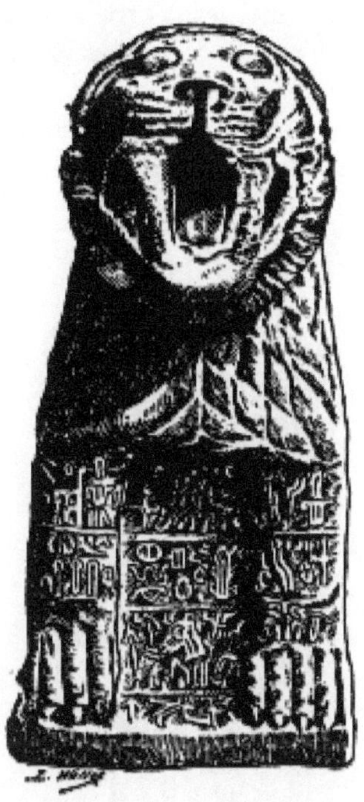

Abb. 149. – Der Löwe von Marasch (nach Wright, Taf. 27).

Die hethitische Kunst Syriens leitet sich von der assyrischen Kunst ab; es hat weder in der Konzeption seiner Formen noch in seiner technischen Ausführung etwas Originelles. Um es mit einem Wort zu charakterisieren, könnten wir es assyrische Kunst nennen, interpretiert von Barbaren. In all seinen Erscheinungsformen ist es seinem Vorbild unterlegen, wie die Werke der Barbaren, die griechische und römische Kunst kopierten. In Anlehnung an die Assyrer beschränkten sich die Hethiter fast ausschließlich auf die Skulptur im Flachrelief. In Marasch am Pyramus in Kilikien wurde zwar ein fragmentarischer Torso erhalten; aber dies ist fast das einzige Beispiel einer hethitischen Statue in der Runde, das wir zitieren können. Diese grob gearbeitete Figur ist in einen mit Fransen besetzten Umhang gekleidet, wie man ihn überall an den Wänden der Ninive-Paläste sieht. [66]

Die Stiere und andere geflügelte Monster, die am Eingang assyrischer und persischer Paläste aufgestellt sind und die Mitte zwischen Statuen und Flachreliefs bilden, finden ihre Parallele auch bei den Hethitern. Im kaiserlichen Museum in Konstantinopel gibt es einen in Marash gefundenen Basaltlöwen, dessen Kopf und Hals vollständig vom Steinblock gelöst sind;

Die Vorderpfoten schließen mit der Vorderseite der Wand ab und der Körper des Tieres setzt sich um die Ecke fort. So ist es auf zwei Seiten in Anlehnung an die Ninive-Stiere gestaltet, und das Ausmaß der Unterwürfigkeit in der Kopie wird schließlich durch eine Inschrift in hethitischen Hieroglyphen auf den Vorderpfoten bewiesen, entsprechend der in Ninive beobachteten einzigartigen Mode.

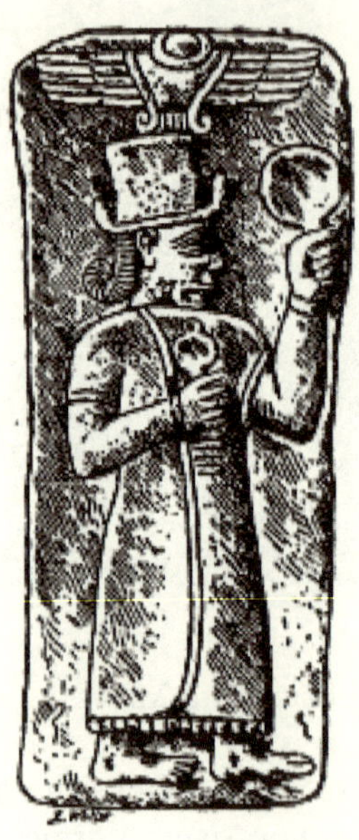

Abb. 150. – Stele aus Birejik (British Museum).

Der assyrische Einfluss ist in Karkemisch noch deutlicher zu erkennen, wovon zwei Figuren zeugen, die auf einem kauernden Löwen stehen und uns an die Felssculpturen von Sanherib in Bavian und Malthaiyah erinnern. [67] Ist bei dieser Figur [68] (Abb. 150) mit der geflügelten Scheibe und der vorn offenen Tunika nicht auch ein pseudoassyrischer Stil erkennbar ? HYPERLINK "https://gutenberg.org/files/50626/50626-h/50626-h.htm" \l "Footnote_68_68" Allerdings sind seine zylindrische Tiara, sein gedrehtes Haar und die eigentümlichen Scheiben, die er in seinen beiden Händen hält, Merkmale, die der Künstler nicht aus Mesopotamien kopiert hat.

Wie der babylonische Istar wird auch der hethitische Astarte stehend, mit vollem Gesicht und völlig nackt dargestellt; Sie hält ihre Brüste mit der gleichen unanständigen Geste, deren erstes Beispiel zur plastischen Kunst Chaldäas gehört. Dennoch ist Astarte geflügelt und mit einer konischen Tiara gekrönt, was Besonderheiten der hethitischen Symbolik sind. Die vor ihr anbetende Priesterin ist verschleiert, wie die Figuren assyrischer Frauen.

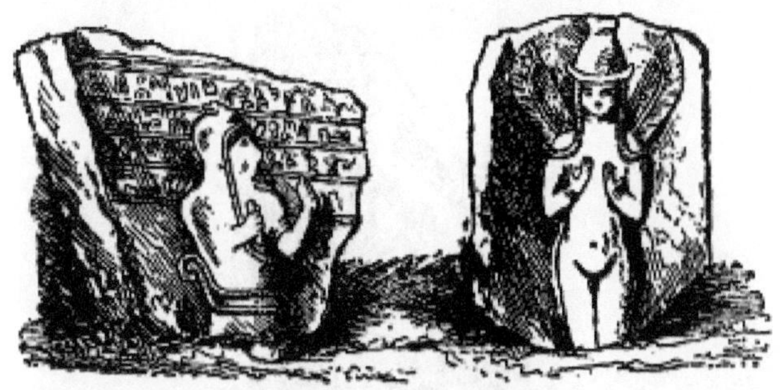

Abb. 151. – Fragmente einer Skulptur aus Karkemisch (aus der *Grafik*
, Dezember 1880).

In den hethitischen Palästen, beispielsweise in Khorsabad oder
Kouyunjik, wurden auf einer Reihe von Platten Skulpturen in minderwertiger
Nachahmung der Ninive-Reliefs aufgestellt. In Sinjerli, MO Puchstein, fand
sich noch an Ort und Stelle, d Kriegsgefangene. [69] In einem anderen Tell
in derselben Region enthalten drei aneinandergereihte Platten eine Szene aus
einer Löwenjagd; Der König sitzt mit seinem Wagenlenker in seinem Wagen
und spannt seinen Bogen. Alles hier – die Form des Streitwagens, das
Geschirr der Pferde, das Kostüm des Prinzen, der mit seinem Kettenhemd
bedeckt ist – verrät eine Kopie der Ninive-Skulptur. Sogar der Löwe, dessen
anatomische Formen gekonnt nachgebildet sind, erinnert uns an die
Jagdausflüge von Assurbanipal. Aber gleichzeitig wird die Minderwertigkeit
des Nachahmers in der Gestaltung der Szene deutlich, der es an Leben und
Bewegung mangelt: Der Löwe lässt sich die Speere ins Auge stechen und
duckt sich auf wohlwollendste Weise. Was für ein Unterschied zu der Kraft
und Geschmeidigkeit der schrecklichen Tiere, die brüllend um die Jäger
herumsprangen, wahre Söhne Nimrods!

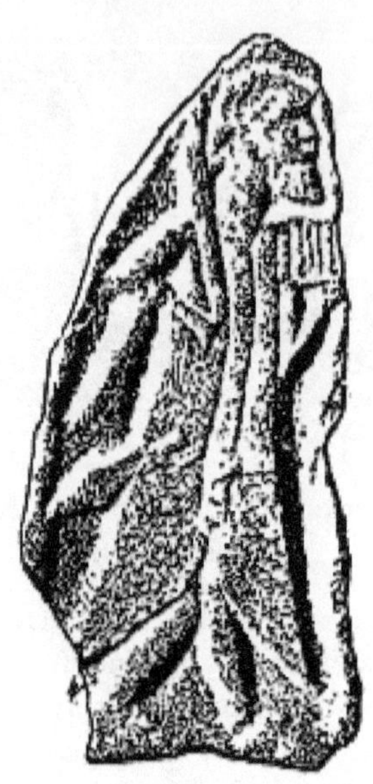

Abb. 152. – Flachrelief in Rum-Qalah (*Gazette archéol.* 1883.)

Wenn wir die Regionen verlassen, die in der Nähe des Euphrat liegen, ist die Nachahmung Assyriens zwar ebenso wahrnehmbar, aber vielleicht weniger unterwürfig und freier; In die Komposition der Szenen fließen zahlreiche Originalelemente ein. In Rum-Qalah stellt ein Basrelief eine bärtige Persönlichkeit dar, die eine Mütze trägt und in eine lange Tunika gekleidet ist, die auseinandergezogen ist, als ob sie die Form der herabhängenden Flügel assyrischer Genien nachahmen würde. An seinem Gürtel trägt er einen Dolch; in seiner linken Hand ist eine Art Leier, in seiner rechten ein Palmzweig; Der Griff einer Ledertasche wird über seinen Arm geführt. Die grobe Verarbeitung macht die Imitation selbst nahezu unkenntlich. Auf einer Basaltstele in Marasch (Abb. 153) sitzen zwei Frauen auf Stühlen mit Rückenlehnen, getrennt durch einen Tisch, ähnlich denen, die wir in Assyrien gesehen haben; Auch die Tracht dieser Frauen weist große Ähnlichkeit mit der Kleidung der Niniviten auf; Ihre hohe Tiara unter ihrem langen Schleier scheint jedoch einheimisch zu sein. Die gleichen Merkmale unvollkommener und grober Nachahmung sind auch bei anderen Skulpturen aus demselben Ort zu beobachten; Besonders originell sind lediglich der Ausdruck der Gesichter, das Diadem und die Anordnung der Haare: Der Betrachter fühlt sich an den Grenzen eines Territoriums, das bereits unter den direkten Einfluss der hellenischen Kunst Asiens gerät Unerheblich. [70]

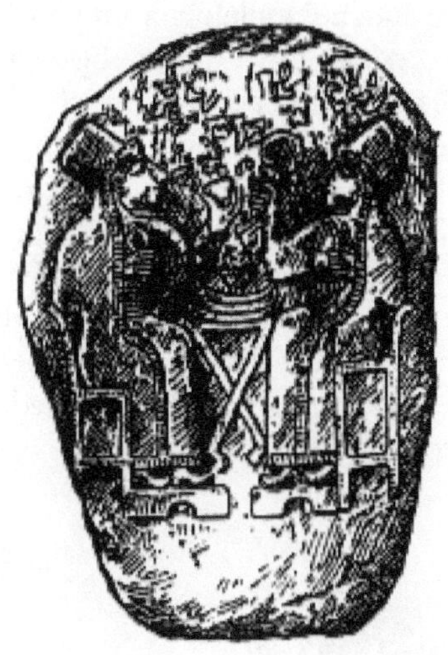

Abb. 153. – Stele in Marasch (nach Hirschfeld).

Nach diesen Beispielen lassen sich in Syrien selbst zwei Gruppen klar unterschiedener hethitischer Denkmäler feststellen: die von Karkemisch und der Euphratregion, bei denen es sich um farblose Kopien assyrischer Werke handelt; und diejenigen aus Westsyrien und insbesondere aus Kilikien, die zwar ebenfalls von der Kunst der Ninive abgeleitet sind, sich aber in größerem Maße von ihr trennen, sind rauer und enthalten Elemente, die gleichzeitig origineller und barbarischer sind. Als besondere Merkmale der Hethiter möchten wir das Diadem, die hohe Mütze der Frauen, an der ein langer Schleier befestigt ist, und vor allem die Schuhe mit umgeschlagenen Spitzen hervorheben. Diese von Männern und Frauen getragenen Schuhe wurden als das Hauptmerkmal der hethitischen Denkmäler beschrieben; Man darf jedoch nicht vergessen, dass diese Schuhe auch heute noch nicht nur in Syrien, sondern in ganz Kleinasien von den verschiedensten Völkern getragen werden.

§ II. Hethitische Denkmäler in Kappadokien.

Ein Kanton im antiken Kappadokien, die Pteria des Herodot am Halys, wo das erste Treffen zwischen Kyros und Krösus stattfand, enthält eine beträchtliche Anzahl hethitischer Ruinen, die insbesondere von MM erforscht wurden. Perrot und Guillaume bilden in der Geschichte der orientalischen Kunst eine eigenständige Gruppe. Das Dorf Boghaz-Keui, die alte Hauptstadt der Pterier, verfügt neben seinen Befestigungsanlagen mit einem Umfang von 3¾ Meilen noch über in Felsen gehauene Basreliefs, die Iasili-Kaïa, „der beschriftete Stein", genannt werden, und über Überreste von Gebäuden, die nicht völlig ununterscheidbar sind . Der königliche Palast, der fast bis zum Boden reicht, ist ein Parallelogramm von 136 Fuß mal 185 Fuß. In den Blöcken, aus denen die Mauer besteht, sind Löcher für Eisenklammern zu sehen, wie in den achämenidischen Gebäuden; Wie auch bei letzterem sind die Steine groß, aber unregelmäßig; der obere Teil der Mauer bestand wie in Ninive und Persepolis aus Ziegeln ; schließlich wurde der Palast von Boghaz-Keui auf einer künstlichen Terrasse errichtet. In der Anordnung der Räume sind Besonderheiten der Fürstenresidenzen aller orientalischen Länder zu erkennen. Das Haupttor bildet ein eigenständiges Bauwerk, vergleichbar mit dem des Palastes in Khorsabad: Es ist 58 Fuß hoch; Zwei Löwenköpfe im Originalstil ragen auf jeder Seite der Öffnung über monolithischen Türpfosten hervor.

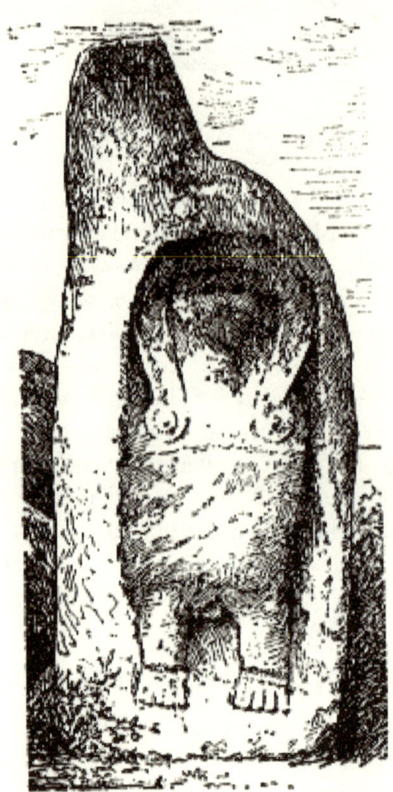

Abb. 154. – Die Sphinx von Euyuk (von Perrot und Guillaume
[71]

Der Palast von Euyuk sowie der von Boghaz-Keui weisen auffallende Ähnlichkeiten mit denen von Ninive auf; seine Terrasse, 812 Fuß im

Quadrat, erhebt sich immer noch auf eine Höhe von 39 Fuß. Die Ecken sind den vier Himmelsrichtungen zugewandt. Der Haupteingang ist 11 Fuß breit [71] und auf jeder Seite stehen zwei Sphinxen anstelle der Stiere mit Menschenköpfen. Daneben befand sich entlang der gesamten Fassade eine Reihe von Flachreliefs, deren Anordnung mit der an den Fassaden von Khorsabad und Kouyunjik übereinstimmte. nur die Sphinx, die nicht assyrisch ist, offenbart einen anderen ausländischen Einfluss – den von Ägypten. Die kappadokische Kunst war in der Lage, den ägyptischen Typus zu interpretieren und beschränkte sich bei dieser Gelegenheit nicht auf eine langweilige Kopie. „In Ägypten“, bemerkt M. Perrot, „wird die Sphinx, zu welcher Art auch immer sie gehört, immer in liegender Haltung dargestellt, nie stehend wie hier: statt wie ein Flachrelief behandelt und davor platziert zu werden.“ Es ist rund geformt und auf beiden Seiten des Eingangs senkrecht zum Weg angebracht, auf dessen Achse es blickt.“ [72] Außerdem fallen bei den Sphinxen an den Ufern des Nils die Enden der Haare auf jeder Seite des Kopfes gerade herab, ohne die Locken zu bilden, die wir hier sehen. In Euyuk wird die ägyptische Sphinx im assyrischen Stil behandelt; Der Platz, den es an den Seiten des Tors einnimmt, und die Position seiner Pfoten machen es zu einer Art Kompromiss zwischen Ägypten und Assyrien, die in diesem Land Kappadokien sowohl im künstlerischen Einfluss als auch im politischen Übergewicht miteinander wetteiferten.

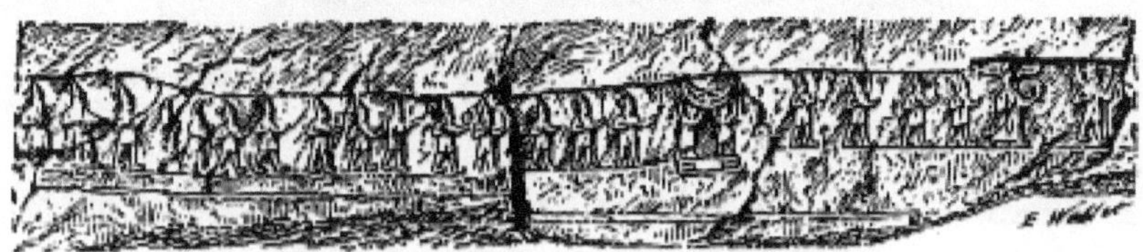

Abb. 155. – Felsskulpturen in Iasili-Kaïa (nach Perrot und Guillaume).

Diese doppelte Tendenz ist auch in Iasili-Kaïa zu beobachten. Hier wurde eine rechteckige Kammer von 81 Fuß mal 37½ Fuß gefunden, die an drei Seiten in den Felsen gehauen war; Die Wände sind mit Flachreliefs bedeckt, die einen Sockel bilden.

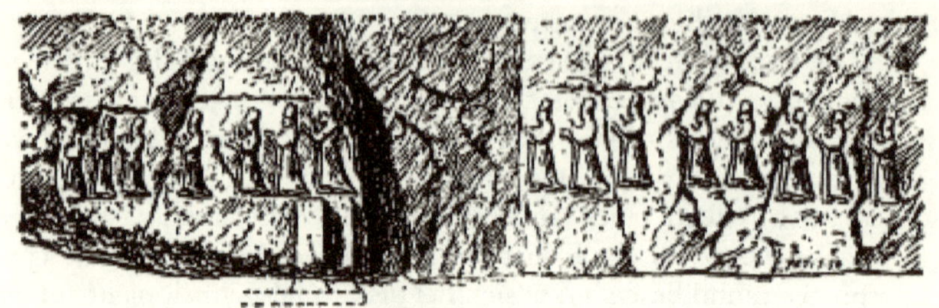

Abb. 156. – Felsskulpturen in Iasili-Kaïa (nach Perrot und Guillaume).

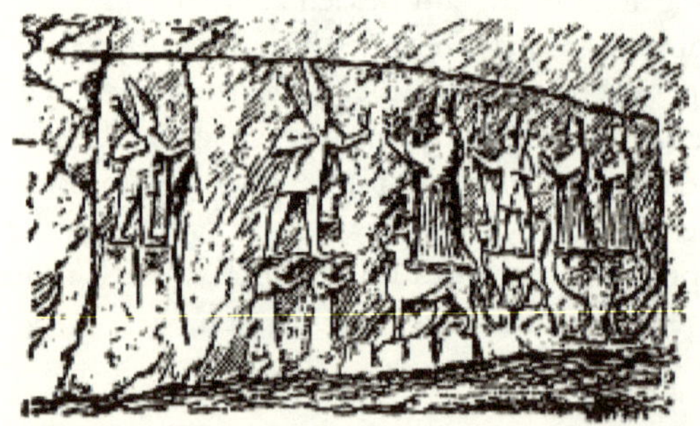

Abb. 157. – Felsskulpturen in Iasili-Kaïa (nach Perrot und Guillaume).

Eine weitere kleinere Kammer und ein Korridor enthalten ähnliche Skulpturen; Die Höhe der Figuren variiert zwischen 4 Fuß 6 Zoll und 2 Fuß 3 Zoll. Zwei Figurenzüge umrunden den größeren Raum und treffen einander: Rechts Frauen in langen Gewändern mit Schleppen, deren Haare herabfallen auf ihren Schultern trugen sie eine runde Tiara wie die Frauen in Marasch; links die Männer mit der kegelförmigen Mütze, die Herodot den Cimmeriern zuschrieb, und einer kurzen Tunika, die vorne nicht tiefer als die Knie reichte, hinten aber länger war. In jeder Gruppe werden die Figuren im Verhältnis zu ihrer Nähe zum Zentrum größer. Viele von ihnen sind keine Menschen, sondern geflügelte Genien, Satyrn mit Ziegenfüßen, hundeköpfige Monster. Fast alle halten in ihren Händen Zepter, gebogene Stäbe, zweischneidige Beile; einige stehen auf Vierbeinern. Zwei sitzen auf einem zweiköpfigen Adler; ein anderer steht, begleitet von einem Kind, auf den Schultern zweier Träger.

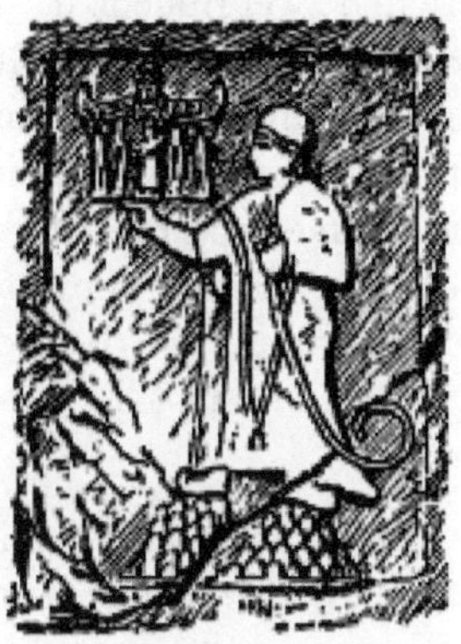

Abb. 158. – Felsskulptur in Iasili-Kaïa (Perrot und Guillaume).

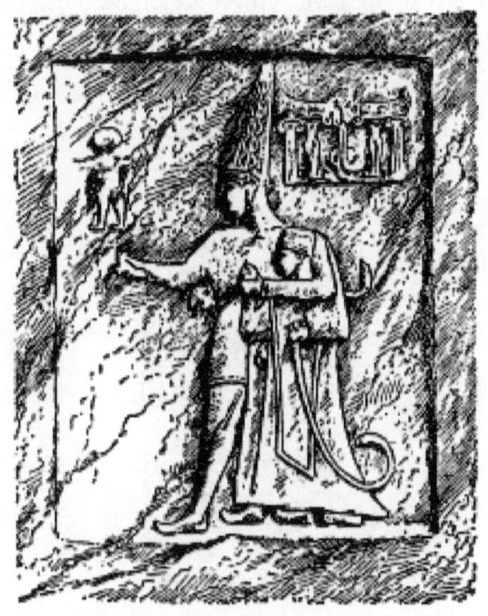

Abb. 159. – Felsskulptur von Iasili-Kaïa (nach Perrot und
Guillaume).

Nahe dem Eingang dieser riesigen Halle stellt ein separates Relief einen
Riesen dar, der auf zwei Bergen steht. Diese Persönlichkeit hält in seiner
rechten Hand einen Schrein und in seiner linken eine Art langen Stab, dessen
unteres Ende wie ein Bischofsstab gebogen ist; Er trägt eine
halbkugelförmige Schädelkappe und ist mit einem langen, seitlich offenen
Gewand bekleidet. Der Schrein, den diese Gottheit beherbergt, ist mit zwei
ionischen Säulen versehen, die die geflügelte Scheibe tragen; Unter der

Scheibe ist eine Figur zwischen zwei Bullen zu sehen, die mit vollem Gesicht zu sehen sind. In einiger Entfernung ist eine Gruppe von zwei Figuren zu beobachten. Einer von ihnen, von kolossalen Ausmaßen, steht anderswo auf einem Vierbeiner. Hier trägt er eine reich verzierte konische Tiara, ist mit einem Schwert bewaffnet und in eine kurze Tunika gekleidet. Er streckt seine rechte Hand aus, als wollte er ein vor ihm stehendes Kind tragen oder ergreifen. Die zweite Figur, beschützt von der Gottheit, die ihren linken Arm um seinen Hals legt und seine Hand hält, ist dieselbe wie die, die wir gerade zuvor gesehen haben.

Die Skulpturen, die die Wände des Vestibüls im Palast von Euyuk schmücken, weisen eine so große Ähnlichkeit mit denen von Iasili-Kaïa auf, dass es unmöglich ist, ihren gemeinsamen Stil und Ursprung nicht zu erkennen. Unter ihnen sehen wir eine Frau, die auf einem Thron sitzt, ihr Haar auf die Schultern fällt und mit einer Halskette und Armbändern geschmückt ist. Sie erinnert uns an die assyrische Königin, die am Bankett von Assurbanipal teilnahm. Sie führt einen Kelch an die Lippen und hält eine Blume in der Hand.

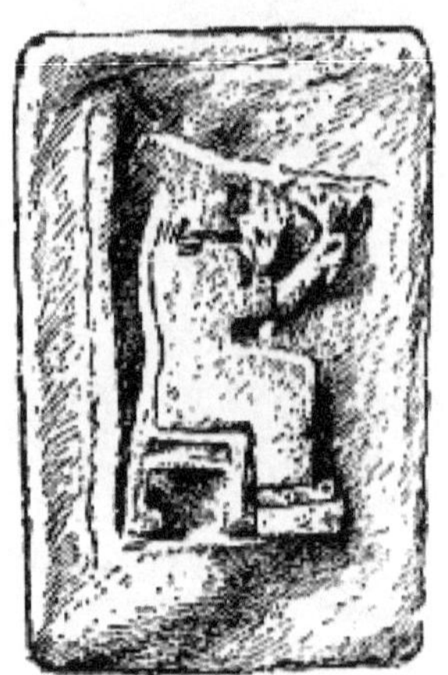

Abb. 160. – Felsskulptur von Iasili-Kaïa (nach Perrot und Guillaume).

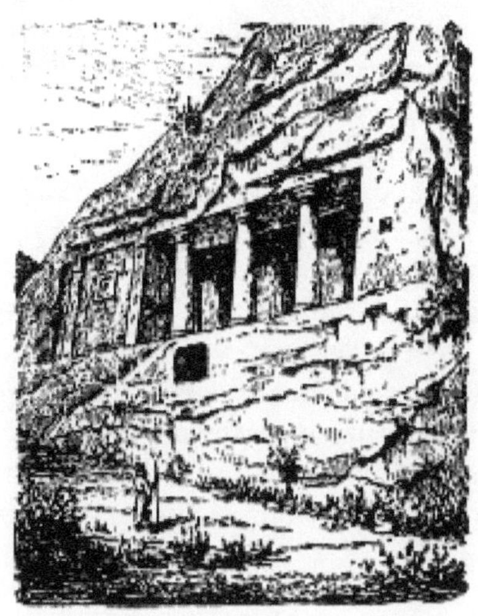

Abb. 161. – Grab von Gherdek-Kaïasi (nach Perrot und
Guillaume).

Alle diese Szenen sind priesterlicher und religiöser Natur und nicht, wie
in Assyrien, dem Ruhm des Königs und der Erinnerung an seine
kriegerischen Heldentaten gewidmet. Sie beziehen sich auf die Verehrung des
Gottes Mên oder der Göttin Mâ oder Enio, dem kappadokischen Namen
von Anaïtis oder Astarte, deren Riten Strabo beschreibt, wie sie in den beiden
Städten Comana durchgeführt werden.

Zu dieser kappadokischen Zivilisation, die wiederum rein orientalisch
ist und dem griechischen Einfluss vorausgeht, müssen die Grabskulpturen in
Gherdek-Kaïasi in der Nähe von Boghaz-Keui und Euyuk zugeordnet
werden. Der Hauptteil dieser in den Fels gehauenen Höhlen, wie die von
Phönizien und Nakhsh-i-Rustam, hat eine Fassade, die mit einem Portikus
mit drei niedrigen Kolonnaden geschmückt ist, deren Stil stark an die
griechisch-dorische Ordnung erinnert (Abb. 161). An den Enden dieses
Portikus befinden sich die Türen zu zwei Kammern, die zur Aufnahme von
Sarkophagen bestimmt sind. Beide haben offene Fenster in der Felswand; die
Grabliegen sind wie Nischen in die Wand gehauen. Es gibt etwas in diesen
Denkmälern, das den Charakter sowohl der phrygischen Gräber als auch der
von Nakhsh-i-Rustam hat; und vielleicht sind sie nicht älter als die
Zerstörung von Pteria durch Krösus im Jahr 549 v. Chr.

Zusammenfassend lässt sich sagen: Wir müssen mit M. Perrot zu dem
Schluss kommen, dass die Denkmäler von Boghaz-Keui und Euyuk , Zeugen
der primitiven Zivilisation Kappadokiens, ebenso wie die Denkmäler
Nordsyriens assyrischem Einfluss ausgesetzt waren. Die Paläste sehen aus

wie „eine verkleinerte Kopie der großen königlichen Gebäude an den Ufern des Tigris und des Euphrat". Die geflügelten Figuren, die Monster mit Adler- und Löwenköpfen, stammen aus Assyrien, ebenso wie die auf dem Rücken verschiedener Vierbeiner getragenen Gottheiten, die Blumen in den Händen der Figuren und die geflügelte Scheibe, das Symbol der Gottheit. Verschiedene Elemente der kappadokischen Skulpturen scheinen, nicht weniger Belege zufolge, aus Ägypten, Persien und sogar von den Griechen Kleinasiens entlehnt worden zu sein, aber das ist eine Ausnahme. Auf jeden Fall gibt es in dieser hethitischen Kunst von Pteria nichts Originelles und Individuelles, außer dem Adler mit zwei Köpfen (Abb. 162), der offenbar mit dem ältesten asiatischen Kultus zusammenhängt und an die Sirenen erinnert; außer auch dem langen geschwungenen *Lituus* , dem in Kaselform geschnittenen Gewand, der spitzen Tiara, den spitzen Schuhen; Details der Kleidung sind für die Kostümgeschichte interessanter als für die Kunstgeschichte.

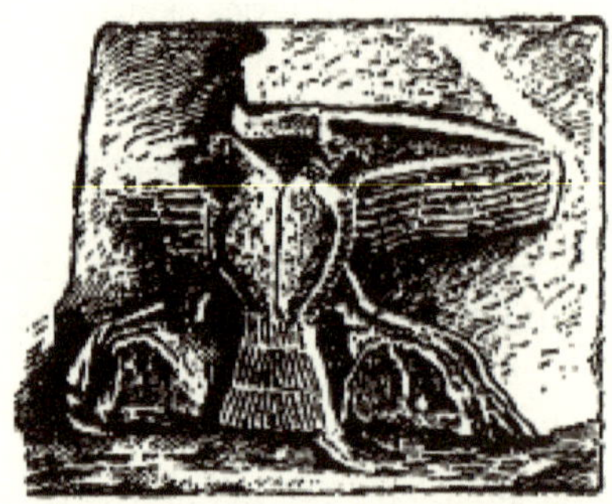

Abb. 162. – Skulptur in Iasili-Kaïa.

Der Zusammenhang der Skulpturen von Pteria mit denen des hethitischen Syrien ist ganz klar; Es gibt dieselben Hieroglyphen, dieselbe kurze Tunika, dasselbe lange Gewand, dieselben Schuhe, dieselbe spitze Tiara und dieselbe runde Schädelkappe. Die weiblichen Kleidungsstücke sind in Marash und Iasili-Kaïa nahezu identisch; die Gottheiten haben ähnliche Eigenschaften; Der Löwe und der Stier sind die Tiere, die beide Regionen am liebsten darstellen. Wir müssen schlussfolgern, dass die gleiche halbbarbarische Rasse, die weder in der Kunst noch in der Politik die Macht hatte, sich vom Joch Ägyptens und Assyriens zu befreien, beide Hänge des Taurus bewohnte; Wir werden nun untersuchen, wie weit diese hethitische Rasse ihre Zweige nach Westen ausdehnte und welche Denkmäler sie in Kleinasien jenseits des Halys hinterließ.

§ III. HETHITISCHE DENKMÄLER IN KLEINASIEN.

Nördlich des Taurus und jenseits des Halys sind die Denkmäler der hethitischen Zivilisation, wie in Kappadokien, Basreliefs, die in die Felswände gehauen wurden oder nicht.

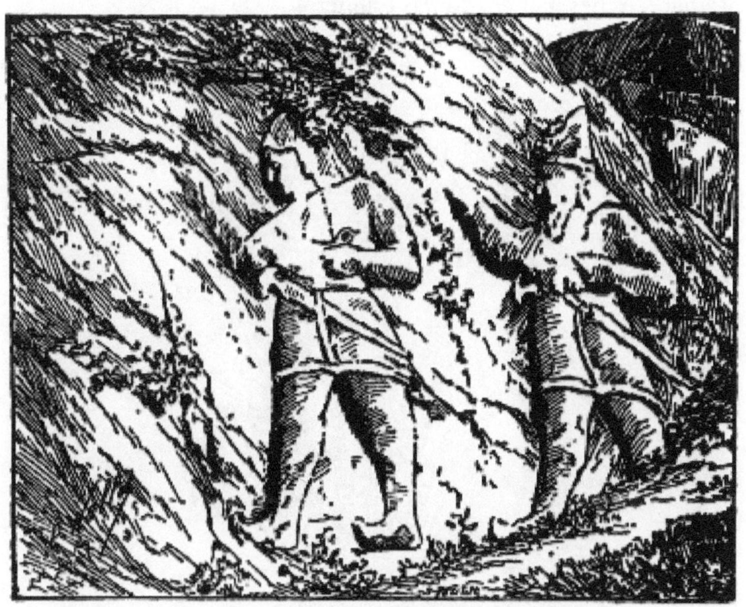

Abb. 163. – Felsskulpturen in Ghiaur-Kalesi (nach Perrot und Guillaume, Taf. x.).

In Kalaba, in der Nähe von Ancyra, in Galatien, entdeckte M. Perrot eine große Platte (4 Fuß 4 Zoll mal 2 Fuß 6 Zoll), auf der ein Löwe geschnitzt ist, der im Stil denen ähnelt, die wir in Syrien oder Syrien getroffen haben in Kappadokien. [74] Eine neunstündige Reise südwestlich von Ancyra fand derselbe Gelehrte zwischen den Ruinen namens Ghiaur-Kalesi zwei große Figuren, die dieses Mal in die Seite des Felsens gehauen waren. Dies sind Krieger, wie einige von denen in Boghaz-Keui; beide tragen einen kegelförmigen Helm oder eine Tiara, an der hinten ein Stoffstück befestigt ist, das den Nacken bedeckt ; Sie sind mit einer kurzen Tunika bekleidet, die in der Taille durch eine Schärpe zusammengehalten wird. Ihre Füße sind mit gebogenen Stiefeln beschlagen.

Die Skulptur in Ibriz in Lykaonien besteht aus einer Inschrift in hethitischen Hieroglyphen und zwei kolossalen Figuren, eine 19 Fuß 9 Zoll hoch, die andere 11 Fuß 9 Zoll. Ein Priester steht in Anbetung vor seiner Gottheit. Der Gott hält in seiner linken Hand eine Kornähre und in seiner rechten Hand die Zweige eines Weinstocks, der hinter ihm aus dem Boden wächst. Seine Tiara ist mit mehreren Hörnerpaaren versehen, Bart und Haar sind nach assyrischer Art gekräuselt. Der Papst ist in Aussehen und Kostüm durch und durch assyrisch; Sein mit Fransen besetztes Gewand ist mit quadratischen oder rautenförmigen Mustern verziert, die an die Tunika von Marduk-nadin-akhi (Abb. 22) und auch an die Ornamente des phrygohellenischen Grabes namens Midas erinnern.

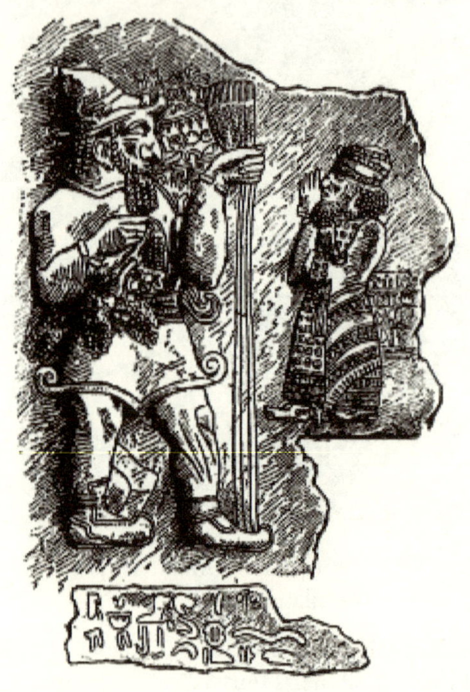

Abb. 164. – Felsskulptur in Ibriz (aus Wright, *Reich der Hethiter*).

Die Ruinen von Eflatoun in Lykaonien bestehen heute kaum noch aus mehr als der Fassade eines zerstörten Gebäudes; es ist mit einem Basrelief geschmückt, in dem die geflügelte Sonnenscheibe zu erkennen ist, das Symbol der Gottheit in Ägypten und in Assyrien; unten sind zwei weitere kleinere Festplatten; Dann kommen zwei Reihen von Figuren mit über den Kopf erhobenen Armen, als ob sie ein Gebälk stützen würden.

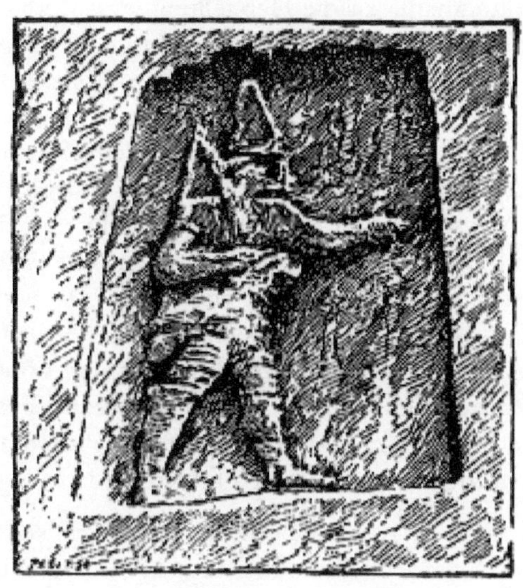

Abb. 165. – Felsskulptur bei Nymphio (*Revue Arch.* , T. XIII, 1866).

Hethitische Denkmäler werden immer seltener, je mehr wir Kilikien, Lykaonien, Kappadokien und Phrygien verlassen, um in westlichere Regionen vorzudringen. Allerdings trifft man in Lydien und sogar an der Küste Ioniens jeden Tag auf neue Denkmäler, begleitet von Hieroglyphen, die keinen Zweifel an der Herkunft der Menschen zulassen, die sie in die Felsen gemeißelt haben. Herodot schrieb Sesostris zwei hethitische Flachreliefs in der Nähe von Smyrna zu, die noch heute zu sehen sind. Eines befindet sich im Dorf Nymphio, an der Seite eines Felsens, der über einen Arm des Flusses Hermus hinausragt, und erhebt sich mindestens 162 Fuß über die Schlucht. In einer 8 Fuß hohen Nische ist ein Krieger zu sehen, der die konische Tiara trägt und in eine kurze Tunika gekleidet ist; er trägt eine Lanze und einen Bogen; er ist mit den spitzen Stiefeln beschlagen. Das zweite von Herodot erwähnte Denkmal wurde kürzlich von M. Humann entdeckt; es ist weniger gut erhalten und stellt einen fast genau ähnlichen Krieger dar. [75] Neben Spuren hethitischer Inschriften verbinden der Stil dieser Felsskulpturen, das Kostüm und die Haltung der Figuren sie unweigerlich mit den Flachreliefs von Kilikien, Lykaonien, Kappadokien und Syrien; es gibt den gleichen undeutlichen Umriss und den gleichen Mangel an Modellierung. Wohin auch immer das hethitische Volk ging, es blieb ein schwacher Nachahmer; Die Kunstwerke, die sie uns hinterlassen haben, lassen sich zwei oder drei Typen zuordnen, sie sind der assyrischen und manchmal der ägyptischen Bildhauerei nachempfunden, aber dem Vorbild immer weit unterlegen.

Weniger mittelmäßig ist die Herstellung von Modellen aus Serpentin, die uns überliefert sind und die von hethitischen oder lydophrygischen Goldschmieden zur Herstellung von Metallornamenten oder Talismanfiguren verwendet wurden. Die beiden merkwürdigsten dieser Matrizen sind diejenige, die im Cabinet de Médailles unter dem Namen *Baphomet aufbewahrt wird*, und eine weitere, die vor einigen Jahren in der Nähe von Thyatira in Mæonia gefunden wurde. [76] Letzteres, das 3½ Zoll hoch, 4½ Zoll breit und ½ Zoll dick ist, zeigt uns eine nackte Frau mit den Händen auf ihren Brüsten wie der babylonische Istar; Als nächstes ein Mann, vielleicht Bel-Marduk, gekleidet in das chaldäische Gewand mit einer Reihe übereinander liegender Fransen. Weiter hinten ist ein Löwe mit einem Ring zu sehen, der dazu gedacht war, das Ornament aufzuhängen, wenn es aus der Form kam; eine Art Altar; und schließlich die Planetensymbole, die auf zahlreichen assyrischen Denkmälern zu finden sind.

In der glyptischen Kunst übertrafen die hethitischen Graveure sich selbst und erwiesen sich als ihren Meistern in Ninive würdig. Es liegt uns fern, die Siegelabdrücke auf Terrakotta, die Siegel aus Edelsteinen und die Zylinder, deren Inschriften und Figuren, die erst vor kurzem die Aufmerksamkeit der Archäologen auf sich gezogen haben, mit Verachtung zu behandeln. Das heute verlorene silberne Siegel des Königs Tarkudimme trägt eine zweisprachige Inschrift in hethitischen Hieroglyphen und in assyrischer Keilschrift. Ein Zylinder im Louvre, der in Aïdin in Lydien gefunden wurde, zeigt eine Darstellungsszene vor einer Gottheit (Abb. 167). Drei Figuren gehen in die gleiche Richtung, die Hand auf dem Mund, und tragen das gebogene Zepter, das uns in den Felsskulpturen von Iasili-Kaïa aufgefallen ist. Ein großer Tisch, der von zwei Löwen getragen wird, ist mit Opfergaben beladen. Dann kommt ein assyrischer Genie mit zwei Gesichtern, einer auf einem Thron sitzenden Gottheit und einigen Nebenfiguren. M. Heuzey [77] hat festgestellt, dass das Thema, obwohl es fast ausschließlich assyrisch ist, dennoch ein nationales Element enthält; Dies ist der dekorative Teil des Zylinders. Das ornamentale Muster nimmt tatsächlich einen beträchtlichen Platz auf der Oberfläche ein; Es besteht aus einer doppelten Bordüre aus ineinander verschlungenen Linien und symmetrischen Schnörkeln, die nur in Denkmälern der hethitischen Glyptikkunst anzutreffen sind.

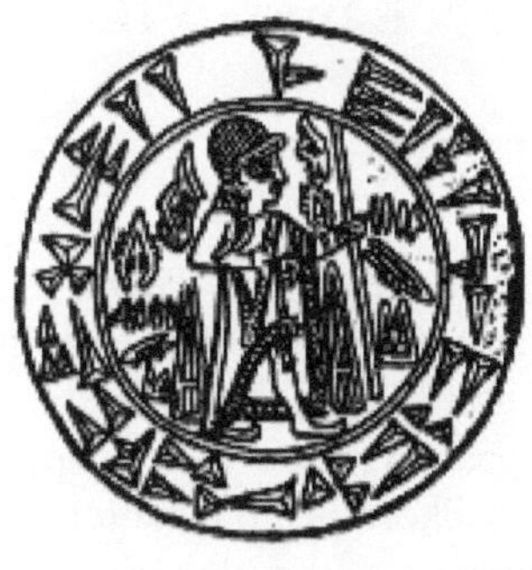

Abb. 166. – Boss von Tarkudimme (nach Wright).

Abb. 167. – Hethitischer Zylinder (Louvre).

Kapitel VII.

JÜDISCHE KUNST.

PALÄSTINA , das Syrien mit Ägypten verbindet, wurde von zahlreichen semitischen und kanaanäischen Stämmen bewohnt, die uns nur sehr dürftige Überreste ihrer Kunst hinterlassen haben. Wie die der Hethiter ließ sich diese Kunst sowohl von Assyrien als auch von Ägypten inspirieren, obwohl sie diese nie mehr als nur unvollkommen nachahmte. Der pharaonische Einfluss ist hier jedoch stärker spürbar als bei den Hethitern, da Palästina näher am Niltal lag. Die wichtigsten Bewohner dieser Region waren die Juden, und trotz der Armut unserer archäologischen Dokumente haben sich zahlreiche Gelehrte seit drei Jahrhunderten besonders für die Werke dieses Volkes interessiert, das auf der Bühne des Judentums eine so außergewöhnliche Rolle spielte die Welt. Es muss hinzugefügt werden, dass sich fast alle diese Forschungen auf die Erforschung des Tempels von Jerusalem und seiner Möbel konzentrierten, die tatsächlich die höchste Anstrengung jüdischer Kunst darstellten; Und obwohl sich die Denkmäler selbst nicht mehr in unseren Händen oder vor unseren Augen befinden, gibt es in der gesamten orientalischen oder klassischen Antike kein einziges Gebäude, von dem wir so ausführliche und zahlreiche schriftliche Beschreibungen besitzen. Auf dieser Grundlage wurden hundert Restaurierungsversuche am Tempel unternommen; Das am wenigsten komplizierte System und dasjenige, das die größte wissenschaftliche Anerkennung erlangt hat, ist das von M. de Vogüé. Wir werden es anhand der neueren Forschungen englischer Entdecker korrigieren und vervollständigen. Da sich die gesamte Kunst Palästinas auf den Tempel von Jerusalem und seine Möbel konzentriert, werden wir nur nebenbei über die wenigen anderen Ruinen vor der mazedonischen Epoche sprechen, die erwähnt wurden, sei es in Judäa oder bei anderen Nationen Südsyriens sogar unter den nabatäischen Arabern.

§ I. DER TEMPEL VON JERUSALEM.

Die Stadt Jerusalem nimmt heute das südliche Ende eines Plateaus ein, das im Osten vom Tal Kedron und im Westen und Süden vom Tal Hinnom begrenzt wird. Dieses Plateau wird von Norden nach Süden durch eine Schlucht namens Tyropœon-Tal in zwei Teile geteilt, so dass es zwei Hügel bildet: einen im Osten, den Berg Moria, dessen südliches Ende, Ophel genannt, Sion oder die Stadt Davids war; das andere im Westen, von viel größerer Ausdehnung, bis zu dem der Name Zion heute falsch gegeben wird und bis zu dem sich die Stadt erst unter den Königen von Juda auszudehnen begann. Als Salomo den Thron bestieg, bestand Jerusalem nur aus Sion oder der Stadt Davids, also dem schmalen Hügel Ophel zwischen den Tälern

Kedron und Tyropœon. Der Berg Moriah im Norden wurde der Landwirtschaft überlassen, und ein reicher Mann aus Jerusalem, Araunah, besaß dort ein Stück Land mit einer Tenne, auf der Kamele und Ochsen zur Zeit der Ernte das Getreide austraten . David hatte das Feld von Arauna gekauft, um darauf den Tempel des wahren Gottes zu errichten, und bevor er mit dem Bau begann, hatte er auf der Tenne einen Altar errichtet, damit Jehova sofort Opfer dargebracht werden konnte. Die Materialien wurden größtenteils vor Beginn der Arbeiten gesammelt; Architekten, Handwerker und Künstler, die dank der Unterstützung von König Hiram in Tyrus rekrutiert wurden, eilten zur Stelle, und der Bau begann im vierten Jahr der Herrschaft Salomos (1013 v. Chr.).

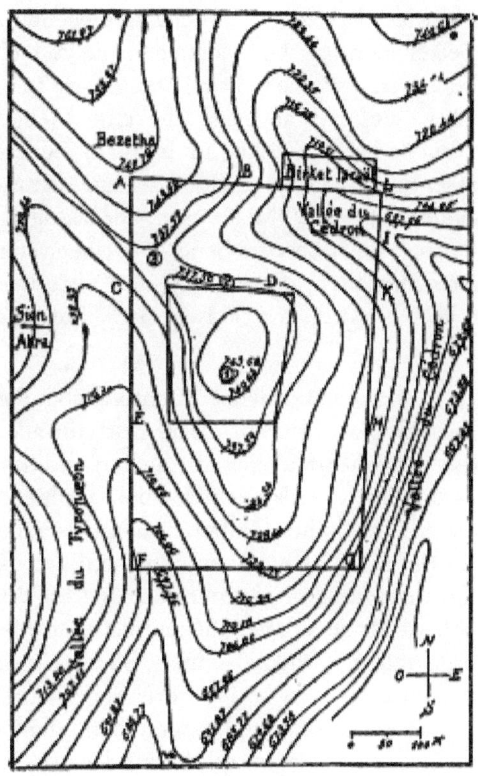

Abb. 168. – Standort des Tempels auf dem Berg Moriah. [78]

Der Gipfel des Berges Moriah, dessen Mitte die Tenne von Araunah bildete, musste eingeebnet werden, um als Standort für den Bau des Tempels zu dienen. An einer Stelle mussten die Mulden verfüllt, an einer anderen die Grate weggeschnitten werden. Der Mittelkamm war daher von einem riesigen viereckigen Felswerk umgeben, das von zyklopischen Mauern in der Höhe des Gipfelstumpfes begrenzt wurde. Diese außerordentlich dicken Stützmauern, die aus riesigen, mit Eisenklammern befestigten Blöcken bestanden, waren auch außen an der Basis eingedämmt, und alle Hohlräume und Zwischenräume zwischen der Innenwand und dem lebenden Fels wurden mit einem Felskern ausgefüllt. so dass im oberen Teil eine quadratische Plattform entsteht. AFGL ist die so umgebene Tenne. Am nordwestlichen Winkel – also ABCD – war es nicht notwendig, einen Stützwall zu errichten und das Gefälle des Berges aufzufüllen, sondern im Gegenteil, den natürlichen Fels in Form eines Winkels wegzuschneiden , so dass an dieser Stelle die Umzäunung des Tempels durch eine natürliche Mauer begrenzt wurde, die sich senkrecht auf eine Höhe von 26 Fuß erhob. Ein von den englischen Entdeckern am nordöstlichen Winkel BLK gegrabener Graben bewies, dass an dieser Stelle im Gegenteil Das künstliche Felswerk des Tempelkellers muss die kolossale Höhe von 123 Fuß erreicht haben. Im Süden, bei EFGH, wurde in der Unterkonstruktion ein Labyrinth aus Gewölben und Korridoren angelegt, die eine Menge gesammelten Materials tragen. Im südöstlichen Winkel, am Punkt G, bildet sich heute eine 45 Fuß hohe Terrasse. hoch; Und doch führt der angesammelte Müll dazu, dass der Fuß der Mauer mehr als 20 Meter unter der heutigen Erdoberfläche liegt! Durch das von uns beschriebene Nivelliersystem wurde ein unregelmäßiges Viereck erhalten, dessen Ost- und Südseite 1520 Fuß und 1611 Fuß lang und dessen Nord- und Südseite 1017 Fuß und 921 Fuß lang sind.

Da sich der Berg Moriah in nördlicher Richtung über die Tempelanlage hinaus erstreckte, war die Plattform auf dieser Seite für alle Ankömmlinge zugänglich. Um dieser Unannehmlichkeit abzuhelfen und das neue Bauwerk sowohl in eine isolierte Zitadelle als auch in einen Tempel zu verwandeln, wurde im Nordosten AB ein breiter Graben in den Felsen gehauen; und im Nordwesten, BL, ein riesiger Wassergraben namens Birket-Israîl, der heute, obwohl er zu zwei Dritteln gefüllt ist, immer noch 104 Fuß breit und 65 Fuß tief ist. „Somit", schließt M. de Vogüé, „haben wir ein großes Viereck, das im Norden ausgegraben wurde, im Süden von gewölbten Unterkonstruktionen getragen wird und auf drei Seiten von Terrassen und auf der vierten Seite von einem breiten Wassergraben umgeben ist." Das ist das völlig homogene Ganze des Haram esh-Sherif; Fast so existiert es schon seit vielen Jahrhunderten, denn aufeinanderfolgende Zerstörungen und Wiederaufbauten haben den ursprünglichen Plan kaum verändert." [79] Wir werden in Begleitung desselben Gelehrten direkt sehen, dass dieser riesige Sockel, das Werk Salomos, von Herodes nur auf einer seiner Seiten verändert und erweitert wurde.

Allerdings war die so vorbereitete Plattform nicht ganz auf gleicher Höhe mit dem natürlichen Felskamm, der Moriah krönt. Der Gipfel dieses Felsens, Sakhra genannt, erhob sich immer noch 16 Fuß über die Terrasse. Anstatt diesen Gipfel aus kalkhaltigem Kalkstein auszuhöhlen und zu entfernen, wurde er als Ebene einer zweiten Plattform über der ersten angenommen, die jedoch konzentrisch zu dieser und viel kleiner war. Dies ist die obere Terrasse, die heute das Kuppelgebäude trägt, das fälschlicherweise Omar-Moschee genannt wird und besser mit seinem wahren Namen *Kubbet es-Sakhra* , „Felsendom", bezeichnet werden sollte. Laut M. de Vogüé befand sich die Tenne von Araunah, auf der David den Altar Jehovas errichtete , etwas nördlich der Sachra, wo später der Brandopferaltar aufgestellt wurde.

Nach dem Bau der Plattform beschäftigte sich Salomo mit der eigentlichen Struktur. Der Tempel, oder einfacher gesagt, das Haus Jehovas, sollte von zwei konzentrischen Höfen umgeben sein. Salomo hatte nur Zeit, den ersten Hof fertigzustellen – den, der das Gebäude unmittelbar umgab, und dann die Ostseite des zweiten; Dies wurde erst lange nach seinem Tod, unter der Herrschaft Manasses, vollendet. Sobald das Innengebäude fertig war, beschloss Salomo, es der Anbetung Gottes zu widmen, ohne die Fertigstellung des zweiten Vorhofs abzuwarten. Er feierte die feierliche Einweihung des Tempels nur sieben Jahre nach der Grundsteinlegung des Unterbaus. Die Bibel hat uns die Beschreibung der inneren Pracht dieses von phönizischen Handwerkern erbauten und dekorierten Heiligtums sowie der darin von den prächtigsten jüdischen Monarchen gesammelten Kunstwerke hinterlassen. Die Architektur und die Innendekoration waren alle im ägyptischen Stil gehalten, genau wie die phönizischen Tempel selbst. Vom Bau Salomos ist jedoch nichts übrig geblieben außer den Zisternen und der Ostseite des zweiten Vorhofs. Dieser Hof ist mit einem Portikus geschmückt, unter dem Salomo den königlichen Thron aufstellen ließ, auf dem er saß, wenn er bei öffentlichen Zeremonien anwesend war; sie wurde auch nach Herodes immer noch „Vorhalle Salomos" genannt.

Unter den Königen von Juda gab es zahlreiche Erweiterungs- und Wiederherstellungsarbeiten; aber alles wurde im Jahr 588 v. Chr. zerstört, als Jerusalem von den Chaldäern eingenommen wurde. Nebuzar-adan, der Stellvertreter Nebukadnezars, ließ den Tempel in Brand stecken, und mit der legendären Pracht des Sohnes Davids war alles vorbei.

Zweiundfünfzig Jahre später wurden die nach Babylon verschleppten Juden von Cyrus freigelassen, und ihr Anführer Serubbabel machte sich sofort daran, den Tempel des wahren Gottes wiederherzustellen. Der Bau wurde, behindert durch die Eifersucht der Samariter, erst im Jahr 516 v. Chr. abgeschlossen. Der neue Tempel ähnelte im Grundriss dem Salomos hinreichend, war jedoch weniger schön und in seinen Proportionen weniger großartig; Die alten Männer weinten, als sie sich an das ehemalige Haus erinnerten. Im Laufe der Jahrhunderte erfuhr der neue Tempel viele Veränderungen, zumindest in seinem Äußeren, obwohl der ursprüngliche Plan nicht wesentlich geändert wurde. Beispielsweise wurde zur Zeit der Makkabäer die Außenmauer nach Norden hin erweitert und an der nordöstlichen Ecke die Festung *Baris* errichtet, die Herodes in späteren Zeiten umbaute und die zum berühmten Antonia-Turm wurde. Der Tempel von Serubbabel überdauerte jedoch fast fünf Jahrhunderte, ohne zerstört zu werden, und hatte das im antiken Osten seltene Glück, die Zeit der Seleukidenherrschaft und die römische Eroberung unter Pompeius zu überstehen, ohne geplündert oder abgerissen zu werden. Herodes, ein Mann idumäischer Abstammung, der von den Römern zum König der Juden ernannt wurde, hatte den Plan, sich bei seinem Volk beliebt zu machen, indem er den Tempel in all der Pracht wiederaufbaute, die Salomo ihm ursprünglich verliehen hatte. Erstens richtete er seine ganze Kraft auf die Anlage, die er zu vergrößern beschloss; er verdoppelte es, so Josephus. Statt vier Stadien im Umfang wuchs es auf sechs und behielt auf der kleinsten Seite seine frühere Länge bei, so dass seine Fläche geometrisch tatsächlich verdoppelt wurde. Diese Erweiterung erfolgte im Süden, in Richtung Ophel, so dass das eigentliche Gebäude des Tempels, anstatt in der Mitte seines Peribolus zu stehen, nach Norden verschoben wurde. Der Turm von Baris oder Antonia bildete weiterhin die nördliche Grenze. In der beigefügten Abbildung ist ABCD der antike Peribolus, T der Tempel und CDEF der von Herodes hinzugefügte quadratische Teil.

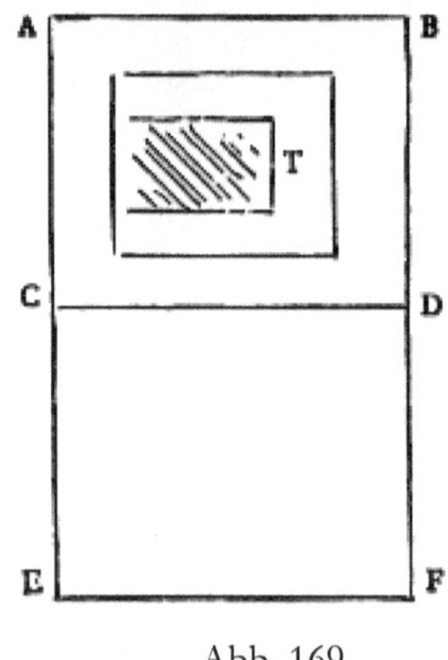

Abb. 169.

„Um diesen Plan umzusetzen", sagt M. de Vogüé, „hat Herodes die alten Terrassen dem Erdboden gleichgemacht und wieder aufgebaut, ebenso wie die Kolonnaden, die sie krönten." Nur er respektierte und umschloss die östliche Kolonnade, die „Vorhalle Salomos" genannt wurde, und ihre schöne Stützmauer. Dies ist der einzige Teil des ehemaligen Tempels, den er offenbar erhalten hat. Der Rest wurde zerstört, um wiedergeboren, zu neuem Leben erweckt und vergrößert zu werden. das innere Heiligtum wurde bis auf die Grundmauern abgerissen." [80] Die von Herodes unternommenen Arbeiten begannen etwa im Jahr 18 v. Chr. Zehntausend Arbeiter waren unter der Leitung von tausend Priestern damit beschäftigt, die allein im Heiligtum und im Allerheiligsten mit ihren Händen arbeiten konnten. Für die Errichtung des Innengebäudes reichten 18 Monate, für den Wiederaufbau des Hofes und der Kolonnaden waren jedoch acht Jahre erforderlich. Die Nebenbauten wurden erst im Jahr 64 nach Christus, unter der Herrschaft Neros, fertiggestellt; Zu diesem Zeitpunkt beschäftigte das Werk achtzehntausend Arbeiter.

Die vorstehenden historischen Überlegungen zwingen uns, mit M. de Vogüé zu dem Schluss zu kommen, dass der Haram-esh-Sherif genau die von Herodes erweiterte Einfriedung darstellt. Tatsächlich ist die Südseite des Haram 919 Fuß lang, der Umfang beträgt 5.006 Fuß, was, wenn man 508 Fuß für den durch den Turm von Antonia gebildeten Vorsprung hinzurechnet, 5.514 Fuß ergibt – das heißt, sechsmal so lang wie die Südseite. Außerdem konnte Herodes die Einfriedung weder im Norden wegen des Turms von Baris und des riesigen Grabens *Birket-Israïl*, der sie auf dieser Seite begrenzte, noch im Osten wegen des abrupten Gefälles, das die Talseite bildet, ausbauen von Kedron, noch im Westen, wo das Tyropœon-Tal liegt. Die Erweiterung konnte nur im Süden erfolgen, und da das Gelände außerdem abschüssig war, war es zur Beseitigung des Gefälles notwendig, wie Salomo vorzugehen: das heißt, eine riesige künstliche Plattform zu errichten, auf drei Seiten von hohen Terrassen getragen. Die großen Unterbauten des Haram esh-Sherif sind die Überreste von Herodes' gigantischem Werk. Obwohl seit der Zeit dieses Fürsten die Struktur des Tempels mehrmals von oben bis unten umgestürzt und immer wieder neu aufgebaut wurde, haben diese aufeinanderfolgenden Restaurierungen den ursprünglichen Plan des Unterbaus nicht verändert; Die verbliebenen Mauerreste dienten als Fundamente für die neuen Bauten. Die Folge davon ist, dass in diesen Mauern verschiedene Mauerwerksschichten übereinander wie geologische Schichten wahrgenommen werden, wobei die ursprünglichen herodianischen Schichten naturgemäß die niedrigsten sind.

Das älteste sichtbare Mauerwerk, das unterste, besteht aus den größten Blöcken; die Gänge sind zwischen einem und zwei Metern hoch; Die Länge der Blöcke variiert zwischen 7½ yds und 7½ yds. und 2½ Fuß. Ein Block ist im südöstlichen Winkel zu beobachten, der 13 Yards lang ist. Jede Schicht tritt 2 Zoll von der darunter liegenden zurück; Die sorgfältig behauenen Steine werden ohne Mörtel verlegt. Diese großen Blöcke sind randvertieft, das heißt, jeder Stein ist sozusagen durch eine Rille begrenzt, die den Verlauf und die Fugen markiert. Abgesehen von der Rille ist jeder Block von einem gemeißelten, glatten, aber nicht tiefen Band umrahmt, das einen zweiten Rahmen bildet, der in die Rille um die Oberfläche des behauenen Blocks eingearbeitet ist. Das untere Mauerwerk des Tempels wird dann am Rand abgeschrägt und gemeißelt; außerdem ist die Oberfläche der Blöcke in regelmäßigen Abständen mit vorspringenden Zapfen versehen, die zweifellos dazu dienen, das Anbringen der Blöcke zu erleichtern. Der am besten erhaltene Teil dieses Mauerwerks ist die Heit el Maghreby, „die Westmauer", wohin die Juden jeden Freitag kommen, um über die Zerstörung Jerusalems zu weinen und auf den Messias zu warten; es ist der Klageplatz. Jüngste englische Ausgrabungen, die 107 Fuß unter der heutigen Erdoberfläche durchgeführt wurden, haben gezeigt, dass dieses Mauerwerk rund um die Umzäunung des Haram zu finden ist.

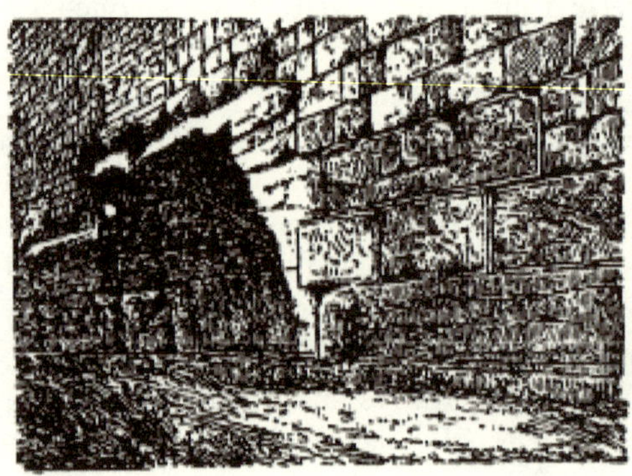

Abb. 170. – Die Klagestätte der Juden (nach M. de Vogüé).

Das Bausystem unmittelbar über den eingezogenen Blöcken ist durch römisches Mauerwerk aus glatten Steinen ohne Rillen gekennzeichnet, deren Außenfläche mit einem Meißel mit sehr feinen Zähnen sorgfältig geriffelt wurde. Die etwa einen Quadratmeter großen Blöcke sind mit scharfkantigen Fugen verlegt. Besonders hervorzuheben ist dieses System auf der West- und Südseite. Die folgenden Systeme verdienen in der Reihenfolge ihrer Anordnung übereinander keine Beschreibung; Sie sind relativ modern und gehören allen Epochen an, hauptsächlich jedoch der sarazenischen Zeit.

Unweit des Klageplatzes, 39 Fuß von der südöstlichen Ecke entfernt, befindet sich der berühmte Beginn der Brücke, die den Tempel mit der Stadt verband und über das Tyropœon führte. es gehört zum ersten System der Unterstruktur und ist Teil davon. Die englischen Ausgrabungen haben einen der Pfeiler ans Tageslicht gebracht; Sie haben gezeigt, dass die Fahrbahn der Brücke 295 Fuß lang ist und dass die Breite jedes Bogens 16 Yards beträgt. Beim Graben am Fuße des Piers wurde ein Pflaster entdeckt, das zweifellos die Straße darstellt, die dort vor der Zeit des Herodes verlief, oder vielmehr sogar vor der Zerstörung des Tempels durch die Chaldäer. Eine gewisse Grundlage für diese Vermutung bildet die Tatsache, dass die Engländer, als sie dieses Pflaster aufbrachen und noch tiefer gruben, die Extrados eines Gewölbes fanden: Dies war nichts weniger als der Bogen einer anderen Brücke aus kolossalem Mauerwerk, die im Laufe der Jahrhunderte entstanden ist war unter Schuttmassen begraben: Herodes und möglicherweise Serubbabel vor ihm bauten die Ruinen auf, ohne auch nur den Versuch zu unternehmen, die Brücke wegzuräumen. Wer weiß, ob dieser Bogen, nach dem Namen des *Ausgräbers Robinsonbogen genannt* , nicht der Überrest einer von Salomo errichteten Brücke ist?

In der Masse des Unterbaus unter dem Haram wurde die Existenz von Gewölben und einem Netzwerk von Korridoren aus gegliedertem Mauerwerk nachgewiesen, und diese müssen aufgrund des Charakters des Werkes aus der Zeit von Herodes stammen. Auf der Plattform sind zwei Zisternen zu sehen, die wahrscheinlich aus der Zeit Salomos stammen, wenn nicht sogar noch früher, obwohl man zugeben muss, dass sie mehrfach restauriert wurden. Die eine befindet sich unter dem Felsen Sakhra, die andere vor der Moschee von El Aksa: Besonders die letztere, die größte, ist eine prächtige künstliche Grotte, die von in die Felswand eingearbeiteten Pilastern getragen wird. Der Abstieg in das Gebiet unter dem Felsen Sakhra erfolgt über eine Treppe von fünfzehn Stufen; In der Mitte befindet sich ein Brunnen, der über einen unterirdischen Kanal in das Tal von Kedron führt und möglicherweise von Arauna, dem Jebusiter, genutzt wurde.

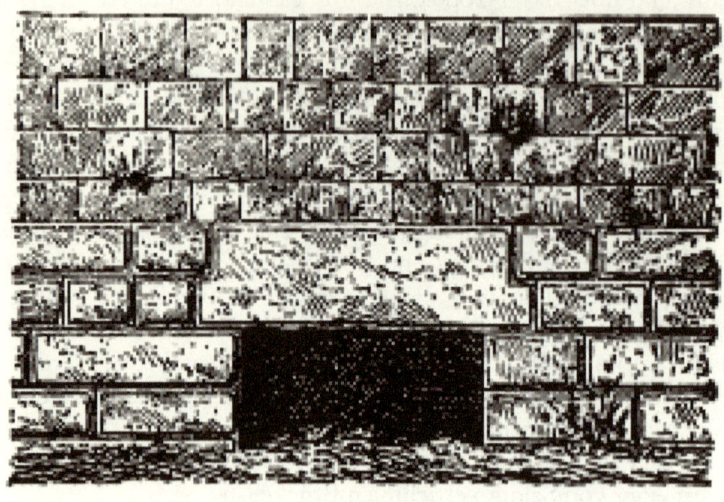

Abb. 171. – Die Westtür. Aktueller Zustand (nach M. de Vogüé).

Die von Herodes erbaute Außenmauer wurde von mehreren Toren durchbrochen, die den Zugang zur Terrasse ermöglichten und teilweise noch erhalten sind. Sie liegen im Hinblick auf die Plattform unterirdisch; Ihre Schwelle befand sich natürlich auf gleicher Höhe mit dem Boden draußen, und sie führten auf die Treppen hinaus, die in der Dicke der Terrasse gebildet waren. Heutzutage sind die Tore des Herodes entweder ganz oder teilweise zugeschüttet, da der Boden draußen durch Unrat aller Art aufgeschüttet wurde. Das *Westtor* (Abb. 171) in der Nähe des Klageplatzes ist heute zu zwei Dritteln begraben. Es wird von einem großen monolithischen Türsturz von 16 Fuß Länge überragt und seine Struktur gehört zum herodianischen Mauerwerkssystem, wurde jedoch später im Inneren verändert.

Die beiden wichtigsten antiken Tore befinden sich auf der Südseite; Aufgrund der Anzahl ihrer Bögen werden sie *Doppeltor* und *Dreifachtor genannt*.

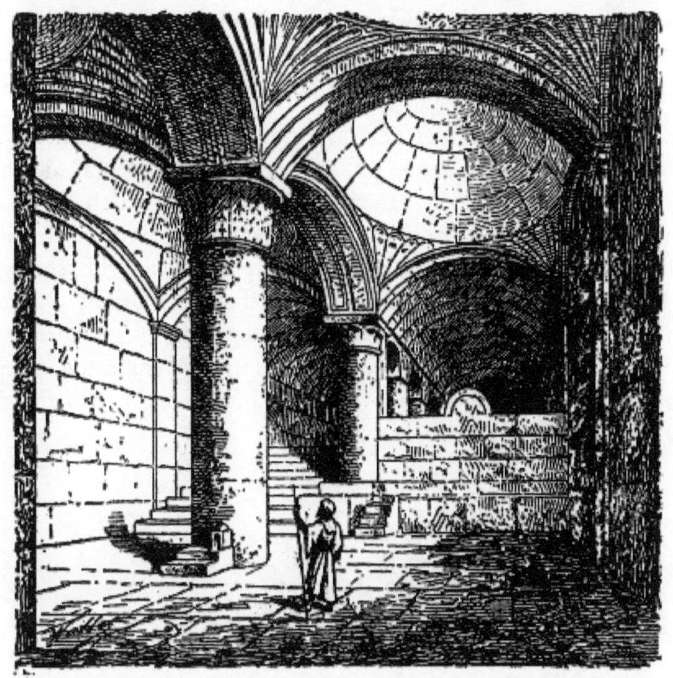

Abb. 172. – Innenansicht des Doppeltors.

Die beiden gewölbten Öffnungen des Doppeltors ermöglichen den Zugang zu einem großen Vestibül, dessen Gewölbe von einer riesigen Mittelsäule getragen wird; Hier lassen sich die heißesten Stunden des Tages gemütlich verbringen. Von diesem Vestibül aus führt der Aufstieg zur oberen Plattform über zwei parallele Treppenläufe, die durch eine Säulenreihe getrennt sind. Aus der Zeit des Herodes sind nur noch die beiden äußeren Pfosten der Tür, der mittlere Pfeiler, zwei monolithische Türstürze, die denen des Westtors ähneln, und schließlich die mittlere Säule des Vestibüls übrig geblieben. Diese Säule ist gedrungen, da sie nur das Vierfache ihres eigenen Durchmessers hoch ist; es hat keine Basis. Sein Kapitell, das sich zu einem Korb erweitert, ist rundherum mit Akanthusblättern in sehr flachem Relief verziert.

Das *Dreifache Tor*, ebenfalls auf der Südseite des Haram, 67 Meter vom Doppelten Tor entfernt, ähnelt diesem, außer dass es statt zwei Bögen drei hat; außerdem führte ein dreifach geneigter Korridor zur oberen Plattform.

Das *Goldene Tor*, [81] öffnete sich an der Ostseite der Umfriedung und ähnelte in seiner ursprünglichen Form dem Doppeltor und dem Dreifachtor; und wie sie ist es etwa 6½ Yards lang. unterhalb des Niveaus der Plattform, zu der es Zugang ermöglichte; Von der ersten Struktur ist nichts übrig geblieben, außer den beiden monolithischen Pfosten mit einer Höhe von 10 Fuß und 13½ Fuß, die noch früher zu sein scheinen als der Bau des Herodes. Im Norden gab es nur einen Eingang auf Höhe der Plattform, der über eine Brücke über den großen Wassergraben mit der Außenwelt verbunden war.

Nachdem wir nun auf der Terrasse angekommen sind, gehen wir durch die verschiedenen Gebäudeteile . Sie werden vom Turm der Antonia beherrscht, der von den asmonäischen Königen unter dem Namen Baris erbaut und von Herodes erweitert und verschönert wurde; es nahm den nordöstlichen Winkel des Bauwerks ein. Seine Basis war ein schroffer Fels, dessen Flanken von Menschenhand weggehauen worden waren; seine Außenmauer war drei Ellen dick. Ein riesiger in den Fels gehauener Graben isolierte die Festung im Norden, und vier Türme flankierten die äußeren Vorhänge an den Ecken. Zwei Treppen führten direkt von der Festung hinunter in den Außenhof des Tempels.

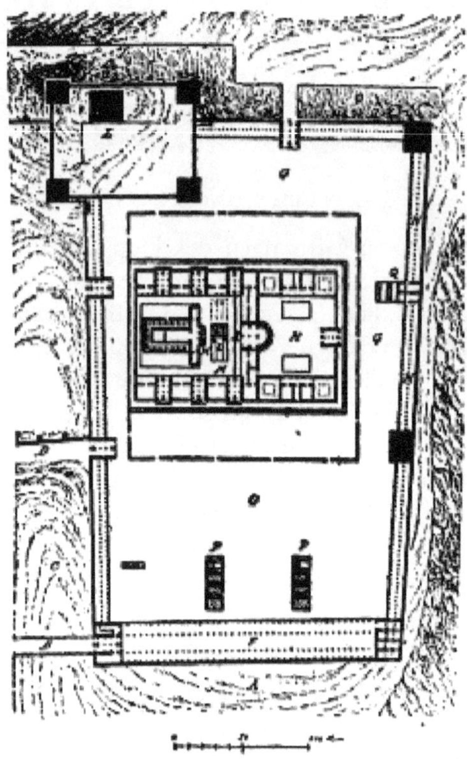

Abb. 173. – Plan des Herodes-Tempels (nach M. de Vogüé). [82]

Der große Vorhof war auf drei Seiten von einem doppelten Portikus umgeben, das heißt von zwei Säulenreihen dorischer Ordnung, 25 Ellen hoch; Das Dach ruhte auf der Außenwand und wurde von diesem doppelten Portikus getragen, der 30 Ellen breit war. Oder im Süden gab es anstelle eines Portikus eine *Basilika*, also „einen Bau mit drei ungleich hohen Schiffen, der von Säulen getragen wird". Die Gänge waren 32 Fuß breit und 50 Fuß hoch; Das Mittelschiff war 48 Fuß breit und 100 Fuß hoch. Es gab 41 Säulen in jeder Reihe, was einer Länge von 754 Fuß für die gesamte Länge der Basilika entspricht. Das Mittelschiff wurde von drei Reihen korinthischer Säulen getragen, und an den Seitenwänden waren Säulen angebracht, die jeder Reihe entsprachen. Das Gebäude hatte eine getäfelte Decke aus geschnitztem Holz. Die Basilika öffnete sich auf der Brücke, die das Tal des Tyropœon durchschnitt, und ihre Achse verlief in einer geraden Linie mit der Achse der Brücke.

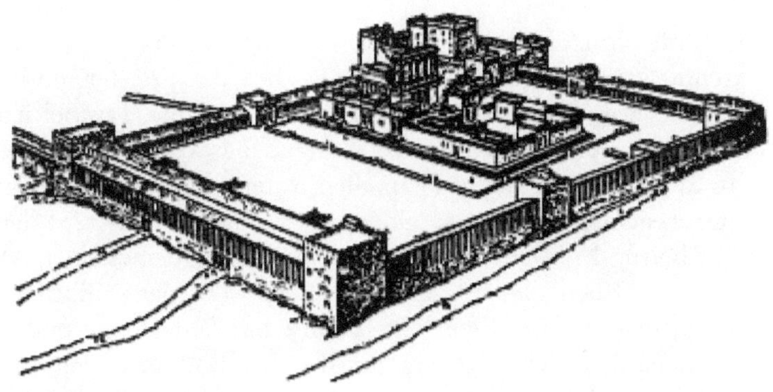

Abb. 174. – Vogelperspektive des Herodes-Tempels (Restaurierung durch M. de Vogüé).

Dies war der Hof der Heiden, der allen Besuchern zugänglich war. Eine nur drei Ellen hohe Barriere verhinderte, dass profane Eindringlinge in die den Israeliten vorbehaltene Einfriedung eindrangen, die innerhalb der der Heiden lag. M. de Vogüé meint, dass diese niedrige Trennmauer auf der Südseite der Grenze der Außenmauer des antiken Tempels Salomos entsprochen haben muss.

Der den Israeliten vorbehaltene Bereich umfasste den *Frauenhof* und den *Männerhof* bzw. den Hof *Israels*. Vom Heidenhof gelangte man über vierzehn Stufen zum Frauenhof. Dieser Hof hatte an seinen vier Ecken quadratische Kammern, die für die Vorräte des Tempels, für die Waschungen und andere fromme Übungen dienten; Es gab auch die Schatzkammer, in der Münzen aufbewahrt wurden, die ausschließlich für den Tempelgebrauch bestimmt waren. Zwischen diesen Kammern befanden sich Portiken. Auf der Innenseite war der Frauenhof vom Hof Israels durch eine Reihe von

Gebäuden getrennt, die zum Hof Israels führten, und der Eingang zu diesem Hof erfolgte durch drei Tore, jedes mit Vorhallen und fünf Stufen versehen. Das Haupttor, das aufgrund seiner schönen architektonischen Proportionen und des Reichtums seiner Konstruktion unter dem Namen „*Tor von Nicanor*" *bekannt ist, war ein* Falttor aus korinthischer Bronze: Zwanzig Männer waren nötig, um es zu öffnen und zu schließen; davor war es eine halbkreisförmige Freitreppe mit fünfzehn Stufen.

Der Hof Israels, der den Männern vorbehalten war, die bestimmte Reinigungshandlungen vollbracht hatten, war 11 Ellen breit. Die Kammern, die es auf drei Seiten umgaben, dienten als Anhängsel für den Gottesdienst; ihre Fassade war mit Vorhallen versehen. Jeder von ihnen war einem besonderen Dienst geweiht: Die Häute der Opfer wurden darin gesalzen und gewaschen, Musikinstrumente, Salz, das ewige Feuer und Holz wurden darin aufbewahrt; Der Saal, in dem der Sanhedrim seine Sitzungen abhielt, war einer davon.

Eine Stufe von einer Elle Breite, die nur die Priester überqueren durften, trennte den Vorhof Israels vom Vorhof der Priester, und in der Mitte dieses Vorhofs standen der eigentlich so genannte Tempel und der Brandopferaltar. „Der Brandopferaltar bestand aus drei Stufen aus grob behauenem Stein, wobei jede Stufe an allen Seiten eine Elle kleiner war als die darunter liegende; die Basis bildete ein Quadrat von 32 Ellen; die Gesamthöhe betrug 15 Ellen hoch; Der Aufstieg erfolgte über einen Abhang im Süden, 30 Ellen lang; Zwei kleinere Treppen führten zum Zwischenbahnsteig. Auf der Oberseite brannte das Opferfeuer, und an den vier Ecken befanden sich Hörner, auf die das Blut gesprengt und als Trankopfer Wein und Wasser gegossen wurde. Eine Leitung an der südlichen Ecke des Altars nahm diese Flüssigkeiten auf und leitete sie in die unterirdischen Abflüsse und von dort in das Tal von Kedron." [83] Nördlich des Brandopferaltars waren sechs Reihen eiserner Ringe zu sehen, die am Boden befestigt waren, um die Tiere daran zu befestigen; Außerdem gab es acht kleine Säulen, an denen die Opfer aufgehängt wurden, damit sie in Stücke geschnitten und gehäutet werden konnten, und acht Tische, auf die das Fleisch gelegt wurde.

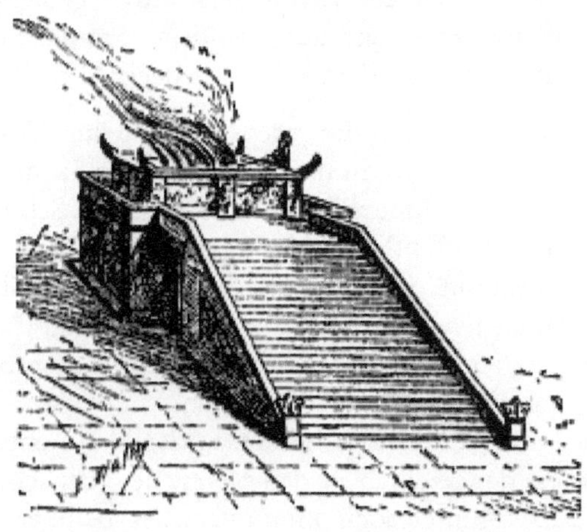

Abb. 175. – Der Brandopferaltar (Restaurierung).

Der eigentliche Tempel, der 22 Ellen westlich des Brandopferaltars stand, wurde auf einer sechs Ellen hohen Terrasse errichtet, die über eine Flucht von zwölf Stufen bestiegen war. Es gab also einen Unterschied von 27½ Fuß zwischen der Höhe der Tempelplattform und dem Vorhof der Heiden. Die architektonische Anordnung des Gebäudes ähnelte der von Salomo. Der vordere Pylon war 100 Ellen hoch und 20 Ellen tief; An jedem Ende befanden sich Kammern, in denen die heiligen Messer aufbewahrt wurden, die zum Töten der Opfer verwendet wurden. Das Heiligtum oder *Hekal* und das Allerheiligste oder *Debir*, nur durch einen Schleier getrennt, waren beide 60 Ellen hoch, 30 Ellen breit und zusammen 65 Ellen lang, von außen gemessen. „An das Heiligtum war eine Reihe von dreißig Kammern und drei Stockwerken angeschlossen, wie im antiken Tempel, mit einer Länge von 15 Ellen, gemessen von außen, und dies gab dem Heiligtum von außen das Aussehen einer Basilika." Das ganze Gebäude war mit Terrassen überdacht, auf denen vergoldete Spitzen angebracht waren, um die Vögel zu vertreiben." [84]

Der jüdische Tempel war eines der großartigsten architektonischen Werke, die das Genie der Antike geschaffen hat. Die aufeinanderfolgenden übereinander liegenden Einfriedungen, gekrönt von den gigantischen Pylonen des aus weißem Marmor erbauten Heiligtums, waren das Ergebnis einer genialen Inspiration, die außer in diesem Fall nie verwirklicht wurde und zu der die gesamte Antike nur eine Stimme hatte verkünden seine imposante Majestät. „Als die Strahlen der aufgehenden Sonne auf die Metallplatten fielen, die die Türen und das Dach des Heiligtums bedeckten, als sie die Vergoldung der Fassade und die riesige goldene Ranke beleuchteten, die ihre Ranken über den weißen Marmor des Pronaos ausbreitete, ... Die Augen des Betrachters waren geblendet, und er war gezwungen, sie abzuwenden, und der Fremde, der in der Ferne den Tempel sah, glaubte, einen mit glitzerndem Schnee bedeckten Berg zu sehen." [85]

Dies war der von Herodes wiederhergestellte Tempel des Gottes Abrahams, Isaaks und Jakobs, in dem sich viele der Szenen der Evangelien abspielten und dem ein so dramatisches und trauriges Schicksal bevorstand. Es war gleichzeitig ein öffentlicher Markt, ein Gebetshaus und eine Festung und wurde dazu verurteilt, das Grab der jüdischen Nationalität zu sein. Nach einem in den Annalen der Antike wegen ihrer heroischen Verzweiflung einmaligen Widerstand wurde es von den Römern belagert und eingenommen, unterlag der Gewalt des Titus und wurde von römischen Legionären mit Fackeln und Spitzhacken in der Hand entweiht. Das Echo seines Untergangs, der feierlich in den Seiten des menschlichen Schicksals verewigt wurde, hallt immer noch unter uns wider, denn er war der Sturz der Antike und die unwiederbringliche Zerstörung der alten Zivilisation des Ostens.

§ II. Die Dekoration und Einrichtung des Tempels.

Das Haus des Ewigen war mit unerhörter Pracht geschmückt; kostbare Hölzer, Gold, Silber, Elfenbein und Edelsteine – nichts wurde von diesem Volk verschont, das auf die Ehre seines Gottes eifersüchtig war; Auch die Accessoires zur Anbetung Jehovas, heilige Gefäße, Messer, Becken und Geräte aller Art waren Kunstwerke, bei denen der Meißel und der Metallgießer die Fähigkeiten des anderen nachgeahmt hatten. Aber die Künstler, die den ehemaligen Tempel schmückten, waren, das dürfen wir nicht vergessen, Phönizier. Nun beschränkten sich die Phönizier immer auf die Nachahmung Ägyptens und Assyriens; Ihre Technik hat einen hybriden Charakter, der wie Syrien selbst aus geografischer Sicht eine Art Kompromiss zwischen Asien und Ägypten darstellt. Allein auf der Grundlage dieser Prinzipien der Kritik können wir versuchen, die Dekoration und Einrichtung von Salomos Tempel wiederherzustellen.

Der Schleier, der zwischen dem Heiligen Ort und dem Allerheiligsten hing und letzteres vor den Blicken verbarg, war ein großes Stück Seide, auf dem die geschickte Hand orientalischer Stickereien das Bild der Welt dargestellt hatte; Die vier Farben, die in seine Komposition einflossen, waren die Symbole der Elemente: Lila repräsentierte das Meer, Safranfeuer, Hyazintheluft, Byssuserde. Die Innenwände waren mit geschnitzten Zedernbrettern verkleidet. Im Heiligen Ort stellten diese Holzschnitzereien Kolozynthen und offene Blumen dar; im Allerheiligsten vermischten sich Palmen und phantastische Tiere oder Cherubim mit den Blumen. Diese Verzierung wurde durch Goldplatten ergänzt, die mit Nägeln aus dem gleichen Metall am Holz befestigt wurden. Die Bundeslade im Allerheiligsten war unter den Flügeln zweier riesiger Cherubim aus Holz geschützt, die mit Goldplatten überzogen waren. Die verschiedenen Teile dieser monströsen Figuren wurden der Tierwelt entlehnt, wie die der geflügelten Stiere in den Ninive-Palästen. Der Bibel zufolge sind die Cherubim geflügelt und haben Stierfüße; Sie ziehen Jehova in seinem Wagen oder tragen ihn auf ihrem Rücken, wie die assyrischen Gottheiten. Jeder Cherub hat gleichzeitig ein menschliches Gesicht und ein Löwengesicht. Sie bilden eine stille Prozession auf den Zedernholztafeln, den Blättern der Türen aus Olivenholz und dem Schleier vor dem Allerheiligsten, abwechselnd mit Palmen und Kolokynthen, die in Jerusalem den ägyptischen Lotus ersetzen.

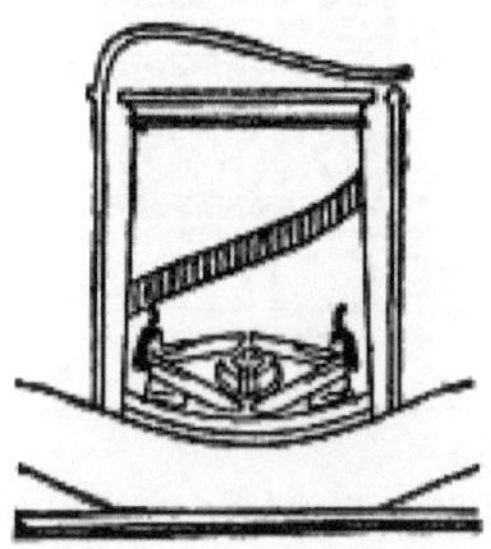

Abb. 176. – Ägyptische Naos und Cherubim (M. de Vogüé, S. 33).

Im Allerheiligsten befanden sich zwei riesige, zehn Ellen hohe, mit Gold überzogene Puttenstatuen, die die Bundeslade bewachten. Jeder Cherub hatte zwei riesige Flügel, von denen einer ausgebreitet war und über die Arche herabhing, die er überschattete, während der andere symmetrisch in die entgegengesetzte Richtung ausgebreitet und zur Decke hin angehoben war. M. de Vogüé vergleicht mit dieser Beschreibung auf geniale Weise die ägyptischen Darstellungen zweier Figuren mit langen Flügeln, die auf beiden Seiten des symbolischen Skarabäus oder der von Uræi getragenen Sonnenscheibe knien, die sie mit ihren Flügeln bedecken.

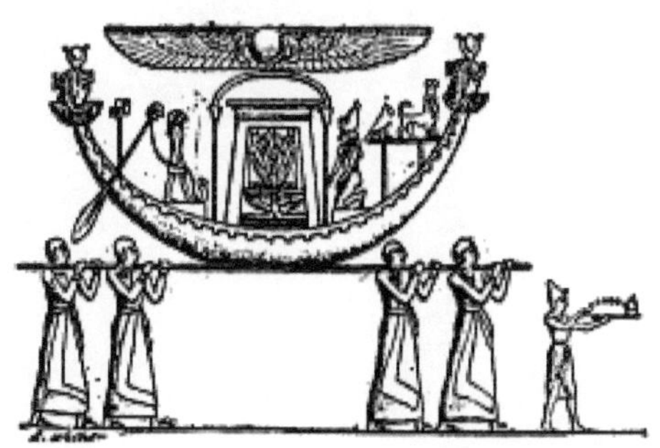

Die Bundeslade selbst ähnelte den *Naoi* oder *Bari* , die ägyptische Priester auf ihren Schultern tragen. Es war aus Akazienholz (*shittim*) und innen und außen mit Goldplatten bedeckt. Es war etwa 1¾ Yards lang, 2 Fuß 8 Zoll breit und hoch. Der Deckel wurde „Thron Jehovas" genannt. Die Bundeslade enthielt die beiden Steintafeln, auf denen das Gesetz des Sinai eingraviert war.

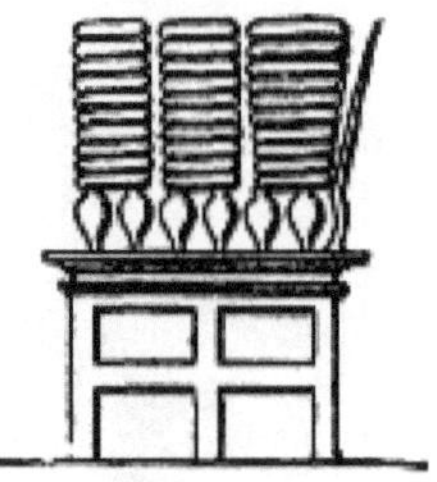

Abb. 178. – Ägyptische Opfertafel (M. de Vogüé, S. 33).

Im Heiligtum befand sich der Räucheraltar, auf dem zu Ehren Jehovas Räucherwerk verbrannt wurde; Dabei handelte es sich wahrscheinlich um eine Art Dreifuß, auf dem sich eine Schale mit einem brennenden Kohlenbecken befand. Es gab auch den Schaubrottisch und die siebenarmigen Leuchter. Der Tisch, auf den jede Woche zwölf Brote gelegt wurden, entsprach zweifellos den Opfertafeln für die Götter, die so oft in ägyptischen Flachreliefs dargestellt werden, mit auf Weinkrügen gestapelten Broten ; Von Möbeln der gleichen Art scheint auch in den Keilinschriften Nebukadnezzers die Rede zu sein. Das Flachrelief auf dem Titusbogen in Rom stellt jüdische Gefangene dar, die auf ihren Schultern die Möbel ihres zerstörten Tempels tragen, und unter dieser Beute ist der Schaubrottisch abgebildet, wie er im Tempel des Herodes in Form eines Quadrats war Cippus.

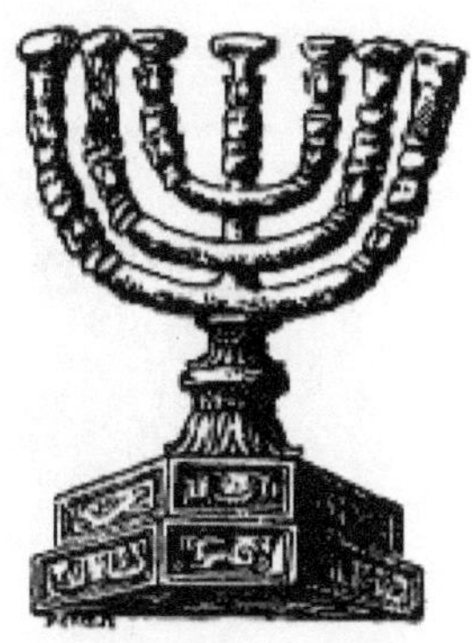

Abb. 179. – Siebenarmiger Leuchter (M. de Vogüé, S. 33.)

Die siebenarmigen Leuchter, zehn an der Zahl, hatten eine besondere Form, die uns auch der Titusbogen und einige andere Denkmäler offenbarten. Auf dem Sockel mit zwei Stufen ist ein zentraler Stiel befestigt, an dem sechs Zweige angebracht sind, drei auf jeder Seite, die fächerförmig angeordnet sind. Jeder der sieben Zweige ist mit drei Blüten und einer Fassung geschmückt. Auf dem Sockel sind im Relief fantastische Tiere zu sehen. Hiram-Abi, der berühmte Metallarbeiter aus Tyrus, fertigte im Auftrag Salomos auch „Lampen und Zangen aus Gold und Schalen und Löscher und Becken und Löffel und Räuchergefäße aus reinem Gold", [86] Schaufeln und Kelche aus Bronze. Die Leuchter und andere Schätze des Tempels, die Titus nach Rom verschleppt hatte, wurden von Geiserich während der Plünderung der Stadt durch die Vandalen (455 n. Chr.) beschlagnahmt. Sie wurden nach Karthago verlegt, aber nach der Eroberung der Vandalen durch Belisar im Triumph nach Konstantinopel gebracht. Die Juden baten Kaiser Justinian darum, diese Schätze der Heiligen Stadt zurückzugeben, zu der sie rechtmäßig gehörten, und er soll angeordnet haben, dass sie zu einer der christlichen Kirchen in Jerusalem geschickt werden sollten, aber wir hören nichts mehr von ihrem Schicksal auf den Seiten der Geschichte. [87]

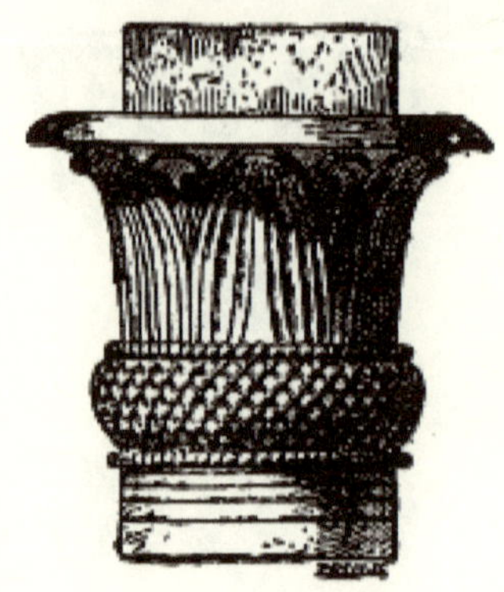

Abb. 180. – Kapitell der Bronzesäulen. (Restaurierung durch M. de Vogüé).

Im Hof der Priester, vor der Vorhalle des Tempels, gab es zwei separate Bronzesäulen, die an ägyptische Obelisken namens Jachin und Boas erinnerten. Die Wiederherstellung dieser beiden Säulen, Wunder der phönizischen Kunst und in den Augen der Juden mit einer talismanischen Kraft ausgestattet, wurde oft versucht. Sie waren hohl und ihre Metallwände waren 3 ⅓ Zoll dick. „ Ihr Kapitell, 5 Ellen hoch, hatte die Form einer Lilie, deren unterer, nach außen geschwollener Teil mit einem netzartigen Ornament bedeckt war, das von zwei Reihen Granatäpfeln umgeben war.“ [88] Die Gesamthöhe jeder Säule betrug 41 Fuß, der Durchmesser des Schafts betrug 6 Fuß 5 ⅓ Zoll, die Granatäpfel, 200 an der Zahl, bildeten einen doppelten Kragen um jedes Kapitell.

Im Vorhof der Priester, in der Nähe des Brandopferaltars, der selbst mit Bronze bedeckt war, wurde das berühmte *eherne Meer* aufgestellt, ein großes Reservoir, aus dem die Priester Wasser schöpften, um sich vor dem Opfer zu reinigen. Dieses bronzene Becken, das dem Kelch einer Tulpe ähnelte, war fünf Ellen hoch (8 Fuß 7 Zoll) und hatte einen Durchmesser von zehn Ellen (17 Fuß 2 Zoll); Sein Äußeres war mit zwei Reihen von Kolokynthen im Relief verziert: Die Wand war 3 ⅓ Fuß dick, ebenso wie die Bronzesäulen; es enthielt mindestens 8.800 Gallonen. Anstelle von Füßen wurde das eherne Meer von zwölf bronzenen Ochsenfiguren in Dreiergruppen getragen, die entsprechend der Proportion des Beckens überlebensgroß gewesen sein müssen.

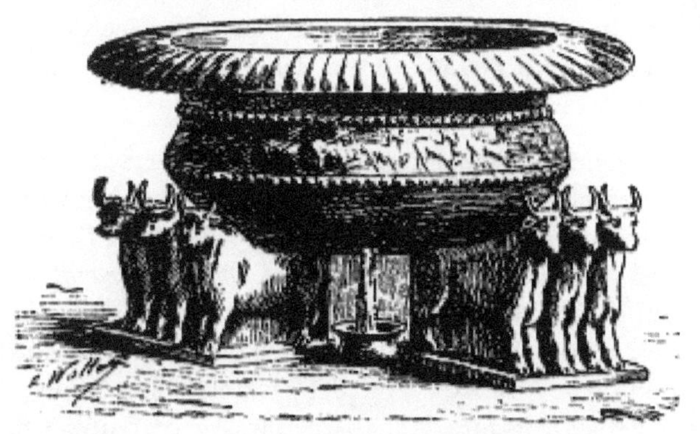

Abb. 181. – Das eherne Meer. (Wiederherstellung.)

Dieses riesige Becken war fest und unbeweglich; Zum Zwecke der Wasserentnahme hatte man zehn an der Zahl fahrbare Becken, ebenfalls aus Bronze, errichtet, in die das für zeremonielle Zwecke bestimmte Wasser gegossen wurde. Jeder hatte vier Räder, wie ein Streitwagen; Die Räder trugen einen quadratischen Kasten, über dem sich das zylindrische Becken befand, das groß genug war, um 150 bis 170 Gallonen zu fassen. Die Wände des Gefäßes und der Kiste, die es trug, waren mit Palmen, Kolozynthen, Ochsen und geflügelten Löwen als Relief verziert.

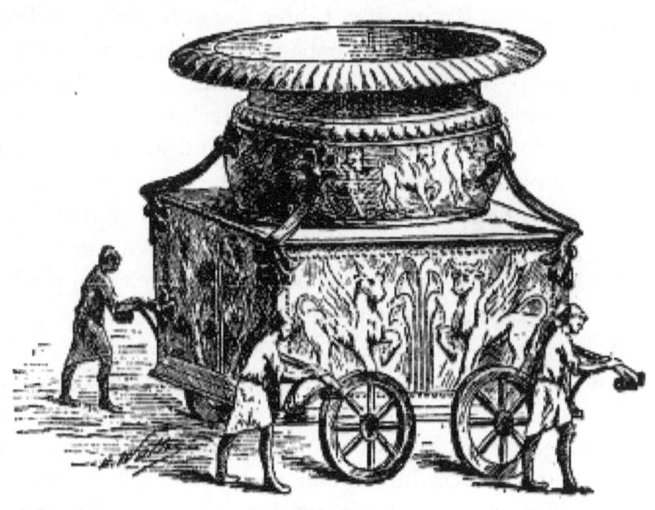

Abb. 182. – Bewegliches Becken. (Wiederherstellung.)

Dies waren die Hauptmerkmale der Tempelmöbel; kleinere Utensilien, Messer, Zangen, Zangen, Schüsseln sind uns kaum bekannt. Eine genaue

Vorstellung von ihnen kann jedoch durch die Untersuchung der Produkte der ägyptischen und assyrischen Industrie gewonnen werden, insbesondere der Schalen, Vasen und Geräte, die in den Unterbauten der phönizischen Tempel auf der Insel Zypern gefunden wurden.

An verschiedenen Stellen in der Bibel wird der Schmuck der Priester aufgeführt, beispielsweise das *Ephod* , das in bestimmten Fällen das liturgische Gewand bedeutet; in anderen eine Art heilige Schatulle, die zwei Talismanwürfel enthält, die *Urim* und *Thummim genannt werden* . Das Priesterkostüm Aarons ist laut dem Buch Exodus ein besticktes Kleidungsstück, in das Edelsteine eingelassen sind. Bereits in der Zeit der Genesis sehen wir, wie die Kinder Israels Siegel aus Edelsteinen verwendeten, genau wie ihre Nachbarn, die Ägypter und Chaldäer. Eine Reihe von in Tiefdrucktechnik geschnitzten Edelsteinen sind uns überliefert, die scheinbar jüdische Namen tragen: Shebaniah, Nathanyahu, Hananyahu, Obadyahu. Diese Siegel tragen meist nur den Namen ihres Besitzers; Sie haben weder Ornament noch Symbol.

§ III. ZIVILARCHITEKTUR.

Der Tempel von Jerusalem, in dem sich das nationale Leben der Juden konzentrierte, war, wie wir bereits sagten, auch die Zusammenfassung ihrer Kunst und ihres Gewerbes. Vergeblich haben sich viele Archäologen in den letzten sechzig Jahren darum bemüht, in Palästina oder in den anderen Regionen Südsyriens und sogar im Herzen Arabiens Spuren einer Kunst zu entdecken, die in diesen Regionen vor ihrer Ankunft geblüht haben könnte der Griechen und Römer. Reisende haben in der Tat in Ala-Safat, in Jebel-Musa, im Land Moab, am Bahr-el-Huleh in Galiläa, in der Nähe von Hesban und an vielen anderen Orten Dolmen und aufrechte Steine beobachtet, die denen in Afrika analog sind. in der Bretagne und in der Salisbury-Ebene sowie Überreste von Mauern aus zyklopischem Mauerwerk, die zweifellos von den Riesen, den Rephaim und den Anakim, erbaut wurden, die, wie die Bibel uns erzählt, die ersten Bewohner dieser Regionen waren. Bestimmte Kreise aus großen Blöcken, wie die von Minyeh und Deir Ghuzaleh im Land Moab, markierten möglicherweise die Grenzen heiliger Anlagen, Tempel im Freien, das heißt jener *Bâmoth* oder „Höhen" davon die Heilige Schrift spricht so oft. Aber diese barbarischen Überreste sind für die Kunstgeschichte von geringem Interesse, ebenso wie die Ränder bestimmter Brunnen, an denen vielleicht die Herden der Patriarchen ihren Durst löschten. Von ziviler Architektur kann man sich keine Vorstellung machen, außer durch imaginäre Restaurierungen. Salomos Palast, der mit dem Tempel in Verbindung stand und im Süden auf dem Ophel lag, wurde bis zu seiner endgültigen Zerstörung zwanzigmal mit unaufhörlichen Veränderungen abgerissen und wieder aufgebaut. Das Hauptgebäude, das in der Mitte eines weitläufigen Hofes stand und von Stützmauern umgeben war, die den Hügel wie eine

Tempelanlage begrenzten, wurde „Haus *des Libanon" genannt*, nach dem Ort, von dem das Holz stammte, aus dem es teilweise gebaut wurde. Es war 100 Ellen lang, 50 Ellen breit und 30 Ellen hoch; seine Mauern waren aus großen Blöcken gebaut; Darin befanden sich fünfundvierzig Säulen aus Zedernholz, die in drei Reihen unterteilt waren und Architrave aus demselben duftenden Holz trugen. [89] Dieses Gebäude diente als Arsenal: Wie die Könige von Ninive hatten auch die Könige von Juda in ihrem Palast ein Waffenmagazin.

Dahinter befanden sich die königlichen Gemächer, bestehend aus einem Säulensaal und einem weiteren mit Zedernholz getäfelten Raum, der *Thronsaal genannt wurde*; Vor dem ersteren befand sich eine Vorhalle von 50 Ellen Länge und 30 Ellen Breite. Es gab auch den *Selamlik* und den *Harem*, die wie in allen orientalischen Palästen angeordnet waren. Über das *Pferdetor kommunizierten die Ämter mit der Stadt*; Das *Obere Tor* ermöglichte den Zugang zur Tempelanlage. Dies ist der Umfang unserer Informationen zum Thema Salomos Palast.

Der Palast des Hyrkanos in Arak el-Emir sowie die Befestigungsanlagen Jerusalems und des Turms von Antonia sind rein griechisch-römischen Ursprungs und fallen nicht in den Bereich unserer Arbeit. Die englischen Entdecker entdeckten jedoch bei ihren Sondierungen am Hang des Ophel oberhalb von Kedron eine befestigte Mauer, die mehrere Arten von Mauerwerk übereinander aufweist; Das unterste Mauerwerk stammt möglicherweise aus der Zeit vor dem Wiederaufbau der Stadtmauern durch Nehemia nach der babylonischen Gefangenschaft: In diesem Fall würde es, wenn nicht aus der Zeit Davids und Salomos, so doch zumindest aus der Zeit Jothams und Manasses stammen. Die Basis der viereckigen Bastionen besteht aus sehr regelmäßigen, manchmal rustizierten Reihen; die Blöcke sind 8 Fuß lang und 3 Fuß 3 Zoll hoch; stellenweise findet sich sogar die Randschräge. Diese Tradition des abgeschrägten Mauerwerks wurde bereits im herodianischen Unterbau des Tempels beobachtet; es ist auch in der Mauer von Hebron zu sehen (Abb. 183).

In einem Land, in dem es im Allgemeinen an Trinkwasser mangelt, ist der Bau von Zisternen eine wichtige Angelegenheit, und dies ist in Judäa der Fall. Eines der bemerkenswertesten Werke dieser Art ist das, das das Wasser der Jungfrauenquelle zum Teich von Siloah leitet. Im Tunnel wurde eine Inschrift gefunden, die es uns ermöglicht, das Datum der Arbeiten auf die Regierungszeit von König Hiskia festzulegen und uns zu zeigen, mit welchen Methoden dieser 1.750 Fuß lange unterirdische Kanal erfolgreich in den Felsen gehauen wurde. Zwei Gruppen von Arbeitern griffen den Berg auf beiden Seiten gleichzeitig an, und nach zahlreichen Windungen, die den Arbeitsaufwand und die Länge des Tunnels erhöhten, schlugen die Bergleute schließlich „Pickle gegen Pickel", heißt es in der Inschrift, „und hörten einander." „schreien" auf jeder Seite der Barriere. So wurde das Wasser durch einen Durchgang geleitet, der nicht breiter als 2 Fuß war und dessen Höhe zwischen 1 Fuß 5½ Zoll und 14 Fuß 7½ Zoll variierte. So kühn dieses Werk in den Händen jüdischer Ingenieure auch erscheinen mag, die weder einen Kompass noch exakte geometrische Instrumente besaß, lehrt es uns aus künstlerischer Sicht nichts mehr als die in den Fels gehauenen Aquädukte, die man in anderen Teilen Palästinas findet.

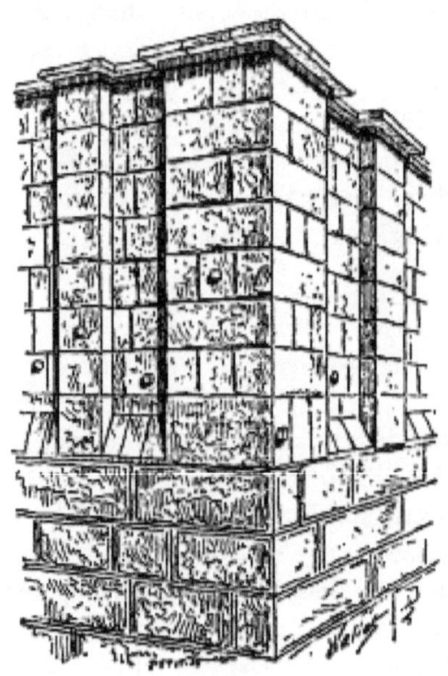

Abb. 183. – Das Grab Abrahams in Hebron (nach Vogüé, S. 119).

§ IV. Gräber.

Palästina und der Nordosten Arabiens sind mit Grabdenkmälern übersät, aber es gibt nur wenige, die aus der vorhellenischen Zeit stammen. Abraham kaufte von den Hethitern aus Hebron eine Höhle namens Machpela für 400 Schekel Silber und wurde dort begraben

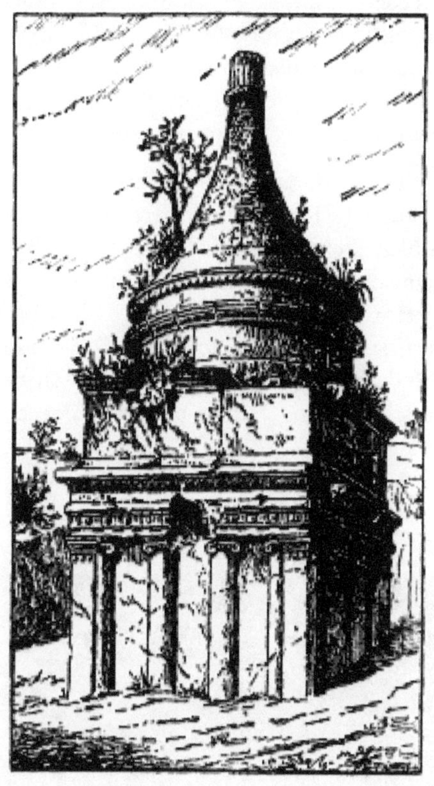

Abb. 184. – Absaloms Grab (nach F. de Saulcy, *Voyage autour de la Mer Morte*).

die anderen Patriarchen seiner Rasse. Der Ort der Höhle ist heute von einer Moschee bedeckt, und in der Krypta dieser Moschee sollen die Leichen der Patriarchen liegen. Nun ist die Wand der Krypta, ein prächtiges Mauerwerk von imposanter Erscheinung, unbestreitbar zeitgenössisch mit Herodes; Es gibt denselben Randentwurf, den wir in der Umzäunung des von diesem Fürsten erbauten Tempels studiert haben. Das Grab namens Absalom ist ebenfalls ein kleines Gebäude, das nicht aus der Zeit der Seleukiden stammt, und obwohl es, wie die palästinensischen Bauwerke derselben Epoche, einige architektonische Reminiszenzen an die phönizische Kunst bewahrt, weist es Säulen, Kapitelle und Zierleisten auf völlig griechisch. Wir brauchen uns daher nicht mit diesen Denkmälern oder mit dem Grab der Makkabäer in Modin oder mit den nicht weniger berühmten *Hypogäen* , die unter dem Namen *Kebûr-el-Melûk oder „ Gräber* der Könige" bekannt sind, zu beschäftigen *Josaphat* aus *dem Heiligen Jakobus* mit seinem dorischen Portikus oder *Grab des Zacharias* : Grabkammern, die von Pilgern in der Umgebung

Jerusalems besucht werden und deren Datum Saulcy vergeblich noch weiter
in die Vergangenheit als bis zur babylonischen Gefangenschaft zu legen
versucht hat. Das Grab von Josua, das sich unter den Ruinen befindet, die
unter dem Namen Khirbet-Tibneh bekannt sind und nordwestlich von
Jifneh (Gophna) liegen, scheint nicht älter zu sein.

In Arabien wurden in Medaïn Salih mehrere in den Felsen gehauene
Gräber beobachtet, deren Fassade und innere Anordnung mit denen der
palästinensischen Höhlen identisch sind. Es gibt griechische Säulen, Giebel
und Zierleisten, gemischt mit einigen traditionellen Motiven, deren
ursprünglicher Geburtsort in Assyrien oder am Ufer des Nils liegt; Wie in
den jüdischen Gräbern sind um die Kammern Hohlräume für Sarkophage
angeordnet. Die in Medaïn Salih erhaltenen Inschriften belegen, dass diese
Grabstätten in den ersten achtzig Jahren unserer Zeitrechnung entstanden
sind.

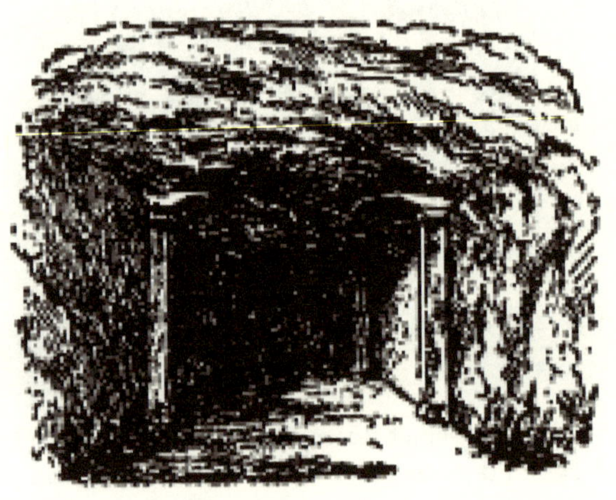

Abb. 185. – Grabkammer von Medaïn Salih. (Doughty, *Doc. Epigr.
du nord de l'Arabie.*)

Allerdings gibt es im Dorf Siloam in der Nähe von Jerusalem ein Grab,
das unter dem Namen „*Ägyptischer Monolith*" *bekannt ist* und viel älter zu sein
scheint als alle, von denen wir gesprochen haben; es gibt einige, die es sogar
der Epoche Salomos zuordnen würden. Dieser trapezförmige Monolith im
ägyptischen Stil ist 13 Fuß hoch und die Plattform misst 19 Fuß 10 Zoll mal
17 Fuß 10 Zoll. Die nach Westen gerichtete Tür bietet Zugang zu einer
quadratischen Vorkammer, die in einen Raum 8 führt Fuß lang auf jeder
Seite. Die Decke der Kammer ist leicht konvex, wie bei vielen ägyptischen
Hypogäen; In den Wänden sind zwei große Nischen angebracht. Außen ist

das Denkmal mit einem ägyptischen Gesims versehen. Alles deutet darauf hin, dass dieses Grab vor der babylonischen Gefangenschaft liegt, trotz der architektonischen Veränderungen, denen es in einer relativ modernen Zeit unterzogen wurde. Außerdem sind die Grabhöhlen Palästinas, egal aus welcher Zeit sie stammen, alle nach demselben traditionellen Typus konzipiert, der auch der von Phönizien ist und den wir in Karthago finden werden; Es gibt immer einen in den Fels gehauenen Speos, eine Fassade mit ägyptischen, assyrischen oder griechischen Ornamenten, je nach Datum, und dann einen Vorraum, der durch eine niedrige, schmale Tür den Zugang zu einer Grabkammer ermöglicht.

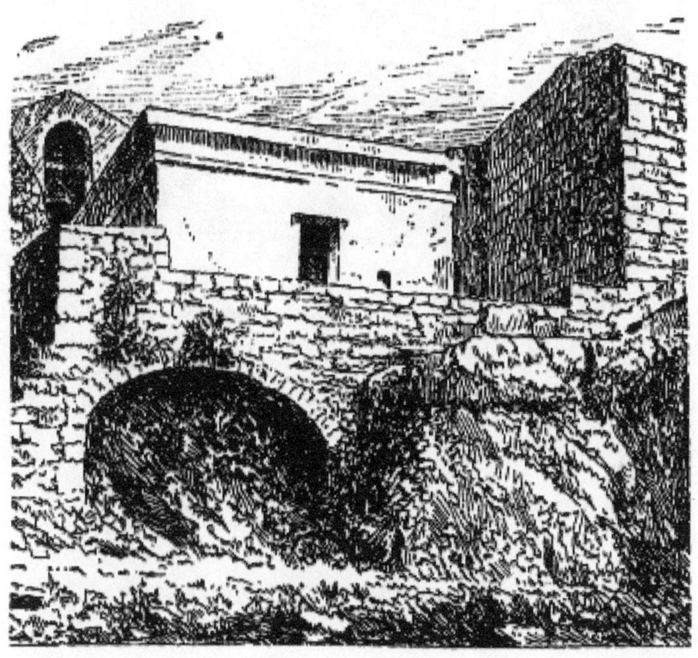

Abb. 186. – Der Monolith von Siloah (nach Saulcy, *Voyage autour de la Mer Morte*).

Von dieser Kammer aus gelangt der Besucher durch eine von mehreren Öffnungen in andere Räume; und um diese mehr oder weniger zahlreichen Kammern herum sind die Hohlräume für Sarkophage eingeschnitten. So muss die Höhle von Machpela in Hebron bereits zur Zeit Abrahams angelegt worden sein, und auf die gleiche Weise wurde zweifellos auch die Grabhöhle gebildet, in der die Asche der Könige von Jerusalem deponiert wurde. Die Entdeckung des Hypogäums mit den Sarkophagen der Fürsten des Hauses

David wäre zweifellos für die Epigraphik wichtiger als für die Archäologie im eigentlichen Sinne. Es würde nur das Urteil bestätigen, das über die jüdische Kunst gefällt wurde: dass es ihr überall, außer im Tempel von Jerusalem, an Vielfalt und Originalität mangelt.

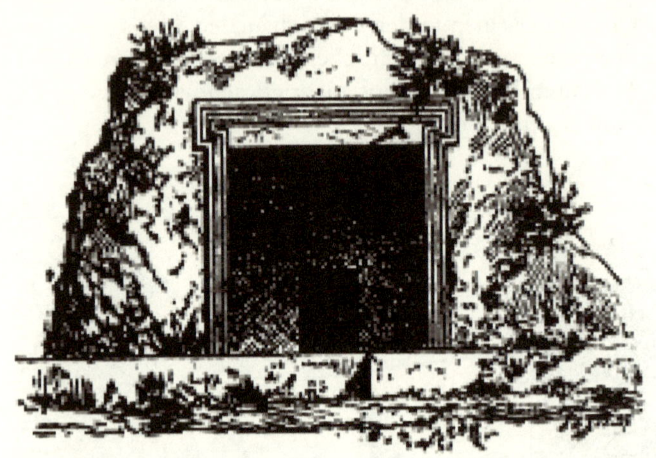

Abb. 187. – Grab im Tal von Hinnom (nach Saulcy).

KAPITEL VIII.

PHOENIZISCHE UND ZYPRIOTISCHE KUNST.

DIE an der Küste Nordsyriens ansässigen Phönizier waren nicht nur Handelsvertreter; Sie trugen auch die Kunst der großen asiatischen Zivilisationen zu allen Küsten, an denen sie ihre Fabriken errichteten, und zu allen Rassen, mit denen sie Geschäftsbeziehungen pflegten. Ihre hergestellten Produkte weisen keine ausgeprägtere Originalität auf als die der Juden und Kanaaniter: In ihnen ist eine Mischung aus ägyptischer und assyrischer Kunst zu beobachten. Diese beiden mächtigen fremden Faktoren hätten, wenn sie von einem erfinderischen und forschenden Volk in die Tat umgesetzt worden wären, zweifellos eine neue Kunst hervorgebracht, die sie zusammengefasst und absorbiert hätte, indem sie sie mit den besonderen Erfindungen des nationalen Genies kombiniert hätte: Dies war beispielsweise in Griechenland der Fall. Aber die Phönizier, die ausschließlich mit Geschäften beschäftigt waren, begnügten sich damit, manchmal aus Assyrien, manchmal aus Ägypten die Elemente einer Bastardindustrie zu suchen, in der die exotischen Formen so wenig verhüllt und so unvollkommen verschmolzen sind, dass man sie so leicht wie möglich entdecken kann .

Wenn antike Autoren und epigraphische Texte die Bedeutung der phönizischen Fabriken in Griechenland, Italien, Sizilien, Gallien, Spanien und Afrika bezeugen, hat keine der großen Nationen der Antike weniger materielle Spuren ihres industriellen und künstlerischen Lebens hinterlassen als diese. In Syrien, Zypern, Malta und Karthago haben wir große Schwierigkeiten, Überreste der von den phönizischen Architekten errichteten Bauwerke oder Statuen oder Ornamente zu finden, die den Handwerkern dieser Nation zugeschrieben werden können: Der Kunsthistoriker ist verpflichtet, diese aufzuspüren Weisung, dass er den armen Waisen und Streunern helfen kann, die er gegen seinen Willen für äußerst wertvoll hält, die er aber oft verachten würde, wenn sie aus Assyrien oder Ägypten kämen. Zypern, zum Teil von einer hellenischen Bevölkerung bewohnt und von der Natur wie eine Brücke zwischen Asien und Griechenland gespannt, stellt kaum eine Ausnahme von dieser Regel dar, obwohl es für sich genommen ein größeres Material für die orientalische Archäologie bietet als alle anderen phönizischen Länder zusammen.

§ I. TEMPEL.

Vor der Einführung des ägyptischen und assyrischen Einflusses in Syrien verehrten die semitischen und kanaanäischen Völker dieses Landes die Höhen (*bâmoth*). Auf den höchsten Gipfeln der Berge, an Orten, die an alte

Erinnerungen erinnerten, auf Gipfeln, die vom Blitz getroffen worden waren, wurden steinerne Altäre errichtet und darauf Opfer geopfert; Der umliegende Wald wurde zu einem heiligen Hain. Auf die gleiche Weise errichteten unsere keltischen Vorfahren ihre Dolmen.

Bald begannen die Phönizier unter ägyptischem Einfluss mit dem Bau von Tempeln. Der *Maabed* (Tempel) von Amrith [90] ist noch immer ein kleiner ägyptischer Tempel; wie in letzterem gibt es eine *Cella* oder einen Tabernakel aus Stein, in dem das göttliche Bild aufbewahrt wurde. Es besteht aus auf drei Seiten errichteten Platten. Eine Seite blieb offen und wurde nur durch einen Vorhang verschlossen. Die monolithische Dachplatte ist an ihren vier Rändern mit einer hellen Leistenbordüre geschmückt und ragt traufenartig über die Tür hinaus; im Inneren ist es halbkreisförmig geschnitten, so dass es wie ein flaches Gewölbe wirkt. Der Felsen, der den Sockel bildet, wurde durch Auslaugen vom Berg isoliert, und so erreicht die Kapelle einschließlich dieses natürlichen Sockels eine Höhe von 22 Fuß. Am Rande des umgebenden Hofes befanden sich bestimmte Bauwerke, zweifellos eine Kolonnade, die den heiligen Bereich begrenzte; aber das ist verschwunden.

Das *Maabed* von Amrith ist der bedeutendste erhaltene Vertreter der Tempel Phöniziens. In Ain el-Hayât wurden jedoch zwei Schreine entdeckt, die denen von Amrith ähneln; eines (Abb. 188) ist einigermaßen gut erhalten und besteht aus einer monolithischen *Cella* , die auf einem Unterbau aus großen Blöcken ruht; das Ganze ist 17½ Fuß hoch. Über der Tür ist eine Reihe ägyptischer Uræi zu sehen; Die Decke im Inneren ist deutlich in die Form eines Gewölbes geschnitten, auf dem zwei Flügelpaare, die die ägyptische Sonnenscheibe umgeben, als Relief eingraviert sind.

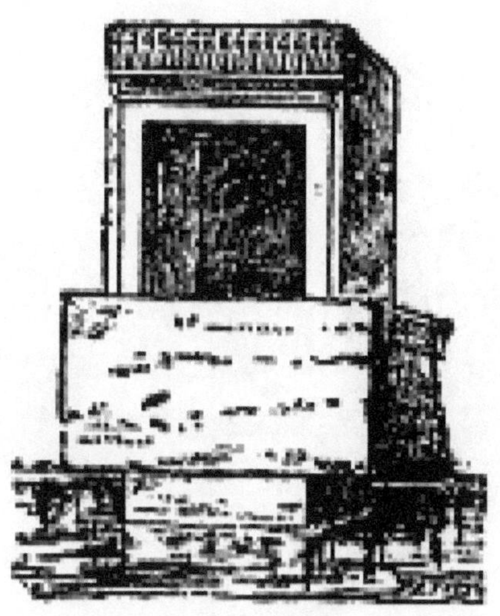

Abb. 188. – Schrein in Ain el-Hayât (Renan, *Mission de Phénicie*).

Die berühmten Tempel von Melkarth in Tyrus und von Astarte in Sidon und Gebal (Byblos), die die Bewunderung antiker Reisender erregten, sind nur noch aus der Erinnerung bekannt. Allein das *Maabed von Amrith* gibt uns eine Vorstellung von ihrer architektonischen Anordnung; Sie bestanden aus Höfen, in deren Mitte sich auf einer Plattform das Heiligtum der Gottheit erhob. Der phönizische und kanaanäische Tempel zeigte daher eine starke Ähnlichkeit mit dem Tempel von Jerusalem und auch mit der großen Moschee von Mekka – dem einzigen Denkmal, das diesen architektonischen Typus unter uns verewigt.

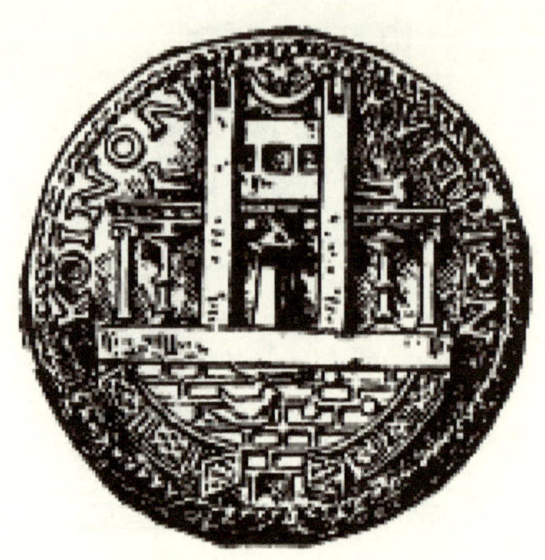

Abb. 189. – Münze von Paphos

Von den von den Phöniziern auf Zypern erbauten Tempeln sind heute nur noch wenige Fragmente übrig. Der große Wohlstand dieser Insel unter den Römern und im Mittelalter ist die direkte Ursache für die Zerstörung der Denkmäler einer früheren Zeit. Die prächtigen Kathedralen von Famagusta und Nikosia, die schönen Kirchen, die unter der Lusignan-Dynastie erbaut wurden, die beeindruckenden Stadtmauern, die von den Venezianern errichtet wurden, entstanden auf Kosten antiker Gebäude, deren Materialien als Steinbrüche gewinnbringend genutzt wurden. Das berühmte Heiligtum der Astarte in Paphos zum Beispiel ist uns nur durch die herkömmliche Darstellung auf Münzen aus der Römerzeit bekannt. Wir können in dieser Figur einen von einer Balustrade umgebenen Hof erkennen und hinter dem Hof eine Struktur, die uns an die Pylone ägyptischer Tempel erinnert: Es ist ein riesiges Tor zwischen zwei Türmen, versehen mit einer großen Öffnung, durch die wir das sehen können heiliger Stein, flankiert von zwei Kandelabern; Oben schweben der Stern und die Sichel. Das Dach, auf dem Tauben ruhen, wurde von Säulen getragen, die einen Portikus bildeten. Tacitus, der den Besuch von Titus im Tempel von Paphos erzählt, sagt, dass die Göttin darin „in der Form eines kreisförmigen Blocks dargestellt wurde, der sich in Form eines Kegels erhob und sich von der Basis zum Gipfel allmählich verjüngte". Diese Beschreibung entspricht dem Stein, den uns die Medaillen zeigen. Nach den von P. di Cesnola an der Stelle des Tempels durchgeführten Ausgrabungen war das Gebäude fast 220 Fuß lang und 164 Fuß breit; der Peribolus maß 688 Fuß mal 540 Fuß; Das Haupttor, vielleicht das, was auf der Münze abgebildet ist, hatte eine Öffnung von mehr als 16 Fuß Breite.

Der Tempel von Golgoi (Athieno), dessen Ruinen von Cesnola ausgegraben wurden, war ein rechteckiges Gebäude aus in der Sonne getrockneten Ziegeln; Allein der Unterbau bestand aus Stein. Im Norden und Osten befanden sich Türen mit Holzrahmen. Im Inneren stützten hölzerne Säulen mit steinernen Kapitellen das Dach, das aus eng aneinander liegenden Holzstücken bestand, auf denen Matten und Schilfrohr mit einer dicken Schicht gestampfter Erde angeordnet waren. Das mit weißem Rohputz verkleidete Äußere des Tempels muss äußerst bescheiden ausgesehen haben. Der Innenraum hingegen war mit den reichsten Ornamenten beladen. In der Mitte des Geheges wurde ein hoher Kegel aus grauem Stein gefunden, einen Meter hoch, der der heilige Stein der Göttin gewesen sein muss und uns an das von Tacitus beschriebene Bild in Paphos erinnert. Rund um den mystischen Kegel bildete eine ganze Schar von in leuchtenden Farben bemalten Steinstatuen, die in einer Reihe an den Wänden aufgestellt oder in Reihen in der Mitte des Gebäudes aufgestellt waren, wie in Tello den stummen Zug der Anbeter der Göttin. An den Wänden über einer Reihe von Flachreliefs hingen Votivgaben, die denen der assyrischen Paläste ähnelten. Steinlampen in Form von Schreinen, die an den Wänden befestigt waren, erhellten diese seltsame Szene.

Im Tempel des Curium stellte Cesnola die Existenz einer Krypta fest, zu der eine Treppe Zugang ermöglichte; Es bestand aus vier unterirdischen Kammern, die in Form von Apsiden in den Fels gehauen waren und durch Türen und einen Durchgang miteinander verbunden waren. Diese Kammern sind auf jeder Seite etwa 22½ Fuß lang und 13 Fuß hoch; Hier wurde der berühmte Schatz von Curium gefunden, der aus der Tempelplatte und Votivgaben für die Gottheit bestand.

Die jüngsten Ausgrabungen, die wir kurz beschrieben haben, haben zwar kaum mehr als Unterbauten ans Tageslicht gebracht, ermöglichen uns aber dennoch eine einigermaßen genaue Beschreibung der zypriotischen Tempel. Während die Heiligtümer Phöniziens auf Anhöhen errichtet sind und an die primitiven Höhen erinnern, liegen die Heiligtümer Zyperns meist in der Ebene, inmitten fruchtbarer Felder, wie die Tempel Ägyptens. Der Schrein der Gottheit befand sich wie die griechischen Tempel unter freiem Himmel; Rundherum und in mehr oder weniger Entfernung erhob sich eine Galerie, die mit einem Dach bedeckt war, das innen von Kolonnaden getragen wurde, die einen Portikus bildeten und nicht auf der Umfassungsmauer ruhten.

Eine phönizische Inschrift aus dem vierten Jahrhundert vor Christus berichtet von der Errichtung mehrerer Tempel für verschiedene Gottheiten, insbesondere für den Gott Sadambaal und die Göttin Astarte auf der Insel Gaulos (Gozo). Die Überreste dieser Heiligtümer sind noch vorhanden: Sie werden *Giganteja* oder „Riesenwohnung" genannt und bestehen aus zwei benachbarten, nicht miteinander kommunizierenden Gehegen. Sie bestehen aus unregelmäßigem Mauerwerk, das aus riesigen Blöcken besteht, sind parallel angeordnet und ihre Tore öffnen sich an derselben Fassade. Obwohl eines größer ist als das andere, folgen beide der gleichen Innenaufteilung. Jede besteht aus zwei ovalen oder elliptischen Kammern, die nebeneinander liegen und durch einen schmalen Durchgang miteinander verbunden sind. Die weitere Kammer enthält auch eine halbkreisförmige Apsis. Der große Tempel ist vom Eingang bis zum unteren Ende der Apsis 119 Fuß lang; seine größte Breite beträgt 75 Fuß. Das Gebiet ist freigelegt; In einer dieser Einfriedungen wurde ein konischer Stein entdeckt, der denen in den Tempeln Phöniziens und Zyperns ähnelt.

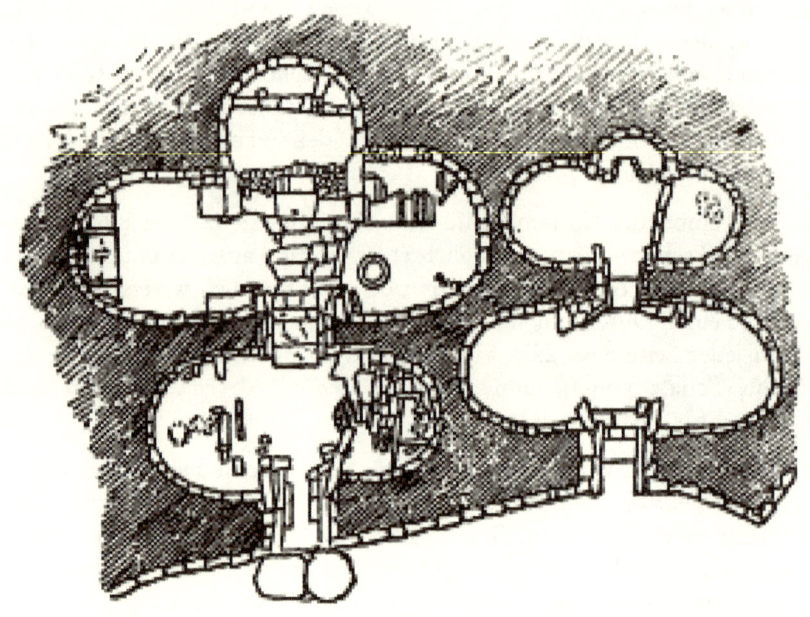

Abb. 190. – Plan der Giganteja. (*Nouv. Annales de l'Institut arch. de Rome* , 1832, Taf. ii.)

Auf Malta wurden Ruinen von Tempeln entdeckt, die nach den gleichen Prinzipien wie die Giganteja von Gozo errichtet wurden. Die *Hagiar Kim* , „Steine der Anbetung", in der Nähe des Dorfes Casat Crendi, weisen mit ihren riesigen Blöcken aus unregelmäßigem Mauerwerk identische architektonische Merkmale auf. Der Plan ist jedoch etwas komplizierter: Es handelt sich um eine Reihe von sieben nebeneinander gebauten Ellipsoidkammern.

Von den Tempeln, die die Phönizier in Sizilien, Sardinien, Spanien und anderen Teilen der Welt errichteten, ist kein einziger Stein über der Erde übrig geblieben.

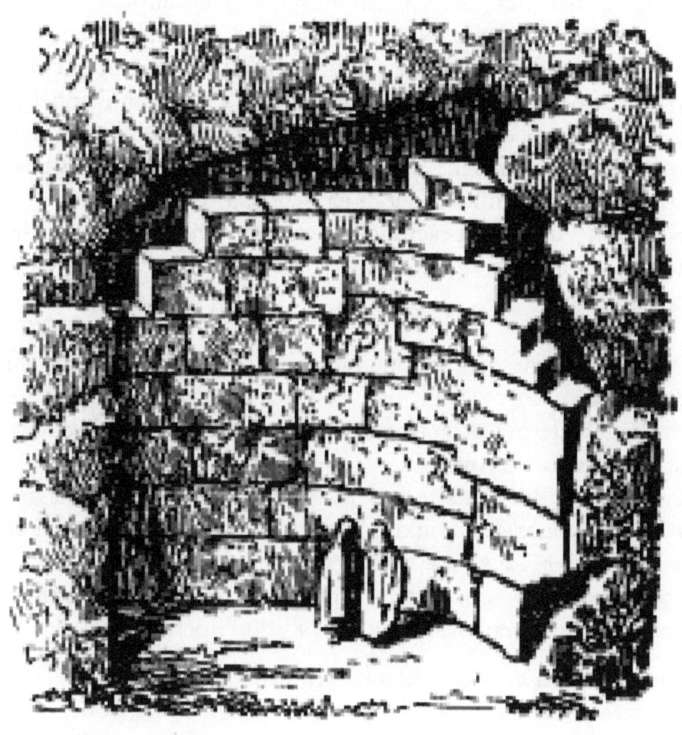

Abb. 191. – Römische Mauer bei Byrsa (Boulé, *Fouilles à Carthage*).

und sogar Karthago. Das berühmte Heiligtum der Astarte, das auf dem steilen Gipfel stand, der Eryx in Sizilien überblickt, ist untergegangen; Dies gilt auch für den Baal-Hammon-Tempel in Marsala (Lilybæum) und die sardisch-phönizischen Heiligtümer von Baal-Samaim, Astarte, Eshmun und Baal-Hammon, auf die die in Sulci entdeckten punischen Inschriften hinweisen. Der Tempel von Melkarth in Gades, der zur Zeit Strabons so häufig genutzt wurde, hat keine Spuren hinterlassen. Es ist vergebens, dass der Name der mächtigen Stadt Karthago und der berühmten Männer, die sie hervorgebracht hat, unsere begeisterte Neugier erregt; Zu keinem Zweck wurde der Ort, auf dem sie erbaut wurde, zu französischem Boden: Die Römer respektierten nichts in der Stadt ihrer schrecklichsten Feinde. Die

Zerstörungen, die Scipios Eroberung im Jahr 146 v. Chr. folgten, erfolgten systematisch und reichten bis zu den Fundamenten der Mauern. Was entkam, wurde zum Nutzen der römischen Kolonie, die auf den punischen Ruinen entstand und selbst zweimal Gegenstand einer brutalen Zerstörung war, verändert und umgestaltet. Aus architektonischer Sicht ist daher von den archäologischen Ausgrabungen in Karthago nichts Phönizisches zu erwarten; Abgesehen von verstümmelten Inschriften ist fast alles, was entdeckt wird, römischer, christlicher oder byzantinischer Herkunft. Die Kapelle des Heiligen Ludwig, in deren Nähe Boulé seine Ausgrabungen durchführte, steht an der Stelle des berühmten Eshmun-Tempels inmitten der Akropolis von Byrsa; auf dem benachbarten Hügel befand sich der Tempel von Tanit, den die Römer *Virgo cœlestis nannten* ; Zwischen Byrsa und dem Hafen erhob sich neben dem Forum, in dessen Nähe ich 1884 mit MS Reinach einige Ausgrabungen durchführte, der Tempel von Baal-Hammon. Auf diese topografischen Hinweise beschränken sich die Denkmäler der Heiligtümer der Stadt Hannibal.

§ II. ZIVILARCHITEKTUR.

Während von den phönizischen Tempeln an allen Ufern des Mittelmeers kaum noch etwas übrig ist, muss man zugeben, dass die Lage bei den Zivildenkmälern fast genauso ist. Die Position der beeindruckenden Stadtmauern von Tyrus, die Eroberer von Städten wie Sargon, Nebukadnezar und Alexander so lange in Schach hielten, lässt sich nur schwer an einem einzigen Punkt erkennen: Sie ist wahrscheinlich durch eine Unterwassermauer aus riesigen, miteinander verbundenen Blöcken gekennzeichnet ein Beton, in dem Kalk mit zerkleinerten Ziegeln vermischt wird; Laut Arrian waren diese Mauern 147 Fuß hoch.

Die Einfriedung von Banias (Balaneum) zwischen Tortosa und Latakieh steht teilweise noch; aber ist es phönizischen oder pelasgischen Ursprungs? Es erstreckt sich über eine Länge von etwa 1.970 Fuß; Die von drei Toren durchzogene Mauer mit einer Breite von 26 Fuß bis 32½ Fuß besteht aus Blöcken aus grauem Kalkstein von unregelmäßiger Form, die weder behauen noch zementiert sind. Es ist zwischen 16 und 26 Fuß dick und stellenweise immer noch bis zu 32½ Fuß hoch. Gebrochene Linien, Vertiefungen und Vorsprünge scheinen das nahende Auftauchen von Bastionen und Türmen in der Befestigungskunst anzukündigen. Die pelasgischen Mauern von Euböa, Tiryns und Sipylos weisen analoge Merkmale auf.

Was von den Unterkonstruktionen der Mauern von Aradus, Berytus und Sidon übrig bleibt, weist auf die Verwendung unregelmäßig verlegter großer und feiner Blöcke hin. In den karthagischen Stadtmauern von Eryx auf Sizilien tragen die Steine phönizische Buchstaben, die als

Positionsmarkierungen für die Maurer dienten, aber diese befestigte Anlage stammt nicht aus einer früheren Zeit als dem vierten Jahrhundert, und die punischen Architekten müssen sie ihren Nachbarn nachgeahmt haben Griechen. Die Mauern Karthagos, die die Alten in Erstaunen versetzten, hatten einen Umfang von sechs bis sieben Meilen; Sie bestanden, zumindest an bestimmten Stellen, aus drei konzentrischen Mauern, die infolge des Gefälles des Bodens stufenförmig angeordnet waren. Von ihnen ist nichts übrig geblieben, außer einer Art Schutt in Abständen, der als Grenze der bebauten Felder dient. Sie bestanden aus behauenen Steinen und waren nach Aussagen antiker Schriftsteller 77 Fuß hoch und 34 Fuß dick; die Türme waren noch höher und stärker.

Da Tempel und Stadtmauern schon immer in der stabilsten Form errichtet wurden und den Angriffen der Zeit und der Menschen am besten standhalten konnten, gibt es einen viel stärkeren Grund, warum von Zivildenkmälern kaum noch etwas übrig bleiben sollte, wenn davon nur noch sehr wenig übrig ist Privathäuser. In den weichen Kalkstein der phönizischen Küste schlugen die Ureinwohner ihre Behausungen wie Höhlenbewohner. In späteren Zeiten wurden mit Hilfe der Zivilisation nur die Gräber an den Berghängen geöffnet, und die Lebenden schnitten mit ihren Spitzhacken riesige Steinblöcke aus, in die sie Türen und Kammern hauen. In Amrith gibt es ein auf diese Weise geschnittenes monolithisches Haus, das M. Renan als Typus der Gattung ansieht. Es ist 98 Fuß im Quadrat und 71 Fuß hoch; die Wände sind 2 Fuß 7 Zoll dick; Im Inneren sind drei Kammern durch dünne Trennwände getrennt, die beim Aushöhlen des Felsens entstanden sind. Manchmal ist nur der untere Teil der Mauern in den Fels gehauen, der so nur einen ein oder mehrere Meter hohen monolithischen Sockel bildet und bis zum Dach durch leichtes Mauerwerk ergänzt wird.

Auf Zypern sucht man vergeblich nach Spuren von Bauwerken, die der Zeit der phönizischen Herrschaft zuzuordnen sind. Die einzigen Denkmäler, die einen Eindruck von der Zivilarchitektur dieser berühmten Insel vermitteln, sind Modelle von Häusern aus Terrakotta, die in Dali gefunden und im Louvre aufbewahrt wurden (7¾ Zoll hoch). Das bemerkenswerteste dieser kleinen Gebäude hat eine Tür, die von einer Sphinx bewacht wird. An den beiden Fenstern erscheinen Frauenköpfe; Auf jeder Seite der Tür tragen Säulen mit Kapitellen in Form von Lotusblumen ein vorspringendes Dach. Aber welchen architektonischen Wert kann ein solches, so grob modelliertes Spielzeug haben?

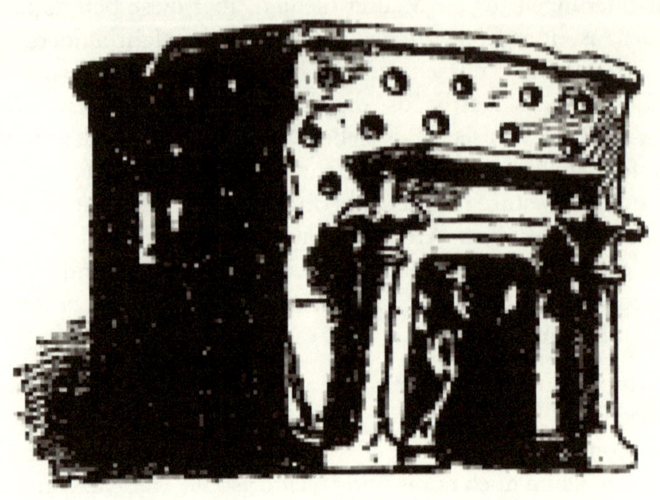

Abb. 192. – Terrakotta-Haus. (Louvre.)

Die Armut an Denkmälern ist im Fall von Karthago und dem westlichen Becken des Mittelmeers noch deutlicher. Was Reisende, die die Stätte der Altstadt besuchen, vor allem bewundern, sind die beispiellosen Bemühungen der Antike, das Wasser vom Himmel zu fangen und in riesigen überdachten Becken zu speichern oder Wasser aus weit entfernten Quellen zu holen. Nirgendwo im Osten, wo immer die größte Sorge um die Wasserversorgung bestand – weder in Jerusalem, wo das Siloam-Aquädukt getunnelt wurde, noch in Tyrus, wo das Aquädukt gegraben wurde, das das Wasser von Ras el-Ain in die Stadt brachte – Sind noch so großartige Spuren der Arbeiten an diesem nützlichen Objekt übrig geblieben? Nur der gigantische Viadukt, der sich über mehrere Meilen erstreckt, um das Wasser des Berges Zaghouan nach Karthago zu bringen, stammt nicht wie heute aus einer früheren Zeit als der Herrschaft Hadrians; und das Gleiche muss von den riesigen gewölbten Zisternen in der Nähe von Byrsa gesagt werden, in denen heute ein ganzes arabisches Dorf wohnt und in denen Touristen Fahrten unternehmen: Es war nie möglich, genau zu sagen, wie viel vor der Zeit liegt wo die römische Kolonie gegründet wurde. Die Karthager, zweihundert Jahre vor unserer Zeitrechnung, kannten sicherlich das Gewölbe und die Kuppel, die natürlichen und ursprünglichen Elemente der orientalischen Architektur, ebenso wie die Römer. Die Wände, Gewölbe und Kuppeln der Zisternen von Karthago bestehen aus einem mittelmäßigen Stein, der aus den Steinbrüchen von Zaghouan stammt: Kleine unregelmäßige Blöcke sind in einem sehr dicken Kalkmörtel vergraben, der so ausgezeichnet ist, dass er sich mit dem Stein verbindet und dem Stein ein natürliches Aussehen verleiht Gesamtstruktur den homogenen Charakter eines einzigen riesigen Blocks. Die byzantinischen Ruinen, die die Ebene von Karthago bedecken, sind aus ebenso schlechten Materialien und ebenso gutem Zement gebaut.

Wir müssen nun untersuchen, ob von den Bauten, die die Phönizier haben müssen, noch Spuren vorhanden sind

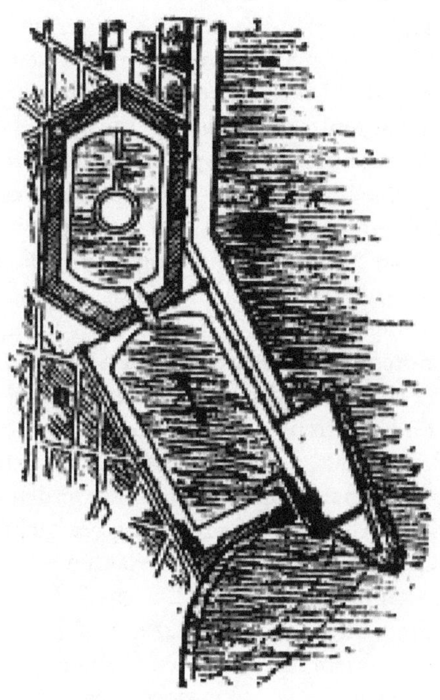

Abb. 193. – Plan der Häfen von Karthago (nach Daux, *Emporia phéniciens*).

unternommen, um an den Mittelmeerküsten jene Häfen zu errichten oder zu unterhalten, in denen ihre Schiffe einen sicheren Zufluchtsort fanden. Diese Werke müssen die charakteristischste Seite der Baukunst dieser Kaufmannsnation gezeigt haben. Allerdings sind sie wie die anderen fast vollständig ausgestorben oder noch immer unter dem Sand begraben. Tyrus und Sidon hatten zwei Häfen, von denen heute nur noch der Standort zu unterscheiden ist. Die beiden Häfen von Karthago, der Handelshafen und der Cothon- oder Militärhafen, sind noch vorhanden, aber drei Viertel davon sind mit Sand bedeckt und sie enthalten nicht mehr als ein Becken mit seichtem Wasser. Langwierige und kostspielige Ausgrabungen, von denen die in Utica durchgeführten Ausgrabungen vielleicht eine Vorstellung davon geben, könnten uns nur Aufschluss darüber geben, wie sie früher aussahen. Derzeit können wir die Genauigkeit von Appians Beschreibung nur bestätigen, wenn er sagt: „Die Häfen von Karthago waren so gebaut, dass Schiffe von einem in den anderen fahren konnten; Auf der Meeresseite hatten sie nur einen 70 Fuß breiten Eingang, der mit Eisenketten verschlossen war. Der erste Hafen, der für Handelsschiffe bestimmt war, war mit zahlreichen und unterschiedlichen Festmacherkabeln ausgestattet. In der Mitte des zweiten befand sich eine Insel; Rund um diese Insel, wie an allen Rändern des Beckens, gab es große Kais. Die Kais verfügten über eine Reihe von Docks, die Platz für einhundertzwanzig Schiffe boten . Über den Docks waren Lagerhäuser für die Takelage errichtet worden. Vor jedem Dock erhoben sich zwei Säulen ionischer Ordnung, die dem Hafen und der Insel das Aussehen eines Portikus verliehen. Auf der Insel war für den Admiral ein Pavillon gebaut worden, von dem aus Trompetensignale erklangen und Befehle vom Herold übermittelt wurden und in dem der Admiral Ausschau hielt. Die Insel lag in der Nähe der Mündung; Seine Oberfläche hatte eine deutliche Erhebung über der Wasserebene, so dass der Admiral alles sehen konnte, was auf dem Meer vorging, ohne dass diejenigen, die von draußen kamen, erkennen konnten, was im Hafen vor sich ging. Selbst die Kaufleute, die im ersten Becken Zuflucht fanden, konnten die Arsenale im zweiten nicht sehen; Eine doppelte Mauer trennte sie davon, und ein besonderer Eingang ermöglichte ihnen den Zutritt zur Stadt, ohne den Militärhafen passieren zu müssen." Gehen Sie heute nach Karthago und Sie werden mit Erstaunen die bescheidene Ausdehnung dieser beiden Stauseen beobachten, die den Hafen der großen afrikanischen Stadt bildeten. Sie verlaufen parallel zum Meer, von dem sie ein schmaler Landstreifen trennt; Die Insel des Admirals liegt noch immer in der Mitte des Cothon, das eine kreisförmige Form hat und durch einen schmalen Kanal mit dem Handelshafen verbunden ist. Letzterer bildet ein großes Rechteck und öffnet sich durch eine wenige Meter breite Mündung ins Mittelmeer. Die karthagischen Schiffe waren kaum größer als unsere Fischerboote. Der Steg, der sie bei ihrer Einfahrt in den Hafen von Karthago schützte, hat eine Spur hinterlassen, die von großen Blöcken geprägt ist, die an bestimmten Stellen bis zum Meeresspiegel reichen. Die beiden Häfen von Utica waren nicht geräumiger: Einer war nur 328 Fuß mal 108 Fuß groß, der andere 780 Fuß mal 327 Fuß.

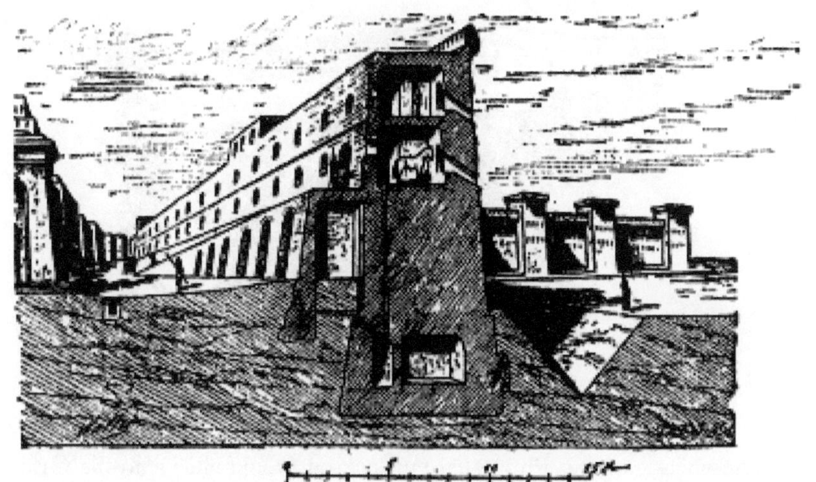

Abb. 194. – Steg von Thapsus. (Restaurierung durch Daux, *Emporia phéniciens*.)

Von allen phönizischen Städten hat Thapsus (Dimas) an der Ostküste von Tunis die bemerkenswertesten Überreste ihrer antiken Anlegestelle bewahrt. Die Mole, die zwar verfallen ist, sich aber immer noch 8 Fuß über die Wellen erhebt, ist 850 Fuß lang und 35 Fuß breit. Die Besonderheit ihrer Konstruktion besteht darin, dass sie von einer Reihe kleiner Gänge durchzogen ist, die in drei Reihen angeordnet sind : Ihr Ziel war es, die Gewalt des Wellenstoßes zu dämpfen, indem sie ihnen den Durchgang durch die Öffnungen ermöglichten. Auch hier ist es ungewiss, ob es sich um ein ausschließlich phönizisches, römisches oder byzantinisches Werk handelt.

§ III. GRÄBER.

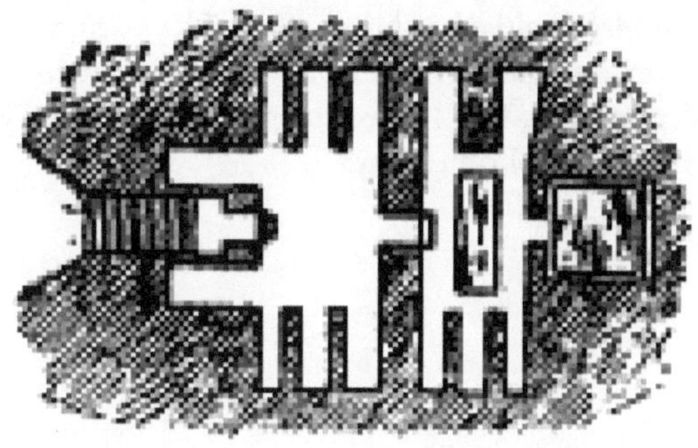

Abb. 195. – Grab in Amrith. Plan (nach Renan).

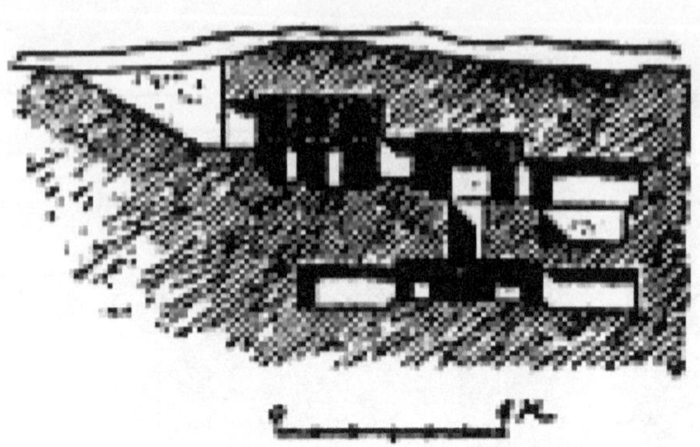

Abb. 196. – Grab in Amrith. Abschnitt (nach Renan).

Die wichtigsten in Phönizien entdeckten Denkmäler sind die Gräber. Fast alle sind in den Fels gehauen und wie in Judäa und Arabien große Höhlen, in denen die Sarkophage einer ganzen Familie deponiert wurden. Die von M. Renan erforschte Nekropole von Marath (Amrith) lieferte Exemplare von Gräbern, die anscheinend die ältesten, geräumigsten und mit größter Kunstfertigkeit behauen waren. Der Abstieg in sie erfolgt über einen Schacht, wie in Ägypten, und in die Felswand sind Kerben gehauen, in die Hände und Füße eingeführt werden müssen; aber in den neueren Gräbern wird der Schacht durch eine Treppe ersetzt. Unten befindet sich auf zwei Seiten eine niedrige Tür, die in eine größere oder kleinere Anzahl rechteckiger Kammern führt. Diese Räume sind durch Gänge miteinander verbunden, in denen sich in der Regel einige Stufen befinden, so dass die am weitesten entfernten Räume auf einer niedrigeren Ebene liegen als die anderen. Manchmal gibt es sogar zweistöckige Kammern; In der Felswand, die die Zwischendecke bildet, ist ein Schacht gebohrt, durch den sie von oben betreten werden können. Die Sarkophage sind rund um die Wände angeordnet oder in Nischen oder Hohlräume für Särge platziert, die an den Seiten ausgehöhlt sind: Sobald diese Nischen gefüllt waren, wurden sie durch eine große Platte verschlossen, auf der eine Inschrift zu Ehren der Toten geschrieben werden konnte. Die Nekropolen von Tyrus und Adlun weisen die gleichen Arten von Grabhöhlen auf.

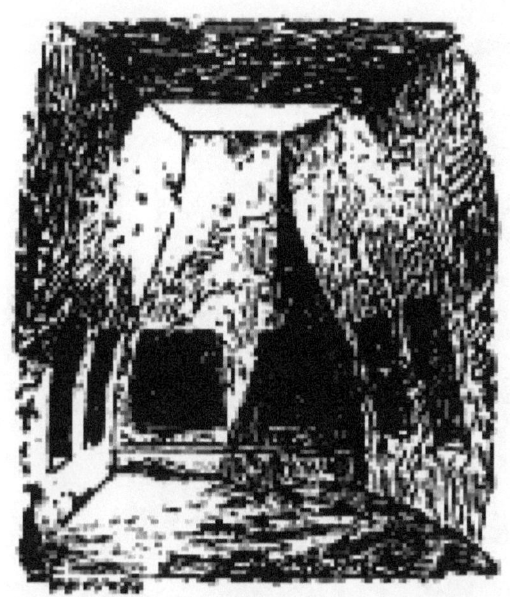

Abb. 197. – Grabkammer in Amrith (nach Renan).

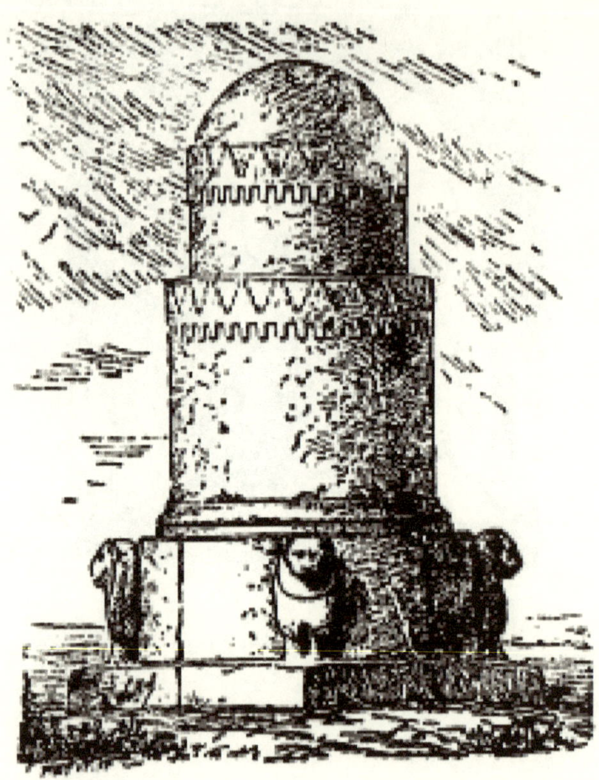

Abb. 198. – Mighzal in Amrith (Restaurierung durch M. Renan).

Nun fragen wir uns: Was war das äußere Erscheinungsbild einer phönizischen Nekropole, in der die Gräber auf diese Weise unter der Erde verborgen waren? Besonders wenn es sich bei den Gräbern um reiche Männer handelte, erschien oft eine kleine Stele oder ein Cippus über ihnen und markierte die Position der Höhle und die Öffnung des Schachts. Grabsteine dieser Art, entweder Monolithen oder aus Mauerwerk, sind über die Ebene von Amrith verstreut; Sie werden an Ort und Stelle *Meghazil* (im Singular *Mighzal*) genannt. Eines davon (Abb. 198) wird von M. Renan als „ein Meisterwerk der Proportionen, Eleganz und Majestät" beschrieben: Es ist 32½ Fuß hoch und besteht aus einem Sockel, aus dem vier Löwen herausragen, und zwei zylindrischen Trommeln übereinander angeordnet und mit Zahnskulpturen verziert, und schließlich eine kleine halbkugelförmige Kuppel, die in den Block geschnitzt ist.

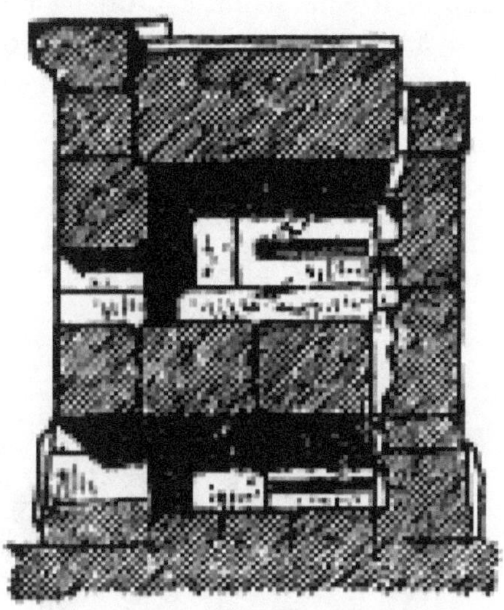

Abb. 199. – Der Burj el-Bezzâk. Abschnitt (nach Renan).

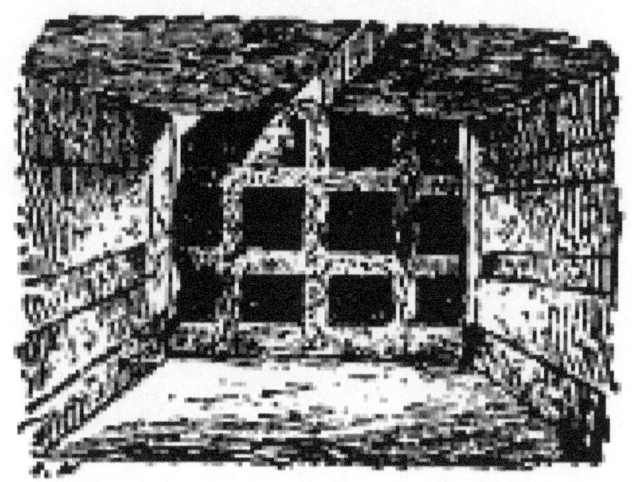

Abb. 200. – Kammer des Burj el-Bezzâk (nach Renan).

Ein Grabdenkmal in Amrith, der Burj el-Bezzâk, unterscheidet sich völlig von Höhlen und Bauwerken der Form, die wir gerade beschrieben haben; Es erhebt sich wie ein gewöhnliches Haus über den Boden und ist ohne Mörtel aus regelmäßigem Mauerwerk mit 16 Fuß langen Blöcken gebaut. Es endete früher in einem Pyramidendach und seine Gesamthöhe betrug 52½ Fuß. Im Inneren gibt es nur zwei übereinander liegende

Kammern, die jeweils durch eine schmale Öffnung mit der Außenseite verbunden sind. An den Wänden dieser Kammern befanden sich zahlreiche Nischen für Särge, die durch Trennwände voneinander getrennt waren.

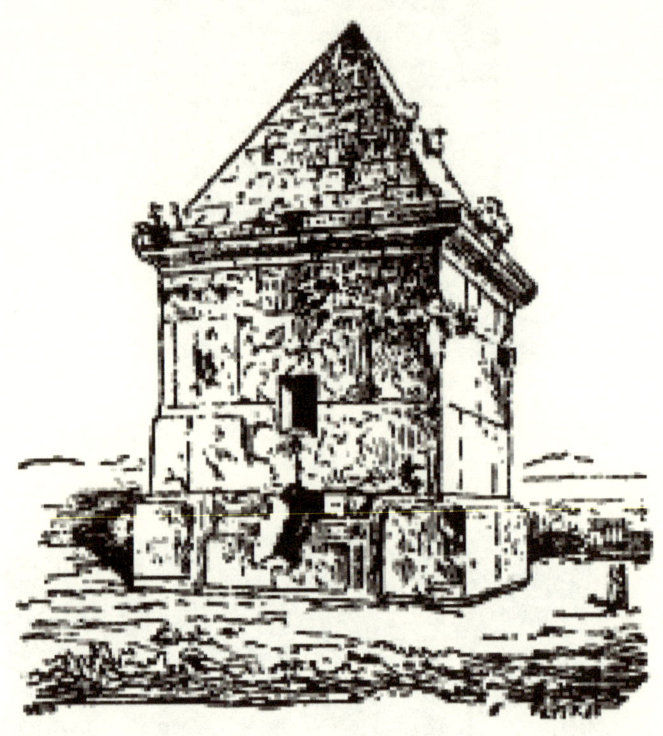

Abb. 201. – Der Burj el-Bezzâk. Wiederherstellung. (Renan, *Mission de Phénicie* .)

Die Nekropole von Sidon, die bedeutender ist als die von Amrith, weist die gleichen Besonderheiten auf: Die Höhlen sind auf die gleiche Weise gebaut; nur sind heute keine *Meghazil* mehr in der Nähe der Schachtmündung zu sehen. In den ärmsten Höhlen wurden die Leichen auf den Boden gelegt oder in Gräbern beigesetzt; in anderen Gräbern sind rund um die Kammern Hohlräume für Särge ausgehauen; In den reichsten Fällen wurden die Leichen schließlich in Sarkophage gelegt, die im Boden der Kammer vergraben waren. Die Hypogäen von Gebal unterscheiden sich von dem in Sidon, Tyrus und Amrith beobachteten Typus durch die Besonderheit, dass der Abstieg in sie weder über einen Schacht noch über eine Treppe erfolgt; Die Öffnung befindet sich in der vertikalen Seite des Berges und wird manchmal von einem Giebel und einigen dekorativen Zierleisten überragt (Abb. 203).

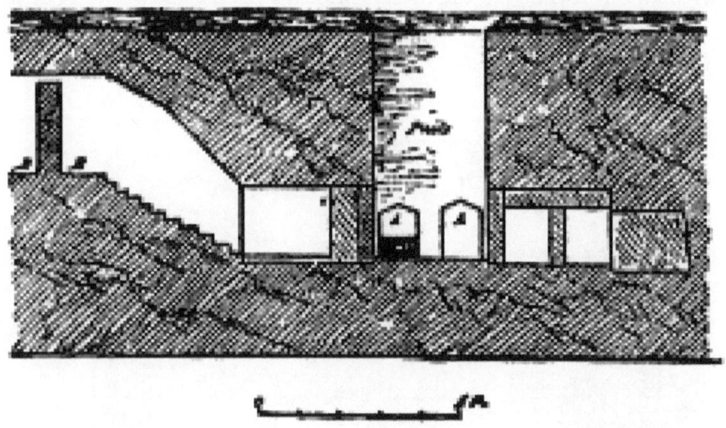

Abb. 202. – Abschnitt eines Grabes in Saida (nach Renan).

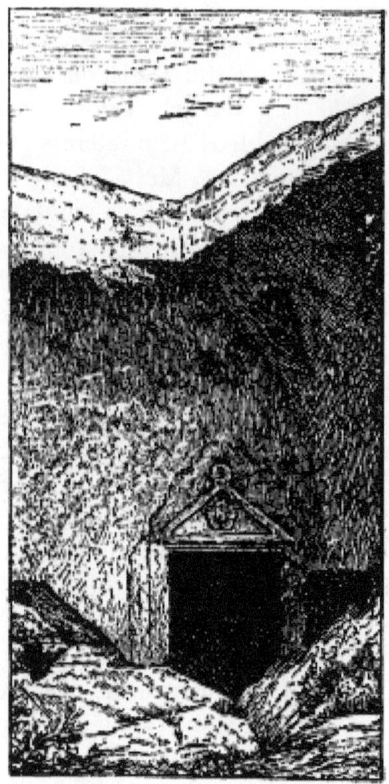

Abb. 203. – Eingang eines Grabes in Gebal (nach Renan).

Von allen Sarkophagen, die in den phönizischen Nekropolen gefunden wurden, lässt sich wohl keiner einem früheren Datum als der Herrschaft des Kyros zuordnen. Die einfachsten sind

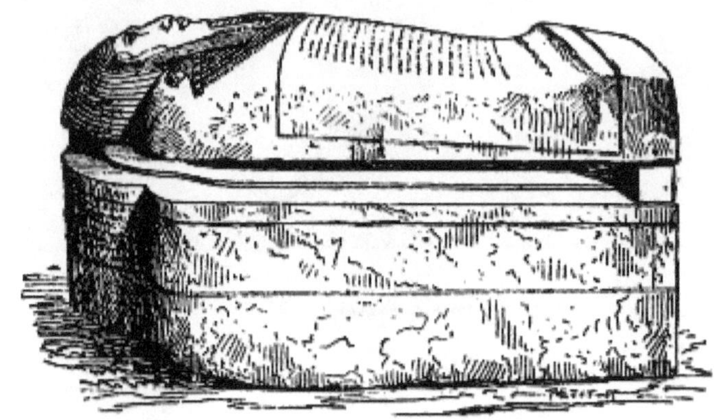

Abb. 204. – Der Sarkophag von Eshmunazar. (Louvre.)

große monolithische Tröge, versehen mit einem konvexen oder dreieckigen Deckel. Einige von ihnen sind mit Girlanden, Blattwerk und Kränzen geschmückt; Die Ecken des Deckels sind manchmal mit Akroterien versehen. Von wirklichem künstlerischem Interesse sind nur die Sarkophage in Form menschlicher Figuren bzw. Mumienkästen, auf deren Deckel der Kopf des Verstorbenen und manchmal auch die Arme als Relief eingraviert sind. Diese Graburnen wurden in Anlehnung an die Holzsarkophage der Ägypter gefärbt, die sie in ihrer Form nachahmen; während die geschnitzten Gesichter uns zeigen, dass der assyrische Einfluss in Phönizien noch lange nach dem Verschwinden von Ninive vorherrschend war. Die Sarkophage von Tabnit und Eshmunazar, die erst aus dem Jahr 350 v. Chr. stammen, offenbaren uns eine bemerkenswerte Besonderheit in den Mitteln, die vor allem die Phönizier, Kaufleute und Seefahrer anwandten, um die Gräber ihrer Toten mit Steinsärgen auszustatten. Diese besonderen Denkmäler aus schwarzem Amphibolit stammen aus den ägyptischen Steinbrüchen von Hammamat in der Nähe von Cosseir und enthielten ursprünglich ägyptische Mumien. Phönizische Seeleute stahlen sie oder kauften sie für Geld; Die Asche, die sie enthielten, wurde in die vier Winde geworfen, die Hieroglypheninschriften und die ägyptischen Szenen, die in den Gips, der den Stein bedeckte, geschnitzt oder gemalt waren, wurden ganz oder teilweise entfernt und durch die Epitaphien von Tabnit und Eshmunazar ersetzt. Eine beträchtliche Anzahl phönizischer Sarkophage sind daher geliehene Särge und keineswegs das Werk einheimischer Künstler.

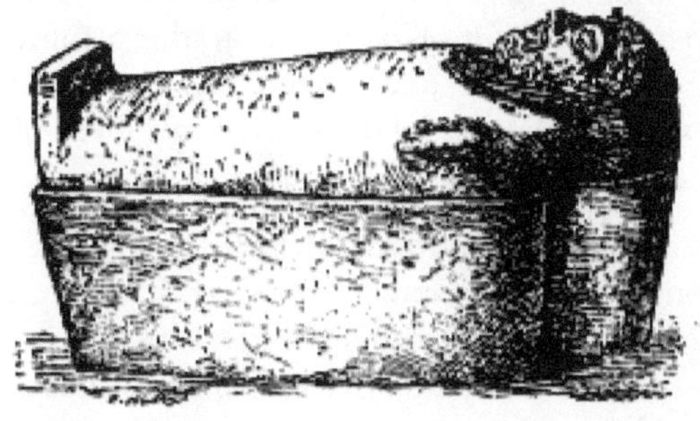

Abb. 205. – Sarkophag in menschlicher Form. (Louvre.)

In fast allen Ländern, in denen die Phönizier ihre Fabriken gründeten, auf Zypern, Sizilien und Malta, wurden Sarkophage in Form einer menschlichen Figur entdeckt, und sie weisen überall die gleichen Merkmale auf: Nur der Kopf des Toten ist als Relief dargestellt . In Saïda wurde ein Sarkophag gefunden, in den die Arme neben dem Körper eingraviert sind; Der Ärmel des Kleidungsstücks endet oberhalb des Ellenbogens und die linke Hand hält ein Alabastron. Im Museum von Palermo ist ein aus Solus stammender Sarkophag erhalten, dessen Deckel die Form einer echten liegenden Statue wie ein mittelalterliches Grab hat: Es handelt sich um eine Frau, gekleidet in einen langen Peplos über einer kurzen Tunika, deren Ärmel enden an der Schulter; Die linke Hand hält außerdem eine Vase für Parfüm. [91] Neben steinernen Sarkophagen wurden in den Nekropolen der syrischen Küste auch Tröge aus Blei und Terrakotta sowie Särge aus Zedernholz gefunden, die mit Metallornamenten, meist bronzenen Löwenköpfen, verziert waren.

Die Grabkammern Phöniziens enthalten nicht uninteressante Leichenmöbel. Es besteht aus *Alabastra* aus Glas, Terrakotta und Alabaster, das an der Wand steht; und von Idolen aus Terrakotta, die Baal-Hammon zwischen zwei Widdern sitzend, den Gott Bes ägyptischen Ursprungs, den Gott Pygmäus, Astarte sitzend oder stehend mit einer Taube in der Hand und schließlich Terrakottawagen mit einer Taube darstellen oder zwei Figuren, an die zwei oder vier Pferde angeschnallt sind. Neben diesen Gegenständen phönizischer Herstellung werden auch aus Ägypten importierte Amulette und Statuetten gefunden. Der Körper des Verstorbenen war mit Bändern umwickelt; Mund und Augen waren oft mit Blattgold bedeckt, und reiche Männer legten oft eine vollständige Maske aus Blattgold auf, in die alle Gesichtszüge eingezeichnet waren: Daraus lässt sich erkennen, in welchem Ausmaß ägyptische Gewohnheiten in Phönizien verankert waren . Auch Lampen, Amphoren, Amulette und Schmuck finden sich in den Gräbern der syrischen Küste. Frauen wurden mit ihren

Halsketten, ihren Ringen, ihren Armbändern, ihren Ohrringen, ihrem Metallspiegel, ihren Pyxen für Kosmetika und Parfüme sowie ihren Toilettenartikeln begraben. Man findet auch Ringe, die mit eingravierten Steinen versehen waren, die als Siegel dienten; Nirgendwo außer auf Zypern wurden in den Gräbern dieser Kaufmannsnation Waffen entdeckt.

In der zypriotischen Nekropole von Dali (Idalion) liegen neben den Leichen häufig Tongefäße mit geometrischen Verzierungen, Bronzewaffen, Goldornamente , Metallschalen mit eingravierten Figuren auf der Innenseite, Statuetten von Astarte, Kriegern und Streitwagen und von Reitern, die denen an der phönizischen Küste ähnelten.

Unter den Gräbern in Amathus, die phönizischen Ursprungs sind und aus dem 4. Jahrhundert stammen, gibt es einige, die aus feinem, regelmäßigen Mauerwerk gebaut sind, mit einer von einer Hohlkehle umrahmten Tür und einem Flachdach, oder solche mit einer doppelten Neigung, wie die unserer Häuser. Diese Gräber enthalten manchmal mehrere Kammern, an deren Wänden die Sarkophage in einer Reihe angeordnet waren, manchmal in menschlicher Form, manchmal mit einem dreieckigen Deckel.

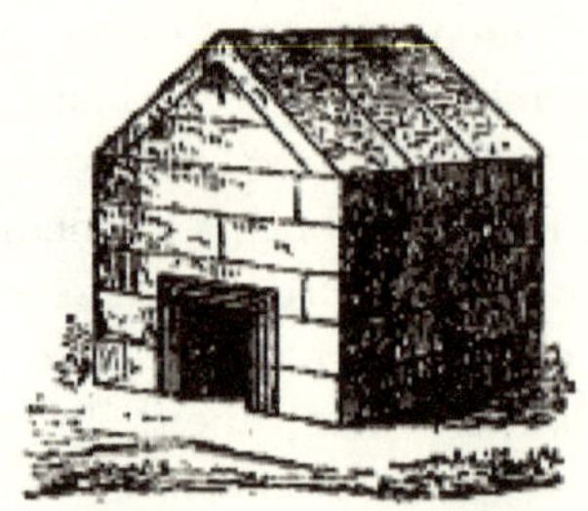

Abb. 206. – Grab in Amathus (nach Cesnola, *Zypern*).

Die phönizischen Gräber, die auf Malta, auf Sizilien und auf Sardinien gefunden wurden, weisen die gleiche Anordnung auf wie die an den Küsten Syriens und Zyperns: Der Abstieg in die Höhle erfolgt über einen versenkten Schacht oder über eine Treppe, und die Kammern ähneln denen wir haben es beschrieben. In Caralis und in Tharras wurden *in situ , oberirdisch ,* Pyramiden-Cippi gefunden , die die Lage der Grabstätten markierten, wie wir bereits in Phönizien gesehen haben: In diesen Gräbern wurden die Möbel aus Ägypten, Etrurien und Asien importiert.

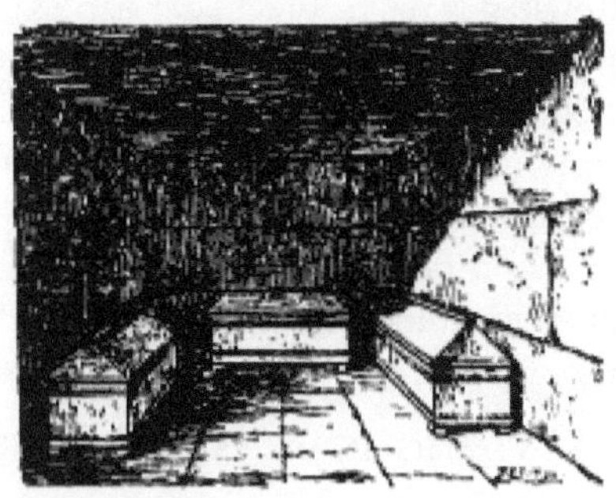

Abb. 207. – Grabkammer in Amathus (nach Cesnola, *Zypern*).

Die Nekropole von Mehdia an der Ostküste von Tunis enthält Gräber, in die man wie in Aradus über Schächte gelangt. Die Gräber von Thina (Thenæ) in der Nähe von Sfax und die von Karthago auf dem Hügel nahe der Stadt namens Jebel Kawi wurden alle in der Antike oder von den Arabern zerstört. Sie sind nach einem einheitlichen Grundriss errichtet und bestehen aus einer rechteckigen Kammer, in die man über eine Treppe hinabsteigt. Überall in diesem Raum sind die Öffnungen der Sargnischen wie die Mündungen von Öfen zu sehen. Die Treppe kann bis zu zehn Stufen haben; Die Kammer ist 6½ Fuß hoch, 19½ Fuß bis 21 Fuß lang und 9½ Fuß breit. Die Wände sind mit weißem Stuck überzogen, der manchmal mit Relieffiguren verziert war; Die fragmentarischen Motive, die ich entdecken konnte, schienen mir griechischen und vielleicht römischen Stil zu sein.

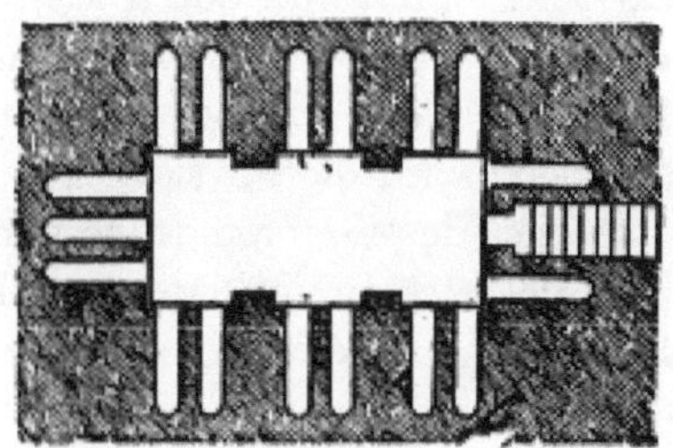

Abb. 208. – Plan eines Grabes in Karthago (Boulé, *Fouilles à Carthage*).

Zusammenfassend lässt sich sagen, dass es bei den phönizischen Gräbern nur zwei Arten gab: das aufrechte oberirdische Grab und das unterirdische Grab. Das erste war monolithisch oder wie ein Haus gebaut; der zweite befand sich entweder auf einer Ebene mit seinem Eingang an der Seite des Felsens oder war von oben über einen Schacht oder eine Treppe erreichbar. Beide enthielten je nach Anzahl der darin zu bestattenden Leichen mehr oder weniger viele Kammern. Diese Leichen wurden, von seltenen Ausnahmen abgesehen, in Sarkophagen gelegt, manchmal in Hohlräumen in der Wand der Kammer, manchmal in in den Boden gehauenen Gräben, manchmal einfach entlang der Wände. Die Ausstattung der Leichenhalle variierte je nach Vermögen der Familien; Dazu gehörten neben Amuletten und Götterfiguren auch sämtliche Toilettenartikel und Ziergegenstände, die der Verstorbene während seines irdischen Daseins verwendete.

§ IV. PHÖNIZISCHE SKULPTUR.

Man darf nicht vergessen, dass Phönizien abwechselnd dem Joch der Ägypter und Assyrer unterworfen war, die dort mit ihren Garnisonen ihre Kunst, ihre Bräuche, ihre Industrien und alles andere einführten, was den besonderen Genialität ihrer Zivilisation auszeichnete. Die Eroberer waren die Meister der phönizischen Künstler, und die wenigen Objekte, die aus deren Händen stammten, waren von Ägypten oder Assyrien inspiriert; Erst seit der Zeit Alexanders beginnt ein drittes Element, die griechische Kunst, seine Wirkung in Syrien zu offenbaren.

Das Forschungsgebiet der phönizischen Skulptur ist bemerkenswert begrenzt: Es besteht aus den Flachreliefs bestimmter Sarkophage, Votivstelen und dürftigen Fragmenten von Steinstatuen. Die Sarkophage in Menschengestalt, von denen wir bereits gesprochen haben, obwohl sie nicht aus einem früheren Datum als der hellenischen Epoche stammen, zeigen uns sehr deutlich die ägyptischen und assyrischen Einflüsse, die in Syrien am Werk waren. Wenn die Form der Tröge ägyptisch ist und die schönsten von ihnen tatsächlich aus Ägypten importiert wurden, sind die Skulpturen, mit denen sie geschmückt sind, durch und durch assyrisch. Die symmetrisch gewellten Locken des Bartes ähneln denen der Ninive-Kolossen; nur ist zu beachten, dass der Künstler seinen Meißel wie ein Grieche handhaben kann. Seit der Zeit der Seleukiden wird die Physiognomie dieser Köpfe, die als Hochrelief auf dem Deckel der Grabmulde hervorstechen, immer mehr hellenistisch und nach griechischen Vorbildern verändert; Wenn also eine chronologische Klassifizierung aller dieser Denkmäler vorgenommen würde, wären die ältesten diejenigen, in denen der ägyptische und assyrische Einfluss am deutlichsten ist; die jüngsten sind diejenigen, in denen sich schließlich der griechische Stil durchsetzte.

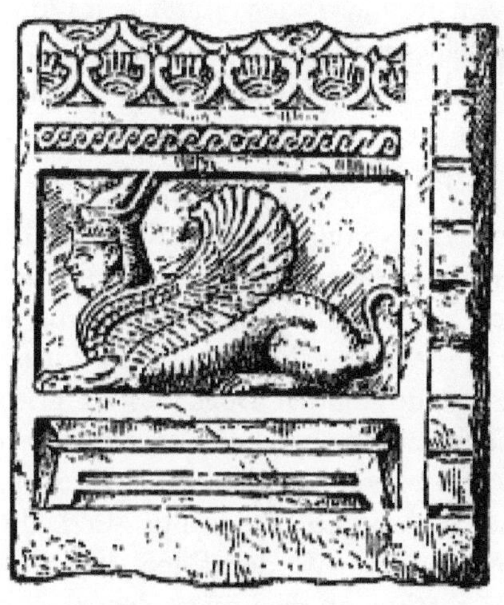

Abb. 209. – Phönizische Platte in Amrith (nach Renan).

In den seltenen Fragmenten von Gebäuden aus der Zeit vor der mazedonischen Epoche, die in Phönizien zu sehen sind, sind Elemente der dekorativen Skulptur aus Ägypten und Assyrien entlehnt: Nirgendwo wurde ein ursprüngliches Motiv einheimischer Inspiration gefunden. Das Tor eines von M. Renan beschriebenen Bauwerks in Umm el-Awamid hat einen Türsturz, auf dem zwei kleine Figuren ägyptischen Aussehens in Anbetung vor der von Uræi getragenen Flügelscheibe gemeißelt sind. [92] Die Phönizier importierten diese Sonnenkugel, die in Ägypten noch älter war als in Assyrien, an jede Küste. Man findet ihn auf Zypern, Malta, Sardinien und Karthago, wo er auf den Votivstelen von Tanit und Baal-Hammon eingraviert ist. Die Sphinx ist auch eines der Hauptelemente phönizischer Skulpturen: Nicht nur ihre Form, sondern sogar ihre Haltung ist den Sphinxen der ägyptischen Tempel nachempfunden; es ruht auf einem Sockel und hat auf seinem Kopf den Pshent und den Uräus; aber sie hat mehr als die pharaonische Sphinx – nämlich Flügel, die den assyrischen und persischen Genien entlehnt sind. Andere Architekturfragmente zeigen uns die Motive ihrer Verzierung: Rosetten, Palmetten, Guillochen und gezahnte Muster aus Assyrien.

Astarte auf der Stele des Königs von Gebal, Jehaw-melek, hat das Kostüm, die Haltung und die Attribute der ägyptischen Isis, während der König, der vor ihr steht, den Niniviten-Monarchen in der Anbetung vor ihren Lieblingsgottheiten, oder Darius, ähnelt Xerxes auf den Flachreliefs von Persepolis. Eine Stele in Amrith stellt eine Gottheit dar, die auf einem Löwen steht, ein assyrisches Motiv, das bereits in hethitischen Flachreliefs wiedergegeben wurde; Eine noch größere Ähnlichkeit besteht im

Löwenjungen, das von der Figur wie vom Helden Izdubar gehalten wird, und die energische Modellierung seiner Gliedmaßen zeugt davon, dass der Künstler in der Schule von Ninive erzogen wurde. Und doch sind der Kopfschmuck des Gottes und die geflügelte Scheibe über seinem Kopf ägyptischer Natur. [93]

Das Studium der Skulptur im Rund führt zu den gleichen Schlussfolgerungen. Die phönizischen *Patæci*, Abbilder des Gottes *Pumai* (ein Wort, von dem sich *Pygmy* und *Pygmalion* ableiten), waren nur Kopien der ägyptischen Götter Bes oder des Embryos Ptah: Diese Art von Hässlichkeit gepaart mit Stärke wurde an den Bugs des Tempels in Holz geschnitzt Schiffe, um den Feind zu erschrecken. Während in Phönizien gefundene Statuen mit dem ägyptischen Shenti bekleidet sind, sind die Löwen, die die Türpfosten in Umm el-Awamid bilden, nur zur Hälfte rund geformt: Der Kopf, die Vorderteile und die Vorderpfoten sind die einzigen geschnitzten Teile. Nichts könnte direkter an die Löwen der assyrischen Paläste erinnern.

Wenn die Chaldäer bereits zur Zeit Gudäas es gewohnt waren, in ihren Tempeln Statuen von Königen, Päpsten oder auch Privatpersonen aufzustellen, deren Bild auf diese Weise immer vor den Augen der Gottheit präsent blieb, kümmerten sich die Phönizier nicht darum dieser Gewohnheit abzuschwören. M. Renan berichtet, dass in einer unterirdischen Kammer in der Nähe des Maabed von Amrith eine beträchtliche Anzahl von Fragmenten weißer Kalksteinstatuen entdeckt wurde; sie wurden auch auf Zypern gefunden (Abb. 210). Diese Statuen haben ikonischen Charakter; Es handelt sich um Porträts der „Meister der Opfer", wie die phönizischen Texte die Gläubigen nennen, die sich bei der Erfüllung ihrer Gelübde darstellen ließen, damit die Gottheit sie nicht vergaß. Die archaischen Statuen, die kürzlich auf der Akropolis in Athen gefunden wurden, scheinen ebenfalls, wenn auch nicht denselben ikonischen Charakter, so doch zumindest dieselbe symbolische Bedeutung zu haben.

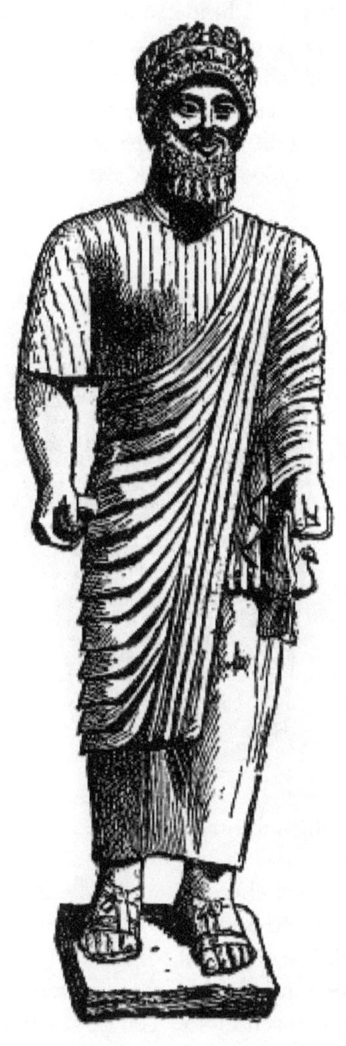

Abb. 210. – Zypriotische Statue (New York Museum).

Karthago, eine Stadt der Krieger und Kaufleute, hatte alle Städte, die sie erobert hatte, ihres künstlerischen Reichtums beraubt, um ihre Tempel und Paläste zu schmücken. Diese systematische Plünderung war in der Antike ein so großer Skandal, dass Scipio, als er den hochmütigen Rivalen Roms in Besitz nahm, die Bewohner der sizilianischen Städte aufforderte, zu kommen, ihr künstlerisches Eigentum zu zeigen und es wieder in Besitz zu nehmen; Alles, was nicht zurückerobert wurde, wurde nach Rom gebracht, und eine Nation von Statuen wurde in einer Prozession hinter dem Triumphwagen vorbeiziehen sehen. Neben diesen griechisch-römischen

Werken, die als Ergebnis der Plünderung die öffentlichen Plätze Karthagos
schmückten , gab es auch Werke griechischer Künstler, die Karthago gerne
an seine Brust rief; es gab auch solche von karthagischen Handwerkern, die
in der Schule der Griechen ausgebildet wurden: Diese letzteren allein
interessieren uns hier, und die wenigen Exemplare, die von ihnen existieren,
bestätigen uns in der Meinung, dass die Karthager nicht künstlerischer waren
als die Phönizier.

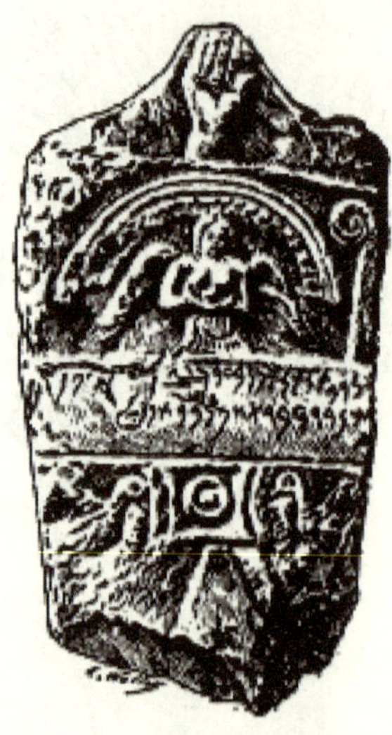

Abb. 211. – Votivstele aus Karthago. (*Corpusinschrift. Semitisch* .)

Diese Denkmäler bestehen fast ausschließlich aus Votivstelen aus der
Zeit vor der Einnahme Karthagos durch die Römer im Jahr 146 v. Chr. Diese
Grenzsteine, 11¾ Zoll bis 19½ Zoll lang und etwa 5¾ Zoll breit, sollten im
Boden befestigt werden, und deshalb ist der untere Teil noch im Rohzustand;
der obere, an vier Seiten beschnittene Teil ist auf einer seiner größeren Seiten
besonders gut geglättet; Allein auf dieser Seite findet sich eine Votivinschrift,
die an die Göttin Tanit, die punische Astarte und an Baal-Hammon gerichtet
ist. Über der Inschrift sind verschiedene Symbole in eingravierten Linien
dargestellt, seltener als Relief. Die Stele endet in einer Nachbildung eines
Satteldachs, das oft mit zwei Akroterien versehen ist. Die Dekoration dieser
punischen Stelen ist jedoch immer noch griechisch, wie die Gestaltung der
Akroterien, Ovale, Triglyphen, Voluten, Giebel und sogar ionischen Säulen
beweist, die darin vorkommen. Die auf barbarischste Weise von
Handwerkern geschnitzten Symbole, die nicht den Titel eines Künstlers
beanspruchen konnten, sind der punischen Religion sowie der Fauna und
Flora Afrikas entlehnt. Am gebräuchlichsten ist die offene Hand, die zum

Himmel gehoben ist und im Allgemeinen an der Spitze des Giebels angebracht ist. Der Araber malt es immer noch in Schwarz auf den weißen Kalk, mit dem er sein Haus verputzt: Es wendet den bösen Blick ab. Wir finden auch den ägyptischen Uræus; die Sonnenscheibe mit dem Halbmond, ein Symbol von Tanit; der Widder, das Symbol von Baal-Hammon; der Caduceus, das Pferd, der Elefant, der Stier, das Kaninchen, der Fisch, die Palme, das Ruder, der Anker, das Beil, die Lotusblume, Vasen in verschiedenen Formen, Schiffe und Früchte. Wir treffen auch die göttliche Mutter, die ihr Kind in ihren Armen hält; ein kleines Kind, das mit einem Apfel in der Hand steht oder kauert; oder ein Trauerbankett, wie auf griechischen Stelen.

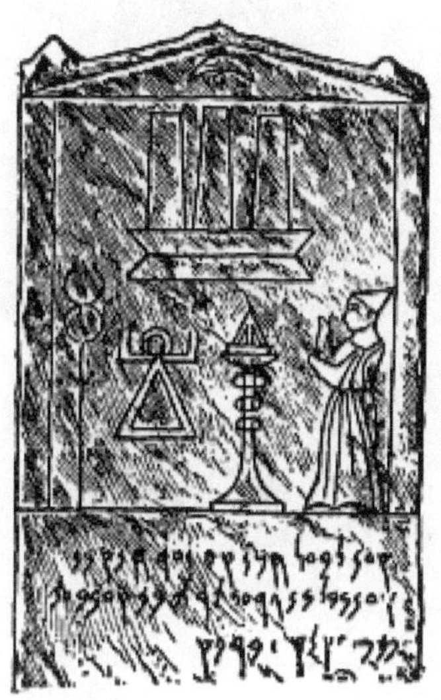

Abb. 212. – Stele aus Lilybæum. (*Corpusinschrift. Semit.*)

Die große weibliche Gottheit des karthagischen Pantheons, Tanit, findet sich nicht nur in der Form einer menschlichen Figur, sondern sehr oft auch in der eines schwer zu beschreibenden Symbols . Es handelt sich um eine Art dreieckiges Mannikin (Abb. 212), die traditionelle und entartete Darstellung eines heiligen Steins; Dieses Dreieck ist in seinem oberen Teil mit Vorsprüngen versehen und ähnelt gewissermaßen einem Mann in einem langen Gewand, der seine Beine spreizt und seine ausgestreckten Arme zum Himmel streckt: Dieser heilige Kegel mit Armen entspricht gut der Beschreibung von Tacitus die paphische Aphrodite. Die höchste Dreifaltigkeit, bestehend aus Baal-Hammon, Tanit und Eshmun, wird häufig auch durch drei ungleich hohe Cippi symbolisiert, die nebeneinander platziert und auf einer gemeinsamen Basis verbunden sind. Dieses Symbol ist auch

auf den Stelen von Hadrumetum und Lilybæum dargestellt; Die Cippi sind
an der Basis breiter als am Gipfel, und der mittlere wird von der
Sonnenscheibe und der umgekehrten Sichel überragt. Manchmal brennt zu
Füßen dieser symbolischen Figur ein von einem Papst servierter Feueraltar
(Abb. 212).

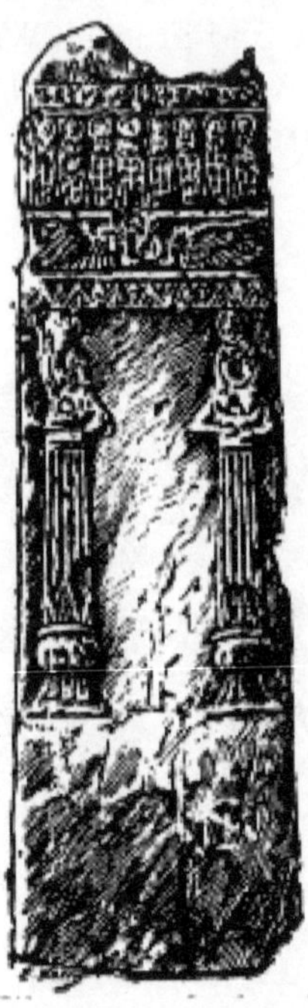

Abb. 213. – Stele von Hadrumetum. (*Gazette arch.* , 1884, Taf. vii.)

Eine der interessantesten punischen Stelen, die zitiert werden können,
wurde in Hadrumetum gefunden (Abb. 213). Darauf ist ein Bild von zwei
Säulen zu sehen, die ein kompliziertes Gebälk tragen. Der Sockel der Säulen
ist sehr elegant und ähnelt einer großen Vase, aus der Akanthusblätter
hervorragen; Aus der Mitte dieses Blattbüschels erhebt sich ein geriffelter
Stängel, dessen oberer Teil die Form einer Frauenbüste hat. Diese Frau ist
mit vollem Gesicht zu sehen und hält die Hände auf der Brust verschränkt,
die ebenfalls mit der runden Scheibe und dem Halbmond geschmückt ist. Sie
hat eine ähnliche Scheibe auf ihrem Kopf. Im Gebälk erkennt man eine Reihe
von Lotusblumen, eine geflügelte Scheibe, die von zwei Uræi getragen wird,
und eine Reihe von Uræi, die im vollen Gesicht und mit aufgerichteten
Köpfen zu sehen sind; Alles an diesem Denkmal ist orientalisch oder
vielmehr ägyptisch. Selbst auf Sardinien und auf den Balearen ermöglichen
uns die Votivstelen von Tanit und Baal-Hammon, die Spur des

vorherrschenden Einflusses der ägyptischen Kunst auf die karthagische Symbolik zu verfolgen.

§ V. Zypriotische Skulptur.

Auch wenn die Überreste der zypriotischen Architektur verschwunden sind, ist dies bei den Werken des Bildhauers nicht der Fall. In dem gerade vergangenen Vierteljahrhundert wurden Hunderte von Steinstatuen wie durch einen Zauber aus den Eingeweiden der großen östlichen Insel ausgegraben und dann in die wichtigsten Museen von Konstantinopel, Paris, London, Berlin und insbesondere New York transportiert und Tausende von Terrakottafiguren von seltsamem Aussehen, mit malerischen Kopfbedeckungen und mit albern lächelnden Gesichtern, die in der Kunstgeschichte eine besondere Gruppe bilden, da sie weder rein asiatisch noch rein griechisch sind. Abgesehen von seltenen Ausnahmen wurden die Denkmäler der zypriotischen Bildhauerei nicht aus dem Ausland importiert; Sie sind das Werk jener Mischrasse aus Griechen und Asiaten, die durch die phönizischen Schiffe in ständiger Verbindung mit Syrien, Ägypten und Kleinasien stand.

Die scheinbar ältesten Werke der zypriotischen Skulptur erinnern uns an die Figuren der assyrischen Flachreliefs; Das Kostüm ist dasselbe: eine kegelförmige Mütze, ein gelockter Bart, eine lange Tunika und ein kurzer Umhang, der über die Schulter gelegt wird. Es gibt jedoch wesentliche Unterschiede: Die Muskeln werden bei weitem nicht mit der gleichen Kraft ausgedrückt; Keine Figur trägt diesen langen Bart wie eine normale Schraube, der so charakteristisch für die Ninive-Skulptur ist. Wir haben das Gefühl, dass der zypriotische Künstler mit Abstand zu einem Modell arbeitet, das er nur mit dem Auge der Erinnerung sieht oder das er aus zweiter Hand nachahmt, und gezwungen ist, ein phönizisches Werk zu interpretieren, das selbst nur eine Interpretation eines Assyrers ist Prototyp. Die ältesten Statuen, die im Tempel von Golgoi entdeckt wurden, stammen möglicherweise aus der Zeit, als der assyrische Eroberer Sargon in Citium (Larnaca) die triumphale Stele errichtete, auf der er berichtet, dass seine Schiffe Zypern besiegt hätten. Es gibt sie in allen Größen. Es gibt einen kolossalen Kopf von 2 Fuß 9½ Zoll Höhe (Abb. 214). Es trägt einen konischen Helm; die Augen stehen hervor, die Nase ist gerade und regelmäßig, der Mund ist klein, aber volllippig, die Wangenknochen stehen hervor; Der Bart besteht aus langen, parallelen Strähnen, die am Ende leicht gewellt sind. Dieser feine Kopf, mehr als halb orientalisch, kann als Typus seiner Art angesehen werden.

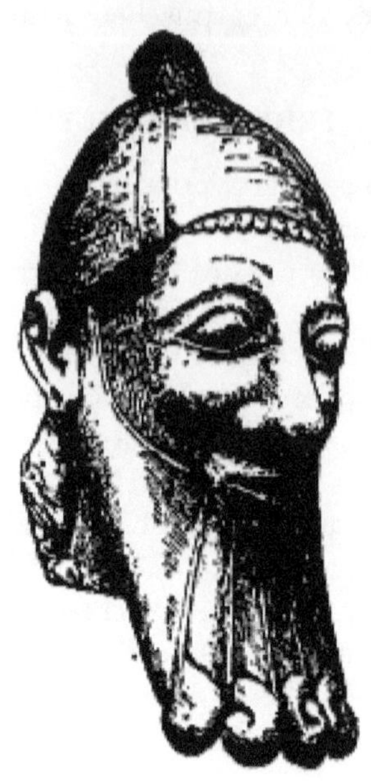

Abb. 214. – Kolossalkopf aus Athieno. (New York Museum.)

Nach dem Sturz der Sargoniden-Dynastie wurde Zypern dem ägyptischen Einfluss überlassen, der dort vom Fall Ninives am Ende des 7. Jahrhunderts v. Chr. bis zur Achämeniden-Dynastie herrschte. Aber auch hier ist die Nachahmung nur teilweise und nicht so unterwürfig wie in Phönizien. Wir finden, dass die ägyptische Mode auf Zypern durch den Geschmack einer fremden Rasse verändert wurde. Die Figuren sind halbnackt statt vollständig drapiert; Sie haben kein Kleidungsstück außer dem Shenti, das um die Taille gebunden und mit Uria geschmückt ist; die Büste ist nackt; die Arme sind nackt, aber mit Armbändern geschmückt und werden eng am Körper gehalten; der Kopfschmuck ist der kaum veränderte ägyptische *Pschent ;* das gerade geschnittene Haar, das in kompakten Massen hinter den bartlosen Kopf fällt, erinnert an die *Klaft* . [94]

Im gleichen Zeitraum, vor allem aber unter der persischen Herrschaft, erleben wir die gegenseitige Durchdringung der beiden Einflüsse – des ägyptischen und des assyrischen – in der zypriotischen Kunst: Es ist die Verbindung der beiden Stile, die Vereinigung der beiden Strömungen. In den Statuen von Athieno zum Beispiel ist der Kopf in den Gesichtszügen, dem gekräuselten Bart und dem Kopfschmuck aus einer Schirmmütze assyrisch, aber alles andere ist ägyptisch: der nackte Oberkörper, die Halskette, das Shenti um die Statuen Die Taille ist mit Ornamenten übersät, deren symbolische Bedeutung der Künstler nicht mehr versteht. Ein eindrucksvolles Beispiel für diesen Hybridstil ist der berühmte Koloss von Amathus, der 13 Fuß 11½ Zoll hoch und 6½ Fuß breit über den Schultern ist. Er ist ein Herkules, der eine Mischung aus den athletischen Proportionen des assyrischen Izdubar mit der Art von Hässlichkeit bietet , die im Gott Bes symbolisiert wird. Er hat kurze Hörner, eine niedrige Stirn und große Ohren; sein Haar und sein Bart sind nach assyrischer Art behandelt; er hat ein Löwenfell um seine Taille; In seinen beiden kräftigen, an seine Brust gedrückten Händen hält er die Hinterpfoten einer Löwin. Ist er nicht der Riese Izdubar, den assyrische Künstler so oft gerne darstellten? Andererseits sind seine tätowierten Arme, seine haarige Haut, sein um seinen Körper befestigtes Löwenfell, sein bestialisches und Silenus-ähnliches Gesicht, seine Beine wie die Pfoten eines wilden Tieres alle jenen Figuren des Gottes Bes nachempfunden. die die Ausgrabungen im Niltal zu Hunderten ans Licht bringen. Gleichzeitig handhabt der Künstler seinen Meißel wie eine griechische Macht. Die Gliedmaßen sind prall und rund: keine übertriebenen Muskeln mehr, die die assyrische Kunst charakterisieren; nichts Östliches in den unbedeutenden Gesichtszügen. In bestimmten Punkten haben wir bereits den hellenischen Herakles, mit dem der zypriotische Gott bald verwechselt werden wird.

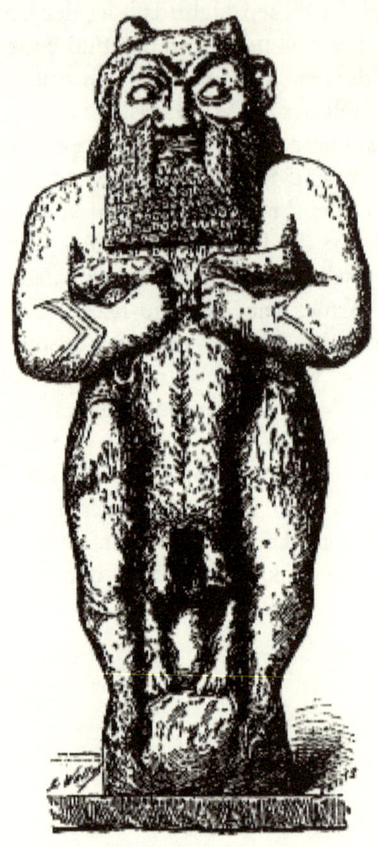

Abb. 215. – Der Koloss von Amathus. (*Gazette arch.* , 1879, Taf. xxi.)

Tatsächlich ist das dritte Element, das in der zypriotischen Skulptur auftaucht, das griechische Element mit all seinen Eigenschaften

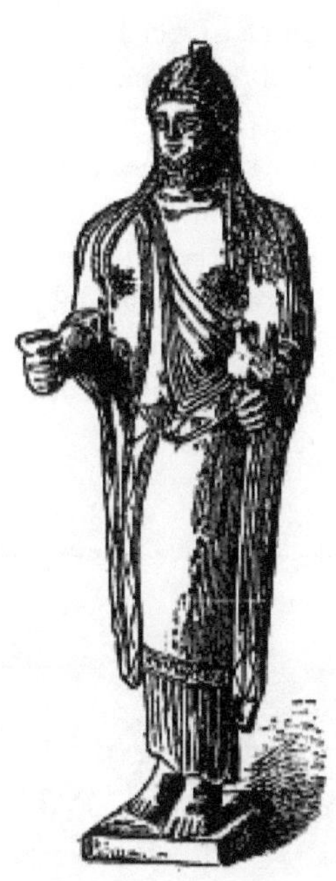

Abb. 216. – Der Priester mit der Taube. (New York Museum.)

Methoden, wie sie die Kolonien an der Küste Kleinasiens bereits im sechsten Jahrhundert verstanden. Im Jahr 500 v. Chr. schloss Zypern ein Bündnis mit den Städten Ioniens; und Cimons Expedition im Jahr 450 v. Chr. stellte das eindeutige Übergewicht der hellenischen Zivilisation auf dieser Insel fest. Die Statuen, in denen griechische Inspiration erkennbar ist, haben etwas Originelles, das sie auf den ersten Blick auszeichnet (Abb. 210). Die Physiognomie erinnert an das gezwungene Lächeln, das das *äginetische Lächeln* genannt wurde ; die Köpfe werden von jenem kegelförmigen Kopfschmuck befreit, der der orientalischen Kunst so am Herzen lag und den die griechische Kunst ablehnte, um ihn durch ein Diadem oder eine hohe Krone zu ersetzen; das Haar hat keine Locken mehr und bildet kaum noch eine Reihe flacher Locken, die die Stirn umrahmen; Das Spiel der Vorhänge ist ganz anders als das, was aus Ninive stammt, und offenbart einen guten Geschmack, der ganz bezaubernd ist. Kurz gesagt, die zypriotischen Denkmäler, die dieser Beschreibung entsprechen, bilden nur einen Zweig der griechischen archaischen Kunst, und wir dürfen sie nicht mehr in einem dem Osten gewidmeten Buch behandeln. Als Beispiel sei nur die berühmte Statue des Priesters mit der Taube genannt, die aus der griechisch-persischen Zeit zu stammen scheint. Es handelt sich um eine kolossale Statue von 8 Fuß Höhe, die einen Mann darstellt, der in seinen Händen einen Becher und eine Taube hält. Sein Kopfschmuck besteht aus einer halbkugelförmigen Kappe, die im Kopf eines Tieres endet ; Drei Haarsträhnen, ein charakteristisches Zeichen des griechischen Archaismus, fallen symmetrisch von seinem Hinterkopf auf die Vorderseite jeder Schulter. Die Lockenreihen im Bart, der Mund und Kinn bedeckt, sind deutlich der assyrischen Haartracht nachempfunden. Die Fransen und Drapierungen des Gewandes erinnern uns, ebenso wie die quadratische Form der Schultern und der Brust, noch immer an die Statuen von Tello; aber wie viel großzügiger und harmonischer sind sie doch! Wir haben hier den griechischen Geschmack, der immer noch in der hieratischen Formel gefangen ist, die ihm der Osten hinterlassen hat.

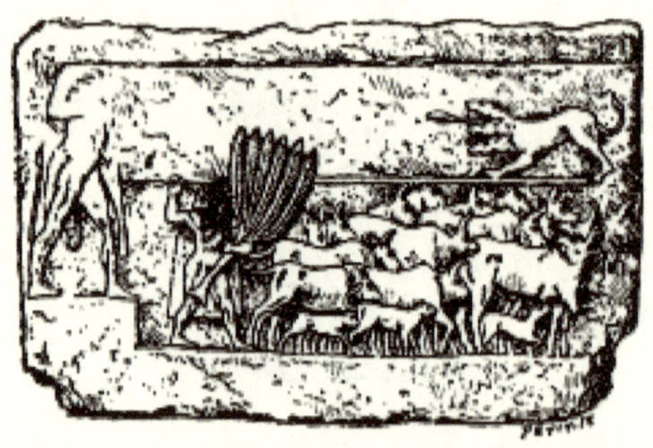

Abb. 217. – Flachrelief von Herakles und Eurytion. (*Colonna-Ceccaldi, Monum. Antiques de Cypre* , Pl. v.)

Zu derselben gräzisierenden Kunst gehören alle jene ikonischen Statuen aus den Tempeln von Golgoi und Amathus, die statt der Schirmmütze oder des Pschent mehr oder weniger hohe und mehr oder weniger reiche Girlanden aus Blattwerk oder Narzissen auf ihren Köpfen tragen , aber unendlich in ihrer Vielfalt. Wie die in Phönizien gefundenen Statuen, auf die wir oben anspielten, sind sie Porträts von Priestern, Priesterinnen oder anderen Persönlichkeiten, die dem Gott für immer den Gegenstand darbringen, den sie in ihrer Hand halten: eine Blume, eine Frucht, einen Zweig, eine Patera , ein Pyx, ein Alabastron, ein Stierkopf oder eine Taube.

Auf Zypern wurden nur wenige Flachreliefs entdeckt. Allerdings hatte eine kolossale Statue des Herakles im gräzischen Stil, die auf Golgoi gefunden wurde, einen Sockel, der mit einem äußerst bemerkenswerten Basrelief verziert war, das uns an die Statuen in den Ninive-Palästen erinnerte. Der Boden ist rot gestrichen, um die Figuren hervorzuheben. Das Relief ist niedrig und flach, die anatomischen Details der Figuren sind sorgfältig studiert und in assyrischer Manier übertrieben. Die Szene stellt Herakles dar, der die Herden von Geryon vertreibt, ein Thema, das tyrischen Ursprungs zu sein scheint. Herakles, nackt, mit dem Löwenfell auf dem Rücken, hielt

wahrscheinlich seinen Bogen, der ebenso wie sein Kopf verschwunden ist;
wie der Riese Izdubar ist er von kolossaler Statur; vor ihm steht der Hund
Orthros mit drei Köpfen, bereits von einem Pfeil durchbohrt, den Herakles
auf ihn geschossen hat; Eurytion flieht mit seinen Herden; Sein Bart und
seine Haare sind nach assyrischer Art behandelt. Er trägt einen ganzen Baum,
mit dem er zweifellos seine Ochsen peitschte; Dieser Baum wird wie
diejenigen behandelt, die auf den Mauern von Ninive abgebildet sind.

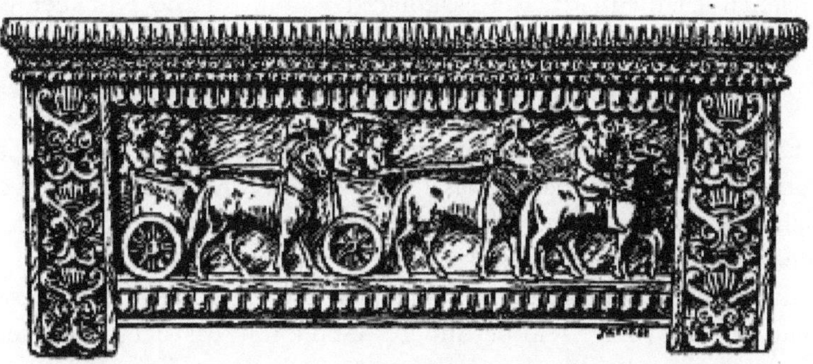

Abb. 218. – Sarkophag aus Amathus. (New York Museum.)

Bestimmte zypriotische Sarkophage sind auch mit griechischen
Motiven verziert, die auf orientalische Weise behandelt werden: Zu sehen ist
beispielsweise die Geburt von Chrysaor, der aus dem Hals der Medusa
hervorgeht; Es gibt Bankettszenen und Stier- oder Wildschweinjagden. Ein
auf der Hauptseite eines Sarkophags aus Amathus dargestelltes Bild (Abb.
218) ist in unterwürfiger Weise den Skulpturen Assyriens und Ägyptens
nachempfunden; es gibt Reihen von Perlen, Lotusblumen und
Gänseblümchen; Eine Kletterpflanze ist hier sogar zu erwähnen, wie der
heilige Baum auf den Flachreliefs von Nineviten. Eine der Figuren hält den
asiatischen Regenschirm und die Quasten der Pferde sind assyrisch.
Allerdings sind die Figuren des Cortège in Stil, Haltung und Kostüm
griechisch. Auf den kleineren Seiten sind zwei orientalische Motive zu sehen:
an einem Ende vier Figuren von Astarte in vollem Gesicht, wie sie in Chaldäa
und Phönizien in Hülle und Fülle reproduziert werden; bei den anderen vier
Figuren des Gottes Pygmäus, der, wie wir gesehen haben, aus Bes und
Izdubar zusammen besteht.

Mit anderen Worten, der zypriotischen Skulptur, so fruchtbar sie auch
ist, mangelt es an Abwechslung, ebenso wie die ägyptische Skulptur und die
assyrische Skulptur, ihre beiden Meisterinnen. Es lebt nur von der
Kreditaufnahme und hat nichts erfunden. Was die von ihr hergestellten
Steinstatuen auszeichnet, ist ihre Unbeweglichkeit und hieratische Steifheit,
zusammen mit der Vollendung der Details und der Dekoration. Sie weisen

keine Merkmale auf, die aus einem realistischen Studium der Natur
hervorgehen. Es wurde festgestellt, dass diese Statuen, die in Reihen an den
Innenwänden der Tempel aufgestellt werden sollten, kaum von hinten
modelliert sind und abgeflacht sind, als wären sie aus Platten mit
unzureichender Dicke geschnitzt worden; außerdem sind sie an den Hüften
und Füßen schmal, obwohl sie an der Brust breit sind; Die Beine sind eng
zusammengedrückt, so dass sie gewissermaßen wie umgekehrte Kegel
aussehen. Die zypriotische Kunst hat keine Originalität außer dem
hellenischen Element, das sie assimiliert; Der zyprische Künstler ist ein
Grieche, der seine Lehrzeit bei den Orientalen absolviert hat.

§ VI. PHÖNIZISCHE UND ZYPRIOTISCHE KERAMIK.

Der dreifache Einfluss, den wir bei der phönizischen und zyprischen
Bildhauerei festgestellt haben, lässt sich bei der Keramik nicht weniger
deutlich beobachten. Im siebten Jahrhundert setzte Assyrien die
künstlerische Ausbildung Phöniziens fort; dann war es Ägypten bis zum
Ende des sechsten Jahrhunderts; Schließlich tritt Griechenland seinerseits in
die Liste ein und bringt sein besonderes Genie mit, das sich, besonders auf
Zypern, mit seinen beiden älteren Brüdern zusammenschließt. Die Phönizier
lernten also zunächst von den Assyrern und Ägyptern, wie man Ton
modelliert und daraus Figuren und Vasen aller Formen anfertigt.

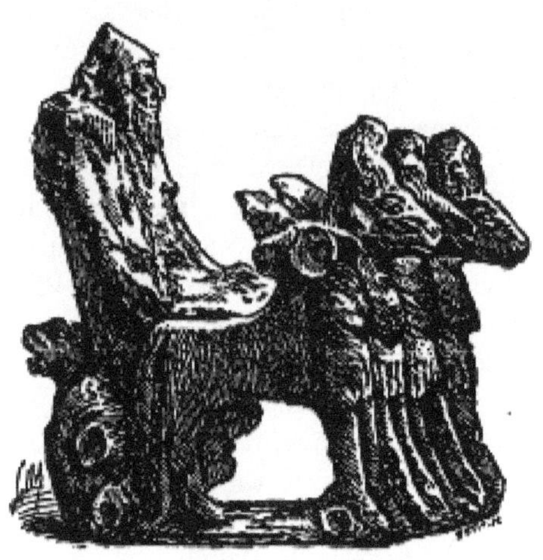

Abb. 219. – Phönizischer Streitwagen aus Terrakotta. (Louvre.)

In der Liste der Terrakotten aus Phönizien, die auf der Kunst der
Nineviten basieren und in Amrith (Marathus) gefunden wurden, nehmen
Streitwagen mit vier Kriegern, die von zwei oder vier Pferden gezogen
werden, den ersten Platz ein. Die im Allgemeinen bärtigen Figuren mit der

konischen Kappe weisen in ihren Gesichtszügen den reinsten semitischen Typus auf, wie gewisse babylonische Terrakotten; Das Geschirr der Pferde zeigt die kleinsten Details der Nineviten-Ausrüstung. Außer diesen Streitwagen wurden aus den phönizischen Nekropolen Figuren erhalten, die Astarte darstellen, nackt, aufrecht stehend, die Hand an die Brust haltend, oder sitzend und bis zu den Füßen in ein langes Gewand ohne Falten gekleidet; Sie trägt oft einen hohen Calathos asiatischen Ursprungs, der auf den Köpfen von Gefangenen in den assyrischen Flachreliefs beobachtet wurde.

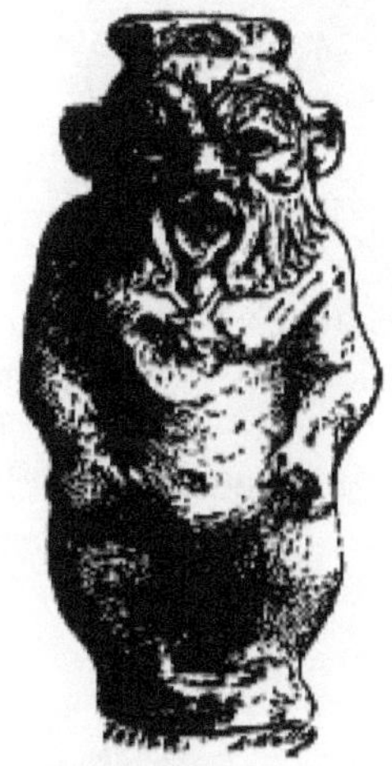

Abb. 220. – Pygmäen in Terrakotta. (Louvre.)

Wir wissen, dass die Keramik in Assyrien und Chaldäa nie hoch entwickelt war; Dementsprechend verdrängte der pseudo-ägyptische Stil nicht lange, sobald sich ägyptischer Einfluss im politischen Bereich Phöniziens zeigte, den pseudo-assyrischen Stil in der Keramik. Die Figuren der neuen Schule, die wie die Vorgänger aus orangerotem Ton gefertigt sind, stellen stehende oder sitzende Frauen dar, die manchmal ein Kind säugen und einen Fächer, eine Taube oder die Mondscheibe halten. Die Phönizier lernten sogar von den Ägyptern, ihre Statuetten mit grüner oder blauer Emaille zu überziehen, analog zu dem, was man ägyptische Fayence nennt, so dass es manchmal schwierig ist zu sagen, ob die emaillierten Statuetten, die in den Gräbern Phöniziens gefunden wurden, aus Ägypten importiert wurden oder sind Werke der einheimischen Industrie. Im Zuge ihrer unterwürfigen Nachahmung haben phönizische Handwerker sogar die Hieroglyphenzeichen nachgebildet, die sie jedoch verfälschten, weil sie deren Sinn nicht verstanden hatten.

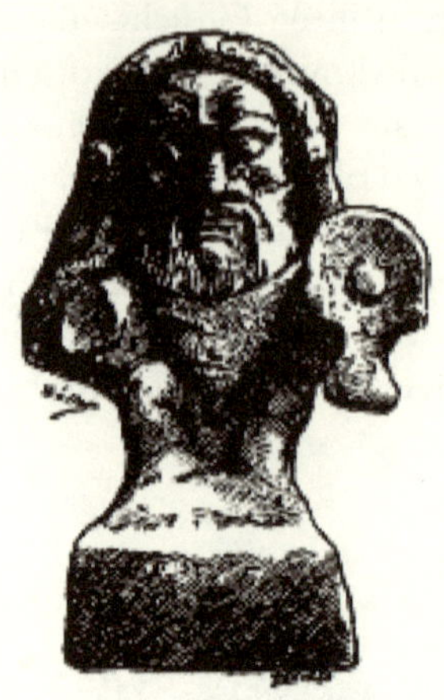

Abb. 221. – Pygmäen in Terrakotta. (Louvre.)

Der von den Phöniziern am häufigsten kopierte Typus ist der groteske Gott Bes oder der embryonale Gott Ptah, den sie in den Gott Pygmäus verwandelten, den Herodot Patäkos nannte. Dieser großköpfige und krummbeinige Zwerg von abstoßender Fettleibigkeit, der Art von Missbildung und Hässlichkeit, findet sich überall in der phönizischen Keramik.

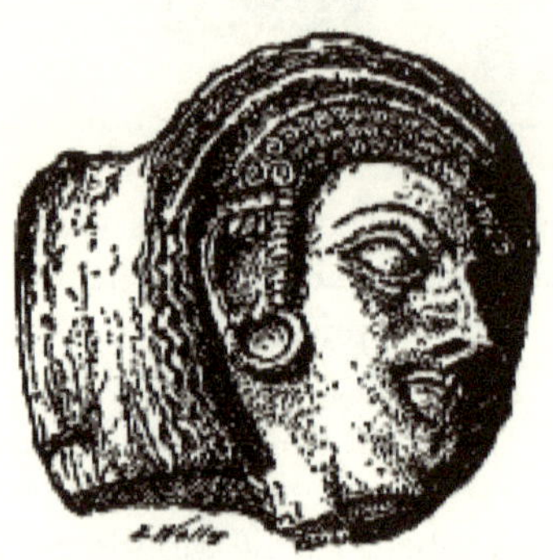

Abb. 222. – Terrakotta-Kopf aus dem Sarkophag. (Louvre.)

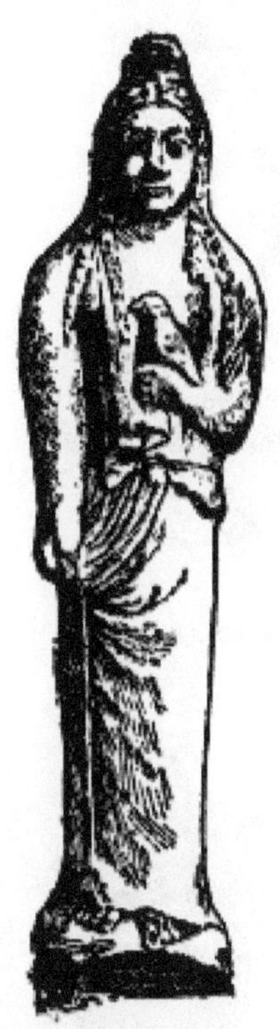

Abb. 223. – Astarte. Phönizische Terrakotta. (Louvre.)

Der pseudohellenische oder gräzisierende Stil hat in Phönizien zahlreiche Terrakotta-Denkmäler geschaffen, wie der große Kopf bezeugt, der in der Nekropole von Amrith gefunden wurde und nichts weniger als ein Teil des Deckels eines Sarkophags in Menschengestalt ist. Der Kopf ist vulgär und hat weder ein ägyptisches noch ein assyrisches Aussehen; Es war von der griechischen Kunst inspiriert, folgte jedoch in gewissem Maße der orientalischen Tradition. Unter den phönizischen Statuetten, die der griechischen archaischen Kunst zugeordnet werden können, befinden sich Figuren der aufrecht stehenden Aphrodite, gekleidet in eine lange Tunika, deren Falten die Göttin mit einer Hand ergreift, während sie in der anderen eine Taube hält. Auf beiden Seiten des Kopfes fallen Haarsträhnen über die Brust. Bei anderen Gelegenheiten besteht das Kostüm dieser Frauen aus einem langen Gewand und einem Mantel, der mit einer Brosche an der Schulter befestigt ist; Sie halten ihre Arme seitlich am Körper.

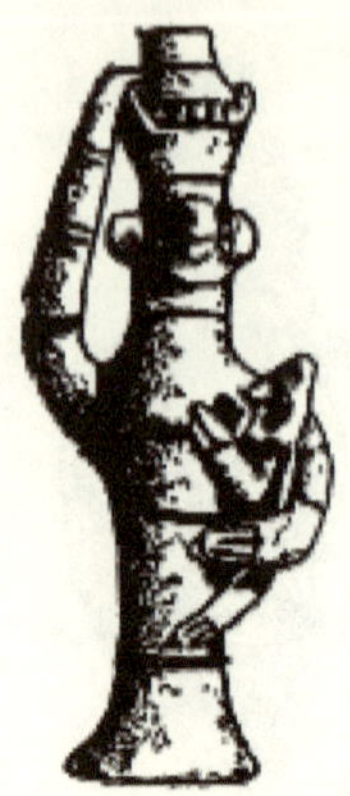

Abb. 224. – Terrakotta aus Zypern. (Louvre.)

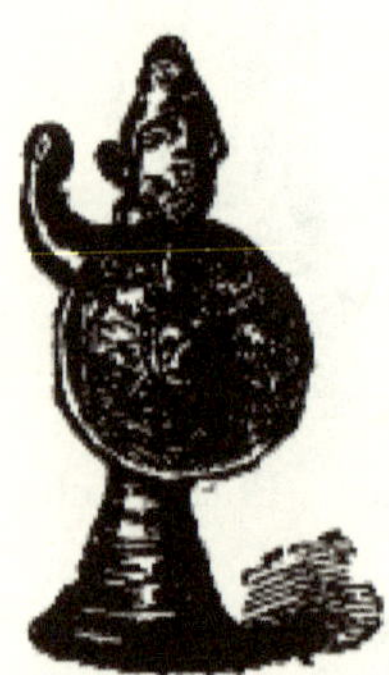

Abb. 225. – Zypriotische Terrakotta. (Louvre.)

Der Ton Zyperns eignet sich besser zum Formen und Backen als der Ton Phöniziens und konnte daher in sehr frühen Zeiten für diesen Zweck verwendet werden; und eine beträchtliche Anzahl seiner Produktionen führen uns zurück auf eine sehr primitive Stufe der Kunst. Die ältesten zypriotischen Figuren folgen orientalischen und asiatischen Traditionen. Sie stellen Astarte dar, die Göttin der Fruchtbarkeit; Sie werden mit dem Daumen modelliert, mit Linien, die mit einer Spitze nachgezeichnet werden, und schwarzen oder roten Bändern als Verzierung. „Der Kopf ist fast formlos", sagt M. Perrot; [95] „Zu erkennen sind eine gebogene, schnabelartige Nase, ein Paar große runde Augen und monströse Ohren, von denen jedes an der Stelle, an der die schweren, kunstvollen Ohrringe der phönizischen und babylonischen Frauen befestigt waren, mit zwei Löchern durchbohrt war." . Die Arme sind horizontal gebeugt, so dass die Hände entweder auf der Brust oder auf dem Bauch liegen. Die extreme Breite der

Hüften scheint ein Versprechen auf Mutterschaft zu geben. Die Kratzer auf dem Ton könnten auf einen Lendenschurz hinweisen. Die Beine werden fest geschlossen gehalten; Sie verjüngen sich schnell nach unten und enden in Füßen, die kaum groß genug sind, um Stabilität zu verleihen." Zur gleichen Zeit gehören jene Vasen in Form von Tier- oder Menschenköpfen, diese seltsamen Statuetten von Fußsoldaten, von mit gesprenkelten Rüstungen bedeckten Reitern und von Kriegswagen, von denen man annehmen könnte, dass sie von Kindern modelliert wurden. Die Zahl der zypriotischen Figuren ist jedoch so groß, dass sie in einem Maßstab angeordnet werden können, um die schrittweisen Stadien im Fortschritt der Kunst lückenlos zu markieren.

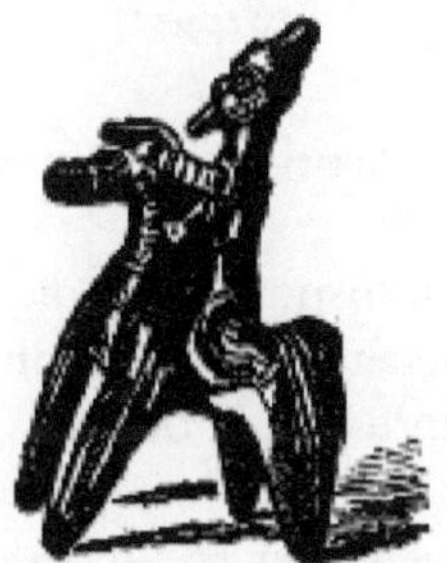

Abb. 226. – Zypriotische Terrakotta. (Louvre.)

Auf Zypern trifft man oft auf den grotesken Gott Pygmäus, den wir in Phönizien gesehen haben, und er weist hier die gleichen Merkmale auf wie an der Küste. Wir haben immer die Mischung des pseudo-ägyptischen und pseudo-assyrischen Stils, in unterschiedlichem Ausmaß mit dem archaischen griechischen Stil kombiniert. Wir werden in Anlehnung an M. Heuzey einige Statuetten von Frauen zitieren, deren Haar nach ägyptischer Art gekleidet ist und die durch die Geste der göttlichen Mutter, die ihre Hand an ihre Brust hält, und durch die Geste der Göttin der Zeugung gekennzeichnet sind (Abb. 227); Letzteres, das an die Aphrodite von Knidos erinnert, findet sich in der rein orientalischen Kunst nicht. Hier erleben wir hautnah die Verschmelzung asiatischer Traditionen mit hellenischen Ideen. Das Können der zypriotischen Künstler im Töpferhandwerk war so groß, dass sie lebensgroße Terrakottastatuen herstellten. in diesem Fall weisen sie alle Merkmale auf, die wir in der Bildhauerei bemerkt haben.

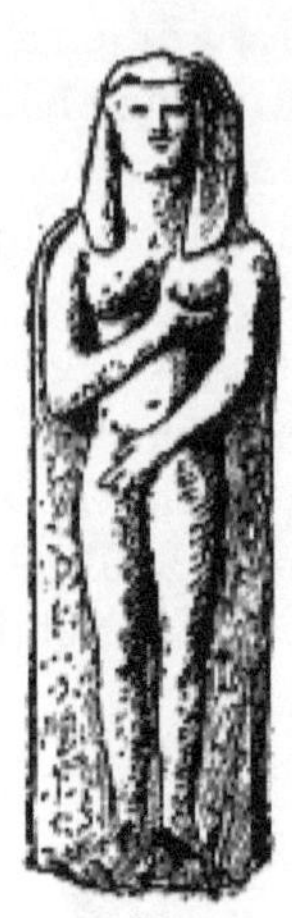

Abb. 227. – Zypriotische Terrakotta. (Louvre.)

Phönizische Schiffe transportierten die Produkte der phönizischen, rhodischen und zypriotischen Töpferkunst weit in das gesamte Mittelmeerbecken. In Korinth wurde beispielsweise ein kleiner Aryballus in Form eines behelmten Kopfes im pseudoägyptischen Stil und in phönizischer Arbeit gefunden. Der Helm bedeckt den gesamten Kopf, mit Ausnahme von Augen, Nase und Mund. Es gibt eine ägyptische Kartusche mit dem Namen des Königs Uahabra (Apries), 599–569 v. Chr.

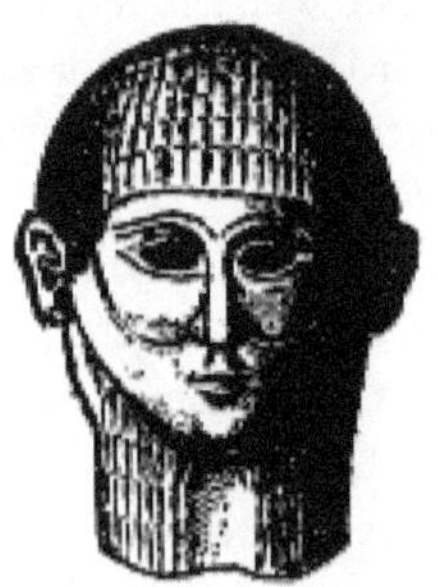

Abb. 228. – Maske aus Karthago. (Louvre.)

An der Stelle von Karthago wurde eine große Maske aus rotbrauner Terrakotta ausgegraben, die sowohl an die Maske von Amrith als auch an die Deckel der ägyptischen Sarkophage in Menschengestalt erinnert (Abb. 228). Das Haar ist im ägyptischen Stil gekleidet, die Ohren sind durchbohrt, um Ringe aufzunehmen, und die Wangen sind mit einer Rille am natürlichen Ende des Bartes markiert. Allein die Modellierung ist eher assyrisch und weist

Anzeichen asiatischer Weichheit auf. Bei den Ausgrabungen in der Nähe der Häfen habe ich eines der bemerkenswertesten Beispiele punischer Keramik gefunden, die zitiert werden können (Abb. 229). Das fröhliche Lächeln dieses Astarte-Kopfes verleiht ihm eine starke Familienähnlichkeit mit dem Kopf von Tanit auf karthagischen Münzen und sogar mit den archaischen Köpfen der Athene auf den ältesten Tetradrachmen Athens.

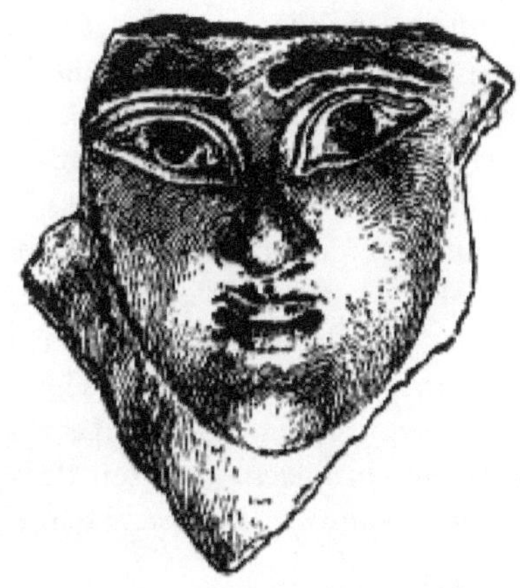

Abb. 229. – Terrakotta-Maske aus Karthago. (*Cabinet des Médailles.*)

Die in Tharras und Sulci auf Sardinien gefundenen Terrakotten weisen dieselben Typen und denselben hybriden Charakter auf wie die Terrakotten aller phönizischen Länder. Sogar die chaldäische Göttin wurde unter ihnen beobachtet, nackt, mit vollem Gesicht, die Hände an die Brust haltend und manchmal mit einem ägyptischen Kopfschmuck verkleidet; Es wurden auch Figuren von Pygmäen und von Astarte gefunden, der auf einem Thron sitzt und eine Taube oder eine Mondscheibe hält.

So trugen die Phönizier von einem Ende des Mittelmeers zum anderen überall dort, wo sie ihre Fabriken errichteten, ihre hybride Kunst mit sich, in der die Verschmelzung der Elemente nicht deutlich genug ausgeprägt ist, um zu verhindern, dass die entlehnten Elemente erkannt werden. Die Zerlegung und Analyse jedes Produkts der phönizischen Kunst, sowohl der Terrakotta als auch der Skulptur, ermöglicht es uns, in Assyrien, Ägypten und Griechenland das wiederherzustellen, was jedem von ihnen gehört; Nach getaner Arbeit bleibt nichts übrig, was Eigentum der Phönizier ist, außer der Ausführung.

§ VII. PHÖNIZISCHES GLAS.

Laut Aussage von Plinius wird die Erfindung des Glases seit langem den Phöniziern zugeschrieben. Das Folgende ist eine Übersetzung seines Berichts: „In dem Teil Syriens, der Phönizien genannt wird und an Judäa angrenzt, gibt es am Fuße des Berges Karmel ein Sumpfgebiet namens Cendevia. Es gilt als Quelle des Flusses Belus (Nahr-Halu), der nach einem Lauf von fünf Meilen unweit der Kolonie Ptolemais ins Mittelmeer mündet. Das Wasser dieses Flusses fließt langsam; Sie sind tief, schlammig und ungesund, aber religiöse Riten haben sie heilig gemacht. Der Belus lagert nur an seiner Mündung Sand ab; und dieser Sand, der früher für jeden Gebrauch unbrauchbar war, wird weiß und rein, sobald die Wellen des Meeres ihn gerollt und gewaschen haben. Das Ufer misst höchstens fünfhundert Schritt, und doch hat dieser kleine Raum viele Jahrhunderte lang für die Glasherstellung ausgereicht. Es wird erzählt, dass Salpeterhändler, die an diesem Ufer landeten und gerade ihr Essen zubereiten wollten, bemerkten, dass es keine Steine gab, um die Töpfe zu stützen. Sie rannten in alle Richtungen, ohne etwas zu finden, und dann nahmen sie in ihrer Verzweiflung die Salpeterblöcke, mit denen die Gefäße beladen waren, und bauten daraus einen improvisierten Ofen. Aber kaum war das Feuer angezündet, als sich das geschmolzene Salz mit dem Sand vermischte und Ströme einer bis dahin unbekannten durchsichtigen Flüssigkeit flossen. Das war der Ursprung des Glases." [96]

Es ist leicht, den Kern der historischen Wahrheit zu erkennen, der in der von Plinius wiedergegebenen Fabel enthalten ist. Die phönizischen Kaufleute entzündeten ihr Feuer zufällig in der Höhle eines Felsens, der die Hitze konzentrierte, und erlangten den Beginn der Verglasung von Salpetersalz: Darin bestand zweifellos die Erfindung der Phönizier. Sie hatten weißes, transparentes Glas entdeckt, während die Ägypter und Assyrer vor ihnen nur undurchsichtiges Glas kannten, das durch die Verbrennung bestimmter Pflanzen entsteht.

Undurchsichtiges Glas bzw. Glaspaste scheint ägyptischen Ursprungs zu sein. Die glasartige Substanz dient seit der ersten Dynastie als Lack für Terrakotta und wird in dieser Weise auf den Pfosten der Grabtür der Stufenpyramide in Sakkara verwendet. In späteren Zeiten wurde es als Glasur auf Skarabäen, Grabfiguren und Gemälden aufgetragen. Bald erkannte man, dass dieses Material Konsistenz genug hatte, um allein verwendet zu werden: „Seit dieser Zeit", sagt M. Frœhner, „wurde die Herstellung dessen durchgeführt, was wir Glaswaren nennen, das heißt von kleinen Ornamenten, Perlen, Armbändern." und Figuren aus undurchsichtigem, isochromem oder mehrfarbigem Glas wurden erfunden; Dabei blieb es nicht, und der Handel verbreitete seine Produkte überall." [97] Bald folgte die Erfindung der Glasbläserei: Die älteste bekannte farbige Glasvase trägt den Namen Thothmosis III. (Achtzehnte Dynastie). Weißes Glas taucht in

Ägypten erst viel später auf; Flaschen aus transparentem Glas, die im British Museum aufbewahrt werden, stammen aus der 26. Dynastie.

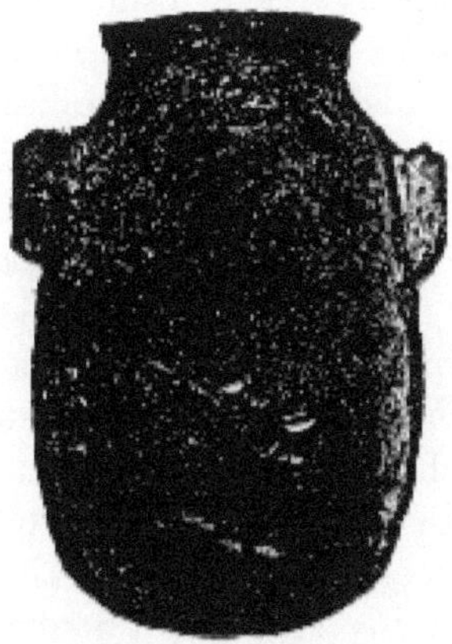

Abb. 230. – Transparente Glasvase mit dem Namen Sargon.
(Britisches Museum.)

In Chaldäa und Assyrien muss der Fortschritt derselbe gewesen sein wie in Ägypten; Die glasartige Substanz wurde zunächst als Lack auf Ziegeln, Statuetten und Vasen verwendet; dann gelangte man nach und nach zu undurchsichtigem Glas und schließlich zu transparentem Glas, vielleicht unter dem Einfluss Ägyptens. Assyrische Objekte aus Glaspaste, wie Ringe, Halskettenperlen und kleine Vasen, sind in unseren Museen keine Seltenheit; aber transparentes weißes Glas scheint aus Phönizien importiert worden zu sein und in Mesopotamien nie in größerem Umfang als in begrenztem Umfang verwendet zu haben. Die berühmte transparente Glasvase von Sargon (722–705 v. Chr.) im British Museum ist bekannt: Trotz ihrer keilförmigen Inschrift ist sie in Stil und Material phönizisch, so dass wir annehmen müssen, dass sie in den Werkstätten hergestellt wurde von Sidon zu der Zeit, als Sargon Herr des Landes war. „Diese Vase", sagt M. Frœhner, „ist der Prototyp der Salbenfläschchen, von denen wir so viele Exemplare aus Alabaster (*Alabastra*) ägyptischer und phönizischer Herstellung haben." Es hat eine sehr schwere Form und daher einen sehr archaischen Stil und ähnelt einer Handtasche. Seine Wände sind dick und zwei quadratische Fortsätze bilden die Griffe. Der bei seiner Herstellung angewandte technische Prozess ist nicht weniger primitiv, denn er wurde nicht geblasen; der Arbeiter nahm ein Stück gekühltes Glas; Dann rundete er mit einer Drehbank den Körper ab und höhlte das Innere aus, genau so, als würde er in Alabaster arbeiten. Um es richtig zu stellen, müssen wir uns daran erinnern, dass die Phönizier die ersten waren, die weißes Glas mit dieser Reinheit des Tons herstellten."

Doch bevor der Zufall sie lehrte, den feinen Sand an den Ufern des Belus zu nutzen und daraus das von den antiken Autoren so gepriesene feine transparente Glas herzustellen, hatten die Phönizier von ihren Nachbarn, den Ägyptern und Assyrern, die Kunst übernommen, verglasbare Stoffe als Material zu verwenden Emaille. Auf Rhodos entdeckte Salzmann emaillierte Vasen phönizischen Ursprungs; Der Geograph Scylax teilt uns hingegen mit, dass phönizische Kaufleute Gegenstände aus Glaspaste, also Amulette und Halskettenperlen, sogar über die Säulen des Herkules hinaus exportierten. Die Nekropolen Zyperns haben einige dickwandige, leicht durchsichtige Gläser geliefert, die sicherlich in den Werkstätten von Tyrus oder Sidon hergestellt wurden. MG Rey brachte aus Phönizien ein Idol aus Glaspaste in Form eines Kegels zwischen zwei Vierbeinern in den Louvre; Aber das interessanteste phönizische Denkmal aus Glasmasse, das wir nennen können, ist die Halskette aus Tharras auf Sardinien. Es besteht aus vierzig Perlen, zwei Zylindern, vier Stierköpfen und einer großen grotesken Pygmäus-Maske (Louvre).

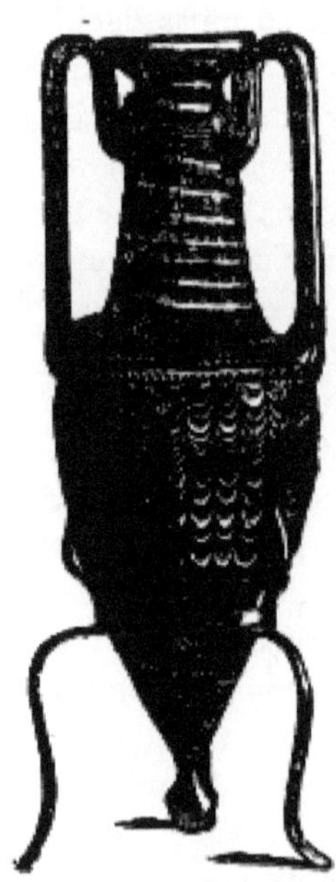

Abb. 231. – Phönizisches Glas. (Louvre.)

Aus den vorstehenden Tatsachen ergibt sich, dass die Phönizier, obwohl sie viele Jahrhunderte lang das Monopol auf die Glasherstellung hatten, nicht als deren Erfinder angesehen werden können. Sie nutzten nur das Material, das ihnen die Natur in die Hände legte, in bewundernswerter Weise aus. Die wunderbaren Eigenschaften des Sandes des Belus werden nicht nur von Plinius, sondern auch von Josephus und Tacitus gerühmt. Das von den Phöniziern hergestellte Glas war reiner und klarer als das aus Ägypten und daher begehrter; Aus ihren Werkstätten kamen nicht nur Alabastra und Amphoriskoi, die mittelalterlichen venezianischen Künstlern würdig waren, sondern auch falsche Edelsteine aus farbiger Glaspaste, die Edelsteine imitierten, so dass man sie mit ihnen verwechseln konnte; daher der Wohlstand und der Ruf der Manufakturen von Tyrus und Sidon. Lucian sagt über den Teint eines schönen jungen Mädchens, dass er durchsichtiger sei als das Glas Sidon. [98]

Diese letzte Stadt war von der Antike bis zur Römerzeit das Zentrum der phönizischen Glasherstellung; In Tyrus wurden jedoch Überreste antiker Öfen, Glasfragmente in verschiedenen Farben und Schlacken gefunden, die die Existenz dort auch wichtiger Glashütten bezeugen.

Eine in Jerusalem gefundene feine Glasflasche, geformt und mit Früchten verziert, wird der Zeit der Unabhängigkeit Judäas zugeschrieben; aber es kann durchaus sein, dass es nicht älter als die griechisch-römische Zeit ist, wie die Verzierungen aus Glaspaste, die Saulcy in den Gräbern der Könige fand. Diese Objekte sowie in Palästina gefundene grünliche Glassplitter stammen wahrscheinlich aus den Werkstätten von Hebron oder Aleppo, die bis heute in Betrieb sind und vor unseren Augen Vasen herstellen, die die antiken Exemplare bis zur Perfektion nachahmen.

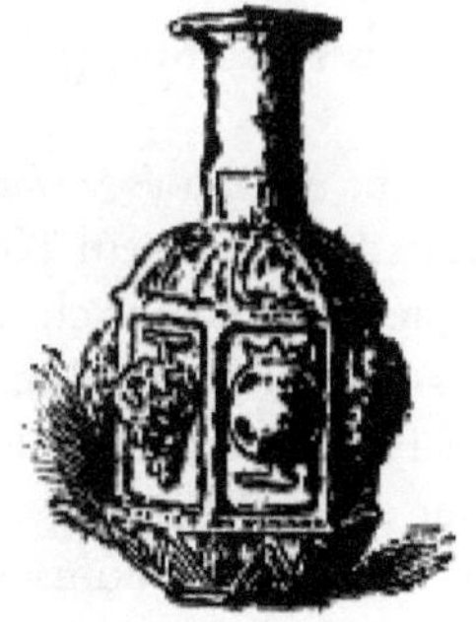

Abb. 232. – Glasvase aus Jerusalem. (Louvre.)

Die Glasarbeiter von Tyrus und Sidon signierten ihre Werke in der griechisch-römischen Zeit, ebenso wie ihre Kollegen, die Töpfer. Die Einwohner von Sidon fügten den Namen der Werkstatt zu ihrem eigenen hinzu; Der griechische oder lateinische Stempel, der als Relief auf der

Daumenauflage oder den Henkeln angebracht war, hatte den doppelten Vorteil, dass er den Namen des Herstellers verriet und eine raue Oberfläche bot, die das Halten der Vase erleichterte. Der bekannteste der sidonischen Glasarbeiter, Artas, lebte im ersten Jahrhundert unserer Zeitrechnung; Die Produktionen seiner Werkstätten sind mit seiner Handschrift in allen Anrainerstaaten des Mittelmeers zu finden.

§ VIII. BRONZEN UND ORNAMENTE.

Eine der originellsten Seiten der phönizischen Kunst besteht in der Herstellung von Bronze-, Silber- oder Goldgeschirr, auf dem sich verschiedene Motive im assyrisch-ägyptischen Stil befinden

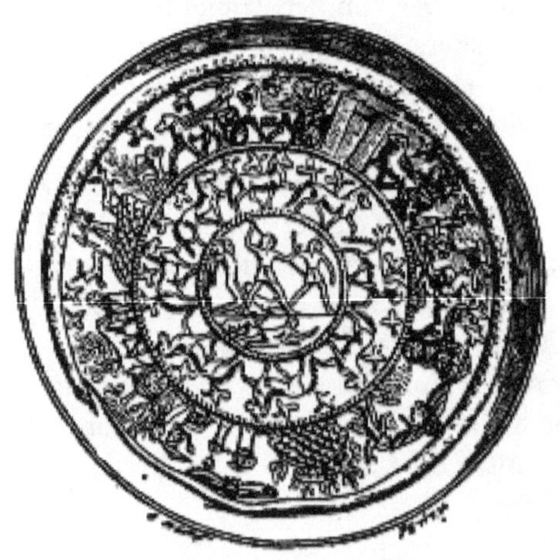

Abb. 233. – Patera aus Palestrina. (Kircher Museum, Rom.)

gemeißelt, graviert oder sogar in *Repoussé gehämmert* . Das Können der tyrischen und sidonischen Künstler in diesem Kunstzweig wurde seit der Antike gefeiert. Salomo bittet sie um die Einrichtung des Tempels Jehovas; in Homer bietet Achilleus als Preis für die Rennen bei den Spielen, die anlässlich der Beerdigung von Patroklos organisiert wurden, „einen Krater aus gemeißeltem Silber an, der sechs Maße fasst und in seiner Schönheit seinesgleichen auf Erden sucht: geschickte sidonische Handwerker haben ihn geschaffen"; An anderer Stelle spricht der Dichter von einem Silberkrater, dem Werk des Hephaistos, den ein König von Sidon Menelaos schenkt. Die phönizischen Gerichte, die in Nimroud (Abb. 92), auf Zypern und an einigen Stellen der Mittelmeerküste gefunden wurden, sind Beispiele jener Goldschmiedearbeiten, die Homers Griechen in Erstaunen versetzten. Es handelt sich um pateræ ohne Füße, flach und halbkugelförmig, wie man sie in den Händen der Assyrer in den Flachreliefs von Ninive sieht. Die sie schmückenden Figuren befinden sich auf der Innenfläche und sind in konzentrischen Zonen angeordnet. Diese in *Repoussé* eingravierten oder gehämmerten Motive scheinen manchmal keine trivialen Figuren oder Bilder von Gottheiten darzustellen, sondern im Gegenteil Genrebilder und Szenen wie in den ägyptischen Gemälden. So wurde das Motiv, das die silbervergoldete Patera (Abb. 233) schmückt, die 1876 in Palestrina, dem antiken Præneste in Latium, entdeckt wurde, von M. Clermont-Ganneau auf geniale Weise erklärt. [99] In der konzentrischen Zone, die von einer langen Schlange begrenzt wird, wird in einer Reihe aufeinanderfolgender Phasen ein kleines Reliefdrama entwickelt; Man könnte es „Ein Jagdtag oder eine belohnte Frömmigkeit" nennen. Ein orientalisches Theaterstück in zwei Akten und neun Tableaus." Wir sehen: (1) den Helden, der sein Haus in seinem Kriegswagen verlässt; (2) er steigt aus, um ein Reh zu erschießen; (3) Gefangennahme des Hirsches; (4) nach der Jagd in einem Wald Halt machen; die Pferde sind nicht angeschirrt; (5) Vorbereitungen für die Mahlzeit, in der das Reh gegessen werden soll; (6) Ein Affe greift den Helden an, der glücklicherweise von einer geflügelten Gottheit beschützt wird. (7) der Affe wird von den Pferden verfolgt und niedergeworfen; (8) der Jäger tötet das wilde Tier; (9) triumphaler Einzug ins Haus. Die Interpretation wäre vollständig, wenn dem Helden des Dramas ein mythischer Name gegeben werden könnte.

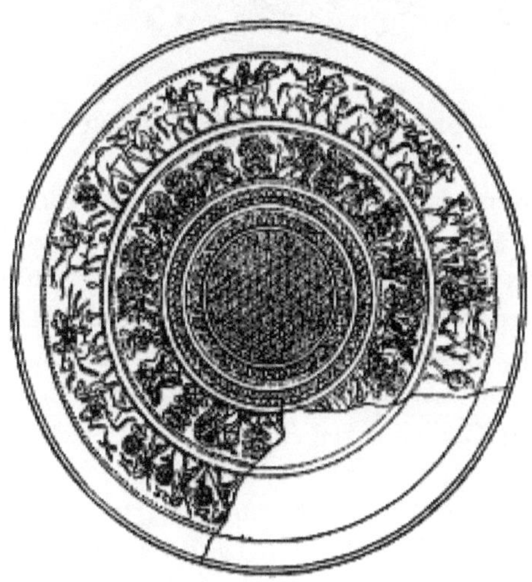

Abb. 234. – Gericht von Dali. (Louvre.)

Jagdszenen der gleichen Art, die jedoch nicht so leicht zu erklären sind, zieren eine Silberschale aus Cære in Etrurien, die von der gleichen Herstellung ist wie die Pateræ von Phönizien oder Zypern. Auf einer der im

Louvre befindlichen Silberschalen aus Dali (Idalion) ist eine Löwenjagd zu sehen; Auf der Patera von Amathus findet die Belagerung einer Festung statt.

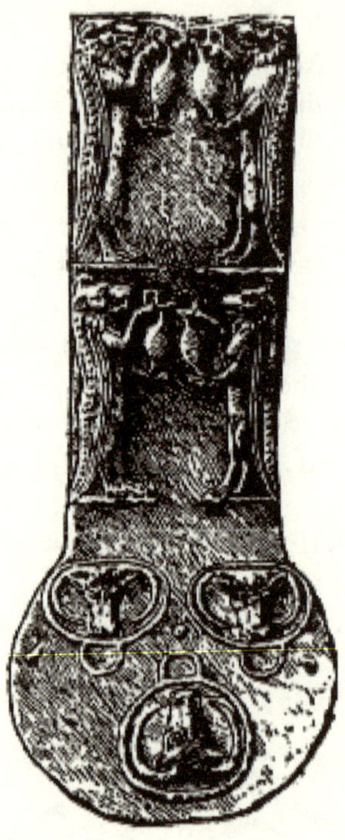

Abb. 235 – Griff eines Bronzekraters. (New York Museum.)

Die Schatzkammer von Curium versorgte Cesnola mit einer großen Anzahl dieser Pateræ aus Silber oder Elektrum, auf denen eingravierte Motive derselben Inspiration und desselben Stils abgebildet waren: Figuren mit vier Flügeln, die mit einem Löwen kämpfen; Astarte mit der Hand auf der Brust, daneben abscheuliche Patæci, Isis-Hathor, ägyptische Sphinxen und Sperber; Jagden, Schlachten, religiöse Opfer. Überall auf diesen Denkmälern, die, wie uns die homerischen Gedichte zeigen, von den Griechen des heroischen Zeitalters so begehrt und von sidonischen Kaufleuten importiert wurden, finden wir Kopien der üblichen Muster auf den ägyptischen und assyrischen Denkmälern, eine unbewußte Mischung von hybriden Szenen, die nichts Originelles haben außer dieser urigen Mischung selbst, die hier noch auffälliger ist als in den anderen Erscheinungsformen der phönizischen und zypriotischen Kunst. Wenn wir eine größere Anzahl dieser seltsamen Gerichte hätten, würden wir zweifellos feststellen, dass die Motive wenig abwechslungsreich sind und oft wiederholt werden, selbst bei so interessanten Themen wie dem Jagdtag, und dass der phönizische Künstler hier die Anstrengung der Fantasie unternommen hat war wenig erfinderisch. Zum Glück für den Ruf der phönizischen und zyprischen Goldschmiede zeigen andere Denkmäler, dass sich ihre Metallurgie nicht auf diese interessanten Pateræ beschränkte. So brachte Cesnola beispielsweise von seinen Ausgrabungen auf Zypern das Fragment eines großen Bronzekraters mit, dessen Griffe auf originellste Weise verziert sind . Wir finden hier Löwen, die auf ihren Hinterbeinen stehen und œnochoæ halten, und in Fischschuppen gekleidet sind, wie der Gott Anu in der assyrisch-chaldäischen Symbolik.

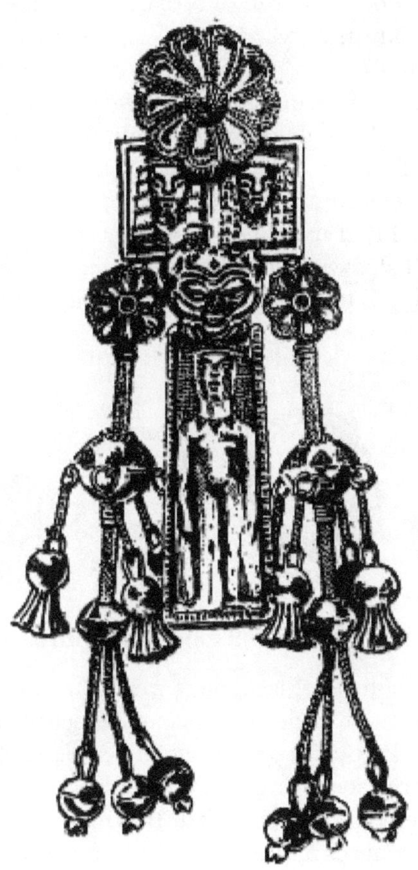

Abb. 236. – Phönizisches Goldornament.

Bei zypriotischen Möbeln und Ornamenten beobachten wir die gleichen Merkmale einer hybriden Kunst. Es gibt kleine silberne Vasen, die im assyrischen Stil mit seltener Eleganz gemeißelt sind, Zeptergriffe und andere wertvolle Utensilien wie die von Ninive. Bestimmte Ornamente, die für den Kopfschmuck von Frauen bestimmt sind, sind von exquisiter Verarbeitung; ebenso die Ohrringe, die Halsketten aus Gold, Edelsteinen und Glas; mit Figuren von Löwen, Widdern, Hirschen, Masken mit Lockenbärten nach assyrischer Art, Köpfen von Isis-Hathor und Lotusblumen. Einige dieser Halsketten und Armbänder enden in Löwen- oder Schlangenköpfen und bilden Vorbilder, die griechische Künstler nur kopieren mussten, denn sie sind Meisterwerke ihrer Art. Wir haben gesehen, dass die Niniviten-Ausgrabungen von phönizischen Künstlern geschnitzte und durch den Handel nach Mesopotamien importierte Elfenbeintafeln ans Licht brachten; Tafeln des gleichen Stils wurden aus Phönizien selbst erhalten: Sie dienten der Verzierung kostbarer Schatullen. Diese Produkte der phönizischen Industrie wurden an alle Küsten des Mittelmeers importiert; und in Palestrina in Latium wurde eine Elfenbeintafel gefunden, auf der ein von Ruderern bemanntes Schiff eingraviert ist, ähnlich denen auf den ägyptischen Gemälden. In Etrurien gefundene Straußeneier, die als Vasen dienen, sind mit eingravierten Figuren geschmückt, deren phönizischer Charakter kaum bestritten werden kann: Es gibt Zonen von Kriegern zu Fuß, zu Pferd und in ihren Kriegswagen; Tierreihen, Löwen- und Stierkämpfe im halbägyptischen Stil; der Rahmen dieser Szenen ist aus Assyrien entlehnt; das Ganze wird durch schillernde Farben aufgelockert. [100]

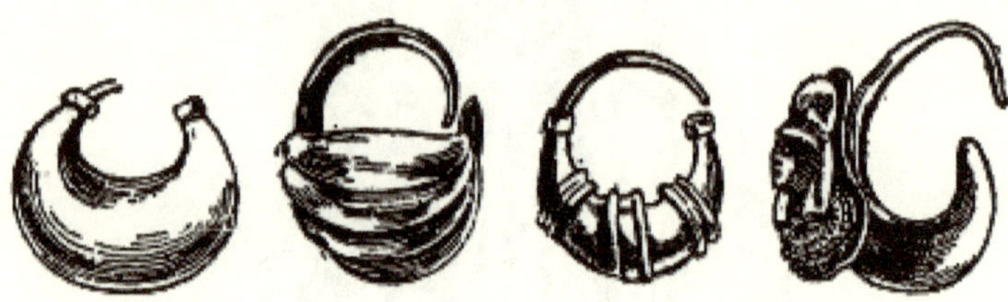

Abb. 237. – Phönizische Ohrringe.

Hätten wir in Phönizien Flachreliefs wie die in Assyrien und Gemälde wie in Ägypten, wären wir in der Lage, einen Bericht über diese brillanten Stoffe aus gefärbtem Purpur zu geben, die in der klassischen Antike mit so viel Begeisterung beschrieben wurden. Dem tyrischen Gott Melkarth zufolge wurde in der Überlieferung dieser Farbstoff erfunden, der bekanntlich aus dem Saft einer Meeresmuschel, der *Murex*, gewonnen wird, die vor allem an der Küste Phöniziens vorkommt. Wir können laut literarischen Zeugnissen nur bestätigen, dass die Werkstätten von Tyrus und Sidon Stoffe in Hülle und Fülle produzierten, deren Farbe, wie die Alten bemerkten, durch helles Licht nicht verändert und verschlechtert, sondern nur lebendiger und leuchtender gemacht wurde daran.

§ IX. GRAVIERTE EDELSTEINE.

Abb. 238. – Zylinder in der Sammlung De Clerq (nach Menant).

Die glyptische Kunst ist durch die Vielfalt ihrer Werke eines der Hauptelemente der phönizischen Archäologie und lehrt uns mehr als die kläglichen Fragmente, die von Töpferwaren oder Skulpturen übrig geblieben sind. Deutlicher als in den anderen Zweigen der Kunst wird hier die Nachahmung Ägyptens und Assyriens als selbstverständlich angesehen, als Zeugnis der Erfindungsarmut des phönizischen Geistes. In der De Clercq-Sammlung gibt es zwei Zylinder, die neben ägyptischen Figuren eine Keilschriftinschrift tragen. Das, was wir als Beispiel geben (Abb. 238), nach M. Menant, [101] ist das Siegel von „Annipi, Sohn von Addume, dem Sidonier." Somit ist der Besitzer des Zylinders ein Phönizier; er hat seinen Namen auf Assyrisch neben dem Gott Set, [102] Reseph, dem Kriegergott, und Horus mit dem Falkenkopf eingraviert. Der Stil der Inschrift wie auch der Figuren verrät jedoch die ungeschickte Hand des sidonischen Nachahmers.

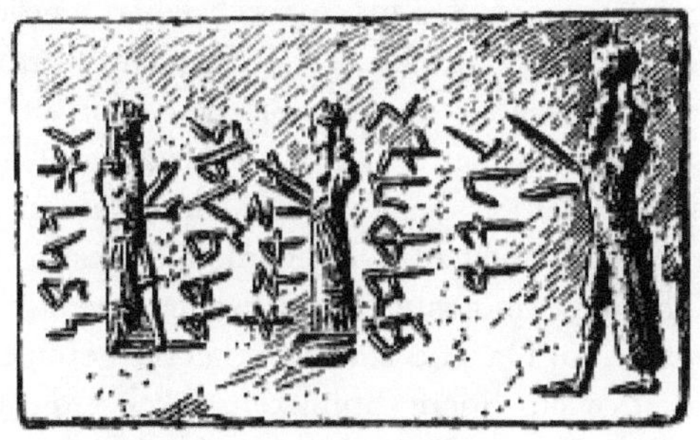

Abb. 239. – Zylinder im British Museum (nach Menant).

Wir besitzen hingegen Zylinder, auf denen die Figuren rein assyrisch sind, während die Inschrift in phönizischen oder aramäischen Schriftzeichen erfolgt. Dieses im British Museum ist das „Siegel von Akadban, Sohn von Gebrod, dem Eunuchen, Anbeter von Hadad" (Abb. 239). Der Stil der Figuren und die Details der Tracht sind so eindeutig assyrisch, dass dieses Denkmal uns die Plagiatsmethode offenbart, zu der die müßige Fantasie der

Phönizier Zuflucht nahm. Für diese Kaufleute war es einfacher und schneller, sich assyrische oder persische Zylinder anzueignen, da sie sich damit zufrieden gaben, dass ihre Namen darauf eingraviert waren. Sie scheuten sich nicht, während ihres Lebens den Schmuck anderer Nationen zu tragen, bis ihre Asche in den den Ägyptern gestohlenen Sarkophagen ruhen sollte.

In Zypern versuchte man jedoch, selbst Zylinder zu gravieren. Bei den jüngsten Ausgrabungen wurde eine große Menge davon ausgegraben, und neben den durch den Handel vom Kontinent mitgebrachten Zylindern wurden einige gefunden, die sicherlich auf der Insel hergestellt wurden. Aber was uns an diesen Denkmälern erstaunt, ist ihre extreme Barbarei; Das Design ist sehr kurz, die Figuren sind kaum skizziert und der Meißel hat nur grobe Kratzer auf dem Jaspis, dem Hämatit oder dem Chalcedon hinterlassen. Und selbst die Figuren von Menschen oder Tieren, die Bäume und die geometrischen Ornamente, mit denen die zypriotischen Zylinder bedeckt sind, sind von ungeschickten Handwerkern den Erzeugnissen der assyro-persischen oder ägyptischen Glyptikkunst nachgeahmt.

Schließlich sind phönizische Zylinder selten genug. Die Kaufleute von Tyrus und Karthago waren vor allem praktisch und zogen Flachdichtungen mit mehreren Formen den Zylindern vor, deren Verwendung schwierig war. Sie stellten Skarabäen, Skarabäen, Ellipsoide, Kegel, achteckige Konoide her, letztere besonders in der aramäisch-persischen Zeit, und schließlich Einfassungen für Ringe. Unter den zahlreichen Edelsteinen, die uns überliefert sind und die entweder den Phöniziern selbst oder den aramäischen Bevölkerungen Syriens zugeschrieben werden müssen, haben einige noch ihre Fassung bewahrt: Ein Ring in Form eines Hufeisens ermöglichte es ihrem Besitzer Drehen Sie den Stein um seine Achse und hängen Sie ihn an eine Halskette. Die ein- oder zweizeilige Inschrift, sofern vorhanden, gibt den Namen des Besitzers, den Namen seines Vaters und manchmal auch seine Qualität an. Die Themen, die natürlich begrenzter sind als die der Zylinder, sind stets ägyptischer, persischer oder assyro-chaldäischer Inspiration. Da sind zum Beispiel die geflügelte und strahlende Scheibe, Hirsche, Löwen, Stiere, Sphinxen, Greife, die göttliche Büste in einer geflügelten Scheibe, ein Papst, der am Altar opfert, oder in Anbetung vor dem Pyreum. Der Louvre besitzt einen Skarabäus aus rotem Achat, den M. de Sarzec in Mesopotamien erworben hat; Darauf ist ein Gott zu sehen, der in jeder Hand eine Schlange hält, wie der ägyptische Horus; Er hat vier Flügel und trägt auf seinem Kopf die von zwei Hörnern getragene Sonnenscheibe. Der Name Baalnathan weist darauf hin, dass sein Besitzer wahrscheinlich ein Ammoniter oder Moabiter war. Man kann mit M. de Vogüé [103] zugeben , dass unter den phönizischen, aramäischen und jüdischen Intagli diejenigen am ältesten sind, bei denen ausschließlich ägyptischer Einfluss auftritt, d. h. vor der assyrischen Herrschaft in Syrien.

Abb. 240. – Scarabæoid-Siegel.

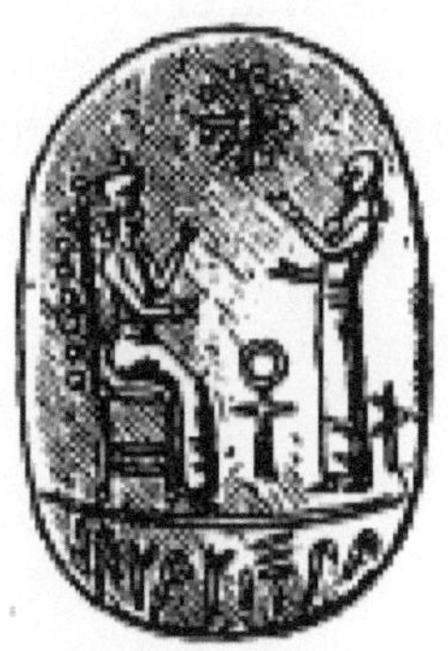

Abb. 241. – Scarabæoid-Siegel (nach Menant).

Ab dem siebten Jahrhundert v. Chr. erscheint das Wirken Assyriens in der aramäisch-phönizischen glyptischen Kunst, manchmal verbunden mit dem ägyptischen Einfluss, manchmal ausschließlich wie auf einem Skarabäus im Wiener Museum, der den Namen Akhotmelek, die Frau von Josuah, trägt, auf dem a Die Gottheit sitzt auf einem Thron und empfängt ein Trankopfer von einem stehenden Papst (Abb. 240). Ein schöner Skarabäus aus grünem Jaspis im British Museum (Abb. 241) mit dem Namen des *Schreibers Hodo in phönizischen Schriftzeichen* zeigt eine Hauptszene, die von einem assyrischen Zylinder inspiriert ist, während auf dem Feld die ägyptischen *crux ansata* - Figuren dargestellt sind. und die Skarabäenform des Edelsteins ist sicherlich pharaonischen Ursprungs.

In dieser hybriden Verbindung von ägyptischer und assyrischer Kunst kann der am wenigsten geschulte Beobachter erkennen, was zu den beiden konstituierenden Elementen gehört. Die Position der ausgestreckten Flügel, einer angehoben, der andere gesenkt, vor und nicht hinter den Figuren, den Uræi, dem Pshent, dem Shenti, den falkenköpfigen Göttern, der Lotusblume, der Sphinx und dem *Crux* ansata gehören zu Ägypten. Das langfransige Gewand der Priester, das gekräuselte Haar und der Bart, die zylindrische Tiara, der Feueraltar, der heilige Baum und die Löwen sind neben anderen Merkmalen Eigentum von Assyrien und Chaldäa. Allein die Schrift ist aramäisch oder phönizisch. Zur Zeit der Achämeniden wurden in Phönizien Siegel gefunden, deren Verarbeitung Anzeichen persischen Einflusses aufweist; manchmal gibt uns sogar die Legende, obwohl aramäisch, einen persischen Namen.

Ab dem 4. Jahrhundert v. Chr. wurde schließlich die glyptische Kunst, die denselben Gesetzen folgte wie die anderen Zweige der Kunst, rasch vom griechischen Genie erobert. Eingravierte Steine mit zypriotischen oder phönizischen Legenden zeigen Themen, die von griechischen Künstlern unbestreitbar interpretiert wurden, auch wenn die Begebenheiten orientalischer Natur sind; schließlich finden wir griechische Motive, so dass der orientalische Einfluss nur durch die immer noch phönizische Legende belegt wird. Wir sind dann im Zeitalter Alexanders angekommen und die alten Zivilisationen des Ostens haben aufgehört zu leben.

KAPITEL IX.

ARCHÄOLOGISCHE ENTDECKUNGEN IN SUSA.

§ I. M. DE MORGANS MISSION IN SUSANA .

DER Fortschritt der orientalischen Archäologie führt uns von einer Überraschung zur nächsten. Jahr für Jahr werden in rascher Folge Entdeckungen gemacht, die wir mit atemlosem Interesse beobachten, während sie ein Kapitel in der Geschichte jener primitiven Zivilisationen verändern und erhellen, von denen unsere eigene teilweise abstammt. Nach den Entdeckungen in Chaldäa, Assyrien und Phönizien ist nun eine andere Region des Ostens an der Reihe, Licht auf die Vergangenheit zu werfen – das Land Elam oder Susiana, eine Region, die uns bisher fast unbekannt war, wenn auch in den frühesten Zeiten In der Welt spielte es eine wichtige Rolle.

Die Ruinen von Susa, nördlich von Ahwaz gelegen, bilden eine Reihe riesiger Hügel, die sich über eine Fläche von viereinhalb bis sechs Quadratmeilen an beiden Ufern des Flusses Kerkha erstrecken. Die Ebene, die bis zu den Ufern des Karún von diesen majestätischen Hügeln dominiert wird, erstreckt sich weit nach Norden, wo sie vom Bakhtiyari-Gebirge begrenzt wird. Nach Süden erstreckt es sich bis zum *Shatt al Arab* und Unterchaldäa.

Welches neue Material können wir aus diesem alten Boden von Elam schöpfen, um unseren chimärenähnlichen Appetit auf universelles Wissen zu stillen? Ein Boden, auf dem unzählige Generationen von Menschen begraben liegen, übereinander gestapelt wie geologische Schichten und umgeben von allen Annehmlichkeiten ihrer irdischen Existenz? Die Griechen haben uns lediglich unbegründete Fabeln über die Geschichte Elams übermittelt. Die Schriftsteller der mazedonischen Zeit ignorierten alle lokalen Traditionen und berichteten, dass der mythische Gründer dieser Region Memnon, der Sohn von Tithonus und Aurora, gewesen sei; dass er eine Gruppe schwarzer Krieger zur Hilfe Trojas führte, als es von den Griechen belagert wurde, und in einem Duell von Achilles getötet wurde. Eos oder Aurora weinte um ihren Sohn, und einer hübschen Fiktion zufolge sind es die Tränen dieser untröstlichen Mutter, die den Morgentau bilden. Die klassische Antike war von solchen poetischen Erzählungen über die geheimnisvollen Regionen der aufgehenden Sonne geprägt, ohne den Versuch zu unternehmen, die tatsächlichen Fakten herauszufinden. Nur die Bibel hat den Namen eines der Könige von Susa, Kedorlaomer, eines Zeitgenossen Abrahams, bewahrt.

Heute jedoch hat uns die Fähigkeit, die chaldäischen Keilschrifttexte zu entziffern, vereinzelte Episoden der politischen Beziehungen zwischen den Elamitern und den Babyloniern und Niniviten bekannt gemacht.

Im Jahr 1810 begleiteten Macdonald Kinnear und Monteith General Malcolm auf seiner Mission zum Schah von Persien; 1826 besuchten Sir Henry Rawlinson und später erneut Sir AH Layard die Tells von Susa und kopierten mehrere Inschriften, die durch die starken Regenfälle freigelegt worden waren. Als die Denkmäler aus dem Müll hervorkamen, wurde klar, dass nur Ausgrabungen die Hügel von Susa dazu bringen konnten, die Geheimnisse preiszugeben, die sie enthielten.

Diese Ausgrabungen wurden 1851 von Sir Kenneth Loftus und Colonel Williams begonnen, die die Brunnen des Palastes von Darius I., dem Sohn von Hystaspes, freilegten. Die Forschungen wurden dann aufgegeben, und erst 1885 beauftragte die französische Regierung M. Dieulafoy, die von Loftus begonnenen Arbeiten fortzusetzen. Er legte die *Apadana* des Artaxerxes frei und deponierte im Louvre-Museum die prächtigen achämenidischen Fragmente, die in Kapitel V dieses Bandes (S. 146 *ff.*) beschrieben werden. Verschiedene Überreste und Fragmente von Inschriften aus einer viel weiter entfernten Zeit zeigten jedoch, dass lediglich die Oberfläche der Ruinen berührt worden war und dass systematische Ausgrabungen in größerer Tiefe erforderlich sein würden. Ein am 12. Mai 1895 unterzeichneter diplomatischer Vertrag, der 1900 in Paris vom Schah von Persien erneuert und bestätigt wurde, gewährte Frankreich das ausschließliche Recht, archäologische Ausgrabungen im gesamten Persischen Reich durchzuführen. M. Jacques de Morgan wurde zum Generaldelegierten für Altertümer in Persien ernannt, mit der besonderen Aufgabe, die Forschungen in Susiana fortzusetzen.

Nachdem er auf Schwierigkeiten aller Art gestoßen war, traf M. de Morgan in Begleitung einer Reihe von Kollegen, unter denen wir einen der bedeutendsten zeitgenössischen Assyriologen, Père V. Scheil, erwähnen müssen, am 16. am Ort der Ruinen von Susa ein Dezember 1897 und begann dort mit der Arbeit. Die ersten nach Paris geschickten Ergebnisse bildeten im Frühjahr 1901 eine Sonderausstellung im Grand Palais des Champs Elysées und lösten große Überraschung und Bewunderung aus. Diese Überreste bestehen aus einer immensen Anzahl von beschrifteten Ziegelsteinen, Flachreliefs, mit Keilschrift bedeckten Stelen von höchst archaischem Aussehen und aus Kunstwerken eines bisher unbekannten Stils. So konnte M. Scheil zu Beginn der Veröffentlichung dieser Denkmäler und der Übersetzung der Texte ohne Übertreibung oder Übertreibung schreiben: „Hier beginnt die Geschichte des Landes Elam"; und dann befasst er sich mit den großen Problemen der Geschichte, deren Lösung zur Frage des Augenblicks geworden ist.

Was waren die frühesten Zivilisationen des Ostens und in welche Zeit führen sie uns zurück? Zu welchen ethnischen Gruppen gehören die Elamiten? Welche Verbindung besteht zwischen Elam, Anzan und Susa, den drei Namen, die Susiana in den Originaltexten gegeben wurden? Gab es in diesem Land tatsächlich eine Kombination politischer oder religiöser Institutionen mit besonderem und unabhängigem Charakter? Welche Sprachen und welche Rassen der Menschheit trafen in der Region zusammen, die an das Land der Semiten, der Arier und vielleicht der Turaner grenzt?

Dies sind Fragen von großer Bedeutung, und die frühen Ausgrabungskampagnen haben eine zögerliche und teilweise Antwort erhalten, die unseren Durst nach der ganzen Wahrheit über die Ursprünge der frühesten Zivilisationen nicht befriedigt. „Die protoarchaischen Texte", sagt M. Scheil bedauernd, „werden zeigen, wie begrenzt unser Wissen sowohl über die immer weiter entfernten Ursprünge als auch über die Urfaktoren der Zivilisation ist, deren Zahl ständig zunimmt." "

Wir können nur einen allgemeinen Überblick über die archäologischen Ergebnisse geben, die bis Juli 1905 erzielt wurden, dem Datum der Einweihung der Galerie im Louvre, die den bis dahin entdeckten Objekten gewidmet ist. Die Arbeiten dauern noch an und wir können hoffen, dass sie ohne Unterbrechung zu einem Abschluss gebracht werden. Zwischen dem 1. Januar 1897 und dem 15. April 1905 hat M. de Morgan mehr als 280.000 Kubikmeter Erde und Schutt aller Art ausgegraben, und er schätzt weiter, dass 1.280.000 Kubikmeter entfernt werden müssen, um die Ausgrabungen zum Abschluss zu bringen ein abschließendes Fazit. Die archäologischen Ausgrabungen in Susa werden jährlich 35.000 Kubikmeter kosten und mindestens 35 Jahre in Anspruch nehmen. [104]

§ II. Chronologie der Ruinen nach jüngsten Entdeckungen.

Die soeben beschriebenen Untersuchungen zeigen, soweit sie bis heute durchgeführt wurden, dass viele der Hügel von Susa, die aus einer Ansammlung von Trümmern entstanden und mit einer dünnen, von den Wüstenwinden abgelagerten Sandschicht bedeckt waren, seit prähistorischer Zeit bewohnt waren Zeiten bis zur arabischen Zeit. Die prähistorischen Überreste werden in einer Tiefe von über 80 Fuß gefunden, unterhalb der Zeugnisse fortgeschrittener Zivilisationen.

Nach dem Ausgraben der angesammelten Überreste aus vierzig Jahrhunderten erreicht man den unberührten Boden und findet dort bearbeitete Feuersteine, primitive Töpferwaren und andere Gegenstände, die denen ähneln, die man an allen prähistorischen Stätten findet. Oberhalb der Ebene der bearbeiteten Feuersteine und der rohen, handgefertigten Keramik, die ohne die Hilfe der Scheibe geformt wurde, findet man eine andere, weiter fortgeschrittene, wenn auch noch prähistorische Zivilisation, die Vasen aus Sandstein und Calcit in verschiedenen Größen herstellte und – weitaus wichtiger und grundlegender – Siegel oder Stempel, Beweise einer Kultur, die weit von der Barbarei entfernt ist. Diese Siegel haben eine halbkugelförmige Form und sind mit einem Loch zur Aufhängung versehen. Der Sockel bzw. die flache Fläche ist mit Tierfiguren verziert, die mit Bohrer und Spitze rudimentär eingraviert wurden. Das häufigste Motiv ist ein Löwe oder Löwenkopf. Aber nirgendwo auf dieser Ebene der Überreste wurde auch nur die geringste Spur einer Schrift gefunden. Die Behausungen waren Hütten, entweder aus gestampfter Erde oder aus Rohziegeln.

Eine dicke Ascheschicht und andere eindeutige Hinweise lassen darauf schließen, dass diese primitive Zivilisation durch das Massaker an ihren Bewohnern und das Niederbrennen ihrer Behausungen verschwunden ist. Zu dieser frühen Zeit, für die es unmöglich ist, auch nur ein ungefähres Datum festzulegen, wurde Susa von einer ausländischen Invasion heimgesucht, und die Plünderer setzten sich an die Stelle der einheimischen Bewohner, die sie vernichteten. Es handelt sich also um eine neue Zivilisation, die wir über den Überresten des prähistorischen Volkes finden und die uns in den Bereich der tatsächlichen Geschichte einführt, den Beginn der Elam-Anzaniten-Zeit.

Dieser eindringenden Rasse verdankt Susa ihre ersten schriftlichen Dokumente. Diese Inschriften sind, obwohl sie in einer uns nahezu unbekannten Sprache verfasst sind, zweifellos die bedeutendsten, die diese Zeit bisher hervorgebracht hat.

Der früheste bekannte Text ist in einen Knochenzylinder eingraviert (Abb. 242). Das bloße Erscheinen der Zeichen verrät uns, wie weit zurück die Antike ist, der sie zugeordnet werden müssen; es sind eigentlich Hieroglyphen. Darunter sind offenbar ein Insekt, ein Doppelkamm, ein Vierbeiner, ein Vogel, einige Weizenkörner und ein Mann zu unterscheiden, der eine Doppellast auf seinen Schultern trägt. Im unteren Teil des Zylinders sind zwei Stiere dargestellt, jeder mit dem Kopf über einer Futterkrippe.

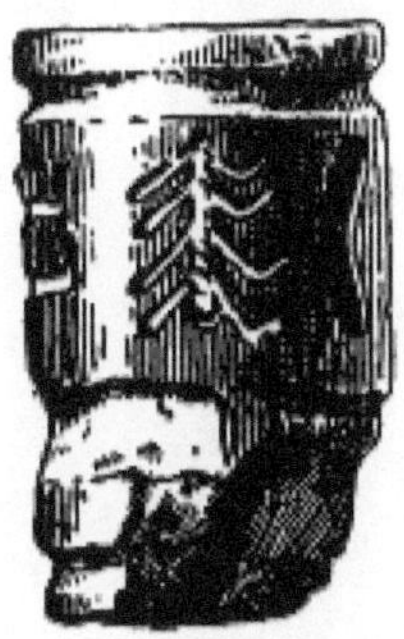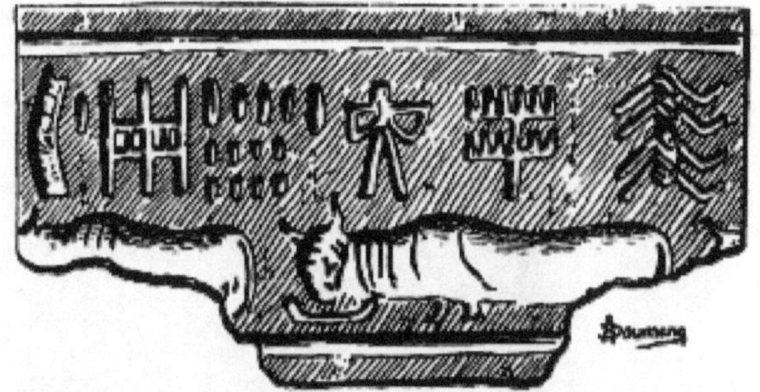

Abb. 242. – Knochenzylinder, der das früheste Stadium der
Keilschrift zeigt (Louvre).

Auf dieses Objekt, das bisher der einzige Vertreter der frühesten Phase
der Keilschrift zu sein scheint und uns die Frage aufwirft, ob diese
Schreibweise nicht in Susa erfunden wurde, folgt eine Reihe von Tontafeln
mit einer Größe von 2½ Die Seiten sind bis zu 9 Zoll lang und die Hauptseite
ist mit Schrift bedeckt, deren Zeichen fast keilförmig sind. Dr. Scheil sagt
jedoch darüber, dass „wir hier offenbar ein System der Keilschrift haben, das
sich von dem des ursprünglichen Chaldäers unterscheidet, oder dass es sich
zumindest um das Ergebnis einer äußerst unabhängigen Entwicklung
handelt, die sich sehr von dem unterscheidet, das uns die sogenannten
Zeichen gegeben hat." der Babylonier: Offensichtlich sind diese Zeichen
nicht extrem archaisch, sondern von linearem Charakter und eher
geometrisch als hieroglyphisch."

Dr. Scheil erkennt, dass es sich bei diesen Texten um Arithmetik
handelt, und er konnte bereits die Elemente der elamitischen Nummerierung
unterscheiden (Abb. 243). Wer sie unter dem Gesichtspunkt der
handwerklichen Arbeit studiert, wird feststellen, dass die Zeichen, wie Dr.
Scheil noch einmal anmerkt, mit einer Genauigkeit und Sicherheit eingraviert
sind, die auf frühere lange Übung seitens des Schreibers schließen lassen.
Nirgends können wir Fehler oder grobe Arbeit erkennen, wie sie das
Ergebnis früherer Versuche und Experimente wäre. Daher kommen wir zu
dem Schluss, dass diese Texte von den Eindringlingen verfasst wurden, die
bereits im Besitz dieses Schriftsystems waren, als sie in Susa ankamen.

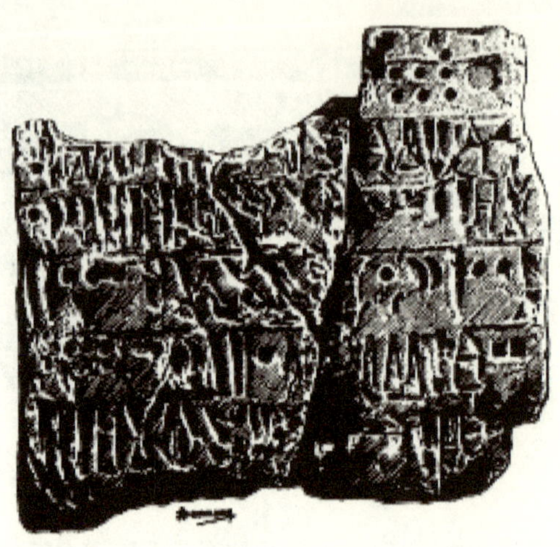

Abb. 243. – Fragment einer elamischen Tafel mit der Aufschrift
arithmetische Berechnungen (Louvre).

Zu dieser Zeit finden wir erstmals Zylinder mit Tierdarstellungen, die
in die Oberfläche eingraviert waren, bevor die Tafeln gebacken oder in der
Sonne getrocknet wurden. Diese Zylinder sind aus grünlich emaillierter Paste
und sehr hart; Bisher wurde nur eine kleine Anzahl entdeckt, aber die von
einigen Objekten dieser Klasse gemachten Abdrücke stimmen größtenteils
mit den Tontafeln überein. Wir geben eine Reproduktion eines der
merkwürdigsten dieser Eindrücke (Abb. 244). Hier können wir zwischen
Riesen, Leonozephalen und Taurozephalen unterscheiden, die Löwen und
Stiere scheinbar zum Vergnügen zähmen. In diesem Fall ist der Stil sehr
bemerkenswert und erinnert an bestimmte Tiere auf den schönsten
chaldäischen Zylindern.

Von derselben Zivilisation gibt es auch eine große Anzahl von
Alabastervasen; diese sind häufig mit eingeschnittenen Linien verziert, die
geometrische Muster bilden; In einigen Fällen haben diese Vasen Tierformen
wie Enten, Schweine, Fische oder sitzende Affen, die im Allgemeinen nur
zusammenfassend und rudimentär abgebildet sind.

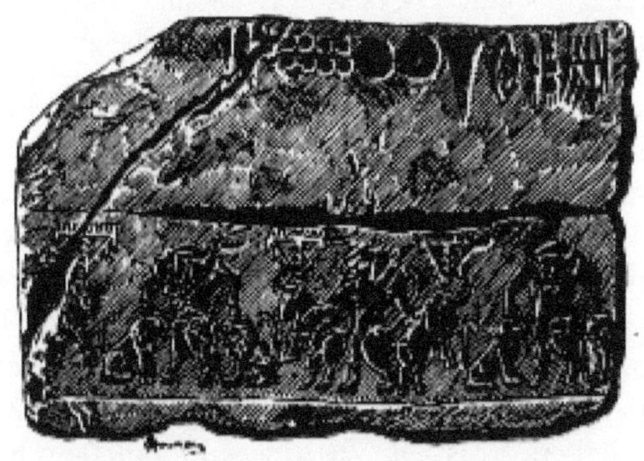

Abb. 244. – Zylinder mit Riesen, Löwen und Stieren, glasierte
Keramik (Louvre).

Oberhalb der proto-elamitischen Zone sind die Ruinen verwirrend und
gehören verschiedenen Epochen an. Es ist offensichtlich, dass der Boden
von Susa ständig umgewälzt und geplündert wurde. Glücklicherweise
beginnt nun das Leuchtturmlicht der Geschichte unsere Schritte zu leiten
und ermöglicht es uns, die Überreste, die in Unordnung entdeckt werden,
chronologisch einzuordnen. Die immer zahlreicher werdenden
geschriebenen Texte aus dieser Zeit lassen sich in zwei Hauptklassen
einteilen; das erste ist in einem semitischen Dialekt verfasst, das zweite in der
anzanitischen Sprache. Dies zeigt, dass im Land Elam zu dieser fernen Zeit
ein ethnischer Dualismus existierte, der mit dem Doppelnamen der
Hauptstadt Anzan und Susa übereinstimmt – ein Dualismus, den bestimmte
skulpturale Darstellungen der menschlichen Figur auch aus
anthropologischer und ethnologischer Sicht aufweisen Sicht. Die
anzanitischen Inschriften sind immer noch nur teilweise entzifferbar,
ungeachtet der Einsicht, die Dr. Scheil bei Beginn seiner Untersuchung
gezeigt hat.

Von den Inschriften in elamischer Sprache wurden über tausend in den
Louvre gebracht. Sie befinden sich auf Steinplatten, auf Blöcken, die als
Sockel für Türen dienten, und noch mehr sind mit einem Stift auf
Ziegelsteinen eingraviert.

Diese wurden von Dr. Scheil entschlüsselt; sie geben die Namen der
Könige an, auf deren Befehl die Gebäude errichtet wurden und in denen sie
beschäftigt waren. Mit Hilfe dieser Hinweise und angeleitet durch einige
explizitere Texte und durch die Informationen über Susa, die uns bereits in
den Inschriften von Chaldäa und Assyrien zur Verfügung standen, war es
möglich, die ersten Meilensteine in der Geschichte dieses mächtigen

elamischen Reiches festzulegen, dessen Die vollständigen Annalen werden in Kürze ein neues Kapitel der Geschichte der Antike aufschlagen.

Nach der mythischen Zeit, in der Könige wie Humbaba und Kudur auftauchen, deren Namen bisher nur in legendären Gedichten und Geschichten vorkommen, stellen uns die frühesten historischen Texte die Fürsten von Elam als Vasallen der mesopotamischen Oberherren vor. Von diesen heißt der erste Ur-iti-Adad, nacheinander Vasall der beiden Könige von Agade, Sargani-sar-ali und Naram-Sin, um 3750 v. Chr. Einer seiner Nachfolger, Karibu-Sa-Susinak, Patesi *von* Susa , *Sakkanak* von Elam, rühmt sich, den Tempel des Gottes Sugu „dem Alten" gebaut und den Kanal von Sidur gebaut zu haben; Er ist ein Vasall von Dungi, dem König von Ur, und von Gudea, *Patesi* von Sirpurla.

Auf die Herrschaft der *Patesis* in Elam folgte die der *Sukkal-mah* . Dies wurde durch einen Wechsel in der Oberherrschaft verursacht, die von Chaldäern zu Elamiten wurde.

Um 2280 v. Chr. führte der König von Susa, Kudur-Nakhunta, die Eroberung Mesopotamiens durch und schmückte seine Hauptstadt mit der Beute der Städte Chaldäas; Besonders hervorzuheben ist die Statue der Göttin Nana, die er von Uruk (Erech) nach Susa transportieren ließ.

Lange danach befreite Hammurabi, der König von Babylon, Chaldäa von der Herrschaft Elams, und einem seiner Nachfolger, Kuri-galsu, gelang es sogar, als Eroberer nach Susa einzudringen. Aber später erlangten die Susianer erneut ihre Rache; Sie eroberten Babylon im Sturm und verschleppten die Statue von Bel.

Ein König von Susa, Shutruk-Nakhunta, rühmt sich, Chaldäa verwüstet und die Stelen von Melishikhu beschlagnahmt zu haben; er berichtet, dass er einige Hundert Städte einnahm, mehrere Könige als Gefangene zurückbrachte und in Susa eine große Anzahl von Tempeln baute. Sein Enkel Shilkhak-in-Shushinak restaurierte diese Gebäude, in denen die Stelen, die *Kudurru* und die Statuen chaldäischer Gottheiten sowie alle wertvollen Gegenstände aus den Städten des Tigris-Tals aufgestellt wurden.

Die Namen von etwa zwanzig weiteren susianischen Königen sind bekannt; Sie gehören zwei oder drei verschiedenen Dynastien an, und wir können die Existenz widersprüchlicher Rassen in Susa selbst nachweisen. Diese Tatsache wird auch durch die Vielfalt der in Keilschrift geschriebenen Sprachen deutlich.

Abwechselnd Eroberer und Eroberer, wechselten die Susianer von der Rolle der Unterdrücker zur Rolle der Unterdrückten; Razzia gelang Razzia nach Razzia, mit Ergebnissen, die so widersprüchlich waren wie die

Windböen bei einem Sturm. Die Könige von Ninive, die im 12. Jahrhundert v. Chr. zu den mächtigsten Herrschern dieses Teils der Welt wurden, waren die dominierende Macht in Chaldäa und stellten sich als Beschützer des Landes gegen die Einfälle der Susianer dar. Unter Sargon, dem König von Assyrien (722–705 v. Chr.), und seinen Nachfolgern begann ein gewaltiger Kampf, der mit der Zerstörung von Susa durch Assurbanipal im Jahr 647 v. Chr. endete. Wir müssen uns hier an diese seltsame und tragische Episode in den Annalen der assyrischen Monarchie erinnern .

Der König von Ninive berichtet über seine Eroberungen im Land Elam und berichtet, dass Kudur-Nakhunta, König von Susa, sechzehn Jahrhunderte zuvor in Mesopotamien eingedrungen war und die Statuen der chaldäischen Götter, insbesondere das Bild der großen Göttin Nanâ, verschleppt hatte , der so gefangen blieb, bis er, Assurbanipal, ihr zu Hilfe kam: „Der König von Elam, Kudur-Nakhunta, legte seine Hände auf die Tempel des Landes Accad und trug die Statue der Göttin Nana weg: Seine Tage hatten." vervielfacht und seine Macht war sehr groß. Die großen Götter erlaubten dies, und 1635 Jahre lang blieb dieses Bild in der Macht der Elamiter. Deshalb habe ich, Assurbanipal, der Prinz, der die großen Götter verehrt, das Land Elam erobert ... Die Statue der Göttin Nana befand sich seit 1635 Jahren in Not; Sie war in Elam, einem Land, das ihr nicht geweiht war, in die Gefangenschaft geführt worden. Die Göttin mit den Göttern, ihre Väter, verkündete von nun an meinen Namen als Herrscherin der Nationen, und sie vertraute mir die Aufgabe an, ihre Statue zu retten. Sie sagte: *„Assibanipal wird mich aus Elam, einem Land des Feindes, herausziehen lassen und mich wieder im Tempel E-anna etablieren ."* Dieser göttliche Befehl wurde in früheren Zeiten ausgesprochen, aber nur diejenigen meiner Zeit erklärten ihn. Dann ergriff ich die Hände der Statue der großen Göttin, und um ihr Herz zu erfreuen, ließ ich sie einen direkten Weg zum Tempel E-anna nehmen. Am ersten Tag des Monats Kislev ließ ich sie in die Stadt Uruk einziehen und setzte sie wieder in die ewige Stiftshütte von E-anna ein, den Tempel ihrer Wahl."

Die Nineviten-Flachreliefs, die diese seltsamen Inschriften begleiten, stellen praktisch eine Prozession assyrischer Priester und Soldaten dar, die mit großem Pomp die zurückeroberten antiken Götzen auf ihren Schultern tragen.

Zum Zeitpunkt der Zerstörung durch Assurbanipal enthielt das elamitische Susa nicht nur Kunstgegenstände, Statuen und wertvolle Denkmäler, die sich auf die Geschichte Elams und den Kult seiner Götter bezogen, sondern unter dem Titel *Spolia Opima auch* alles Wertsachen, die die Könige von Elam von ihren Feldzügen nach Chaldäa als Siegestrophäen mitgebracht hatten. Assurbanipal holte den größten Teil dieser Gegenstände zurück und stellte sie in den Städten wieder her, aus denen sie entwendet worden waren; Die Beute war riesig, wie er selbst berichtet. Aber vieles wäre natürlich wirksam verborgen geblieben, und das hätte er zum Zeitpunkt der Plünderung der Stadt zurücklassen müssen ; Er hinterließ auch eine Reihe von Gegenständen von untergeordneter Bedeutung, wie bestimmte Statuen, Stelen und *Kudurru* , die ursprünglich aus Chaldäa stammten.

Unterminierung und Brandstiftung vernichteten alles, was nicht auf den Rücken der Soldaten und Tiere der assyrischen Armee geladen werden konnte, und so bewirkte Assurbanipal den völligen Untergang von Susa.

Dies erklärt den Umstand, dass in den Ruinen von Susa eine Reihe von Denkmälern und Gegenständen chaldäischen Ursprungs gefunden werden, darunter auch einheimische in Elam.

Die Hauptstadt Elam scheint nach dem Abzug der Assyrer noch einmal erbaut worden zu sein, denn ein Zylinder Nebukadnezars berichtet uns, dass dieser Fürst dort und auch in Babylon viele Tempel baute.

Bis zur Zeit der zweiten Dynastie der achämenidischen Könige Persiens erlangte Susa nie wieder seinen antiken Glanz zurück. Darius, Sohn des Hystaspes, machte es zur Hauptstadt seines Reiches, und bis zum Aufstieg Alexandrias blieb Susa das wichtigste Zentrum der Kunst und der persischen Zivilisation (siehe Kapitel V.).

Zu dieser Zeit war Susa erneut der Schauplatz ähnlicher Ereignisse wie die, die so viele Jahrhunderte zuvor ihre Existenz erschüttert hatten. Als der gesamte Osten, Susa sowie Babylon und sogar Sardes in die Macht der persischen Achämeniden gefallen waren und als Darius und später Xerxes 492 und 480 v. Chr. in Griechenland einfielen, wurden die hellenischen Heiligtümer in ihnen geplündert drehen. Die Perser verschleppten ihre Schätze, Statuen und Votivgaben durch ganz Asien bis nach Susa und legten sie dort als Trophäen ihrer Siege in ihre eigenen Tempel. Als Alexander seinerseits im Jahr 331 v. Chr. als Rächer der hellenischen Rasse in den Osten einfiel, legte er schwere Hand auf die Schätze von Susa; In dieser Hauptstadt entdeckte er die großen Kunstwerke Griechenlands, insbesondere die Bronzestatuen der Tyrannenmörder, Harmodius und Aristogiton, die Xerxes aus Athen mitgenommen hatte: Die erobernden Mazedonier freuten sich, diese den Athenern zurückzugeben. Der Tempel von Didyma in der Nähe von Milet war wie alle anderen von Darius geplündert und seine Schätze gestohlen worden. Was für ein Erstaunen muss M. de Morgan gewesen sein, als er im Verlauf seiner Ausgrabungen einen riesigen bronzenen Knöchelknochen entdeckte, der mehr als 152 Pfund wog und eine griechische Inschrift aus dem siebten Jahrhundert v. Chr. trug, aus der hervorgeht, dass es sich um dieses einzigartige Objekt handelte von einem Bewohner von Milet Apollo Didymäus gewidmet.

So finden wir ein Ex-Voto aus dem Tempel von Didyma, das von den Persern unter Darius nach Susa gebracht wurde und nun seinen Weg an die Ufer der Seine gefunden hat, ein Objekt des Staunens für Besucher des Louvre. Dieser riesige Knöchelknochen ist mit zwei Griffen versehen, um den Transport zu erleichtern. Das obere Teil ist durch lange Reibung abgenutzt und weist Spuren der Eisenstange oder des Hakens auf, die es auf seiner langen Reise von Milet nach Susa durchquert hat. So wiederholt sich die Geschichte – Proteus mit seinen tausend Formen – unter ihren vielen Wandlungen unaufhörlich; Auch die Neuzeit liefert uns zahlreiche Episoden, die den eben erzählten ähneln.

§ III. DIE PRINZIPIEN DES BAUENS.

Generell lässt sich sagen, dass es keine Untersuchung der Architektur im Aufriss geben kann, da die Ruinen keine Beispiele für Gebäude aus Stein bieten. Wir sind gezwungen, uns auf die Untersuchung der Grundrisse der Gebäude, der Gehwege und Fundamente zu beschränken. Alles andere ist zerfallen oder zu Pulver zerfallen. In einigen Erzählungen über Chaldäa wurden jedoch Überreste von Tempeln und Palästen gefunden, deren untere Gänge noch vorhanden waren.

Aus diesem Grund konnten wir Herrn de Sarzecs Rekonstruktion des Plans des Palastes von Gudea in Tello vorlegen (Abb. 2, S. 9). Die American Archaeological Mission hat auch in Niffer (Nippur) die Unterläufe eines *Zikkurat* oder Stufenturms in hervorragender Erhaltung entdeckt. In dieser Region handelte es sich bei den Baumaterialien häufig um im Ofen gebrannte Ziegel und Mörtel aus Bitumen von so hervorragender Qualität, dass die Mauern eine solche Konsistenz erhielten, dass sie heute mit Pulver abgerissen werden müssen.

In Susa scheint es nach den bisherigen Untersuchungen so zu sein, dass zum Bauen meist Rohziegel und ohne Bitumenmörtel verwendet wurden, mit dem Ergebnis, dass die Mauern leicht eingerissen werden konnten, und zwar sowohl mit der Spitzhacke des vorsätzlichen Zerstörers und durch die korrosive Wirkung des Wetters. „So herrscht auf allen Seiten", sagt M. de Morgan, „die größte Verwirrung aufgetürmter Materialien."

Bisher wurde eine Ausnahme gefunden, ein kleiner Tempel des Gottes Schuschinak, bei dem der Plan nachvollzogen werden kann, da der Keller aus gebrannten Ziegeln mit Deckmauern aus glasiertem Sandstein gebaut wurde. Es wurden auch zahlreiche Fliesen gefunden, die gelb oder blassgrün emailliert waren und den Namen von König Shutruk-Nakhunta trugen. Dabei handelt es sich um die Dekorationsklasse, die sich während der Achämenidenzeit entwickelte und von der wir bereits einige Exemplare aufgeführt haben. [105]

Die unter dem Boden des Tempels gefundenen Verstecke brachten eine Reihe von Votivgegenständen hervor, die äußerst interessant und wertvoll sind. Von diesen werden wir später sprechen; Wir müssen jetzt nur noch die Ziegelsäulen erwähnen, deren Prinzip untersucht wurde und von denen wir eine Darstellung geben (Abb. 245).

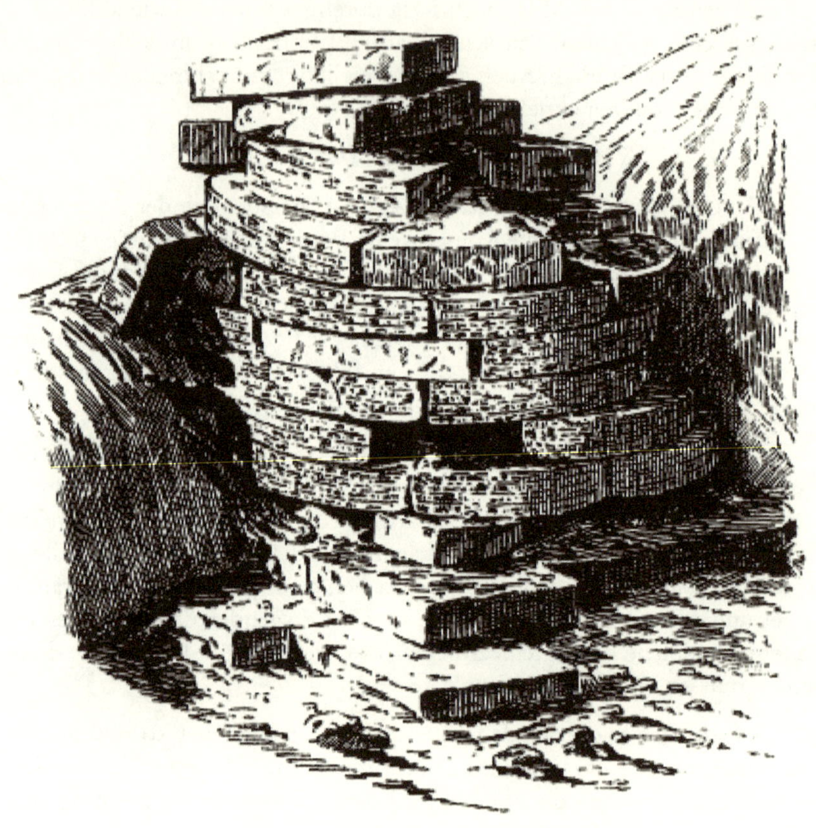

Abb. 245. – Ziegelsäule, Susa.

Diese Säule besteht aus einer Reihe von Ziegeln, die alle den Namen und die Protokollformel des königlichen Baumeisters Shutruk-Nakhunta tragen. Einige dieser Steine sind quadratisch, andere rund und wieder andere sind Kreissegmente. Die hier gegebene Abbildung zeigt hinreichend, wie sie angeordnet sind, und es ist ersichtlich, dass das Prinzip genau das gleiche ist wie bei den ähnlichen Konstruktionen in Tello (siehe S. 10, Abb. 3).

Vor Ort gemachte Beobachtungen zeigen, dass das Fundament der Säule nach ihrem Bau überarbeitet wurde, denn viele Ziegel mit dem Namen

Shutruk-Nakhunta sind umgekehrt, und es gibt andere mit Namen anderer Könige. Um genauere Informationen über die Architektur und Bauweise der Elamiter zu erhalten, müssen wir auf weitere Entdeckungen warten, die sicherlich nicht lange auf sich warten lassen werden.

§ IV. STEINSKULPTUR.

Das früheste Beispiel der Bildhauerkunst, das die de Morgan-Mission bis heute gefunden hat, ist eine chaldäische Stele, die als Ergebnis eines Sieges von Babylonien nach Susa transportiert wurde. Es handelt sich um einen Obelisken aus schwarzem Diorit, ähnlich den von M. de Sarzec in Tello entdeckten Statuen, von Pyramidenform mit rechteckiger Basis. Es ist 4 Fuß 3 Zoll hoch. Die vier Gesichter sind mit Keilschriftinschriften in einer Sprache bedeckt, die eine Mischung aus Sumerisch und Semitisch ist. Die Schrift ist sehr fein, mit Sorgfalt und Zartheit beschriftet, und der Text umfasst nicht weniger als 7.600 Zeichen. Es bezieht sich auf einen König namens Manishtu-Irba als Käufer von Ländereien in der Umgebung von Kis, nördlich von Babylon. Dieses Denkmal ist rein epigraphisch und trägt, zumindest in seinem gegenwärtigen Zustand, keine Skulpturen. [106]

Ein weiteres Beispiel stammt aus derselben Zeit und ist ebenfalls chaldäischen Ursprungs. Es handelt sich um ein Fragment eines Sandsteinpflasters (37 × 17½ Zoll), auf dem als Relief einer dieser fantastischen Genien gemeißelt ist, die der chaldäischen Mythologie eigen sind. Er hat einen menschlichen Kopf und hält mit beiden Händen die Zweige eines heiligen Baumes, ähnlich dem, der auf den chaldäischen Zylindern dargestellt ist. Das Auge ist riesig und unproportioniert, die Nase hervorstehend und gewölbt, das Kinn zurückgezogen: Über dem Mund hängt ein kleiner herabhängender Schnurrbart, während der Bart, der zunächst aus kleinen regelmäßigen Locken besteht, sich in eine Reihe gerader Locken teilt und quer nach unten fällt die Brust. Ein gestreiftes Band, das mit einem Ornament in Form eines Tierohrs versehen ist, bildet den Kopfschmuck, und von ihm fällt ein schwerer Haarwickel oder eine Haarsträhne bis zur Schulter. Auf dem Kopf befindet sich ein Paar riesiger Hörner. Der Körper endet an den Lenden mit Tierfüßen und einem Löwenschwanz. Stil und Typus dieses Genies erinnern auf verblüffende Weise an das archaischste Flachrelief von Tello. [107]

Auf anderen Steinreliefs entfaltet sich vor unseren Augen ein Konvoi von Gefangenen in Ketten, oder wiederum die Episoden einer Belagerung, der Verbrennung von Gefangenen, Geier, die die Leichen auf einem Schlachtfeld verschlingen; auf einem anderen ist die Figur eines Gottes mit langem, gedrehtem Bart und massiven Schultern zu sehen, der ruhig auf seinem Thron sitzt und die Huldigung des Prinzen entgegennimmt, der unter seinem Schutz steht. Diese Szenen, die zugleich ausdrucksstark und äußerst schlicht sind, sind hervorragende Beispiele der primitiven chaldäischen Kunst, wie sie uns in Tello offenbart wurde. Durch Eroberung nach Susa importiert, haben sie nichts Susisches an sich.

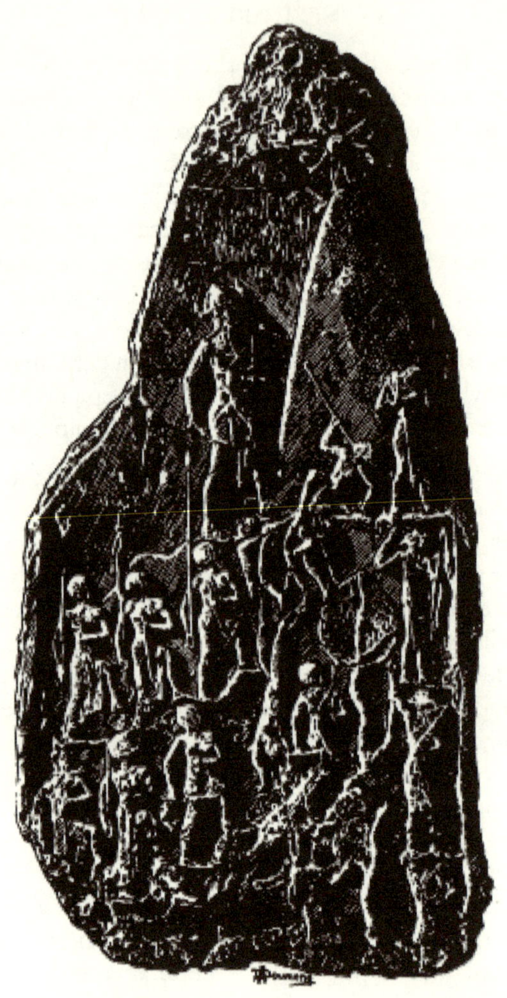

Abb. 246. – Triumphstele von Naram-Sin.

Das interessanteste dieser chaldäischen Denkmäler, die im Müll der elamitischen Hauptstadt entdeckt wurden, ist zweifellos die Triumphstele des Königs Naram-Sin (Abb. 246), die unmittelbar nach der Bekanntgabe ihrer Entdeckung durch M. de Morgan und Dr. große Aufmerksamkeit erregte . Scheil im Jahr 1898. Diese Stele ist auf einem Sandsteinblock gemeißelt und mit Flachreliefs und Inschriften bedeckt. Es ist 6 Fuß 4 Zoll hoch und 3 Fuß

2 Zoll breit; Der Umriss ist unregelmäßig und der Bildhauer hat das Ganze für seine Komposition verwendet, ohne zu versuchen, die Unregelmäßigkeiten zu beseitigen, als ob der Block selbst einen gewissen heiligen Charakter hätte und unantastbar bliebe, noch bevor die Skulpturen hinzugefügt wurden, mit denen er zusammengefügt wurde ist dekoriert.

Eine primäre Inschrift besagt, dass Naram-Sin, König von Agade im unteren Chaldäa, 4000 v. Chr. die Errichtung dieser Stele veranlasste, um darauf den Bericht über seine kriegerischen Taten gegen das Volk von Lulubi einzugravieren.

Aber die Stele trägt eine zweite Inschrift, die lange nach der Zeit von Naram-Sin hinzugefügt wurde. Dieser neue Keilschrifttext ist nicht chaldäisch; Es ist in der anzanitischen Sprache verfasst und trägt den Namen Chutruk-Nakhunta, dem König der Elamiten.

Ungeachtet der Unsicherheit, die immer noch mit der Interpretation anzanitischer Texte einhergeht, konnte Dr. Scheil feststellen, dass sich Chutruk-Nakhunta in dieser Inschrift damit rühmt, die Stele von Naram-Sin aus der Stadt Sippara in Chaldäa entführt zu haben, nachdem Sieg, und ließ es nach Susa bringen und ließ diese Inschrift darauf einschneiden, die seinen Sieg und die Entfernung der Stele erwähnt. So war dieses von M. de Morgan entdeckte Denkmal ursprünglich eine Siegestrophäe des chaldäischen Königs Naram-Sin, die später zu einer ähnlichen Trophäe von Chutruk-Nakhunta wurde, als die Elamiten Rache an den Chaldäern nahmen und es ihnen gelang, in Chaldäa einzudringen .

Das merkwürdige Basrelief, das den größten Teil der Stele schmückte, stammt aus der Urzeit und stellt nicht die Eroberung der elamitischen Könige dar, sondern die viel früheren Siege der Chaldäer, Naram-Sin. M. de Morgan beschreibt es so: „Der König, siegreich über die Lulubis und ihre Verbündeten, verfolgt seine Feinde in den Bergen. An der Spitze seiner Armee erklimmt er die Höhen; Leichen bedecken den Boden und wälzen sich über die Abgründe; Die Besiegten, die im Wald Zuflucht gesucht haben, flehen ihre Eroberer um Gnade an, damit sie nicht unter ihre Waffen fallen. Die Sterne des Himmels, günstig für die Armeen von Agade, erhellen mit ihrem Glanz die Herrlichkeit von Naram-Sin. Dies ist das *Motiv* , das den Bildhauer leitete, und dies war zweifellos die Leitidee, die ihm der König gab. Was die Interpretation, die Anordnung der Figuren und die Gruppierung der gesamten Szene betrifft, so ist dies das Werk des Künstlers.

„Die Komposition des Flachreliefs von Susa ist in ihrer Einfachheit klug. Es sind nur acht bewaffnete Männer dargestellt, die die Armee von Agade repräsentieren, die von Naram-Sin persönlich angeführt wird. Zwei fungieren als Späher im Wald, während sechs die Truppe repräsentieren. Drei Männer fallen unter den Schlägen des Königs tot um und einer wird verwundet, um das Blutbad zum Ausdruck zu bringen, das der Eroberer am Feind angerichtet hat, und vier Flüchtlinge heben ihre Hände, um die Unterwerfung der Besiegten darzustellen. Zwei Bäume erinnern uns durch ihre Form an die spärlich bewaldeten Wälder, die die Berge Kurdistans bedecken."

Dies ist die zusammenfassende Zusammenfassung der Siege von Naram-Sin, deren Anblick die Fantasie der Chaldäer beflügelt haben muss und sie an das bergige und bewaldete Land erinnerte, das Schauplatz eines so schrecklichen Gemetzels gewesen war.

Das Land, das den Rahmen für diese Szene bildet, wird mit der gleichen Einfachheit dargestellt, die wir später in den Skulpturen von Chaldäer und Nineviten finden, und kann insbesondere mit dem chaldäischen Werk über die *Geierstele verglichen werden* , das M. de Sarzec in Tello gefunden hat (siehe S . 25, 26, Abb. 11, 12, 13). Ein riesiger Kegel, der von verschiedenen Wellen umgeben ist, stellt das Gebirgsland dar, das von der Armee von Naram-Sin durchdrungen wird. Einige Bäume deuten auf den Wald hin, überlagerte Register ersetzen die Perspektive. Die Figur des Königs ist kolossal, um seine Überlegenheit zu betonen – eine Konvention, die die chaldäische Kunst gemeinsam mit der Kunst Ägyptens und Assyriens besitzt. Seine ruhige Haltung zeigt, dass er den Sieg ohne die geringste Schwierigkeit errungen hat. Auf ihn, der so nach Art eines griechischen Helden als Halbgott dargestellt wurde, hat der Künstler seine Hauptanstrengungen konzentriert; Er ist es, auf den sich die Aufmerksamkeit konzentrieren muss. Sein Körper ist gut proportioniert und gut gezeichnet, wenn auch in einer konventionellen Haltung steif, das Auge ist groß, die Nase kurz, der Bart seidig und fließt lang über die Brust, und die Arbeit der Muskeln ist kraftvoll und bemerkenswert realistisch.

Man könnte einwenden, dass die Figur zu schmal ist, und wir würden sie insgesamt für zu schlank halten, wenn nicht derselbe Mangel bei den anderen Figuren auftauchen würde.

„Die einzige Verteidigungsrüstung, die Naram-Sin trägt", bemerkt M. de Morgan, ist ein Helm. Dabei handelt es sich um eine spitze Kappe mit spitz zulaufender Form, die auf einem Band um die Stirn ruht. Dieses Band hat zwei spitze Polster, die bis zur Oberseite der Kappe reichen – eines vorne, das andere hinten – und ist mit zwei Hörnern geschmückt, deren Kurven mit der Kontur des Kopfschmucks harmonieren. Über den Nacken fällt ein Metallschirm, der Nacken und Schultern schützt. Mit seinem linken Arm hält der König Bogen und Streitaxt an seine Brust, in der rechten Hand hält er einen Pfeil und zögert, während die Bittsteller vor ihm knien, ob er noch einen weiteren Schlag mit seinen Waffen ausführen soll ...

„Naram-Sin kämpfte halbnackt und trug nur ein enges, schmales Kleidungsstück, das allen Teilen seines Körpers den vollen Wert verleiht.

„Die auf der Brust gekreuzte Tunika ist am Kragen bestickt; es wird eng um den Körper gezogen und seitlich geknotet. Zwei lange Falten reichen bis unter das Knie; am Hals befindet sich ein Amulett; An den Handgelenken befinden sich schwere Armbänder und um die Taille ein langer Gürtel. Die Beine sind nackt, und an den Füßen befinden sich Sandalen mit flachen Sohlen, ähnlich denen, die heutzutage von vielen Orientalen getragen werden. Sie sind mit Riemen befestigt, die zwischen den Zehen hindurchgeführt und oberhalb des Knöchels zusammengehalten werden."

Bei näherer Betrachtung erkennt man, dass die beiden dargestellten Kriegergruppen, die Sieger und die Besiegten, ihre unterschiedlichen Merkmale aus ethnischer und anthropologischer Sicht deutlich erkennen lassen. Die ersten – die Eroberer – haben das semitische Profil, während die zweiten – die Eroberten – ein Profil haben, das dem negritischen Typus nahekommt. So finden wir in diesem sorgfältig ausgearbeiteten Stück aus so ferner Zeit einen Realismus, der bis ins kleinste Detail ausgearbeitet ist, verbunden mit den phantastischsten Konventionen hinsichtlich der allgemeinen Anordnung der Komposition – ein doppeltes Merkmal, das, wie wir wiederholt behauptet haben blieb immer der ursprüngliche Stempel der orientalischen Kunst.

Die ethnischen Besonderheiten der Negrito-Rasse werden noch deutlicher auf einem Flachrelieffragment deutlich , das die Büste einer nackten Person mit Bart und einer kleinen Kordel um den Kopf darstellt (Abb. 247). Was für ein lebendiger Realismus steckt in diesem schlanken Körper, knochig und locker gegliedert! Was für ein genaues Studium der Natur in der Verflechtung der Muskeln, dem knackigen, dicken Bart, den riesigen, vorspringenden Lippen, der Nase mit ihren aufgeblähten Knorpeln und dem unverhältnismäßigen Auge, das das ganze Gesicht präsentiert! Gibt es in all dem nicht einen gewissen Grad an Charakter, der von einer aufrichtigen Kunst zeugt, die die Natur beobachtet und in der Lage ist, sie mit brutaler Offenheit wiederzugeben?

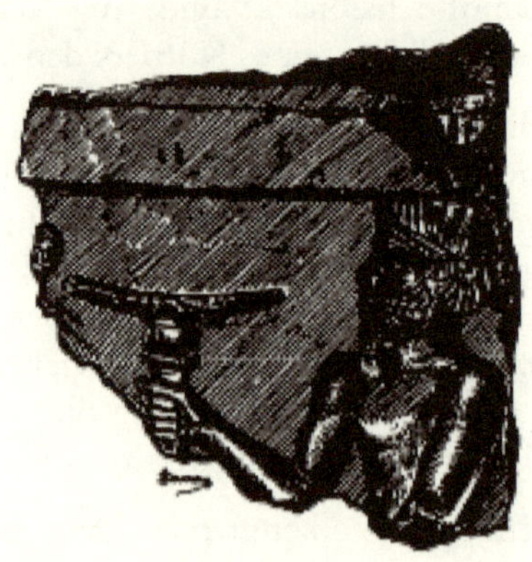

Abb. 247. – Fragment eines Flachreliefs, das eine Figur vom Typ
Negrito darstellt.

Auch das berühmte Gesetzbuch von Hammurabi, das bedeutendste
Denkmal, das bis heute aus den Ruinen von Susa exhumiert wurde, ist nicht
susianischen Ursprungs (Abb. 248). Hammurabi war König von Babylon,
und die Stele, auf der sein Gesetz eingraviert ist, stammt aus Chaldäa. Der
Text selbst verrät uns seinen Ursprung. Es befand sich ursprünglich in
Sippara, im Tempel der Sonne, des Gottes, der die auf dem Denkmal
eingravierten Gebote inspirierte. Shutruk-Nakhunta ließ es nach seinem
siegreichen Feldzug nach Chaldäa nach Susa transportieren. Es handelt sich
um einen Dioritblock mit einem Umfang von etwa 6 Fuß an der Basis und
einer Höhe von 7 Fuß 3 Zoll. Es ähnelt einem riesigen eiförmigen
Kieselstein, sorgfältig poliert, aber nicht geformt, eine Eigenschaft, die wir
bei der Stele von Naram-Sin und einer großen Anzahl chaldäischer
Denkmäler beobachtet haben. Die gesamte Oberfläche ist mit feiner, dichter
Schrift bedeckt, die mit größter Sorgfalt eingraviert ist. Der Platz an der
Spitze der Stele ist für Darstellungen im Hochrelief des Gottes Samas
reserviert, der dem vor ihm stehenden König seine Hand entgegenstreckt
und ihm den Griffel gibt, mit dem er seine Gesetze schreiben soll. Das
Kostüm sowohl des Gottes als auch des Königs ist rein chaldäisch.

Abb. 248. – Stele von Hammurabi, auf der sein Gesetzeskodex
eingraviert ist.

Auch hier handelt es sich um ein kleines Dioritfragment eines
Flachreliefs, das als *Flachrelief des Spinners bezeichnet wird und ebenfalls chaldäischen
Ursprungs ist, wenn auch weitaus später* . [108] Es stellt eine Frau dar, die auf
einem Hocker sitzt, die Beine gekreuzt und die Füße nach hinten gestellt, in
der Haltung eines Schneiders. Sie hält ihre Spindel mit beiden Händen; Vor
ihr liegt ein Fisch auf einem Tisch, und hinter ihr schwenkt ein Sklave die
Fliegenklappe.

Die runden pausbäckigen Gesichter der Figuren erinnern an die
Flachreliefs von Khorsabad, die die Eunuchen des Ninive-Palastes darstellen.

Unter anderen Steindenkmälern, mit denen die Ausgrabungen in Susa
das Louvre-Museum bereichert haben, gibt es eine beträchtliche Serie großer
eiförmiger Dioritblöcke, ähnlich dem berühmten *Caillou Michaux* , der weiter

oben im Buch abgebildet ist (Seite 34, Abb. 21). Der ursprüngliche Name dieser Objekte ist *Kudurru* , was der Idee von „Grenze, Grenze" entspricht. Dabei handelt es sich um Titel ländlicher Besitztümer, die die Könige Babylons an bedeutende Persönlichkeiten oder an Tempel verliehen haben. Zusätzlich zu den Inschriften, die unsere Aufmerksamkeit fesseln, sind diese *Kudurru* mit Basreliefs monströser Götter- und Dämonenfiguren bedeckt, unter deren Aufsicht der Vertrag steht oder die diejenigen bestrafen würden, die es wagen sollten, das Objekt und seine Inschriften zu ändern . Diese Flachreliefs, auf denen die babylonischen Gottheiten in Begleitung ihrer Totems zu sehen sind, sind nur von mittelmäßiger Arbeit, aber die darauf geschnitzten Figuren sind äußerst interessant und kurios. An der Spitze dieser Objekte befindet sich meist die Figur der zusammengerollten oder ausgestreckten Himmelsschlange. Die in Susa gefundenen *Kudurru* unterscheiden sich nicht von denen aus Chaldäa und werden zweifellos aus diesem Land importiert.

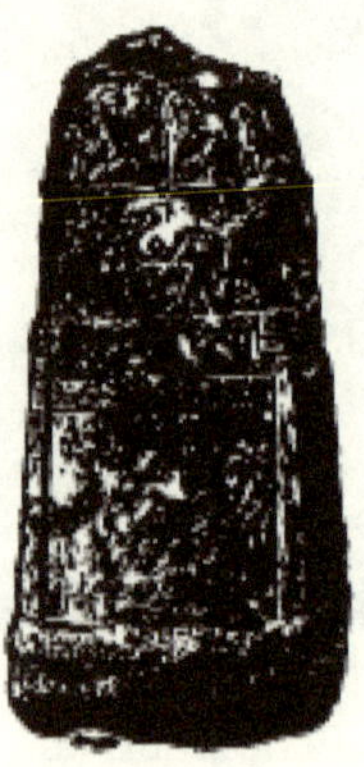

Abb. 249. – Kudurru (unvollendet), Kassitenzeit.

Eine der bemerkenswertesten ist die von Melisihu, dem König von Babylon. [109] Ein anderer, der besondere Beachtung verdient, ist der von „Nazi-maruttas, König von Kis, Sohn von Kurig-alzu, Nachkomme von Burna-buryas, König von Babylon". [110] Als Exemplar geben wir hier eine Illustration eines Exemplars, das eine besondere Besonderheit bietet – es ist unvollendet (Abb. 249). Man erkennt, dass die Figuren geflügelt sind. Jäger, Götter, Schlangen, Löwen und Vögel, die üblichen Dekorationen der *Kudurru* , sind gut eingraviert, aber der Keilschrifttext fehlt. Der dafür vorgesehene Raum wird von zwei Säulen, dem Körper einer Schlange und einem Zinnenfries eingerahmt. Es scheint daher, dass dieser Gegenstand in Chaldäa von den Susianern beschlagnahmt worden sein muss, bevor er genutzt und geweiht wurde.

Aus dieser allgemeinen Skizze der Steinskulpturen, die bisher aus den Ruinen von Susa geborgen wurden, sticht eine wesentliche Tatsache hervor; Steinmetzarbeiten wurden in Susa nicht praktiziert: Alle bisher entdeckten Denkmäler wurden aus Chaldäa mitgebracht. Es handelt sich um chaldäische Skulpturen, die von den siegreichen Elamiten nach Susa importiert wurden.

§ V. BRONZE-METALLARBEITEN.

Da sie in einem Land lebten, in dem Stein nicht ohne große Schwierigkeiten zu bekommen war, bauten die Susianer ihre Häuser, Paläste und Tempel aus Ziegelsteinen, und es lag zweifellos an derselben Sache, die sie so eifrig verfolgten von den Steinstatuen und Flachreliefs, die die chaldäischen Städte schmückten und die sie aufgrund des Eroberungsrechts beschlagnahmten, um ihre eigene Hauptstadt zu verschönern. Derselbe Grund erklärt auch die außergewöhnliche Entwicklung, die wir in der Metallverarbeitung der Elamiten seit frühester Zeit finden. Bei ihnen trat Bronze an die Stelle von Stein. Sie stellten Bronzestatuen, Bronzereliefs und Bronzebalken her, und ihr Wissen und ihre technische Geschicklichkeit waren so groß, dass wir fast ohne Angst vor Übertreibung behaupten könnten, dass die Bronzemetallverarbeitung dreitausend Jahre vor unserer Zeitrechnung so weit fortgeschritten war wie heute jemals in der Neuzeit gewesen.

M. de Morgan beweist dies, indem er im Louvre unter seinen Susian-Entdeckungen einen Bronzezylinder von 14 Fuß 3 Zoll Länge ausstellt, der wie eine Kanone mittleren Kalibers aus einem Stück gegossen und über die gesamte Oberfläche bedeckt ist mit archaischen Keilinschriften im Namen des elamitischen Königs Shilhak-in-Shushinak. Ein weiterer Zylinder der gleichen Klasse, aber nicht ganz so lang, hat einen größeren Durchmesser.

Was könnte der Zweck dieser kolossalen Röhren gewesen sein, die zylindrisch sind, außer an den Enden, wo sie quadratisch sind? Einer von ihnen ist mit kleinen Goldnieten eingelegt. Es ist unwahrscheinlich, dass es sich um Säulen handelte; Es ist wahrscheinlicher, dass sie horizontal als Balken oder Geländer angebracht wurden, um eine Nation von Riesen zu schützen.

Ein anderes, nicht weniger seltsames Bronzeobjekt ist eine Art Altar oder vielmehr ein Opfertisch. Auch dieser ist in einem einzigen Guss gefertigt, 5 Fuß 3 Zoll lang, 27½ Zoll breit und 12 Zoll tief. Es ist wie ein Steinbecken durchbrochen, damit Flüssigkeiten entweichen können, und an den Seiten ist es mit zwei riesigen Schlangen verziert. Hinzu kommen fünf menschliche Büsten, atlasähnliche Figuren, die auf ihren kräftigen Schultern den Altar stützen. Leider wurde dieses kolossale Objekt mit ungewöhnlicher Heftigkeit verstümmelt; Es weist viele Spuren von Hammerschlägen auf und alle hervorstehenden Teile sind beschädigt. Die fünf Atlasköpfe sind abgebrochen und verschwunden. Die siegreichen Plünderer hörten offenbar erst mit ihrer Rache auf, als ihre Kräfte erschöpft waren und die riesige Metallplatte, zu einem formlosen Block ohne Vorsprünge reduziert, allen ihren Bemühungen widerstand. Eine große Anzahl anderer von M. de Morgan gefundener Gegenstände, sowohl aus Stein als auch aus Bronze, tragen leider! Ähnliche Spuren des gnadenlosen und brutalen Hasses der verschiedenen Rassen, die die Herrschaft über Elam bestritten.

Aufgrund dieser Behandlung ist eine künstlerische Beurteilung des Opfertisches nicht möglich. Aus dieser Sicht müssen wir uns einem bronzenen Flachrelief zuwenden, das in die Regierungszeit von Shutruk-Nakhunta datiert wurde und als das früheste Kunstdenkmal angesehen werden kann, das in den wesentlichen Teilen gut erhalten ist und tatsächlich auch aus Elamit stammt (Abb. 250).). Dieses Basrelief ist an den Seiten beschädigt und Teile wurden gewaltsam abgebrochen, aber es ist noch ein Fragment übrig, 3 Fuß 3 Zoll lang und etwa 2 Fuß hoch. Die tiefsten Reliefs ragen etwa einen halben Zoll hervor. „Es besteht", sagt M. de Morgan, „aus drei übereinanderliegenden Registern; das obere ist fast vollständig zerstört und es sind nur noch so viele übrig, dass wir das darauf abgebildete Motiv entdecken können: Es handelt sich um Figuren von Menschen und Tieren. Das mittlere Register ist etwas mehr als 16 Zoll hoch und darauf sind sieben Figuren von 14 Zoll Höhe abgebildet, die nach rechts gehen. Das untere Register wurde stark vernachlässigt und enthält lediglich mit dem Stichel gearbeitete Zeichnungen von Vögeln und Bäumen.

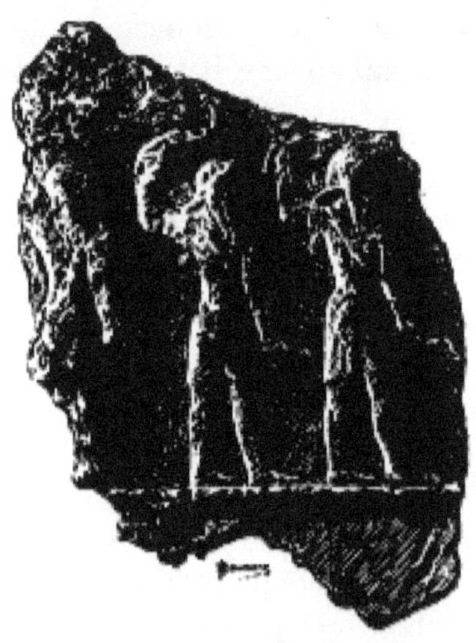

Abb. 250. – Fragment eines Basreliefs aus Bronze (Louvre).

„Die sieben Personen im mittleren Register sind alle gleich. Die linke Hand ist gesenkt und hält einen Bogen mit doppelter Biegung, während die rechte Hand einen großen gebogenen Dolch über dem Kopf schwingt. Hinter der rechten Schulter ist der Köcher voller Pfeile und der über der Brust getragene Riemen zu sehen. Sie tragen große Kopfbedeckungen, unter denen ihr langes Haar herabhängt. Der Bart wird lang getragen und von ihrem allgemeinen Aussehen her scheinen sie den semitischen Rassen anzugehören. Die Tunika, die den Körper bedeckt, wird in der Taille durch einen Gürtel begrenzt und reicht vorne offen bis unter die Knie. Obwohl sie sorgfältig studiert und mit einigermaßen korrekten Proportionen wiedergegeben wurden, sind diese Figuren weit davon entfernt, die künstlerischen Qualitäten der Skulpturen auf der Stele von Naram-Sin darzustellen. Sie sind steif, zu schlank, ihre Gliedmaßen sind schlaksig und ihre Füße unverhältnismäßig lang.

„Trotz dieser Mängel sind sie der assyrischen Arbeit überlegen und zeigen, dass die Elamiten künstlerische Instinkte besaßen, an die wir unter semitischen Völkern dieser Zeit nicht gewöhnt sind." [111]

Die diesen Figuren beigefügten Inschriften sind in elamischer Sprache verfasst; Sie sind Votivgaben und beziehen sich auf den Bau von Tempeln zu Ehren verschiedener Gottheiten.

Da die Susianer über keinen Stein verfügten, um Flachreliefs zu schnitzen, die denen von Ninive vergleichbar wären, füllten sie den Mangel, indem sie riesige Flachreliefs in Bronze gossen. Ihre so wunderbar entwickelten Kenntnisse der Metallurgie erweiterten sich noch weiter: Da sie keine Möglichkeit hatten, große Dioritblöcke zu erhalten, wie sie die Chaldäer für die Statue von Gudea in Tello verwendeten, verlangten sie von ihren Bronzegießern Statuen davon Metall, ähnlich denen ihrer Nachbarn. Es gelang ihnen, in einem Guss aus massiver Bronze Statuen herzustellen, die mehr als lebensgroß waren.

Beim Betreten der *Salle Susienne* im Louvre wird die Aufmerksamkeit sofort auf die Bronzestatue der Königin Napir-Asu gelenkt, der Frau von König Untash-Gal, der 1500 v. Chr. regierte. Diese Statue, deren Kopf leider verloren gegangen ist, ist lebensgetreu. Größe. Mit ausgestreckten Fingern kreuzt die Königin ihre Hände über der Brust, an ihren Handgelenken befinden sich vierfache Armbänder, und am vierten Finger der linken Hand trägt sie einen Ring; Die anatomischen Details der Fingergelenke werden besonders gut wiedergegeben. Das Kostüm besteht aus einem langen Gewand mit Fransen, das bis zu den Füßen reicht. Der allgemeine Umriss des Rocks ist glockenförmig, gestreift und mit Sternen übersät, die zweifellos für in den Stoff eingearbeitete Pailletten gedacht sind. Das Oberteil ist eng anliegend und zeigt die Umrisse der Figur; Auf der Schulter befindet sich eine juwelenbesetzte Fibel und an den Ärmeln befinden sich elegante Verschlüsse. Zum Schluss wird ein großer bestickter Schal über die Schultern geworfen; Ein Ende hängt an einer Spitze vorne, wie der riesige Flügel eines Vogels. Es ist in der Tat erstaunlich, dass solche Details in einer Statue aus massiver Bronze, die ich weiß nicht wie viele Tonnen wiegt, genau wiedergegeben werden konnten.

Neben diesen gigantischen Exemplaren des elamischen Bronzegusses besitzen wir eine große Anzahl Votivstatuetten aus Bronze sowie Gebrauchsgegenstände aller Art und Form. Insbesondere in den Fundamenten des Tempels des Gottes Schuschinak wurden zahlreiche Bronzestatuetten entdeckt. Dabei handelt es sich im Allgemeinen um stehende Männerfiguren mit zum Körper erhobenen Händen, die entweder einen Vogel halten, als ob sie dem Gott eine Opfergabe darbringen würden, oder in anderen Fällen in der chaldäischen Gebetshaltung (Abb. 251).

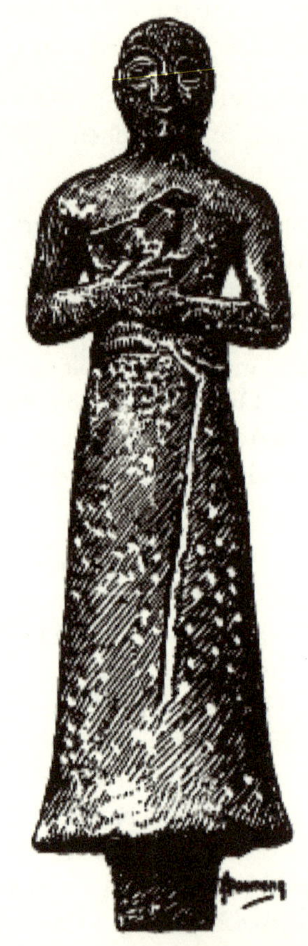

Abb. 251. – Bronzestatuette. Tempel von Shushinak (Louvre).

In dem hier angeführten Beispiel hält die Figur einen Vogel mit beiden Händen, der Kopf ist vollständig geschoren wie bei den Dioritstatuen aus dem Palast von Gudea (siehe S. 27, Abb. 14). In all diesen Fällen ist die Metallarbeit von Susa eine Kopie oder Nachahmung der chaldäischen Skulptur.

§ VI. Schmuck und industrielle Kunst.

Eine der aufsehenerregendsten Entdeckungen der französischen Mission in Susa war die vom 22. Januar 1904, als eine Gold- und eine Silberstatuette in perfekter Erhaltung und im Originalstil gefunden wurden (Abb. 252). Dass es sich um Votivgaben handelte, zeigt sich daran, dass man sie zusammen mit anderen Opfergaben von weniger überragendem Interesse unter dem Boden des Tempels von Shushinak gefunden hatte, darunter ein kleiner Dioritstab mit dem Kopf eines Löwen aus Goldfiligran, der mit wunderbarer Feinheit ausgeführt war. Da es notwendig ist, eine Auswahl zu treffen, um die Grenzen einzuhalten, muss ich mich mit der Beschreibung der Goldstatuette begnügen. Es ist 2½ Zoll hoch, ohne den Bronzesockel, auf dem es steht. Sie wurde nach dem Guss mit Stichel und Stempel bearbeitet und erinnert wie bei den Bronzestatuetten an Produkte chaldäischer Kunst (vgl. z. B. Abb. 27, S. 40). Es stellt einen Mann dar, der in einem Gewand mit zarten Fransen am unteren Rand steht, unter dem die Füße teilweise sichtbar sind. Sein rechter Arm ist erhoben, die Hand in der Haltung des Gebets ausgestreckt; mit der Linken hält er einen jungen Vogel an seine Brust, eine Opfergabe für den Gott, um dessen Schutz er bittet; wieder das übliche Thema der Bronzestatuetten. Er hat einen langen Bart, seine Nase ist gerade und hervorstehend, seine Augen sind unverhältnismäßig groß und das Kinn ist zurückgezogen. Sein üppiges Haar wird durch feine Netzlinien zum Ausdruck gebracht, und auf seinem riesigen Kopf befindet sich eine Tiara, die in ihrer Form einem gedrehten Stück Stoff ähnelt. Das Kleid ist auf der Vorderseite des Körpers mit kleinen Sternen übersät; Um seine Taille ist ein Gürtel gelegt, und der Rock seines Gewandes ist mit kleinen Löchern übersät, die mit einem Locher gestanzt wurden und zweifellos Stickereien oder in den Stoff eingearbeitete Edelsteine darstellen.

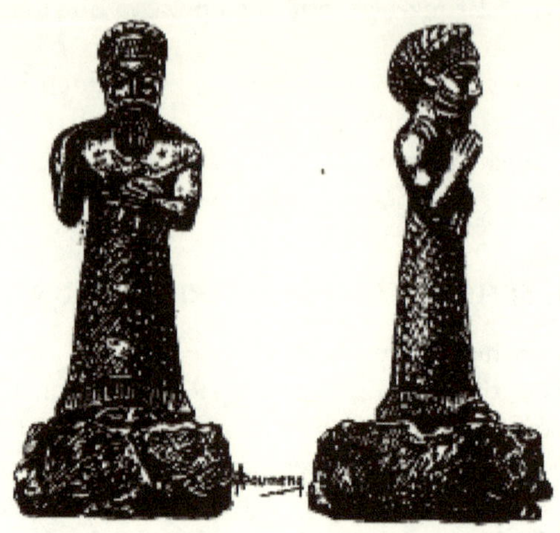

Abb. 252. – Gold- und Silberstatuetten (Louvre).

Die zusammen mit der Goldfigur gefundene Silberstatuette ähnelt ihr fast genau und ist ebenfalls perfekt erhalten. Bei beiden handelt es sich wahrscheinlich um Figuren des Königs, der Gründer des Tempels und oberster Papst war; Er bringt dem Gott das zu opfernde Opfer anlässlich der Grundsteinlegung. Wir könnten uns ausführlich mit dem Mangel an Proportionen in den verschiedenen Teilen dieser Statuetten befassen; Der Kopf ist zu groß, die Ohren sind schlecht platziert, das Kinn liegt zu tief auf der Brust. Dennoch sind sie exquisite Beispiele der Goldschmiedearbeit, von ungewöhnlicher Größe und unverzichtbar für die Veranschaulichung der Geschichte der elamitischen Kunst.

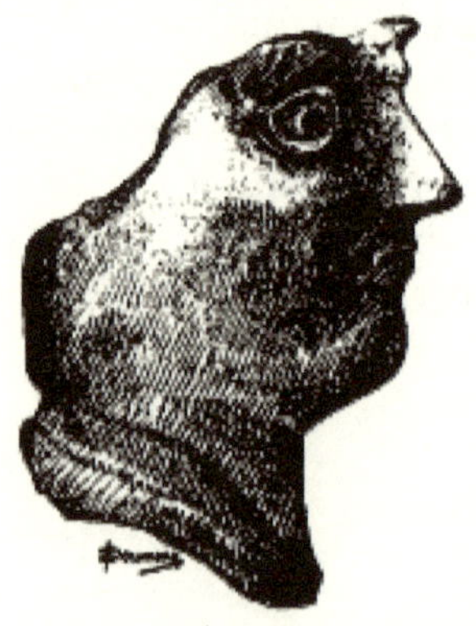

Abb. 253. – Silberne Maske. Elamische Zeit (Louvre).

Es gibt noch ein weiteres Stück, das noch bedeutender wäre als diese Statuetten, wenn es uns in einem besseren Erhaltungszustand erreicht hätte (Abb. 253). Es handelt sich um eine silberne Maske in Repoussé-Optik und eine Hand aus dem gleichen Metall, die Teil einer vermutlich aus Holz gefertigten Statue war; die nackten Teile, das Gesicht und die Hände, waren aus Silber. Zahlreiche vernietete Silbernieten müssen dazu dienen, das Metall am Holz zu befestigen. Das Holz hat sich zersetzt und nur das oxidierte Metall bleibt übrig. Die Statue muss ein Drittel der Lebensgröße gehabt haben.

Den Gesichtszügen nach zu urteilen, stellt der Kopf eine Frau semitischen Typs dar; es könnte vielleicht ein Bild der Göttin Nana gewesen sein. Die beiden Hände waren geschlossen und hielten einige Gegenstände, die heute verschwunden sind, die großen Augen waren aus geschnitztem Elfenbein und die Pupille, die ebenfalls verschwunden ist, bestand wahrscheinlich aus einem glitzernden Edelstein. Zur gleichen Zeit, als die Silbermaske geborgen wurde, wurden zwei Kopfbedeckungen aus glasiertem Sandstein gefunden (Abb. 254). Eine davon hat die Form einer Perücke, die in zwei Teile geteilt ist, wobei einer den Kopf bedeckt und der andere über den Hals fällt. Die Vorderseite des Kopfstücks ist in der Mitte mit einem hervorstehenden Goldknopf verziert, außerdem sind vorne fünfunddreißig Goldnieten angeordnet; die Rückseite und die Seiten sind mit Silber- und Messingnieten verziert.

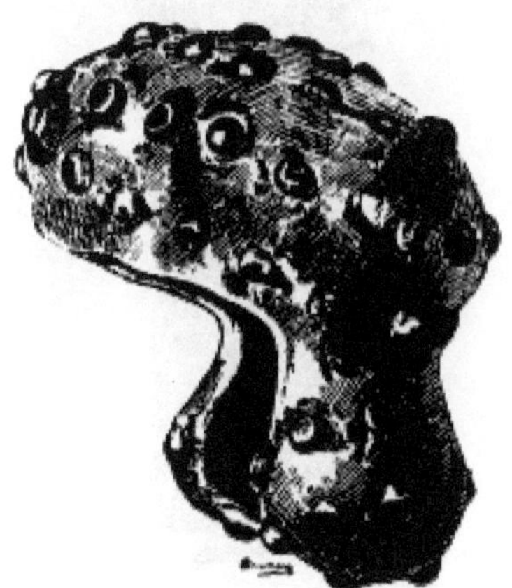

Abb. 254. – Kopfschmuck. Elamische Zeit (Louvre).

Der zweite dieser Kopfbedeckungen besteht ebenfalls aus glasiertem Sandstein und ist eine Art Mütze oder Turban in Form eines Stockknaufs, der auf der gesamten Oberfläche mit neun Reihen von Bronzescheiben verziert ist, die von Nägeln derselben gehalten werden Metall angeordnete Quincunx-Mode. [112] Diese Art von Kappe war bei den Chaldäern üblich, und wir finden Beispiele sowohl auf Flachreliefs als auch auf Zylindern.

Es gibt zahlreiche Objekte aus Elfenbein, die bis in die Urzeit der Geschichte Elams zurückreichen. Diese bestehen aus gravierten Tafeln, Tierfiguren, Statuetten und kleinen Geräten. Aus dieser Serie müssen wir auf eine entzückende 10 cm hohe Elfenbeinfigur aufmerksam machen, deren Kopf leider fehlt (Abb. 255). Es stellt eine stehende Frau mit auf der Brust verschränkten Händen dar , wie bei den Tello-Statuen. Ihr Kostüm besteht aus einem langen Kleid, das bis zu den Knöcheln reicht und aus einem Stück gefertigt ist, mit nur einem Zopfbesatz am unteren Ende und einem anderen Zopfmuster an der Brust. Es bedeckt die Schultern wie ein Umhang und lässt die Unterarme frei. Die Modellierung des Arms wurde mit großer Sorgfalt untersucht. Ein Schal mit Fransen und schmalen Falten wird über die rechte Schulter über dem Kleid geworfen und reicht über den Rücken und die Vorderseite bis hinunter zum Knie. Ein Loch im Hals zeigt, dass der Kopf abgetrennt und befestigt worden sein muss; möglicherweise war es aus Gold, und eine tiefe Rille am Saum des Umhangs am Hals und über dem Ellenbogen weist darauf hin, dass es ebenfalls aus Gold war.

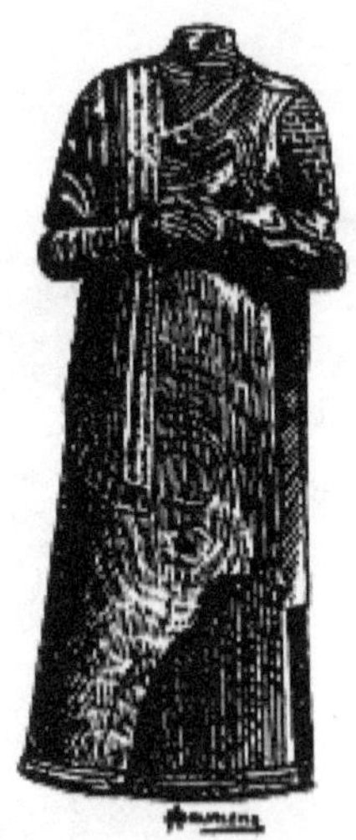

Abb. 255. – Frauenfigur, Elfenbein (Louvre).

Die Liste der bisher gefundenen Objekte aller Art mit den von uns betrachteten schönen Kunstwerken hat bereits mehrere Bände gefüllt: Dies bedeutet, dass wir mit diesen Industrieobjekten fast das tägliche Leben der antiken Bewohner in Erinnerung rufen können Elam. Es gibt Zylinder, einige aus glasierter Keramik, andere aus Elfenbein, Hämatit, Chalcedon und Jaspis, die zur Versiegelung ihrer Verträge verwendet wurden; Alabastervasen in verschiedenen Formen; eine große Anzahl kleiner Gold-, Silber- und Bronzeringe sowie flache Scheiben aus diesen Metallen, die möglicherweise für Geld verwendet wurden; eine Taube aus Lapislazuli, mit Gold besetzt; prächtige goldene Armbänder und andere aus Silber und Bronze, oft mit großer Feinheit gearbeitet, Nadeln, Fibeln, Anhänger, Perlen aus Glas, Alabaster, Lapislazuli und Keramik, manchmal mit eingeschnittenen geometrischen Mustern: Haushaltsgegenstände, Stab- oder Zepterköpfe, Äxte, Messer und verschiedene Waffen: An der gewöhnlichen Kleidung der Untertanen von Shutruk-Nakhunta, dem König von Elam, dem großen Eroberer und Erbauer, fehlt nichts.

Zwei Hörner aus Alabaster mit Inschriften im Namen dieses Fürsten müssen zu einem riesigen Stierkopf gehört haben. [113] Es gibt eine Reihe von Gegenständen mit Votivcharakter, die offenbar in großen Mengen in die Fundamente des Tempels von Shushinak geworfen wurden. Greifenköpfe aus Gold, Tierköpfe aus Keramik, rund in Achat geschnitzte Löwen, Stierköpfe aus Lapislazuli, in Gold gefasste Anhänger aus Karneol, Goldplatten mit anzanitischen Inschriften. In diesem neuen Bereich der Archäologie gibt es reichlich Raum, diese Objekte zu untersuchen, sie zu klassifizieren und zu vergleichen und aus ihnen alle Informationen zu ziehen, die ihre Untersuchung liefern kann.

Der Platzmangel verbietet es uns, länger bei diesem Thema zu verweilen, und aus dem gleichen Grund wollen wir nichts über die zahlreichen Denkmäler aus der Zeit der persischen Achämeniden sagen, und mit noch stärkerem Grund auch nicht aus der Zeit der Parther, Arsakiden und Sassaniden. was nicht in das Schema unseres vorliegenden Bandes passt. Und doch möchten wir zum Abschluss dieser schnellen Skizze bemerken, dass von allen Entdeckungen, die M. de Morgan gemacht hat, die von der Öffentlichkeit vielleicht am meisten bewunderte der mit Edelsteinen besetzte Goldschmuck ist, der aus dieser Gegend stammte das Grab einer Frau aus der Zeit der persischen Achämeniden. Aus technischer Sicht empfiehlt es sich, ihn mit den älteren Schmuckstücken der elamischen Zeit zu vergleichen.

Diese Armbänder, Anhänger und Goldperlen, diese mehreren Reihen der reichsten Halsketten zeugen vom außergewöhnlichen Luxus der Höfe von Darius und Xerxes und können uns durchaus verblüffen. Unter diesen Schätzen sind Anhänger aus winzigen Goldlocken hervorzuheben, die den gekräuselten und gewellten Mähnen von Löwen nachempfunden sind. Ich glaube, dass wir hier eine künstlerische Innovation von erstaunlicher Originalität in einer Kunstform finden, die an Konventionen und Traditionen gebunden ist.

Das Einfassen der Edelsteine in Goldfassungen von wunderbarer Feinheit hat in keiner Zivilisation ein höheres Niveau erreicht als im achämenischen Susa. Um diese winzige und heikle Arbeit zu untersuchen, ist es notwendig, eine Lupe zu verwenden. Hier liegt die Perfektion der Goldschmiedekunst, und diese persischen Juwelen aus dem fünften Jahrhundert v. Chr. bilden heute einen vorherrschenden und wesentlichen Faktor in der so umstrittenen Frage nach dem Ursprung des Cloisonné-Schmucks.

FUSSNOTEN:

[1] Die Autorität einer Silbe und eines zweisprachigen Textes ermöglicht es uns, die Aussprache dieses Namens auf Lagas zu korrigieren. Siehe Pinches in *Babylonian and Oriental Record* , Bd. iii., S. 24. [Anmerkung des Übersetzers.]

[2] Genesis xi. 3.

[3] Nahum III. 14.

[4] Herodot i. 179.

[5] *Zeitschrift der Royal Asiatic Society* , Bd. xv., S. 406.

[6] *Reisen und Forschungen in Chaldäa und Susiana* , S. 175.

[7] *Découvertes en Chaldée* , S. 62.

[8] Siehe Heuzey, *Un palais chaldéen* , S. 37-58.

[9] E. de Sarzec, *Découvertes en Chaldée* , S. 34, 35.

[10] Siehe jedoch Garstang, *The Third Egyptian Dynasty* , Constable, 1904, S. 28-29, Tafeln, V., XIV.

[11] Strabo xvi. Ich, 5.

[12] E. de Sarzec, *op. cit.* , P. 37.

[13] E. de Sarzec, *op. cit.* , P. 59.

[14] Loftus, *Travels and Researches* , S. 187-189.

[15] E. de Sarzec, *op. cit.* , P. 60.

[16] Die Aussage von M. Babelon, dass der Zylinder von Sagasaltias von modernen Forschern zusammen mit dem von Nabonid gefunden wurde, ist leider ungenau. Nur die Aufzeichnungen von Nabonid wurden entdeckt. Siehe Taylor, *Journal of the Royal Asiatic Society* , Bd. xv.

[17] Heuzey, *Gazette Arch.* , 1884, S. 195.

[18] E. de Sarzec, *Découvertes* , S. 61.

[19] L. Heuzey, *Un palais chaldéen* , S. 59-117.

[20] Siehe die Übersetzung, die ich davon gegeben habe in Lenormant und Babelon, *Histoire ancienne de l'Orient* , Bd. v., S. 84.

[21] Perrot und Chipiez, *op. cit.* , Bd. ii., S. 192 f. [dt. Hrsg.]

[22] Perrot und Chipiez, *op. cit.* , Bd. ii., S. 195, Abb. 106.

[23] E. de Sarzec, *Découvertes* , S. 61.

[24] *Revue archéologique* , 1883 (3 ᵉ série, t. ii.) pl. xx.

[25] *Die antiken Figuren des Musée du Louvre* , S. 1 ff.

[26] *Revue archéol., Mai-Juin, 1887.*

[27] Siehe insbesondere J. Menant, *La Glyptique orientale* , ti, und L. de Clercq, *Catalogue de sa Collection* , fasc. 1-3.

[28] Heuzey, *Un palais chaldéen* , S. 91.

[29] *Kunstgeschichte in Assyrien und Chaldäa* , Bd. ich., p. 228 f. [Eng. Hrsg.]

[30] Lenormant und Babelon, *Hist. Anc. de l'Orient* , Bd. iv., S. 411.

[31] xvi., 1, 5.

[32] Lenormant und Babelon, *Hist. anc. de l'Orient* , v. iv., p. 412.

[33] Was Aristoteles wirklich sagt, ist: „Es ist keine Mauer, die eine Stadt ausmacht, denn der Peloponnes könnte von einer Mauer umgeben sein." Babylon ist vielleicht eine Stadt dieser Art, ebenso wie jede andere Stadt, deren Mauern eher eine Nation als eine Stadt umschließen. Sie sagen, als Babylon drei Tage lang eingenommen wurde, war sich ein Teil der Einwohner dieser Tatsache nicht bewusst." – Pol. ich. 3.

[34] *Exp. en Mésopotamien* , ti, p. 194 ff.

[35] *Cun. Inschrift. und das AT* , Bd. ich., p. 79.

[36] Heuzey, *Un Palais Chaldéen* , S. 81.

[37] Menant, *Remarques sur les portraits des rois assyro-chaldéens* , 1882.

[38] Layard, *Monuments of Nineveh* , Bd. ich., pl. 26 und *passim* .

[39] Perrot und Chipiez, *History of Art in Chaldæa and Assyria* , Bd. ich., p. 257.

[40] Herodes. ii. 106

[41] Perrot und Chipiez, *History of Art in Chaldæa and Assyria* , Bd. ii., S. 294 ff.

[42] Vgl. Hesekiel xxiii. 14.

[43] L. Heuzey, *Les Figurines de terre cuite du Musée du Louvre* , S. 1.

[44] *Ninive und Babylon* , S. 358.

[45] Heuzey, *op. cit.* , P. 2.

[46] *Kunstgeschichte in Chaldäa und Assyrien* , Bd. ii., S. 217.

[47] Perrot und Chipiez, *History of Art* , Bd. ii., S. 143.

[48] Perrot und Chipiez, *op. cit.* , Bd. ii., S. 319 ff.

[49] Von M. Babelon fälschlicherweise Sanherib genannt.

[50] E. Müntz, *La Tapisserie* , S. 22.

[51] Siehe insbesondere J. Menant, *La Glyptique Orientale* , t. ii.

[52] Zu den jüngsten Entdeckungen in Susa und zur Diskussion der elamischen Überreste siehe Kapitel IX. dieses Bandes.

[53] Heuzey, in der *Revue politique et littéraire* , 1886, S. 661.

[54] *L'art Antique de la Perse* , ti, p. 8.

[55] *L'art antike de la Perse* , t. ii., S. 37.

[56] Dieulafoy, *op. cit.* , T. ii., S. 80.

[57] Pendentifs werden im Allgemeinen mehrere Jahrhunderte nach unserer Zeitrechnung in die Architektur eingeführt und erstmals in perfekter Form in der Kirche St. Sophia in Konstantinopel aufgetaucht, deren Kuppel, wie Procopius sagt (*De Ædificiis* , Bk. I., ci) scheint an einer goldenen Kette vom Himmel zu hängen.

[58] *Revue politique et littéraire* , 1886, S. 661.

[59] *Op. cit.* , T. iii., S. 186.

[60] Lenormant und Babelon, *Hist. anc. de l'Orient* , t. vi., S. 18, f.

[61] Die Existenz eines höchsten Gottes, Ilu, unter den assyrischen Gottheiten ist nicht bewiesen, wird jedoch von M. Babelon angenommen, der annimmt, dass die geflügelte Figur auf den assyrischen Flachreliefs Ilu ist.

[62] Coste und Flandin, *La Perse ancienne* , pl. 164.

[63] Dieulafoy, *L'art Antique de la Perse* , t. iv., S. 79.

[64] Vergleiche Flandin und Coste, *Perse ancienne* , pl. 152.

[65] Siehe insbesondere W. Wright, *The Empire of the Hittites* , 8vo, 2. Aufl., London, 1886; Perrot und Chipiez, *Hist. de l'art dans l'antiquité* , t. iv., S. 483 bis 812; O. Hirschfeld, *Die Felsenreliefs in Kleinasien und das Volk der Hittiter* (*Abhandlungen der Berliner Akademie* , 1886).

[66] Perrot und Chipiez, *op. cit.* , T. iv., S. 547.

[67] Perrot und Chipiez, *op. cit.* , T. iv., S. 549.

[68] Es bestehen Zweifel, ob diese Figur überhaupt hethitisch ist. Es könnte babylonischen Ursprungs sein. (Siehe Perrot und Chipiez, *Hist.* , t.

iv., 550 f.) Die Stiefel sind an den Spitzen so leicht hochgekrempelt, dass sie eher denen der babylonischen Könige als den charakteristischen Stiefeln der Hethiter ähneln. Die Stele wurde von der Burg Birejik gebracht, nicht von der Stätte Karkemisch, wie M. Babelon angibt.

[69] Perrot und Chipiez, *op. cit.*, T. iv., S. 534.

[70] Perrot und Chipiez, *op. cit.*, T. iv., S. 559.

[71] Perrot und Guillaume, *Exploration archéol. de la Galatie* usw., pl. lxv.

[72] *Hist. de l'art dans l'antiquité*, t. iv. P. 667.

[73] Perrot und Chipiez, *op. cit.*, T. iv., S. 697.

[74] Perrot und Chipiez, *op. cit.*, T. iv., S. 713.

[75] Perrot und Chipiez, *op. cit.*, T. iv., S. 750.

[76] S. Reinach, *Rev. Archéol.*, 1885 (3 se. tv), p. 54, ff.

[77] *Gazette archéol.*, 1887 (t. xiii. S. 60).

[78] Aus Wilson und Warren, *The Recovery of Jerusalem*, S. 298 (1871).

[79] M. de Vogüé, *Le Temple de Jérusalem*, S. 3.

[80] M. de Vogüé, *Le Temple de Jérusalem*, S. 21 und 22.

[81] Dieser Name wird derzeit einem Gebäude gegeben, das mit dieser Tür des Tempels nichts gemein hat. – M. de Vogüé, *Le Temple de Jérusalem*, S. 12, Anmerkung.

[82] A, Ophel. – B, Brücke. – C, Tyropœon. – D, Damm. – E, Turm von Baris oder Antonia. – F, Portikus. – G, Hof der Heiden. – H, Hof der Frauen. – K, Hof Israels. – L, Brandopferaltar. – M, Hof der Priester. – N, Salomos Vorhalle. O, Wassergraben namens *Birket Israîl*. PP, Doppeltor und Dreifachtor. – Q, Goldenes Tor. – R, Kedron-Tal.

[83] M. de Vogüé, *Le Temple*, S. 56.

[84] M. de Vogüé, *Le Temple*, S. 37.

[85] M. de Vogüé, *Le Temple*, S. 58.

[86] 1. Könige VII. 49-50.

[87] Procopius, *De Bello Vandalico*, ii., Kap. 9; Theophanes, *Chronographia*, S. 168, und Georg. Cedrenus, *Hist. Komp.*, P. 606 (Hrsg. Bonn, 1833)

[88] M. de Vogüé, *Le Temple*, S. 34; Perrot und Chipiez, *op. cit.*, T. iv. P. 315 ff.

[89] Perrot und Chipiez, *op. cit.*, T. iv., S. 463.

[90] Renan, *Mission de Phénicie* pl. 10

[91] Siehe Perrot und Chipiez, *History of Art in Phœnicia and its Dependencies* , Bd. ich., p. 193 [dt. Hrsg.].

[92] Renan, *Mission de Phénicie* , S. 411.

[93] Perrot und Chipiez, *History of Art in Phœnicia* , Bd. ii., S. 12.

[94] Siehe Perrot und Chipiez, *History of Art in Phœnicia, etc.* , Bd. ii., S. 123

[95] Perrot und Chipiez, *History of Art in Phœnicia, etc.* , Bd. ii., S. 148 f.

[96] Plinius, *Hist. Nat.* , xxxvi. 67.

[97] W. Frœhner, *La Verrerie Antique, Coll. Charvet* , S. 10.

[98] *Amores* , Kap. xxvi.

[99] *L'imagerie phénicienne et la mythologie iconologique chez les Grecs* , Teil I., 1880.

[100] Siehe Perrot und Chipiez, *History of Art in Phœnicia, etc.* vol. ii. P. 404 f.

[101] Menant, *La Glyptique orientale* , t. ii.

[102] Die Figur, die den Gott Set darstellt, hat keinen Falkenkopf, wie M. Babelon in Anlehnung an M. Menant feststellt. Hier hat Set wie immer den Kopf eines unscheinbaren Tieres, das ein wenig an einen Esel erinnert!

[103] *Revue archéol.* T. xxvii. 1868, S. 432 ff.

[104] Entsprechend der Menge der Entdeckungen werden die Ergebnisse veröffentlicht und die Denkmäler reproduziert und kommentiert in der umfangreichen Publikation mit dem Titel *Délégation en Perse, Mémories publiès sous la Direction de MJ de Morgan, délégué-général* (quarto, Leroux, Herausgeber, Paris). Acht Bände sind bereits erschienen, der neunte ist im Druck (November 1905).

[105] Siehe S. 168, 169, 171 (Abb. 135, 136, 137).

[106] *Mémoires de la Mission* , Bd. ich., pl. ix.

[107] *Mémoires de la Mission* , Bd. vii., Pl. ich., Abb. A.

[108] *Mémoires de la Mission* , Bd. ich., pl. xi.

[109] *Mémoires de la Mission* , Bd. ii., pl. xxiv.

[110] *Mémoires de la Mission* , Bd. ii., pl. xviii., xix.

[111] *Erinnerungen* , Bd. ich. (1900), S. 163-164.

[112] *Mémoires de la Mission* , Bd. vii., Pl. X.

[113] *Mémoires de la Mission* , Bd. xix, S. 90 und pl. iii.

www.ingramcontent.com/pod-product-compliance
Lightning Source LLC
LaVergne TN
LVHW042352190726
843493LV00005B/977

9 789359 945163